Inhaltsverzeichnis

WordPress 6

Das Praxisbuch

Dirk Nöldner

Markt+Technik

ISBN 978-3-95982-294-7

Produktmanagement Christian Braun, Burkhardt Lühr
Lektorat, Herstellung Jutta Brunemann
Covergestaltung David Haberkamp
Coverfoto © Blue Planet Studio – stock.adobe.com
Satz inpunkt[w]o, Haiger (www.inpunktwo.de)
Druck mediaprint solutions GmbH, Paderborn
Printed in Germany

1. Einführung in WordPress

Bevor wir uns mit WordPress in der Praxis beschäftigen und unsere eigene WordPress-Instanz installieren, wollen wir uns zunächst kurz mit der Theorie und Geschichte von WordPress auseinandersetzen. Außerdem wollen wir die Gelegenheit nutzen und gleich einige Begrifflichkeiten klären. Wenn Sie bereits wissen, was ein CMS oder eine Datenbank ist, können Sie auch direkt zu Kapitel 2 springen.

1.1 Was ist WordPress?

»WordPress ist eine Software, um einen eigenen Blog zu schreiben.«

Die Aussage ist genauso richtig oder falsch, als würde man sagen: »Ein Smartphone ist zum Telefonieren.« Ein Mobilfunktelefon war zwar ursprünglich zum Telefonieren gedacht und kann bis heute dazu verwendet werden, aber inzwischen macht dies nur noch einen Bruchteil seiner Nutzungsmöglichkeiten aus.

Genauso kann man WordPress zwar immer noch verwenden, um einen Blog zu schreiben, aber die Möglichkeiten sind mittlerweile weitaus vielfältiger. Inzwischen dient nur noch ein Bruchteil der WordPress-Installationen reinen Blogs.

1.1.1 Was ist ein Blog überhaupt?

Der Begriff ist zusammengezogen aus den Wörtern »Web« und »Log«. Ein Log oder auch Logbuch ist ein Tagebuch, und was Web bedeutet, wissen Sie sicher bereits, sonst hätten Sie dieses Buch nicht gekauft.

Ein Blog ist also grundsätzlich eine Art chronologisches Tagebuch im Internet, das für andere einsehbar ist. Wichtig bei der Software für Blogs ist, dass man möglichst einfach und schnell Beiträge mit und ohne Bilder veröffentlichen kann und sich nicht erst mit HTML-Befehlen auseinandersetzen muss.

Während es am Anfang tatsächlich Blogs gab, in denen ein langweiliger Tagesablauf geschildert wurde, haben heute fast alle Blogs ein spezielles Thema, zum Beispiel gutes Essen oder die neueste Mode. Besonders häufig gibt es Reiseblogs, da man von unterwegs schnell mal einen Eintrag mit ein paar Fotos veröffentlichen kann und so die Daheimgebliebenen an den Reiseerlebnissen teilhaben lassen oder anderen Rucksacktouristen wichtige Tipps geben kann.

Wie schnell ein Blog ungeahnte Popularität erfahren kann, konnte Martha Payne 2012 erfahren. Das englische Schulmädchen war derart unzufrieden über das Schulessen, dass es jeden Tag ein Foto vom Essen auf ihrem Blog veröffentlichte und internationale Aufmerksamkeit erlangte: https://neverseconds.blogspot.com. (Martha verwendete damals allerdings nicht WordPress, sondern »Blogger«, das Blogsystem von Google.)

Inzwischen ist WordPress erwachsen geworden und hat sich zu einem umfangreichen Content-Management-System (CMS) gemausert.

1.1.2 Und was ist ein Content-Management-System?

Unter einem Content-Management-System (auf Deutsch etwa »Inhaltsverwaltungssystem«) versteht man Software, die dazu dient, strukturiert Inhalte zu verwalten, zu bearbeiten und zu veröffentlichen. Das können Hilfetexte einer Anleitung, eine Fotosammlung, Nachrichten oder Produktbewertungen sein, um nur einige zu nennen.

Ein Blog ist also eine Unterform eines Content-Management-Systems oder kurz CMS.

Laut der Angaben des Statistikportals Statista hat WordPress derzeit weltweit einen Marktanteil von knapp 64 %. Es wird auch von vielen Unternehmen eingesetzt, um ihren Webauftritt zu gestalten. Einen echten Blog hat davon nur ein Bruchteil.

1.2 Geschichte von WordPress

Die erste WordPress-Version wurde im Jahr 2004 von Matthew Mullenweg veröffentlicht. Sein Ziel war es zunächst, eine einfach zu bedienende und anzupassende Blogger-Software zu entwickeln. Da er ein Fan von Jazzmusik ist, wurden von Anfang an alle Versionen nach Jazzmusikern benannt. Bereits mit der Version 1.5 im Jahr 2005 bekam WordPress die Möglichkeit, neben den Blogseiten auch statische Seiten zu verwalten. Der erste Schritt in Richtung eines Content-Management-Systems war getan.

2010 wurde WordPress mit der Version 3.0 mehrmandantenfähig. Davor gab es eine spezielle Multiuser-Version.

Mit der WordPress-Version 5.0 im Dezember 2018 wurde der Gutenberg-Editor eingeführt, der auf Blöcken basiert und seitdem kontinuierlich weiterentwickelt wurde.

Mit Version 6.0 ist in WordPress das Full Site Editing (FSE) vervollständigt worden. Das heißt, dass vieles, was früher über unterschiedliche Einstellungen bearbeitet werden musste, nun in einem einheitlichen Editor bearbeitet werden kann, sofern die Erweiterungen dies unterstützen.

Hinweis

Übrigens: Wer sich gern mal die historischen WordPress-Versionen ansehen möchte – diese sind hier archiviert: https://wordpress.org/download/releases/

WordPress ist von Anfang an Open-Source-Software gewesen. Open Source bedeutet nicht nur, dass die Software sowohl für den privaten als auch gewerblichen Bereich kostenlos ist, sondern auch, dass der Quellcode komplett offen ist und von verschiedenen Entwicklern weiterentwickelt und gepflegt wird.

Sie könnten also auch problemlos selbst in den Code eingreifen und ihn ändern. Natürlich ist dabei etwas Vorsicht geboten!

2. Überblick über WordPress

Bevor wir uns an die verschiedenen Arten der Installation wagen, möchte ich zunächst mal einen kurzen Überblick über WordPress geben und auf die verschiedenen Komponenten eingehen, damit in den nachfolgenden Kapiteln auch klar ist, worum es geht.

2.1 Die Komponenten von WordPress

2.1.1 Domain

Die Domain ist der Name, unter der Ihre Webseite im Internet aufrufbar sein soll. Ein typischer Domainname ist beispielsweise https://www.reise-deinen-traum.de.

Eine Domain besteht aus Protokoll, gegebenenfalls Subdomain, Domain und Top-Level-Domain (TLD):

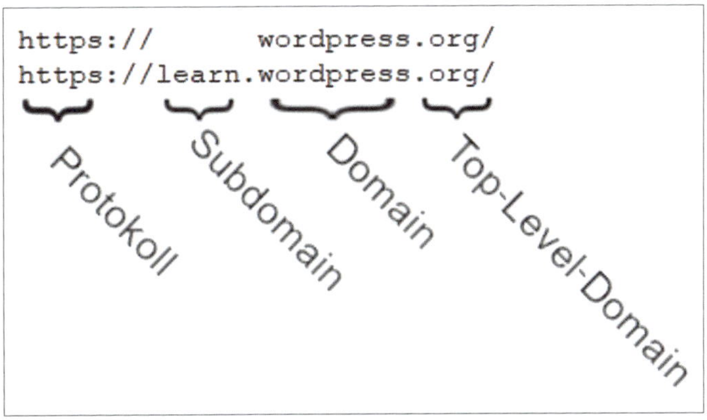

Ein Protokoll ist etwa *http*. HTTP steht für **H**yper**T**ext **T**ransfer **P**rotocol, *https* ist das Gleiche, aber über eine gesicherte, verschlüsselte Verbindung, sodass die Daten während des Transports nicht einsehbar sind. Generell sollten heute keine Webseiten ohne verschlüsselte Verbindung neu aufgesetzt werden. Mehr dazu erfahren Sie in Kapitel 3.1.3 »SSL«. Ein anderes Protokoll ist beispielsweise FTP für **F**ile **T**ransfer **Pro**tocol.

Als Nächstes steht unter Umständen die Subdomain. Damit ist es möglich, unter der Domain eine weitere Unterteilung einzufügen. Ein Anwendungsfall könnte sein, dass der Blog unter *https://www.reise-deinen-traum.de* und ein dazu passender Shop unter *https://shop.reise-deinen-traum.de* liegt.

Für unsere Zwecke ist das nicht weiter relevant. Der Vorteil dieser Methode liegt darin, dass man im Domain Name Server (DNS) – dem Telefonbuch des Internets – jede Subdomain an einen anderen Server verweisen kann. Eingebürgert hat sich, dass standardmäßig *www* für **W**orld **W**ide **W**eb genutzt wird oder die Subdomain weggelassen wird. Aus SEO-Gründen wird eine leere Subdomain dann auf *www* umgeleitet oder umgekehrt.

Die Top-Level-Domain zeigt dann das Land oder die Art der Domain an. Beispiele sind *de* für Deutschland, *com* für commercial, *org* für Organisation. Grundsätzlich kann aber jeder eine Domain in fast jeder Top-Level-Domain kaufen. Sie müssen nicht zwingend in Deutschland leben, um eine *.de*-Domain zu kaufen. Häufig gibt es aber preisliche Unterschiede. Wenn Sie genügend Kleingeld haben, können Sie sich mittlerweile auch eine eigene Top-Level-Domain kaufen.

2.1.2 Webserver

Der Webserver ist die Schnittstelle zwischen dem Internetsurfer und Ihrer Webpräsenz. Das Programm nimmt die Anfrage entgegen, wertet sie aus und lädt die entsprechende Seite von der Festplatte oder aus dem Speicher. Zusätzlich bindet es noch verschiedene Module zum Beispiel für eine Programmiersprache oder Datenbank ein. Die gängigsten Webserver für WordPress sind Apache und NGINX. Die meisten Hosting-Anbieter setzen auf Apache. Während Apache länger am Markt ist, ist NGINX oft performanter und bietet auch eine kostenpflichtige Version an. Mit dem Webserver werden Sie hier aber eher weniger in Berührung kommen.

2.1.3 PHP

PHP ist die Programmiersprache, in der viele Webauftritte und Programme für Webauftritte, unter anderem WordPress, geschrieben sind. Andere Vertreter sind Java, ASP, C#. Obwohl PHP anfangs eher als »Studentenprogrammiersprache« belächelt wurde, hat sie im Laufe der Jahre bemerkenswerte Entwicklungssprünge hingelegt. Einige der größten Websites laufen heute unter PHP, beispielsweise Wikipedia oder Facebook. PHP ist übrigens auch Open Source und kostenlos.

2.1.4 Datenbank

Die meisten Internetseiten bestehen nicht nur aus statischen Seiten, sondern vor allem aus sehr vielen Daten. Natürlich könnte ein kleiner Produktkatalog auch aus 20 statischen einzelnen Seiten bestehen. Viel einfacher ist es aber, nur eine physische Seite und 20 unterschiedliche Texte, die fallweise angezeigt werden, zu haben.

Die Daten, die in der Datenbank verwaltet werden, sind zum Beispiel:

- **Texte**, die angezeigt werden.
- **Benutzerdaten:** Wer darf diese Webseite bearbeiten?
- **Konfigurationsdaten**, mit denen die Darstellung angepasst werden kann.
- **Protokolldaten** über das Verhalten der Besucher.

Es gibt viele kommerzielle Datenbanksysteme, für WordPress beschränken wir uns aber auf MySQL oder MariaDB. Beide Systeme sind in der Community-Version kostenlos und Open Source. Trotzdem sind sie inzwischen professionellen Anforderungen gewachsen.

MySQL gehört mittlerweile zu Oracle, das zunehmend versucht, eine kommerzielle Version am Markt zu etablieren. Daraufhin kam es mit MariaDB zu einer Abspaltung. Im Kern funktionieren aber beide Datenbanksysteme ziemlich identisch, sodass Sie sich keine Gedanken machen müssen, ob Ihr Provider Ihnen jetzt MariaDB oder MySQL installiert hat.

2.2 Frontend versus Backend

WordPress, wie übrigens viele Programme, ist aufgeteilt in ein Frontend und ein Backend.

Das **Frontend** ist der Teil der Webseite, den der normale Besucher zu sehen bekommt, auf dem die Inhalte präsentiert werden.

Das **Backend** ist sozusagen der Administrationsbereich. Hier sind die Administratoren und Redakteure zu Hause, die die Webseite anpassen, pflegen oder neue Texte veröffentlichen. In der Regel ist das Backend durch ein Log-in mit Passwort geschützt. Dabei ist es möglich, verschiedene Log-ins für unterschiedliche Leute mit unterschiedlichen Rechten anzulegen.

3. Die erste Installation von WordPress

Um WordPress zu installieren, brauchen Sie einen Server, im Prinzip also bloß einen Rechner, auf dem die entsprechende Software installiert ist und der über das Internet erreicht werden kann. Theoretisch kann dies auch Ihr eigener PC sein, aber diese Methode ist nicht sehr praktikabel. Dazu später mehr. Wesentlich besser ist es, bei einem Webhoster einen Hosting-Vertrag zu buchen. Angebote dazu gibt es wie Sand am Meer. Die Angebote unterscheiden sich neben dem Preis vor allem hinsichtlich Speicherplatz, Performance und Aufwand beim Betrieb.

Speicherplatz und Leistungsfähigkeit sind klar, hier kann man zum Start durchaus mit dem günstigsten Angebot beginnen. Eigentlich alle Webhoster bieten die Möglichkeit, später upzugraden und mehr Platten-/Datenbankplatz oder Performance hinzuzukaufen.

Näher eingehen möchte ich auf den dritten Punkt: **Aufwand im Betrieb**. Hier kann man grob drei Arten der Installation unterscheiden:

- Managed WordPress-Installation
- Unmanaged WordPress-Installation
- reiner Server mit Root-Zugriff

Gerade für den Anfänger ist eine Managed Installation am einfachsten. Dabei liefert der Webhoster eine fertige Basisinstallation mit eingerichteter Datenbank und kümmert sich auch um die (meisten) Updates. Der Nachteil ist, dass Sie nehmen müssen, was der Webhoster Ihnen vorsetzt, und besondere Anpassungen, auch wenn sie Sinn ergeben, manchmal nicht möglich sind. Auch kann es passieren, dass ein Update Ihnen möglicherweise die Webseite zerstört, wenn Sie inkompatible Plug-ins installiert haben.

Die Unmanaged Installation ist sehr ähnlich, allerdings müssen Sie sich selbst um die Updates kümmern. Dadurch haben Sie mehr Aufwand bei der Pflege und müssen sich auch um sicherheitskritische Updates selbst kümmern. Dafür haben Sie mehr Kontrolle über Ihr WordPress und können Updates dann machen, wenn Sie auch die Zeit haben, die Webseite anschließend zu testen.

Bei einem Server mit Root-Zugriff ist nur die grundlegende Konfiguration wie Plattenplatz und Internetzugang hergestellt, und Sie müssen sich um die Installation von Programmiersprache, Datenbank und WordPress selbst kümmern. Dafür haben Sie dann auch die Möglichkeit, alles nach Ihren Wünschen einzurichten und zu verändern. Diese Option setzt aber die größte Erfahrung voraus, da man dabei viel auf der Linux-Eingabekonsole und in Konfigurationsdateien herumwerkeln muss.

Diese drei Möglichkeiten stehen nicht separiert da, es gibt verschiedene Zwischenvarianten. Beispielsweise gibt es fertig konfigurierte Server-Images, die bereits eine komplette WordPress-Installation haben, oder Unmanaged Installationen, die auch einen Konsolenzugang erlauben, aber ohne die kompletten Root-Rechte. Mit »Root« ist bei Linux der Super-User oder Admin-User gemeint, der alle Rechte hat.

Im Folgenden zeigen wir einen WordPress-Service, eine lokale Installation und beispielhaft die Installation bei Webhostern. Bei anderen Hostern wird die Installation ganz ähnlich verlaufen.

3.1 Registrieren einer passenden Domain

Damit Ihre Seite im Internet auffindbar ist, braucht sie einen möglichst eingängigen Namen. Der Wahl des Namens sind technisch kaum Grenzen gesetzt, solange er aus alphanumerischen Standardzeichen sowie dem Bindestrich - besteht. Auch landesspezifische Zeichen wie deutsche Umlaute sind mittlerweile erlaubt, werden aber intern umgewandelt. Wenn Ihre Seite auch aus dem Ausland aufrufbar sein soll, ist das jedoch eher suboptimal. Die maximale Länge beträgt 63 Zeichen.

Viel schwieriger ist es, einen Domainnamen zu finden, der noch nicht von jemand anderem reserviert wurde und auch keine fremden (Marken-)Rechte verletzt. Dabei wurden teilweise auch schon bloße Bestandteile abgemahnt. So hat beispielsweise StudiVZ seinerzeit sämtliche Webseiten mit VZ im Namen abgemahnt.

Prüfen Sie auch, ob es möglicherweise andere Schreibweisen gibt, die sich eventuell schon jemand gesichert hat, zum Beispiel *fotoauslese.de* und *foto-auslese.de*.

Einfach auf eine andere Top-Level-Domain auszuweichen, wenn Ihr Wunschname schon weg ist, ist nicht immer eine gute Idee, da eine *.de*- oder *.com*-Domain eher gefunden wird als beispielsweise eine *.shop*-Domain.

Eine gute Vorgehensweise ist es, sich mal eine ruhige Stunde hinzusetzen und zu überlegen, was Ihre Webseite ausmachen soll, und gegebenenfalls, was Ihnen dazu für Begriffe oder Synonyme einfallen.

Häufig bestehen Domainnamen auch einfach aus einem Eigennamen und einem beschreibenden Namen, zum Beispiel *dirks-photoblog.de* oder *dirks-reiseshop.de*.

Und keine Angst: Ihre WordPress-Seite ist nicht für alle Zeiten an die Domain gebunden. Falls Ihnen später noch eine bessere Domain einfallen sollte, können Sie problemlos einen weiteren Domainnamen dazubuchen und Ihre Domain auf den neuen Namen verlinken.

Viele der bekannten Akteure bieten Domainregistrierung und Hosting aus einer Hand an. Das hat den Vorteil, dass Sie sich in der Regel nicht mit den Domaineinstellungen herumärgern müssen und alles richtig konfiguriert bekommen.

Das Vorgehen ist eigentlich immer identisch: Sie geben meist direkt auf der Startseite Ihren gewünschten Domainnamen ein und erfahren sofort, ob dieser noch frei ist. Falls nicht, werden Ihnen direkt mögliche (aber nicht immer sinnvolle) Alternativen angeboten. Danach werden Sie sofort zur Kaufseite weitergeleitet, auf der Sie die weiteren Informationen und Zahlungsdaten angeben.

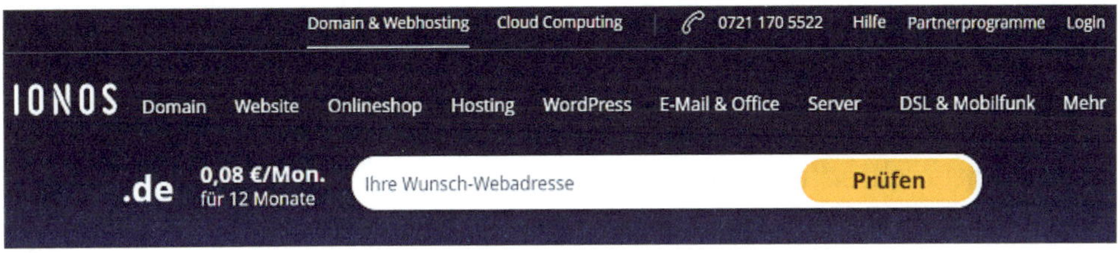

Domainsuche bei IONOS (Quelle: IONOS SE, Montabaur)

Domainsuche bei STRATO (Quelle: STRATO AG, Berlin)

Haben Sie bereits einen Account, finden Sie im Log-in-Bereich den Punkt *Internetadressen verwalten* oder *Domains bestellen* oder ähnlich, worüber Sie eine neue Domain suchen und erwerben können.

Anschließend dauert es etwas, bis Ihre neue Domain nutzbar ist. Theoretisch kann es bis zu 48 Stunden dauern, bis alle Domain Name Server (DNS) aktualisiert sind, in der Regel vergehen aber nicht mehr als ein bis zwei Stunden.

3.1.1 Ich habe bereits eine Domain

Möglicherweise haben Sie bereits eine Domain, die bei einem anderen Provider liegt, oder Sie wollen eine bereits registrierte Domain übernehmen oder kaufen. Auch das ist kein Hexenwerk. Sie müssen bei dem bisherigen Registrar einen Domainumzug beantragen oder beantragen lassen. Dabei wird ein Auth-Code generiert. Das kann ein paar Minuten dauern, manchmal auch länger.

Der Auth-Code ist in der Regel 30 Tage gültig, danach müssen Sie einen neuen beantragen. Wenn Sie den Auth-Code bekommen haben, gehen Sie zu Ihrem Zielprovider, geben die umzuziehende Domain an und wählen, dass die Domain umziehen soll. Danach werden Sie nach dem Auth-Code gefragt und müssen bestätigen, dass Sie berechtigt sind diese Domain umzuziehen. Anschließend geht es genauso weiter wie bei einer neuen Domain. Ein Domainumzug dauert in der Regel ebenfalls lediglich ein bis zwei Stunden, kann aber im Maximalfall auch mal 48 Stunden dauern.

3.1.2 Sonderfall: Domain und Webserver bei unterschiedlichen Anbietern

Auch wenn es Sie als Einsteiger höchstwahrscheinlich noch nicht betrifft, möchte ich eine weitere spezielle Möglichkeit zumindest kurz anreißen: Domain und Webserver müssen nicht zwingend beim selben Anbieter liegen. Es gibt Anbieter, die sich besonders auf Domains oder Hosting spezialisiert haben. Das ist grundsätzlich möglich.

Dazu müssen Sie nur herausfinden, unter welcher IP-Adresse Ihr Webspace liegt. Anschließend gehen Sie zu Ihrem Domainanbieter und geben in den DNS-Einträgen an, auf welche IP-Adresse diese Domain verweisen soll. Eine passende Analogie ist das Telefonbuch, in dem Sie eintragen lassen, unter welcher Telefonnummer Sie erreichbar sind.

Wiederum kann es zwischen einer und bis zu 48 Stunden dauern, bis die Änderung komplett wirksam ist.

Auf dem Zielserver muss dann unter Umständen noch die Konfiguration des Webservers angepasst werden, insbesondere dann, wenn auf einer IP-Adresse mehrere Webauftritte liegen, damit der Server weiß, welche Domain er auf welches Verzeichnis leiten soll. Bei den großen Vollanbietern, die Domain und Hosting aus einer Hand anbieten, brauchen Sie sich darum nicht zu kümmern, häufig kommen Sie an die Server-Konfiguration gar nicht ran.

3.1.3 SSL

Es ist zwar technisch nicht notwendig, dass die Seite über eine verschlüsselte Verbindung bereitgestellt wird, ist aber inzwischen allgemein üblich. Zudem strafen Suchmaschinen unverschlüsselte Seiten inzwischen beim Ranking ab. Glücklicherweise bieten mittlerweile fast alle Webhoster wenigstens ein SSL-Zertifikat inklusive mit an.

Anders ist es, wenn Sie nur einen Server mit Root-Zugang haben. Dann müssen Sie sich um das SSL-Zertifikat selbst kümmern. Während das früher noch Geld kostete und es daher meist nur bei kommerziellen Webseiten eingerichtet wurde, gibt es mit Let's Encrypt eine Initiative, mit der sich jeder ein kostenloses Zertifikat einrichten kann. Anleitungen dazu finden sich im Internet. Umso unverständlicher, dass es immer noch Webhoster gibt, die diese Möglichkeit blockiert haben und sich jedes zusätzliche Zertifikat bezahlen lassen.

3.2 WordPress.com

Die einfachste Möglichkeit, eine WordPress-Seite anzulegen, ist über WordPress.com. Dies ist das Unternehmen des WordPress-Erschaffers. Hier können Sie sich auch ganz einfach eine WordPress-Seite anlegen, ohne sich weiter große Gedanken zum Hosting machen zu müssen.

Ein weiterer Vorteil: Auf wordpress.com können Sie weiterhin eine kostenlose Webseite erstellen. Diese ist aber in den Möglichkeiten so limitiert, dass sie mehr zum ersten Reinschnuppern taugt als für ein echtes Projekt. Sind Sie sich bereits sicher, dass Sie etwas mit WordPress aufbauen wollen, empfehle ich eher einen klassischen Hosting-Anbieter.

Begrüßung bei WordPress.com

Zunächst müssen Sie wieder den Benutzernamen und das Passwort wählen. Danach wird man aufgefordert, eine Domain zu wählen. Je nach Begriff werden mehr oder weniger sinnvolle Vorschläge gemacht. Die meisten Domains, die vorgeschlagen werden, kosten etwas und *.de*-Domains stehen nicht zur Verfügung. Man kann aber auch eine woanders gehostete Domain mit seinem WordPress.com-Account verknüpfen. Wollen Sie die Installation auf wordpress.com tatsächlich kostenlos nutzen, bleiben nur irgendwelche Domainnamen auf WordPress.com, zum Beispiel *buch318288592.wordpress.com*.

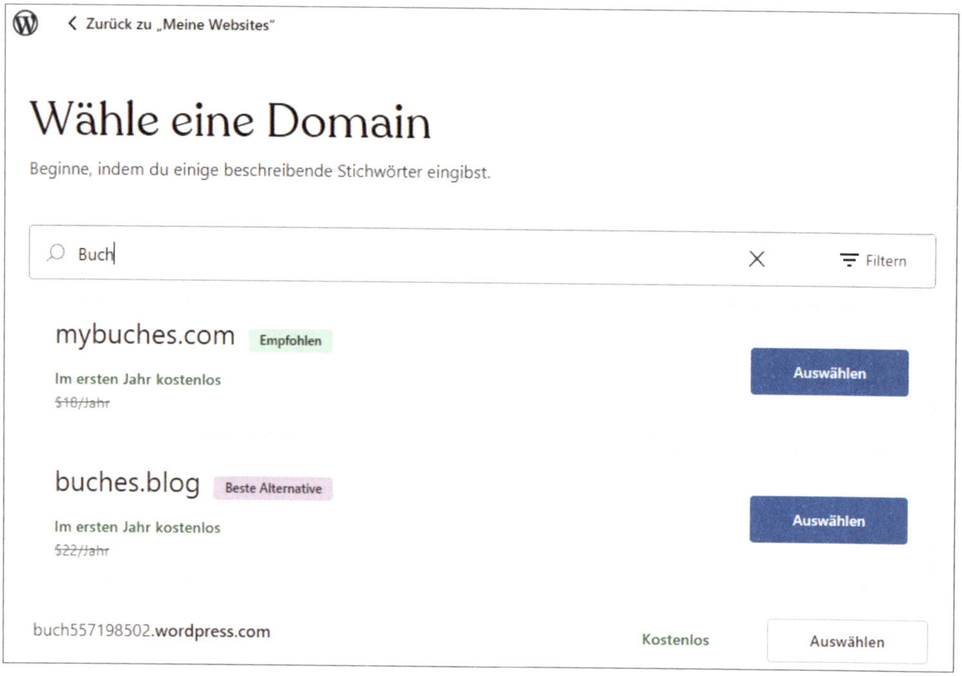

Domainauswahl bei WordPress.com, die kostenlose Variante ist ganz unten versteckt

Danach werden Sie aufgefordert, einen Tarif zu wählen. Der kostenlose Tarif befindet sich inzwischen relativ unscheinbar ganz unten.

Danach werden Sie gefragt, was Sie mit dieser Webseite vorhaben; einige der Antworten führen zu einem kostenpflichtigen Tarif. Die Option *Schreiben und Veröffentlichen* ist kostenlos.

Das war es auch schon. Jetzt können Sie direkt wählen, ob Sie erst mal das Design anpassen wollen oder sofort Ihren ersten Beitrag schreiben möchten.

Bei WordPress.com sind im kostenlosen Paket nur einige ausgewählte Designs – bezeichnet als Themes – dabei. Wie Sie Themes ändern, erfahren Sie später in Kapitel 5.

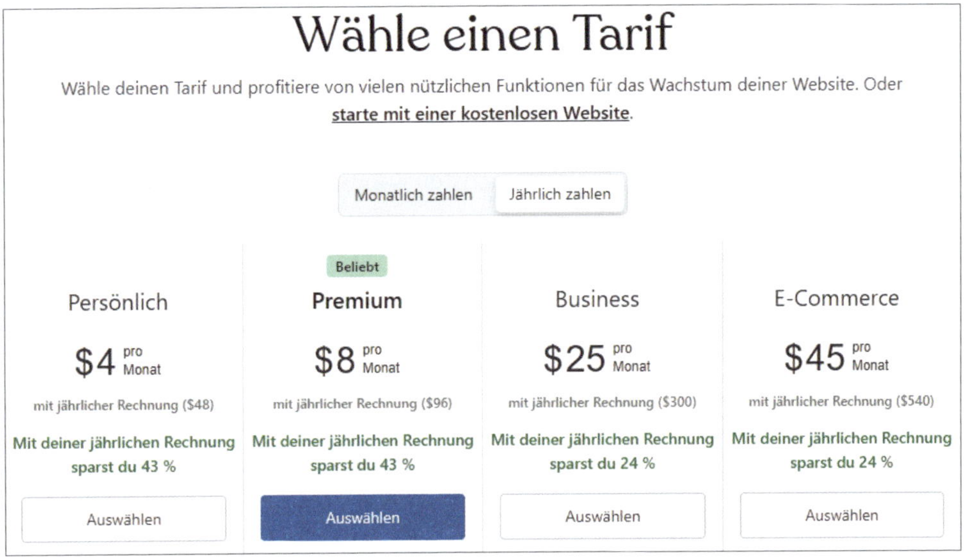

Die Wahl des richtigen Tarifs

Legen Sie los

Im Gegensatz zu anderen Anbietern ist bei WordPress.com die Seite nicht sofort sichtbar, sodass Sie erst noch nach Belieben Seiten anlegen und Designs ändern können, ohne Angst haben zu müssen, dass es andere bereits sehen. Sind Sie dann so weit, dass alles zu Ihrer Zufriedenheit ist, navigieren Sie zu dem Menüpunkt *Einstellungen* und suchen den Punkt *Website veröffentlichen*.

Webseite sichtbar machen

Danach versucht WordPress.com erneut, Sie zum Kauf einer Domain oder eines kostenpflichtigen Paketes zu überreden. Der Punkt *Kauf überspringen* ist ganz unten versteckt.

Das war es auch schon, Ihre Seite ist sichtbar. Da die kostenlose Version so limitiert ist, werden allerdings nicht alle der in den nächsten Kapiteln besprochenen Features für Sie zugänglich sein.

3.3 Bei einem klassischen Webhoster

Die gängigste Methode, WordPress einzurichten, ist bei einem klassischen Webhoster, die es wie Sand am Meer gibt. Zwei der Platzhirsche sind IONOS, besser bekannt als 1&1, sowie STRATO, aber die Einrichtung ist bei den meisten Webhostern sehr ähnlich.

In der Regel haben Sie zwei Einstiegsmöglichkeiten:

- Sie wählen zuerst Ihre Wunschdomain und ergänzen dann den gewünschten Vertrag.
- Sie wählen zuerst den gewünschten Vertrag und wählen die Domain während der Einrichtung oder zu einem späteren Zeitpunkt.

Auswahl der Wunschdomain (Quelle: STRATO AG, Berlin)

Beim Vertrag sollten Sie nicht nur auf den Lockpreis achten, sondern auch darauf, welcher Preis nach zwölf Monaten anfällt. Manche Anbieter wie IONOS bieten einen Testzeitraum an, in dem der Vertrag unkompliziert wieder storniert werden kann.

Sobald Sie Ihren Warenkorb (Domain und Service) gekauft haben, wird Ihr Account für Sie eingerichtet, das dauert ein paar Minuten. Jetzt geht es an die Einrichtung von WordPress.

Je nach Anbieter haben Sie unter Umständen nicht nur WordPress, sondern auch andere Systeme wie Joomla!, Typo3 und weitere zur Auswahl. Suchen Sie die WordPress-Option heraus und wählen Sie das Installieren.

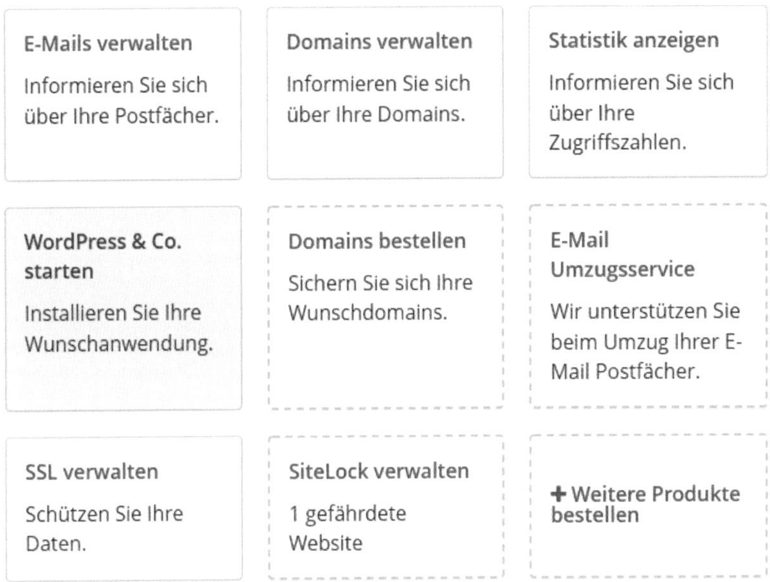

Auswahl im STRATO-Kundencenter (Quelle: STRATO AG, Berlin)

Manchmal wird gefragt, ob Sie ein Managed WordPress oder ein Unmanaged WordPress wollen. Bei der Managed-Version kümmert sich der Hoster um die meisten Updates, dafür lässt er sich für diesen Service bezahlen, bei der Unmanaged-Version haben Sie die volle Kontrolle (und Pflicht). Was Sie bevorzugen, hängt von Ihnen ab. Gerade als Neuling ist eher zu der Managed-Version zu raten.

Danach suchen Sie sich einen Nutzernamen, ein Passwort sowie einen Seitentitel aus. Aus Sicherheitsgründen sind gängige Benutzernamen wie »admin« meist unzulässig.

Den Benutzernamen benötigen Sie zum Einloggen in Ihr WordPress-Backend. Aber er wird in der Standardeinstellung auch als Beitragsautor angezeigt.

Tipp zum Benutzernamen

Nehmen Sie einen schwierigeren Benutzernamen zum Einloggen und geben Sie später in den Benutzereinstellungen einen einfachen Spitznamen als öffentlichen Namen an. Hobby-Hacker probieren nämlich als Erstes die Namen der Beitragsautoren durch, wenn sie das Backend hacken wollen.

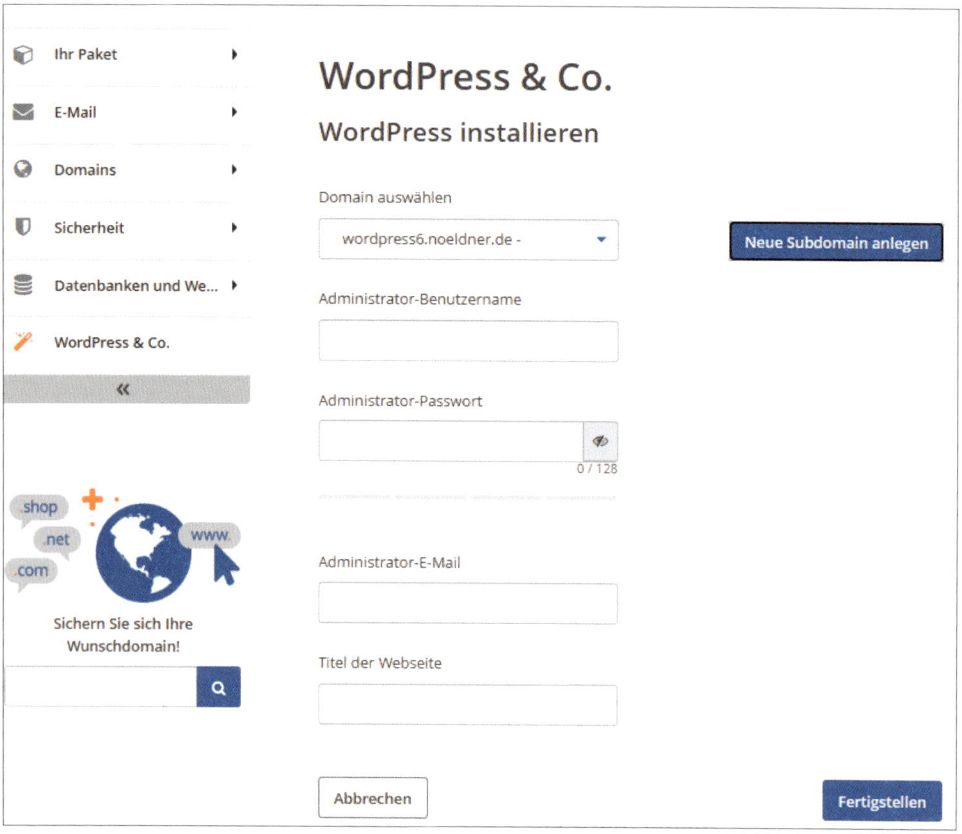

Benutzernamen und Passwort wählen (Quelle: STRATO AG, Berlin)

Es dauert eine Weile, während im Rechenzentrum der Rechner arbeitet und Sie dann die Zusammenfassung angezeigt bekommen. Rufen Sie Ihre Webseite über die soeben festgelegte Domain auf, sehen Sie eine *Hello World*-Seite.

Wie es danach weitergeht, hängt vom Hoster ab. Manche schlagen Ihnen diverse Plug-ins vor, die Sie gleich mit installieren können, andere geben Ihnen eine kleine Einführung und geleiten Sie zur Installation eines Themes, und wieder andere überlassen Sie ab hier Ihrem Schicksal.

Ihr Log-in erreichen Sie immer unter **Domainname/wp-admin**, beispielsweise *https://www.reise-deinen-traum.de/wp-admin/*. Je nach Domainhoster kann der Log-in aber unterschiedlich aussehen.

Häufig gibt es Abweichungen von der Standardinstallation: Sehr gern wird das kostenlose Plug-in *Limit Login Attempts* vorinstalliert, das die Log-in-Versuche mit protokolliert und bei zu vielen Fehlversuchen sperrt, auch ein Cookie-Banner ist manchmal bereits vorhanden.

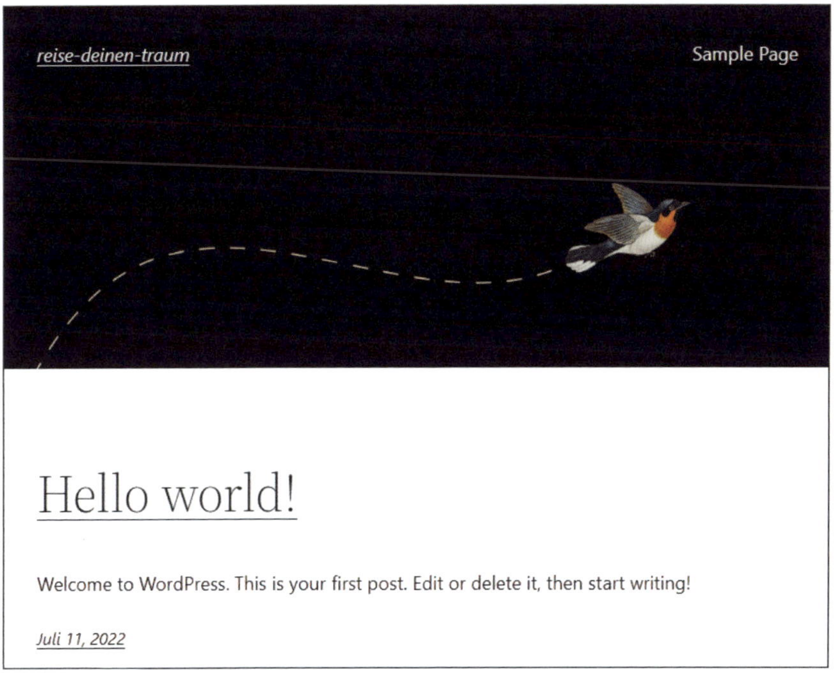

Ihre Webseite ist online

Zugang zu Ihrer Webseite

3.4 Lokal unter Windows

Grundsätzlich können Sie WordPress auch auf Ihrem eigenen Rechner installieren. Das ist allerdings eher für Entwicklungs- oder Testzwecke geeignet. Andernfalls müsste Ihr Rechner rund um die Uhr eingeschaltet sein und Sie müssten sich ein Dynamisches DNS (DynDNS) holen, damit Ihr Computer von außen erreichbar ist.

Wenn Sie erst mal nur ein bisschen für sich herumprobieren möchten, ohne gleich einen kostenpflichtigen Account bei einem Hoster zu kaufen, wäre dies auch noch eine Option. Natürlich auch, falls Sie bei einem Anbieter bereits einen Windows-Server haben. Die Installation ist erstaunlich einfach.

3.4.1 XAMPP installieren

Zunächst einmal müssen Sie Ihren Computer zu einem Server machen. Die Zeiten, in denen das mit dem Herunterladen verschiedener Programme aus unterschiedlichen Quellen und dem Hangeln durch kryptische Konfigurationsdateien verbunden war, sind zum Glück vorbei.

Es gibt alles fertig als Gesamtpaket geschnürt: XAMPP. Die Abkürzung steht für **A**pache (der Webserver), **M**ySQL oder **M**ariaDB (die Datenbank) sowie **P**HP (die Programmiersprache) und gegebenenfalls **P**earl (eine weitere Programmiersprache). Das X steht für Cross-Plattform und besagt, dass das Paket auf verschiedenen Betriebssystemen installiert werden kann.

Daneben gibt es LAMP speziell für Linux oder WAMP speziell für Windows.

Das Paket mit den aktuellen Programmversionen bekommen Sie hier:
https://www.apachefriends.org/de/index.html

Bei der Installation werden Sie aufgefordert zu wählen, welche Pakete Sie brauchen. Hier können Sie sich auf Apache, MySQL, PHP und phpMyAdmin beschränken. FileZilla, Mercury und Tomcat sind für unsere Zwecke nicht notwendig.

Als Installationspfad behalten Sie am besten *c:\xampp* bei. Lassen Sie sich von den Hinweisen zu Bitnami nicht irritieren, Bitnami unterstützt das Projekt und bietet auch weitere fertige Pakete an, die auf XAMPP aufsetzen.

Wenn die Installation erfolgreich war, können Sie das XAMPP-Kontrollpanel starten. Hier sehen Sie die installierten Pakete und können Webserver sowie Datenbank starten.

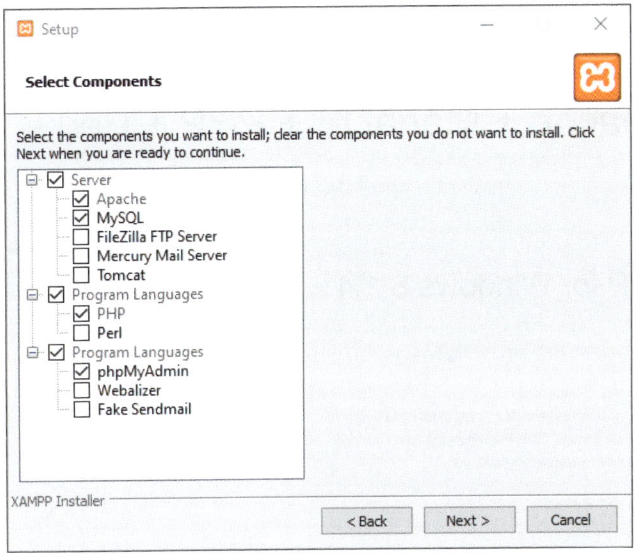

Installationsauswahl der XAMPP-Komponenten

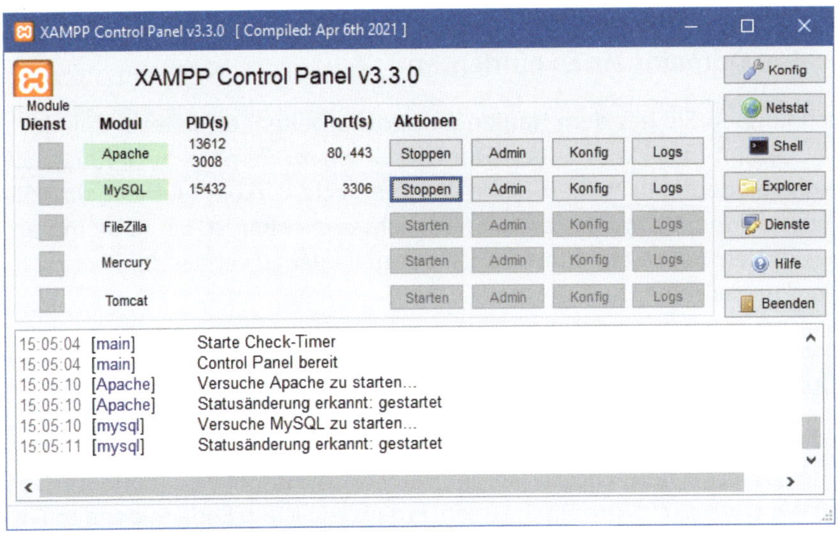

Kontrollpanel mit gestarteten Servern

Sind beide Server ohne Probleme gestartet, können Sie in Ihrem Browser die IP-Adresse 127.0.0.1 oder die Webseite localhost aufrufen. (Das sind reservierte Adressen, die immer auf die eigene Maschine verweisen.)

Sie sehen nun bereits die Willkommensseite. Hat es nicht funktioniert, sehen Sie dagegen im unteren Fensterbereich des Kontrollpanels die Fehlermeldungen.

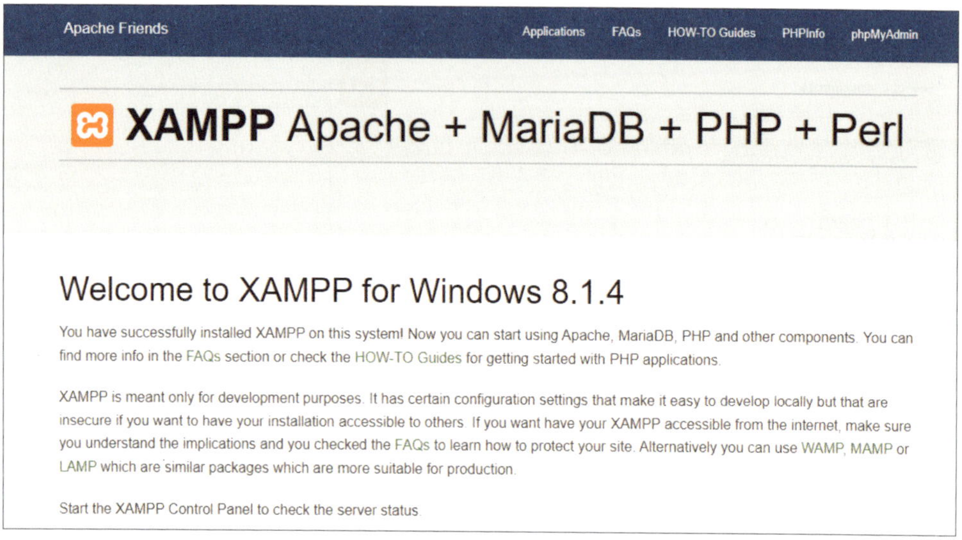

Startseite Ihrer XAMPP-Installation

3.4.2 Lokalen Domainnamen einrichten

Grundsätzlich können Sie mit dem Namen *localhost* arbeiten, es bietet sich jedoch an, auch der lokalen Installation einen Domainnamen zu verpassen. Nehmen Sie dazu aber einen eindeutigen Namen, der im Internet nicht vorkommt. Nicht, dass Sie sich irgendwann wundern, warum diese Seite nicht erreichbar ist. Ich habe mir angewöhnt, bei lokalen Webseiten immer die Subdomain *dev* zu verwenden, beispielsweise *dev.wordpressbuch.de*.

Zunächst müssen Sie Ihrem Computer sagen, was er tun soll, wenn Sie *dev.wordpressbuch.de* aufrufen: Er soll es auf den lokalen Webserver umleiten.

Starten Sie Ihren Editor als Administrator und navigieren Sie zu dem Verzeichnis *c:\windows\system32\drivers\etc*. Öffnen Sie die Datei *hosts*, unter Umständen müssen Sie sich dazu *Alle Dateien (*.*)* anzeigen lassen. Ergänzen Sie am Ende folgenden Eintrag:

127.0.0.1   dev.wordpressbuch.de

Die Datei übernimmt sozusagen die Arbeit eines DNS-Servers und weist Ihren Computer an, was er tun soll, wenn diese Webseite aufgerufen wird. Übrigens ist das auch eine gute Möglichkeit, einzelne Websites auf Ihrem lokalen Computer zu blockieren oder umzuleiten. Der erste Parameter muss lediglich eine gültige IP-Adresse sein. Wenn Sie jetzt also Mitnutzer Ihres Rechners statt auf *facebook.de* auf die Wikipedia-IP umleiten wollen, wissen Sie jetzt, wie das geht 😉.

Wollen Sie Ihre Webseite im Hauptverzeichnis des lokalen Webservers betreiben, dann war es das und Sie können direkt zum nächsten Unterkapitel springen.

Wollen Sie Ihre Webseite dagegen in einem Unterverzeichnis haben, da Sie mehrere lokale Websites haben möchten, müssen Sie Ihrem Webserver noch sagen, wo genau er nach den Dateien suchen soll.

Gehen Sie dazu zurück zum *XAMPP Control Panel*, drücken Sie bei *Apache* den *Konfig*-Button und wählen Sie die Datei *Apache (httpd.conf)* aus.

Suchen Sie diesen Eintrag:
ServerName localhost:80

Und ergänzen Sie darunter:

```
<VirtualHost 127.0.0.1:80>
        ServerName dev.wordpressbuch.de
        DocumentRoot "C:/xampp/htdocs/wordpress"
</VirtualHost>
```

Wobei *C:/xampp/htdocs/wordpress* das Verzeichnis ist, in dem die dazugehörige Webseite liegt. Dass hier der normale Schrägstrich / (auch Slash genannt) und nicht der für Windows übliche Backslash \ verwendet wird, ist korrekt. Danach stoppen und starten Sie den Apache einmal, um die Änderungen wirksam werden zu lassen.

3.4.3 WordPress installieren

Jetzt können Sie von https://de.wordpress.org eine WordPress-Installationsdatei herunterladen. WordPress kommt als ZIP-Datei, die Sie direkt in das gewünschte Verzeichnis Ihres lokalen Webservers entpacken können. Bei der Standardinstallation von XAMPP ist dies *C:\xampp\htdocs* oder ein entsprechendes anderes Verzeichnis, falls Sie oben ein anderes angegeben haben.

Bevor Sie WordPress installieren können, müssen Sie lediglich noch manuell die Datenbank dazu anlegen. Diese Möglichkeit finden Sie im XAMPP-Kontrollpanel unter dem Button *Admin* in der MySQL-Zeile. Dadurch geht ein neues Browserfenster mit dem Datenbank-Management-System und der Oberfläche *phpMyAdmin* auf.

Gehen Sie links oben im Baum auf das Plattensymbol mit der Bezeichnung *Neu*.

Geben Sie der Datenbank einen aussagekräftigen Namen, zum Beispiel *wordpress*. Das Encoding *utf8mb4_general_ci* kann beibehalten werden. Nach dem Klick auf *Anlegen* wird eine leere Datenbank angelegt, die Sie mit WordPress nutzen können.

Sie werden zwar direkt zum Dialog, um eine neue Tabelle zu erstellen, weitergeleitet, aber das erledigt alles WordPress für Sie. Das Fenster von phpMyAdmin können Sie wieder schließen.

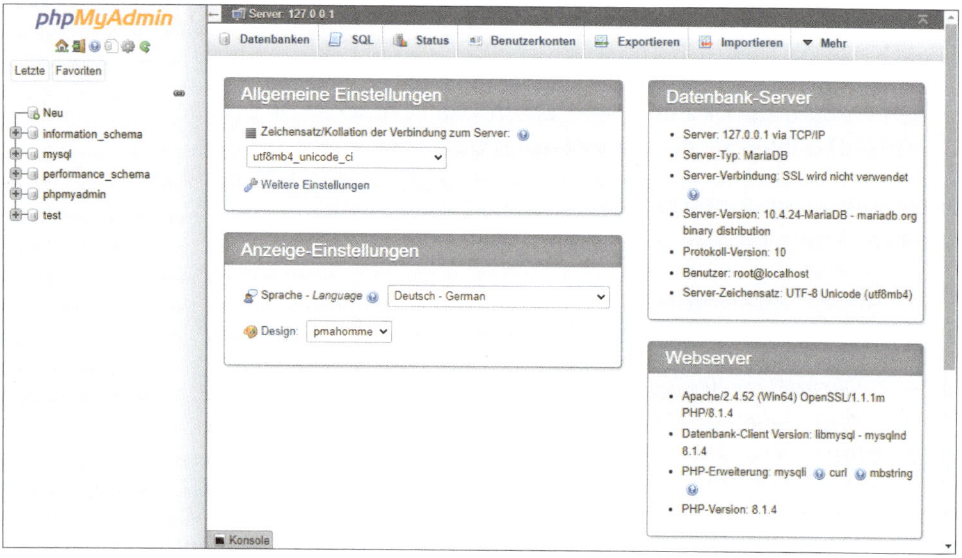

phpMyAdmin: das Datenbank-Management-System von MySQL und MariaDB

Im Anschluss daran rufen Sie das WordPress-Verzeichnis im Browser auf. Entweder wieder mit *localhost* oder, wie in obigem Beispiel, mit http://dev.wordpressbuch.de.

Sie werden nach der Angabe der Datenbankinformationen gefragt. Sie nehmen hier den Namen der zuvor angelegten Datenbank. Der Standardbenutzer ist *root*, ein Datenbankpasswort haben Sie nicht vergeben. **Etwas, das man wirklich nur machen sollte, wenn man sich auf einem lokalen System befindet, das sich hinter einem Router befindet und nicht direkt von außen erreichbar ist!**

WordPress prüft, ob es mit diesen Daten die Datenbank erreichen kann, und falls ja, kann die Installation durchgeführt werden. Geben Sie Ihrer Webseite einen Namen, sich selbst einen Benutzernamen und wählen Sie ein Passwort.

Im Hintergrund wird die Datenbank gefüllt und alles Notwendige eingerichtet. Wenn Sie die Erfolgsmeldung sehen, können Sie Ihre Website bereits unter localhost oder dev.wordpressbuch.de erreichen.

Einstellungen für die WordPress-Installation

Geschafft, die lokale Installation war erfolgreich

4. Einstellungen und Konfiguration von WordPress

Ihre WordPress-Installation ist nun also technisch bereit, jetzt geht es daran, die Einstellungen vorzunehmen, damit es auch eine attraktive Seite wird. Loggen Sie sich also in Ihrer eben erstellten WordPress-Seite ein. Die Anmeldung finden Sie immer, indem Sie */wp-admin/* an Ihren Domainnamen anhängen, zum Beispiel *https://reise-deinen-traum.de/wp-admin*.

4.1 Das Dashboard

Sie sehen das Dashboard und auf der linken Seite die Menüleiste. Auf dem Dashboard sind mehr oder weniger nützliche Infos, Links und Hinweise zu möglichen Problemen zu finden. Auf der linken Seite in der Menüleiste finden Sie alle Einstellungsmöglichkeiten. Menüpunkte, die mit einer roten Zahl oder einem Ausrufezeichen markiert sind, verdienen gesonderte Aufmerksamkeit.

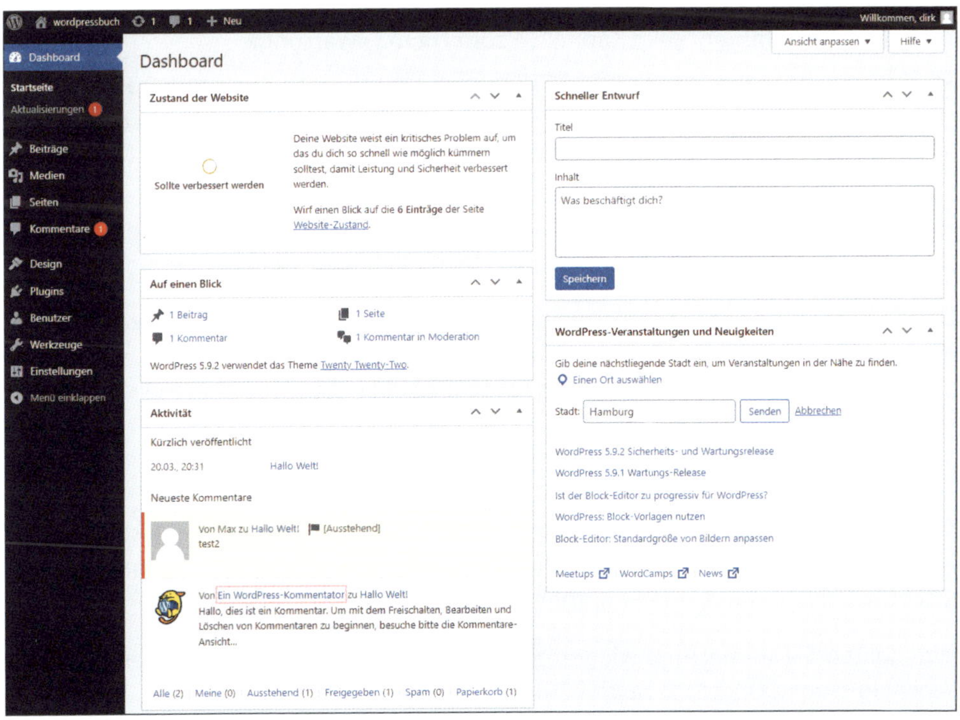

Das Dashboard mit Menüleiste

Häufig ist hier noch etwas nicht auf dem aktuellen Stand oder noch nicht richtig konfiguriert. Manchmal sind es aber auch nur kostenlose Plug-ins, die Ihnen die kostenpflichtige Version schmackhaft machen wollen.

Schauen Sie sich den Inhalt des Dashboards etwas genauer an. Ganz oben haben Sie Ihre Schnellstartleiste. Diese Schnellstartleiste erscheint für Sie auch auf allen Ihren Frontend-Seiten, sofern Sie angemeldet sind und diese Option nicht deaktiviert haben (siehe dazu auch den Abschnitt 4.3 »Benutzer«).

Die Schnellstartleiste

- Unter dem WordPress-Symbol finden Sie weiterführende Dokumentationen und das Hilfeforum. Denken Sie aber daran, dass dieser Support von vielen Leuten nebenbei und freiwillig gemacht wird.
- Mit dem zweiten Icon können Sie zwischen Backend und Frontend wechseln, um zu sehen, wie die Webseite für Ihre Besucher aussehen wird.

  Die Nummer hinter dem Symbol mit den Pfeilkreisen zeigt an, wie viele Aktualisierungen für Ihre WordPress-Seite gerade vorliegen. Mit einem Klick darauf kommen Sie direkt zur Übersicht und können diese Aktualisierungen vornehmen.

  Mehr dazu erfahren Sie in Kapitel 14 zum Thema »Wartung«.
- Die Sprechblase zeigt die Anzahl der unveröffentlichten Kommentare an, die Sie noch moderieren – also freigeben oder sperren – müssen. Natürlich nur, wenn Sie eingestellt haben, dass Sie Kommentare nicht automatisch freigeben. Damit kommen Sie direkt zur Übersicht der Kommentare.
- Und schließlich können Sie mit dem Plus-Symbol direkt zum Anlegen eines neuen Beitrags, eines Benutzers, einer Seite oder Medien wechseln.

Das Dashboard selbst hat in der ursprünglichen Installation nur fünf Boxen. Je nach der Installationsart sehen Sie möglicherweise mehr, da Ihr Provider eine angepasste Version bereitgestellt und schon Plug-ins vorinstalliert hat.

4.1.1 Zustand der Website

Hier bekommen Sie Hinweise, was Sie an Ihrer Installation möglicherweise noch verbessern können. Das sind häufig auch bloß inaktive Plug-ins oder Themes, die gelöscht werden können, oder empfohlene Module, die noch fehlen.

Hier sollten Sie immer mal wieder ein Auge darauf haben, ob nicht gerade etwas schiefläuft, um das Sie sich rasch kümmern sollten.

Zustand der Website

4.1.2 Auf einen Blick

Hier sehen Sie ein paar Zahlen zu Ihrer Seite: wie viele Beiträge und Seiten veröffentlich wurden, wie viele freigegebene und noch nicht freigegebene Kommentare Sie haben.

4.1.3 Aktivität

Was ist auf Ihrer Webseite zuletzt passiert? Hier stehen die letzten Beiträge und Kommentare, und Sie haben die Möglichkeit, diese direkt anzuspringen.

4.1.4 Schneller Entwurf

Oftmals hat man eine schnelle Idee für einen neuen Blog-Eintrag, aber keine Zeit, ihn sofort ausführlich auszuformulieren und passende Abbildungen zu suchen. Statt die Idee schnell auf einen Zettel zu schreiben, bietet sich der schnelle Entwurf an. Damit wird der Beitrag schon mal angelegt und kann dann später vervollständigt werden.

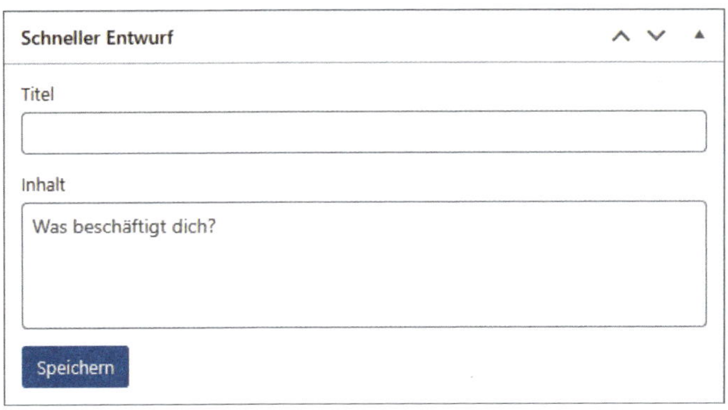

Mal eben schnell einen Beitrag entwerfen

4.1.5 WordPress-Veranstaltungen und Neuigkeiten

Wie der Name schon sagt, findet man hier allerhand Informationen rund um WordPress. Manchmal sind auch nützliche Tipps dabei oder Informationen zu neuen Updates. Geben Sie Ihren Wohnort ein und schauen Sie, ob sich vielleicht eine WordPress-Gruppe zum Austausch in Ihrer Nähe befindet. Die Wahrscheinlichkeit dafür ist hoch.

4.1.6 Anpassung des Dashboards

Auch wenn das Dashboard nach einer sauberen Installation noch schön aufgeräumt aussieht, werden im Laufe der Zeit viele Plug-ins hinzukommen, die hier ihre Informationen abladen oder Ihnen manchmal auch nur anzeigen, was für Informationen Sie noch bekommen könnten, wenn Sie die kostenpflichtige Version kaufen würden. Daher ist es angeraten, das Dashboard hin und wieder mal aufzuräumen oder die Boxen neu anzuordnen.

Unter *Ansicht anpassen* haben Sie die Möglichkeit, die Boxen auszuwählen, die Sie sehen wollen. Auf diesem Weg wird auch eine Box wieder eingeblendet, wenn Sie zu voreilig auf *Ausblenden* geklickt haben.

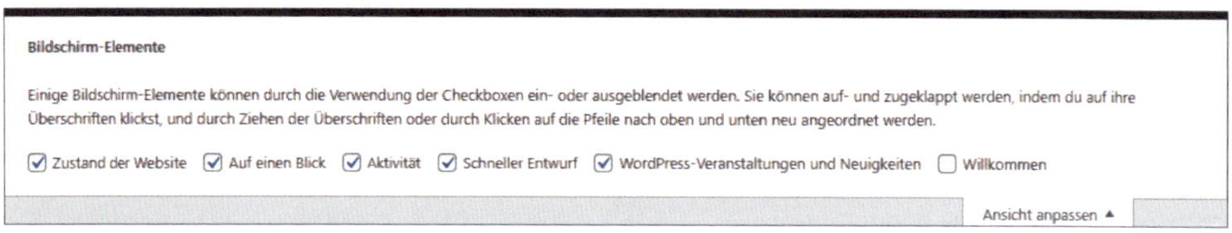

Was möchten Sie im Dashboard sehen?

Zusätzlich können Sie die Boxen noch verschieben: entweder mit den beiden Hoch-/Runter-Pfeilen rechts oben oder indem Sie direkt mit der Maus auf den Titel der Box gehen und diese verschieben.

4.2 Einstellungen

Fangen Sie zunächst mit den grundlegenden Konfigurationen unter *Einstellungen* an. Dieses Menü hat in der Grundinstallation von WordPress übersichtliche sieben Unterpunkte. Weitere Unterpunkte, die auftauchen, stammen von Plug-ins, die bei Ihrem Provider standardmäßig mit installiert wurden oder im Leben Ihrer WordPress-Seite von Ihnen noch ergänzt wurden.

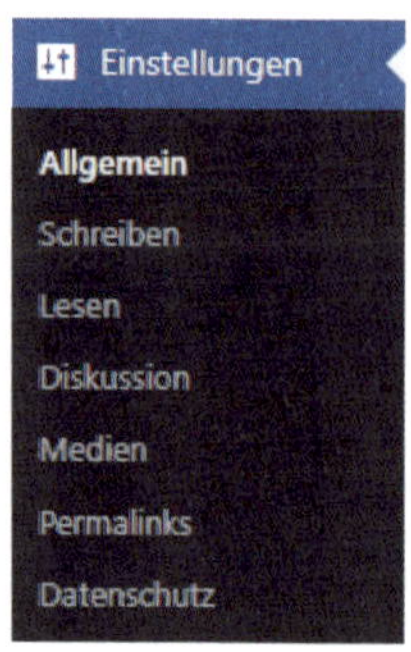

Einstellungsmenü

4.2.1 Allgemein

Der erste Punkt betrifft die allgemeinen Einstellungen. Den Titel der Website haben Sie ja schon definiert. Als Untertitel steht vermutlich noch *Just another WordPress site*. Hier sollten Sie einen kurzen Claim schreiben. Der Untertitel wird nicht in allen Themes angezeigt, aber besser, es steht schon mal etwas Sinnvolles drin, als dass es nachher bei einem Theme-Wechsel plötzlich vergessen wird.

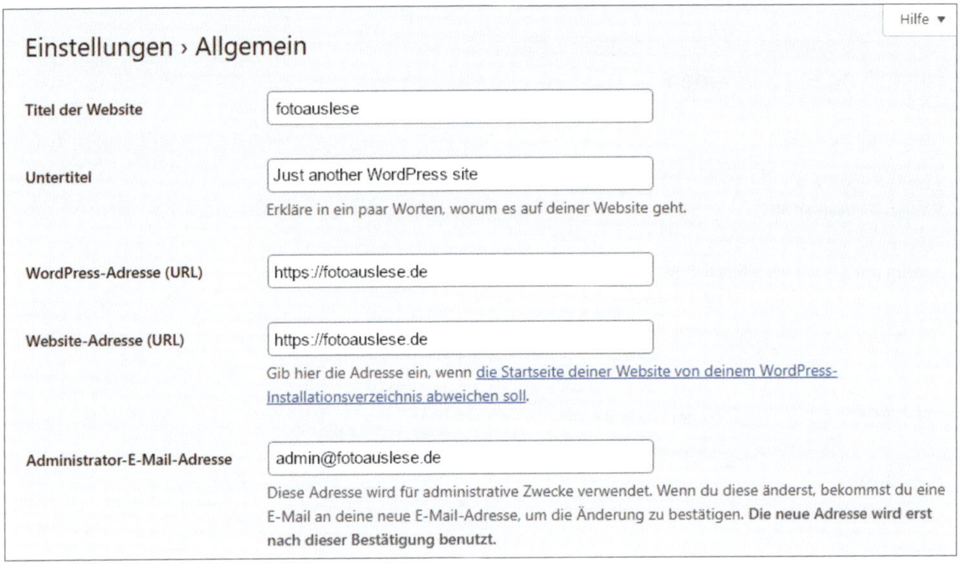

Allgemeine Einstellungen

Die nächsten beiden Punkte betreffen die *WordPress-Adresse* sowie die *Website-Adresse* und sollten in der Regel nicht angefasst werden, solange Sie Ihre WordPress-Seite nicht umziehen oder händisch in der Installation zu schaffen machen.

Die *Administrator-E-Mail-Adresse* sollte korrekt und erreichbar sein. Über diese E-Mail-Adresse versucht Ihre WordPress-Seite, Sie zu erreichen, wenn zum Beispiel Fehler auf der Webseite aufgetreten sind oder neue Kommentare abgegeben wurden und Ähnliches.

Bei *Mitgliedschaft* können Sie angeben, ob sich Fremde auf Ihrer Seite registrieren können. Das kann der Fall sein, um neue Beiträge zu abonnieren oder einen Kommentar zu hinterlassen. Welche Rechte (Standardrolle) soll ein neuer Benutzer automatisch bekommen? Die einzelnen Benutzerrollen werden in Abschnitt 4.3 »Benutzer« erläutert. Es versteht sich aber auch so von selbst, dass ein neuer Benutzer nicht automatisch die Administrator-Rolle bekommen sollte.

Der Rest der allgemeinen Einstellungen bezieht sich nur noch auf die landestypischen Zeitformate.

4.2.2 Schreiben

Die Einstellungen unter *Schreiben* sind sehr übersichtlich. Zunächst können Sie festlegen, welche Einstellungen für neue Beiträge, die Sie veröffentlichen möchten, gelten sollen. Diese Einstellungen sind aber für jeden Beitrag extra wählbar, sodass Sie sich hier höchstens ein paar zusätzliche Klicks abnehmen. Da Sie noch keine weiteren Kategorien angelegt haben, sollte hier ohnehin nur die Kategorie *Uncategorized* möglich sein. Wie Sie neue Kategorien anlegen, wird später in Kapitel 9.4 beschrieben.

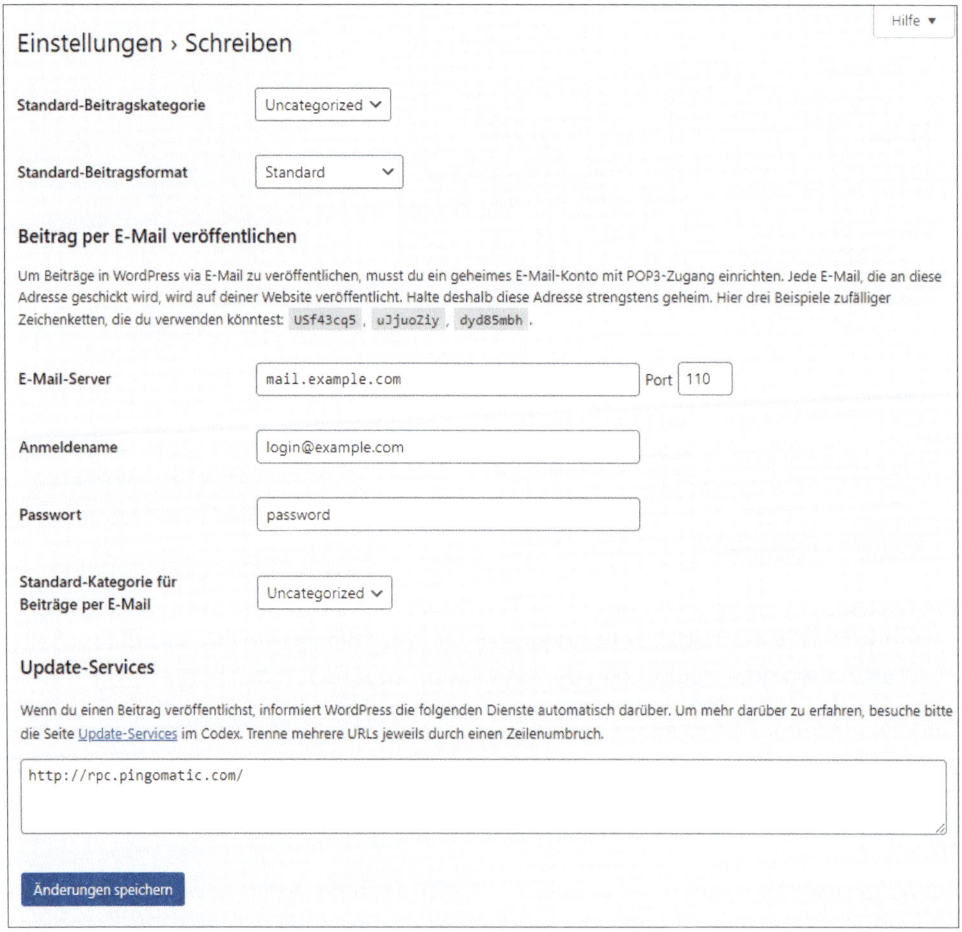

Einstellungen für das Schreiben von Beiträgen

Fortgeschrittener ist da schon die Option, Beiträge per E-Mail zu veröffentlichen. Diese Funktion ist dann interessant, wenn man häufig »eben mal schnell« von unterwegs einen Beitrag veröffentlichen will, ohne erst die WordPress-Seite aufrufen und sich in seinem Account anmelden zu müssen.

Dazu brauchen Sie sich nur ein neues Postfach zu holen. Das Postfach ist dann ausschließlich für Ihren WordPress-Blog da. Wenn Sie Ihren Blog beispielsweise über IONOS laufen lassen, können Sie mehrere E-Mail-Postfächer anlegen und damit auch eines für das Schreiben von Beiträgen nutzen.

Wichtig ist, dass die E-Mail-Adresse, die mit Ihrem Postfach verknüpft ist, nicht nur geheim, sondern auch nicht einfach zu erraten ist. (Bots probieren auch schon mal gern beliebte Namenskombinationen durch, um ihren Spam loszuwerden.) Die Zugangsdaten zu diesem Postfach bekommt dann WordPress, das in regelmäßigen Abständen das angegebene Postfach anfragt und neu eingegangene Mails direkt veröffentlicht. Deshalb sollten Sie dafür kein Postfach bei einem Betreiber nutzen, der sich über regelmäßige Werbemails finanziert. Es versteht sich von selbst, dass damit veröffentlichte Beiträge designtechnisch eher spartanisch sind.

Der letzte Punkt legt fest, welche Services informiert werden sollen, sobald Sie einen neuen Beitrag veröffentlicht haben. Dies können zum Beispiel Dienste sein, die das an Suchmaschinen weitergeben oder die die Beiträge von verschiedenen Blogs als eine Art Verzeichnisdienst sammeln. Wenn Ihr Blog rein privat sein soll, dann können Sie den Standardeintrag löschen.

4.2.3 Lesen

Zunächst einmal können Sie hier festlegen, was Sie auf Ihrer Startseite dem Benutzer zuerst anzeigen wollen. Standardmäßig ist hier *Deine letzten Beiträge* ausgewählt. Aber mal ehrlich, wollen Sie gleich mit der Tür ins Haus fallen, ohne dem Nutzer erst mal zu sagen, worum es bei dem Blog geht? Die meisten Blogs haben hier deshalb eine statische Seite oder einen bestimmten Blog-Beitrag fixiert. Da Sie beides aber noch nicht haben, können Sie hier erst mal noch nichts auswählen.

Mit den nächsten beiden Optionen können Sie festlegen, wie viele Blog-Einträge auf Ihrer Übersichtsseite oder dem Newsfeed angezeigt werden sollen. Damit es nicht zu unübersichtlich wird, sollten Sie 25 nicht überschreiten.

Außerdem können Sie angeben, ob Sie im Newsfeed gleich den kompletten Text oder bloß die ersten ca. 55 Wörter anzeigen wollen.

Der wichtigste Punkt ist aber der letzte Punkt, die *Sichtbarkeit für Suchmaschinen*: Wenn Sie einen rein privaten Blog haben und nicht in Suchmaschinen auftauchen wollen, können Sie den Haken setzen, ansonsten sollten Sie es tunlichst vermeiden. Durch die Einstellung wird über den HTML-Code, also das, was an den Benutzer oder die Suchmaschine ausgeliefert wird, ein spezieller Vermerk gesetzt, dass die Seite nicht indexiert werden soll. Ob die Suchmaschinen sich tatsächlich daran halten, können Sie jedoch nicht beeinflussen. Die großen bekannten Suchmaschinen werden sich garantiert daran halten, aber irgendwelche Bots, die auf der Suche nach verwertbaren E-Mail-Adressen oder Ähnlichem sind, werden es höchstwahrscheinlich ignorieren.

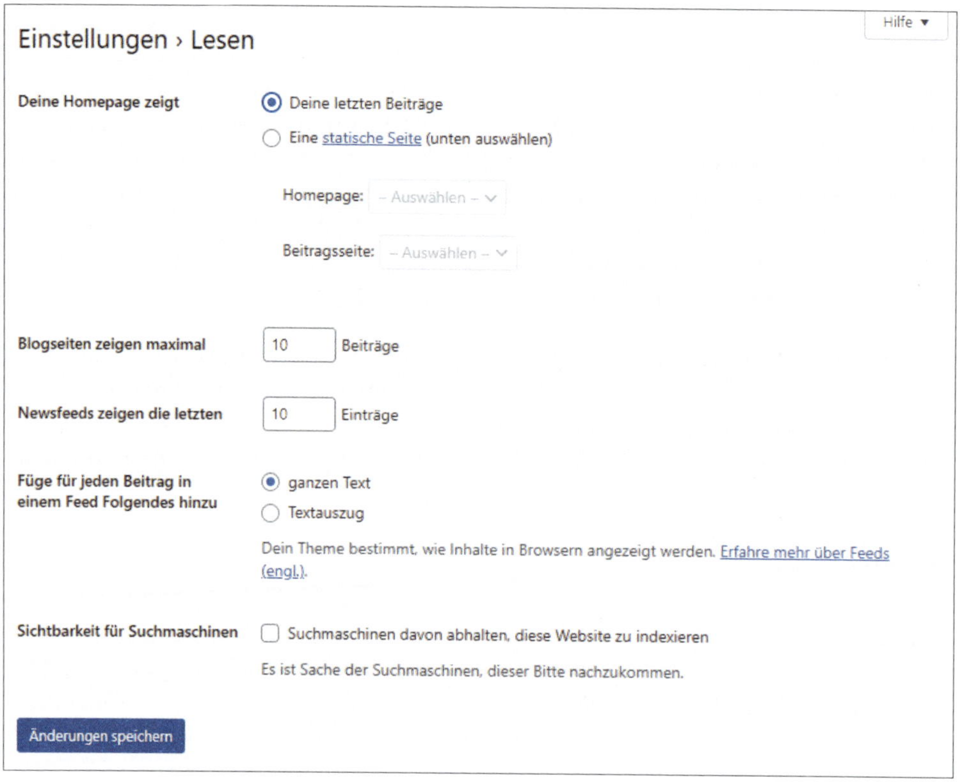

Einstellungen für das Lesen von Beiträgen

4.2.4 Diskussion

Legen Sie hier fest, ob und wie Sie Reaktionen auf Ihre Beiträge haben wollen.

Die ersten beiden Einstellungen behandeln sogenannte Pingbacks. Wenn Sie einen fremden Blog in einem Beitrag verlinken, wird versucht, diesen über die Kommentare zu benachrichtigen. Umgekehrt können Sie sich selbst benachrichtigen lassen, wenn Ihr Blog von einem fremden Blog verlinkt wird. Man braucht keine große Fantasie, um sich auszumalen, dass diese Funktion gern von Spammern genutzt wird.

Viel wichtiger ist die Frage, ob und wer Beiträge auf Ihrer Seite kommentieren darf. Die erste Einstellung (ob überhaupt) ist nur die Standardeinstellung für neue Beiträge. Die Einstellung kann auf Beitragsebene individuell festgelegt werden. Beispielsweise gibt es meist gute Gründe, zu politischen Beiträgen keine Kommentare zu erlauben.

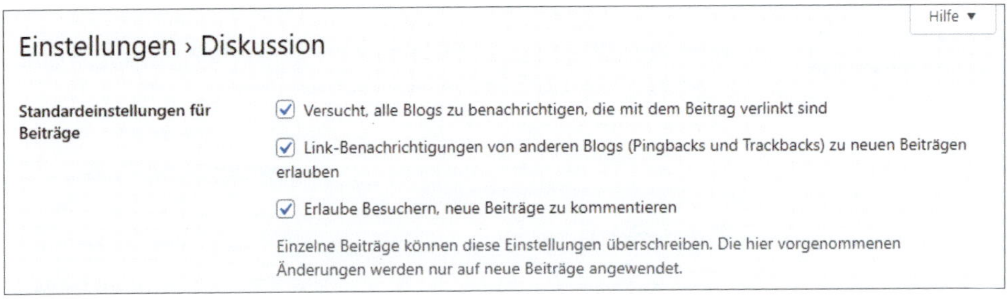

Einstellungen für die Kommentarfunktion

Grundsätzlich gibt es sowohl gute Gründe, die dafür, als auch genug, die dagegen sprechen:

Pro:

- Es kommt Interaktion in Ihren Blog. Mit etwas Glück entsteht eine Community von Leuten, die gern über Ihre Beiträge diskutieren.
- Seiten mit Dynamik und wertvollen Kommentaren werden bei Suchmaschinen besser gelistet.

Kontra:

- Es gibt sehr viele automatisierte Bots, die die Kommentarfunktion nutzen, um Werbung zu machen oder Links zu platzieren.
- Gefahr von illegalen oder hasserfüllten Postings.
- Damit verbunden, entsteht ein hoher Pflegeaufwand, um nur die passenden Beiträge durchzulassen oder unpassende schnellstmöglich zu entfernen.

Wenn Ihr Blog nur wenigen Leuten bekannt ist, so ist das alles kein Problem. Aber sobald Ihr Blog in Suchmaschinen auftaucht, kann es sein, dass er relativ schnell zugespammt wird. Um dies zu vermindern, gibt es die verschiedenen weiteren Einstellungen:

- Muss der Benutzer eine E-Mail-Adresse angeben, um kommentieren zu dürfen? Vorsicht: Das heißt noch nicht, dass diese E-Mail-Adresse auch gültig ist und existiert.
- Muss ein Benutzer registriert sein, um Kommentare abzugeben, so bedeutet das nicht, dass sich Benutzer selbst über ein Registrierungsformular registrieren können, sondern Sie müssen diese Benutzer vorher anlegen (siehe dazu weiter unten den Abschnitt 4.3).
- Auf jeden Fall sollten Sie sich benachrichtigen lassen, sobald jemand einen neuen Kommentar schreibt. Dies sollten Sie auch mal testen. Nichts ist ärgerlicher, als irgendwann festzustellen, dass die Benachrichtigungen aufgrund eines Konfigurationsfehlers nicht zugestellt werden oder am Ende in Ihrem Spamverzeichnis hängen geblieben sind.

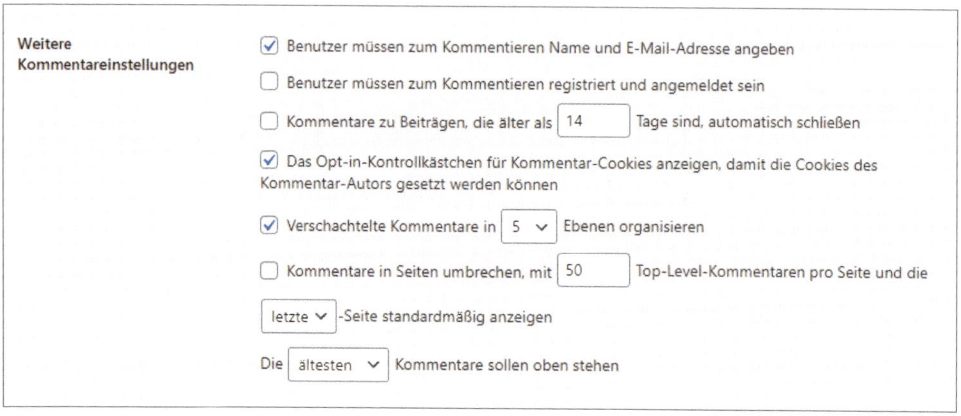

Einstellungen für Kommentare

Zusätzlich können Sie noch auswählen, ob Kommentare sofort sichtbar sein sollen oder extra von Ihnen freigegeben werden müssen. Ich habe es in meinen privaten Blogs immer so gehalten, dass ich anfangs alles automatisch freigegeben habe und bei den vereinzelten Spammern, die sich verirrt haben, manuell gelöscht habe. Sobald der Blog bekannter wurde und mehr Spammer ihn gefunden haben, habe ich die Einstellungen umgedreht und manuell freigegeben.

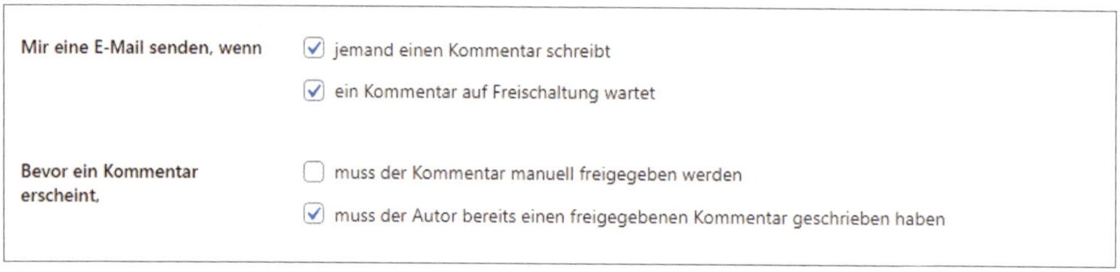

Benachrichtigungen zu Kommentaren

Eine Zwischenoption wäre es, dass jeweils nur der erste Kommentar eines Benutzers freigegeben werden muss und die weiteren automatisch online gehen, sobald bereits ein qualifizierter Beitrag vorhanden ist. Aber auch das ist keine hundertprozentige Lösung. Manche Bots sind schon so programmiert, dass sie mit einem allgemeinen harmlosen Kommentar anfangen wie »Hey, cooler Beitrag!« und die Viagra-Werbung dann nachschieben.

Apropos: Natürlich gibt es inzwischen auch die Möglichkeit Kommentare zu sperren, die eine bestimmte Anzahl von Links enthalten oder die Wörter enthalten, die in einer von Ihnen definierten Sperrliste auftauchen.

Idealerweise sollten Sie diese Sperrliste oder Blacklist schon von Anfang an füllen. Denken Sie am besten an die Begriffe, die Ihnen schon in den üblichen nervenden

Spammails auffallen. Wenn Sie einen deutschen Blog haben und nicht international werden wollen, bieten sich da auch viele englische Begriffe an, wie zum Beispiel »Sale«, »SEO« und »traffic«.

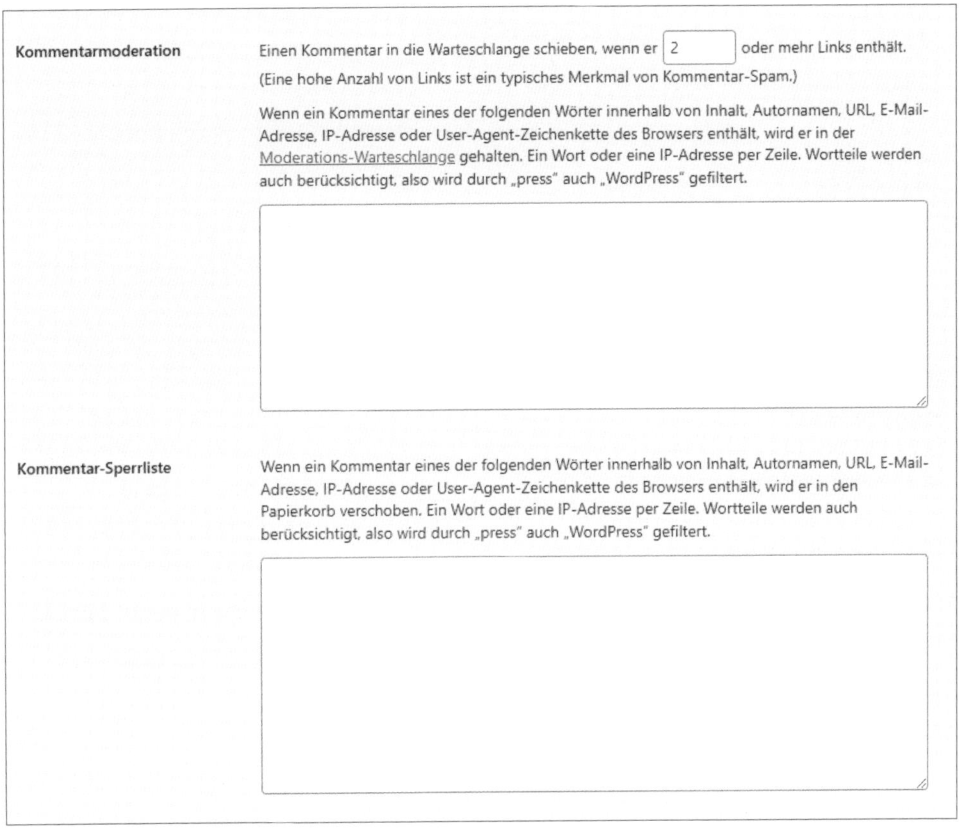

Blacklist für Kommentare

4.2.5 Medien

Wenn Sie über den Medienmanager Bilder hochladen, so werden immer automatisch drei weitere hier festgelegte Größen generiert. Das hat den Vorteil, dass verkleinerte Bilder – zum Beispiel in einer Übersicht – nicht in voller Größe geladen, zum Webbrowser transportiert und dann herunterskaliert werden müssen. Die Datenmenge wird dadurch kleiner und die Seite schneller aufgebaut.

Allerding wird dadurch selbstverständlich etwas mehr Speicherplatz auf dem Webserver benötigt. An den bereits eingestellten Größen müssen Sie in den allermeisten Fällen nichts ändern. Zumal die Option auch nicht von jedem Theme entsprechend genutzt wird.

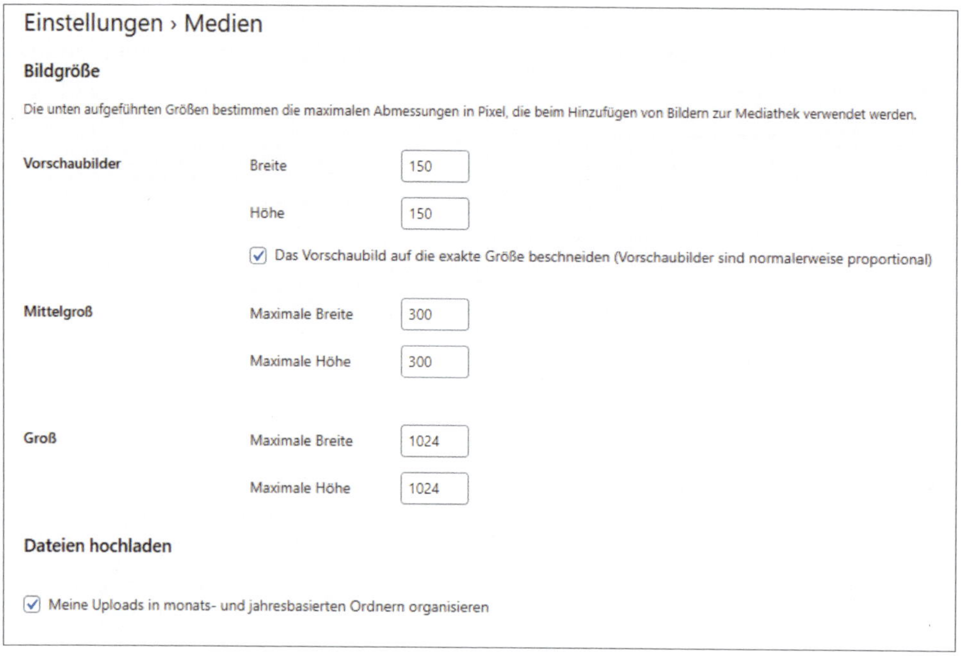

Einstellungen für Medien

Standardmäßig werden hochgeladene Medien in Verzeichnissen nach Jahr und Monat unterteilt. Zum Beispiel:

https://www.fotoauslese.de/wp-content/uploads/2021/12/
https://www.fotoauslese.de/wp-content/uploads/2022/01/
https://www.fotoauslese.de/wp-content/uploads/2022/02/

Damit das Medienverzeichniss nicht zu unübersichtlich wird, sollte man die Unterteilung auch beibehalten.

4.2.6 Permalinks

Mit Permalinks geben Sie an, wie Ihre Beiträge von außen erreichbar sein sollen. Dies sollte auch unter Suchmaschinen-Gesichtspunkten erfolgen. Es mag zwar verführerisch klingen, die Beiträge lediglich durchnummerieren zu lassen, sodass man einfach durch Erhöhen oder Dezimieren der Zahl die aufeinanderfolgenden Beiträge abrufen kann, aber Suchmaschinen mögen Seiten mit sprechenden Pfaden.

Daher eignet sich die Voreinstellung *Beitragsname* am besten. Falls Sie bereits ahnen, dass es mehrere Beiträge mit demselben Namen geben könnte, wäre es unter Umständen angebracht, noch die Zeitangaben hinzuzunehmen. Unter *Individuelle Struktur* können Sie sich austoben.

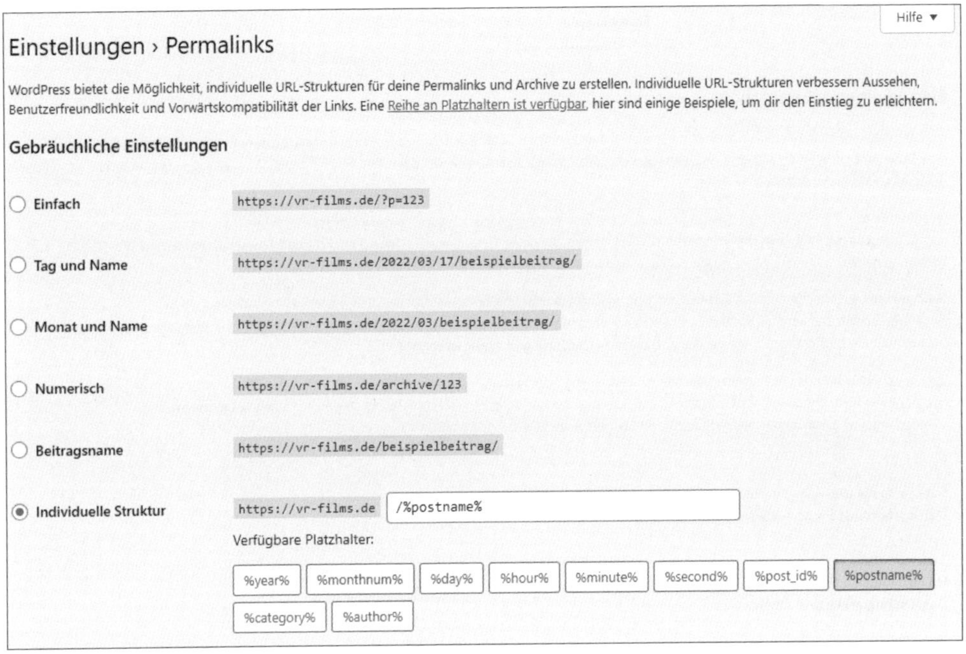

Einstellungen für Permalinks

4.2.7 Datenschutz

Die Stichwörter DSGVO (Datenschutz-Grundverordnung) sowie Bundesdatenschutzgesetz sind Ihnen auch als Nicht-ITler bestimmt schon untergekommen. Darin muss jeder Webseitenbetreiber seine Nutzer genauestens darüber informieren, welche Daten gespeichert werden und wozu. Wie umfangreich diese Datenschutzerklärung wird, hängt vor allem vom Seitenbetreiber ab.

Wenn es keinen Log-in-Bereich für Kunden gibt, keine Analysetools und auch keine Plug-ins eingesetzt werden, kann diese Erklärung durchaus ziemlich kurz ausfallen. Aus verständlichen Gründen will man sich bei den WordPress-Entwicklern nicht in dieses Minenfeld wagen, sodass die Optionen eher rudimentär sind. Im Zweifelsfall wird man hier zu einem entsprechenden Plug-in greifen müssen.

WordPress gibt Ihnen in der Standardinstallation lediglich einen kleinen Leitfaden an die Hand. Beim Erstellen der Datenschutzerklärung passiert nichts anderes, als dass eine reguläre Seite mit den Daten aus dem Leitfaden im Editor erstellt wird. Wollen Sie die Seite für die Datenschutzerklärung ändern, können Sie dafür jede beliebige von Ihnen erstellte WordPress-Seite nehmen. Das bietet sich an, wenn Sie sich die Datenschutzerklärung von einem Anwalt haben schreiben lassen oder wenn sie automatisch durch Plug-ins erstellt wird.

Einstellungen zum Datenschutz

4.3 Benutzer

Wollen Sie Ihren Blog allein betreiben, können Sie dieses Kapitel stark abkürzen. Wollen Sie aber mit anderen an Ihrer Webseite arbeiten oder sich vielleicht sogar die Arbeit teilen, sodass einer sich um die technischen Dinge kümmert, während die Autoren damit nichts zu tun haben wollen oder sollen, dann sind Sie hier richtig.

4.3.1 Benutzerrollen

WordPress erlaubt es nämlich, verschiedene Benutzer mit unterschiedlichen Rechten einzubinden. Leider ist die Rechtesteuerung bislang ziemlich grobgranular. Es gibt genau genommen nur verschiedene Rollen mit fest verdrahteten Rechten, aber noch keine Möglichkeit, den Rollen oder Benutzern einzelne Berechtigungen zu erteilen.

Das führt dann leider dazu, dass man nur die Wahl hat, einem Benutzer zu viel Rechte geben zu müssen oder ihm manche Arbeiten zu untersagen und an einen anderen User mit mehr Rechten zu delegieren.

Hoffen wir, dass dies in zukünftigen WordPress-Versionen besser gelöst wird. Aktuell kann man das nur durch zusätzliche Plug-ins oder direkt im Code ändern.

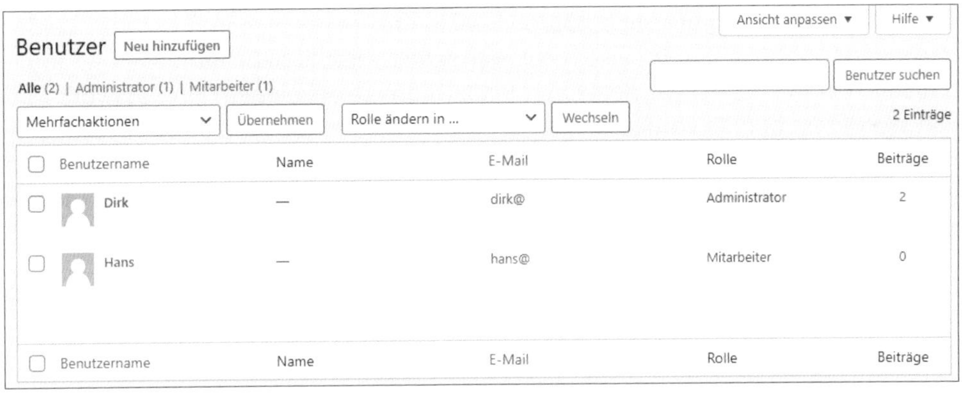

WordPress mit zwei angelegten Benutzern

Der einzige Benutzer, den WordPress wirklich benötigt, ist der Administrator, den Sie aber bereits bei der Installation mit angelegt haben.

Folgende Rollen kennt WordPress:

- **Abonnent**
  Wie der Name schon sagt, hat dieser Benutzer lediglich Leserechte und kann sein Benutzerprofil anpassen. Darüber hinaus kann er Beiträge kommentieren, falls Benutzer zum Kommentieren registriert sein müssen.
- **Mitarbeiter**
  Als Mitarbeiter darf man Beiträge schreiben und eigene unveröffentlichte Beiträge ändern. Das Veröffentlichen von Beiträgen oder das Bearbeiten bereits veröffentlichter Beiträge ist nicht erlaubt.
- **Autor**
  Diese Benutzerrolle darf Beiträge schreiben und eigene Beiträge veröffentlichen und bearbeiten. Außerdem dürfen Bilder und Dokumente hochgeladen werden.
- **Redakteur**
  Noch mehr Rechte hat der Redakteur. Er darf auch Seiten bearbeiten, fremde Beiträge bearbeiten und löschen sowie Metainformationen zu Seiten und Beiträgen bearbeiten.
- **Administrator**
  Der Administrator darf logischerweise alles. Dazu zählt auch, Plug-ins und Themes zu verwalten, sämtliche Einstellungen zu ändern und andere Benutzer hinzuzufügen, zu bearbeiten oder zu löschen.

4.3.2 Neuen Benutzer anlegen

Unter *Neu hinzufügen* können Sie neue Benutzer anlegen. Dabei brauchen Sie jeweils einen Benutzernamen und eine gültige E-Mail-Adresse des neuen Benutzers. Beides muss eindeutig sein. Es geht also nicht, sich selbst verschiedene Benutzer mit unterschiedlichen Rechten unter derselben E-Mail-Adresse anzulegen. Ein Passwort wird von WordPress bereits vorgeschlagen, Sie können aber auch selbst eines festlegen. Falls es zu schwach ist, müssen Sie noch mal bestätigen, ob Sie es wirklich verwenden wollen. In der Regel reicht das vorgeschlagene Passwort aber, da sich der neue Benutzer sowieso als Erstes ein neues Passwort geben muss.

Der neue Benutzer bekommt daraufhin eine E-Mail mit zwei Links: den einen, um sein Passwort neu zu setzen, und den anderen, um zum Admin-Bereich zu gelangen.

4.3.3 Profil bearbeiten

Jeder Benutzer kann sein eigenes Profil (zum Teil) bearbeiten. Als Administrator können Sie selbstverständlich alle Profile bearbeiten.

Die ersten beiden Punkte kann nicht jeder Benutzer selbst ändern. Hier können Sie einen Benutzer dazu verdonnern, einen vereinfachten Editor ohne direkte WYSIWYG-Anzeige (**W**hat **y**ou **s**ee **i**s **w**hat **y**ou **g**et) zu verwenden. Irgendwelche Formatierungen wie **fett** oder *kursiv* werden dann mithilfe eines Steuercodes angezeigt.

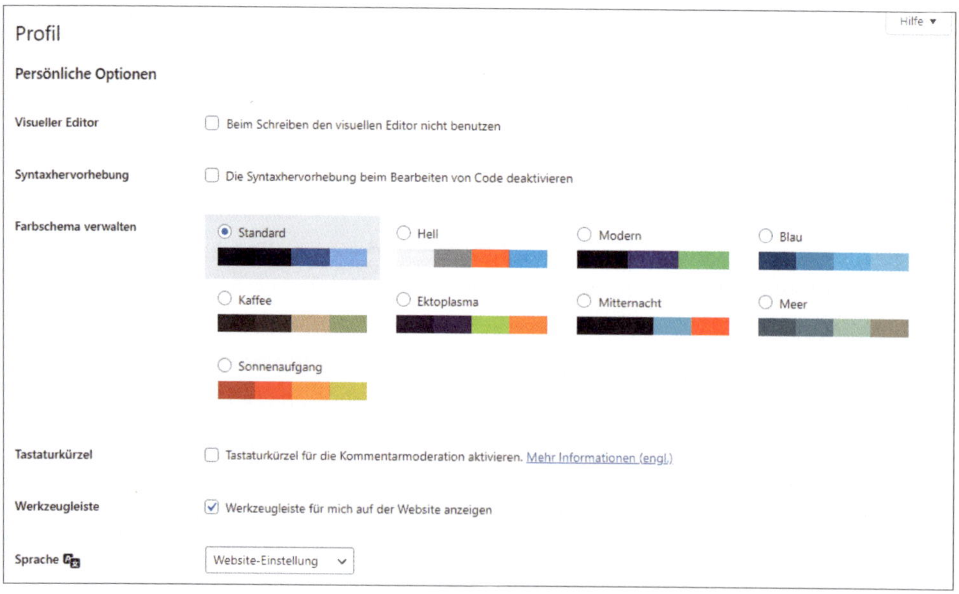

Profil bearbeiten

Jeder Benutzer kann selbst festlegen, in welchem Farbschema das Backend bei ihm angezeigt werden soll. Auswirkungen auf das Frontend hat dies nicht.

Mit *Tastaturkürzel* können Sie Ihre Arbeit unter Umständen beschleunigen, wenn Sie viele Editiermöglichkeiten einfach über bestimmte Tastenkombinationen steuern können und weniger die Maus benutzen müssen.

Defaultmäßig wird, wenn Sie angemeldet sind, auf jeder WordPress-Seite oben eine kleine Werkzeugleiste angezeigt, die einige nützliche Informationen und Links, zum Beispiel direkt zum Editor, bereithält.

Die Schnellstartleiste

Diese können Sie hier auf Benutzerebene ausblenden. Das ist dann nützlich, wenn es irgendwelche Wechselwirkungen mit dem Layout gibt. Wenn Ihre Webseite also plötzlich komisch aussieht, kann das an der eingeblendeten Schnellstartleiste liegen.

Bei den Stammdaten wird unterschieden zwischen Benutzername, Vorname und Spitzname. Während das Feld *Vorname* nicht ausgefüllt sein muss, ist der Spitzname erst mal mit dem Benutzernamen identisch. Dabei können Sie auswählen, welcher der drei Namen öffentlich als Beitragsautor angezeigt wird.

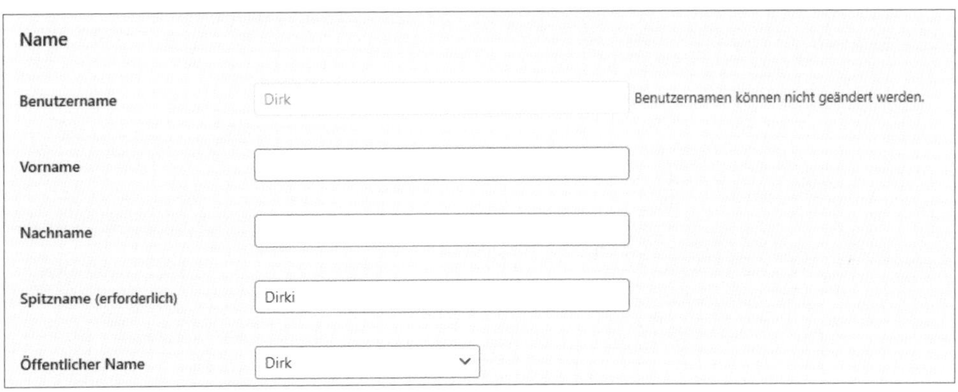

Stammdaten des Benutzers

Es empfiehlt sich, einen Spitznamen zu nehmen, der abweichend vom Benutzernamen ist, und diesen ab sofort öffentlich zu verwenden. Damit gibt man den Leuten, die einfach mal versuchen, ob sie sich mit dem Autorennamen anmelden können, schon mal eine Information weniger.

Noch ein Hinweis zum Profilbild: Die Profilbilder, bei WordPress »Avatar« genannt, werden in der normalen Installation auf Gravatar gehostet (www.gravatar.com) und können dort geändert werden. Was zwar nett klingt – man kann sein Profilbild für verschiedene Seiten zentral verwalten –, ist aus Datenschutzsicht bedenklich. Wenn Sie Profilbilder nutzen möchten, dann nehmen Sie lieber ein Plug-in, das die Profilbilder lokal speichert.

5. Themes

In WordPress wird streng zwischen der Programmlogik und dem Design getrennt. Das Design nennt sich Theme. Dabei handelt es sich um eine Sammlung von Designvorlagen für die verschiedenen Seitentypen, ihr Aussehen und dafür benötigte zusätzliche Funktionen.

Der Vorteil dieser Trennung besteht darin, dass Sie jederzeit das Theme austauschen können, um Ihrer Webseite ein neues Aussehen zu verpassen, ohne die WordPress-Installation an sich anfassen zu müssen. Das geht soweit, dass Sie sogar Änderungen am Programmcode eines Themes machen können, der bei einem Update der WordPress-Installation noch funktioniert, sofern Sie es richtig machen. Das Stichwort nennt sich »Child-Theme«. Das ist aber eine Funktion für Fortgeschrittene, die hier nicht behandelt wird.

Umgekehrt können Änderungen an der WordPress-Logik zum Beispiel im Zuge eines Updates vorgenommen werden, ohne dass das Design darunter leidet. Eine kleine Einschränkung gibt es: Die WordPress-Version und das verwendete Theme müssen kompatibel sein. Ein Design kann keine neuen Funktionen verwenden, wenn die Logik im Programm dazu noch gar nicht vorhanden ist.

Themes lassen sich zwar untereinander austauschen, aber nicht jedes Theme unterstützt alle WordPress-Möglichkeiten gleichermaßen. Beispielsweise gibt es Themes, die den alten Customizer mit vier oder fünf Menüpunkten haben, und andere, die den neuen Full Site Editor mit nur ein bis zwei Menüpunkten nutzen. Das merken Sie, wenn Sie auf den Menüpunkt *Design* tippen. Je nach Theme stehen hier unterschiedliche Optionen zur Auswahl.

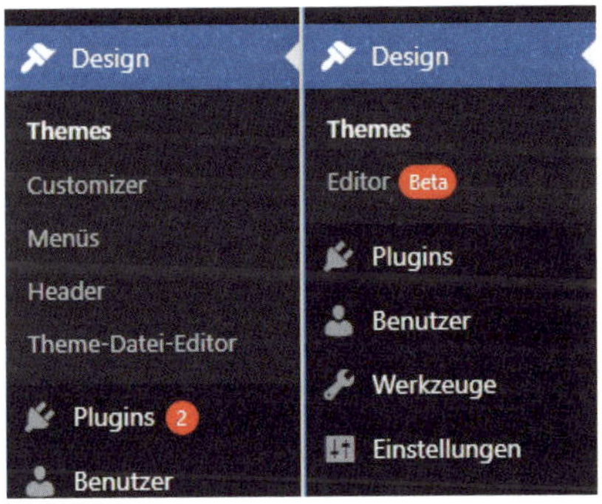

Designmenü zweier verschiedener Themes

Ihr erstes Theme haben Sie bereits installiert. Entweder explizit bei der Frage nach der Anpassung am Ende der Installation (sofern angeboten) oder implizit die Standard-Themes von WordPress.

Die Standard-Themes von WordPress fangen alle mit *Twenty* an. Fast bei jedem neuen Master-Release (Hauptversion) wird auch ein neues Standard-Theme mitgeliefert. Bei WordPress 6 ist das *Twenty Twenty-Two*, die alten werden aber auch noch dazugepackt.

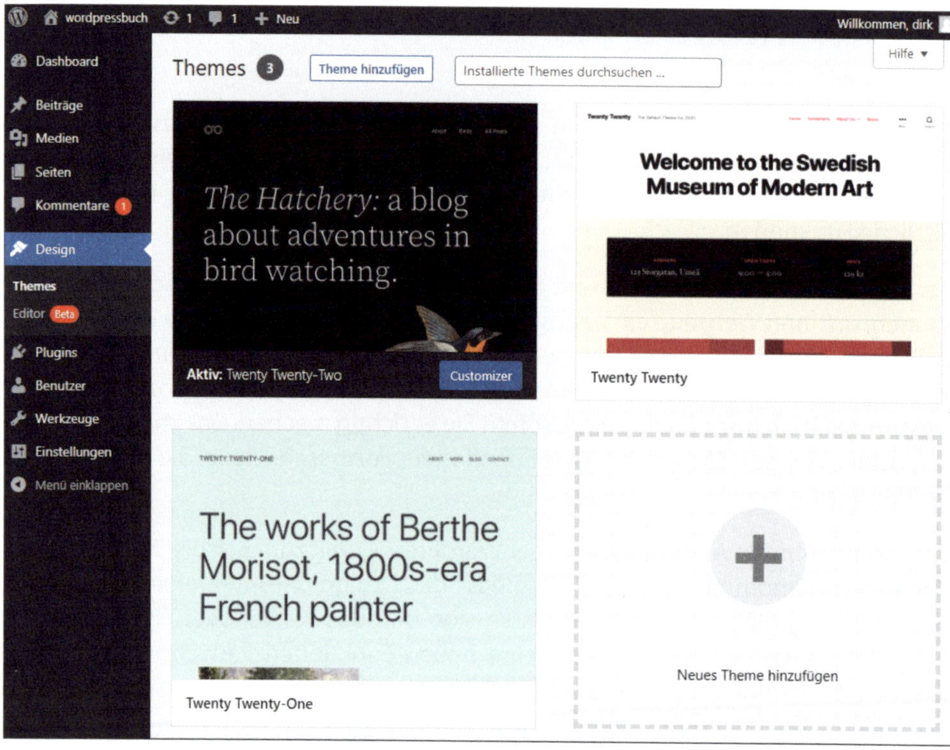

Installierte Themes

Selbst wenn Sie später ein anderes Theme verwenden, sollten Sie das Standard-Theme installiert lassen, da es als Fallback dient, also als Absicherung, falls irgendwas mit dem installierten Theme schiefläuft.

5.1 Ein neues Theme installieren

Bevor es das Full Site Editing gab, war es fast unumgänglich, gleich zu Beginn erst einmal ein vernünftiges Theme zu installieren. Bevor Sie dies tun, prüfen Sie erst einmal, ob das Standard-Theme *Twenty Twenty-Two* mit den neuen Editiermöglichkeiten nicht vielleicht die bessere Wahl ist. Das Full Site Editing ist so mächtig, dass man inzwischen fast alle Individualisierungen daran vornehmen kann, ohne auf ein spezielles Theme zurückgreifen zu müssen.

Sie können jederzeit neue Themes hinzufügen. Unter *Theme hinzufügen* finden Sie direkt eine ganze Liste von Themes, die direkt bereitstehen, aktuell über 9.000, und es kommen laufend neue hinzu.

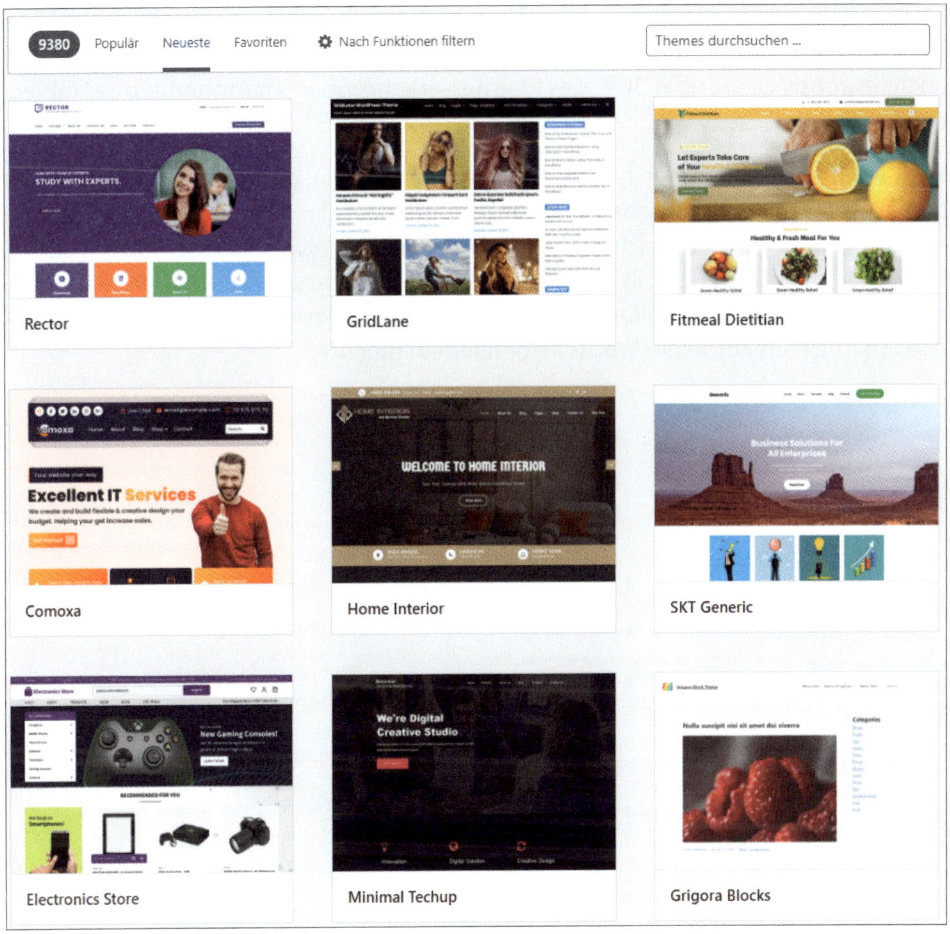

Auswahl von Themes

Bei dieser Menge an Themes ist die Auswahl natürlich schwer. Und das sind nur die Themes, die zumindest in einer kostenlosen Variante bereitstehen. Hinzu kommen noch die kostenpflichtigen Themes, die extra hochgeladen werden können. Fairerweise muss man dazu sagen, dass auch viele Themes dabei sind, die sich ähneln oder nur minimal voneinander abweichen, zumal Bilder und Farben ohnehin geändert werden können.

Bestimmt haben Sie schon mal das Schlagwort »responsives Webdesign« gehört. Damit ist gemeint, dass sich das Design einer Webseite jeweils an das darstellende Gerät anpasst. Früher gab es oft Webseiten mit fixer Breite, bei denen man auf dem Smartphone dann horizontal scrollen musste. Heutzutage ist es üblich, Webseiten zu bauen, die für alle Geräte tauglich sind. Im Ergebnis werden dann bei kleineren Geräten Bilder und Schriften skaliert, weniger wichtige Inhalte ausgeblendet, Elemente nicht mehr nebeneinander, sondern untereinander angezeigt und einige Tricks mehr. Achten Sie bei der Auswahl eines passenden Themes darauf, dass dieses auch responsiv ist, da über 50 % des Internetverkehrs über Smartphones oder Tablets erfolgen.

Viele Autoren von Themes haben bei ihrem Theme ein bestimmtes Anwendungsgebiet im Sinn. Das heißt aber nicht unbedingt, dass das Theme nicht auch für ein anderes Thema genutzt werden könnte. Wenn Sie auf *Nach Funktionen filtern* klicken, bekommen Sie eine Liste mit Filtern angezeigt. Das hilft zumindest schon mal, wenn man eine ungefähre Vorstellung davon hat, welches Layout man bevorzugt oder welches Thema man auf seiner Webseite behandeln möchte.

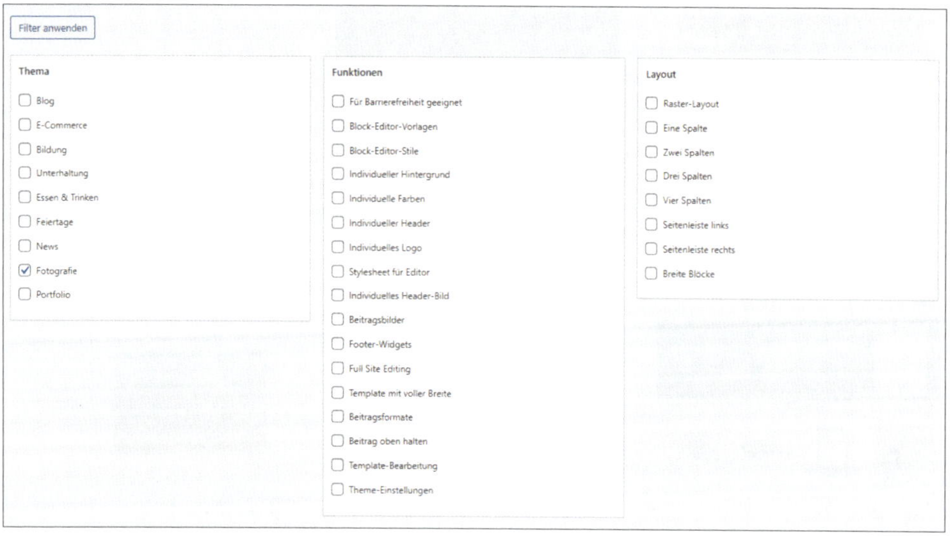

Filtern nach geeigneten Themes

Dabei hängt es auch von Ihren persönlichen Kenntnissen und der Bereitschaft, sich einzuarbeiten, ab. Beispielsweise ergibt es wenig Sinn, den Filter *Stylesheet für Editor* auszuwählen, wenn Sie noch nie von CSS gehört haben.

Wenn Sie dann die Liste von – vermutlich immer noch viel zu vielen – infrage kommenden Themes haben, können Sie sich jeweils eine Vorschau anzeigen lassen. In der Vorschau sehen Sie, wie die Standard-Übersichtsseite sowie einige Detailseiten aussehen würden. Diese Demoseiten sind immer die gleichen, sodass der Vergleich leichter fällt. Zusätzlich finden Sie noch eine Beschreibung des Theme-Entwicklers, der versucht, sein Ergebnis so gut wie möglich zu verkaufen. So ist fast jedes Theme »modern«, »aufstrebend«, »flexibel« und sowieso eines der besten.

Viel interessanter ist da schon ein Blick in die Bewertungen. Auf der Bewertungsseite sehen Sie auch gleich, wie aktiv der Autor bei Supportanfragen ist und wie alt diese sind. Was nützt ein Theme mit guten Bewertungen, das schon seit einem Jahr nicht mehr gepflegt und an die WordPress-Versionen angepasst wird?

Wie gesagt, keine Panik, wenn Sie sich noch nicht endgültig entscheiden können. Sie können problemlos mehrere Themes installieren, Ihre ersten Beiträge oder Seiten schreiben und dann zwischen den Themes wechseln, um zu sehen, welches Ihre persönlichen Vorstellungen am besten trifft.

Wählen Sie also ein Theme, das Ihnen gefällt, und klicken Sie beherzt auf *Installieren*. Anschließend können Sie das Theme entweder direkt aktivieren oder noch etwas herumsuchen und weitere potenziell interessante Themes installieren.

Wenn Sie wieder in Ihre Theme-Übersicht schauen, sehen Sie alle Themes, die Sie installiert haben. Bevor Sie eines davon aktivieren, haben Sie zusätzlich die Möglichkeit, sich Ihre bisherige Website im Look-and-Feel eines dieser Themes anzusehen. Gehen Sie dazu mit der Maus über eines der installierten Themes und klicken Sie auf den Button *Live-Vorschau*.

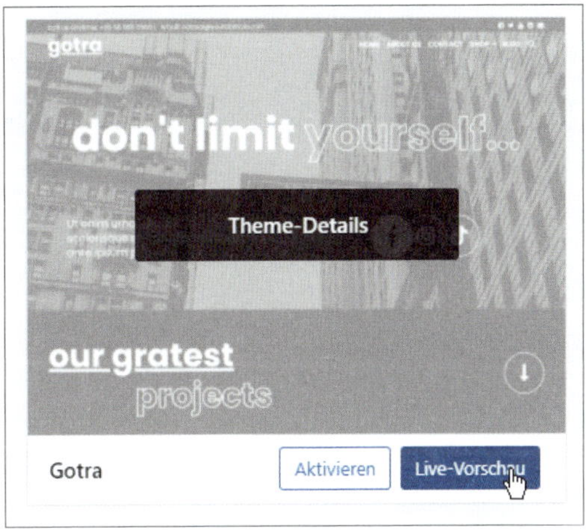

Ein Theme vorab ansehen

Das Ergebnis ist meistens schon aussagekräftiger als die allgemeine Vorschau, sodass man hier noch einmal aussortieren kann. Wenn Ihnen das, was Sie sehen, gefällt, klicken Sie auf *Aktivieren*. Ihre Webseite wird ab sofort für alle Besucher im neuen Design angezeigt. Möglicherweise bekommen Sie auch gleich noch eine Meldung, welche Plug-ins für dieses Theme noch empfohlen werden.

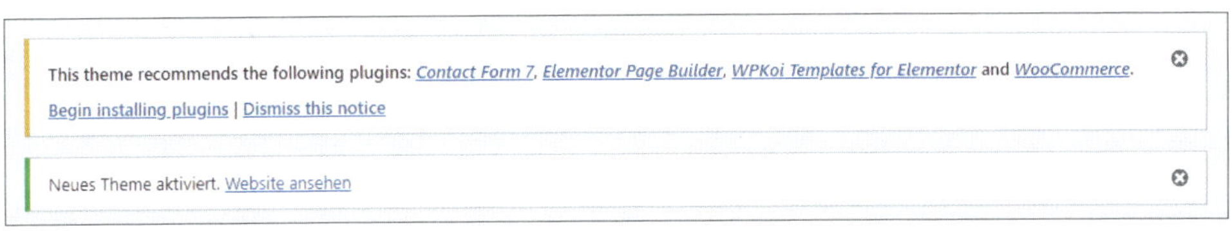

Empfehlungen zu entsprechenden Plug-ins

Nicht immer braucht man diese auch wirklich. Je nach Theme gibt es in der Info-Zeile auch weitere Hinweise, zum Beispiel auf ein Tutorial oder eine eventuell kostenpflichtige Premium-Version.

5.2 Theme hochladen

Apropos kostenpflichtige Premium-Version: Auf manchen Websites wie zum Beispiel https://themeforest.net/ können Sie kostenpflichtige Themes kaufen.

Häufig haben diese noch wesentlich mehr Funktionen als die kostenlosen oder sind wirklich für den professionellen Betrieb bestimmt. Auf diesen Webseiten erhalten Sie dann eine ZIP-Datei, die alle benötigten Daten des Themes enthält. Unter *Theme hochladen* können Sie dieses Archiv hochladen und Ihrer WordPress-Seite hinzufügen.

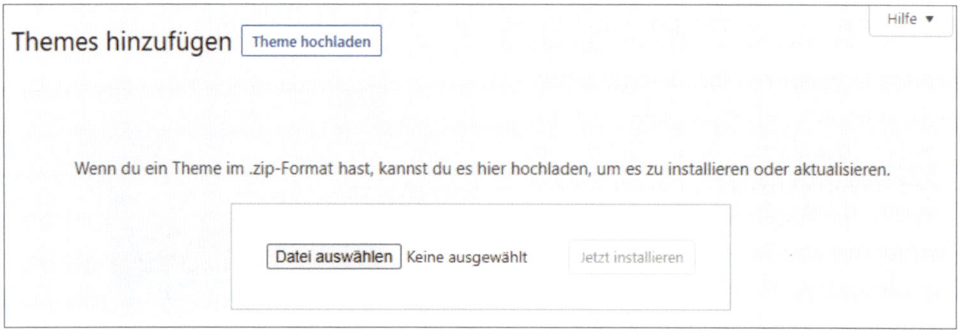

Ein neues Theme ergänzen

Laden Sie ein Paket hoch, so bekommen Sie im Idealfall die Erfolgsmeldung und haben auch wieder die Möglichkeit, sich dieses Theme erst mal in der Live-Vorschau anzusehen oder direkt zu aktivieren.

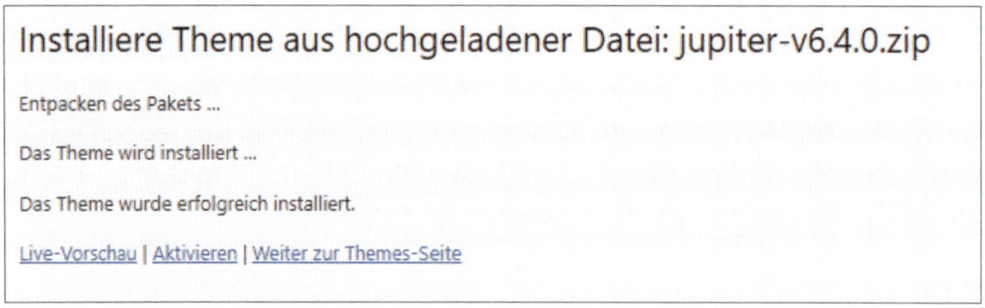

Ein Theme wird aus externer Quelle installiert

Ansonsten verhält sich alles wie bei einem der direkt verfügbaren freien Themes.

Je nach Theme ändert sich die linke Menüleiste. Manche Themes, wie zum Beispiel *Jupiter*, bringen ihr eigenes Kontrollcenter im Menü unter, andere verstecken zusätzliche Menüpunkte unter *Design*.

5.3 Theme anpassen

Hier gab es bei WordPress eine grundlegende Änderung. Während früher viele Einstellungen in Untermenüs abgelegt waren, ist man peu à peu zu einem »Full Site Editing« übergeschwenkt. So können Sie Ihre Seite direkt durch Änderungen in der Anzeige anpassen, sofern das Theme dies unterstützt. Trotzdem gibt es noch viele Themes, die die klassische Herangehensweise implementiert haben, weswegen wir damit auch erst einmal anfangen.

Ob Sie noch ein Theme mit klassischer Editiermöglichkeit haben, erkennen Sie, wenn Sie das *Design*-Menü aufklappen und unter anderem folgende Unterpunkte sehen:

Altes Design-Menü

Je nach Theme tauchen unter Umständen auch noch weitere Punkte auf, wie zum Beispiel *Header*.

Unterstützt Ihr Theme bereits das Full Site Editing, sieht das *Design*-Menü weitaus übersichtlicher aus.

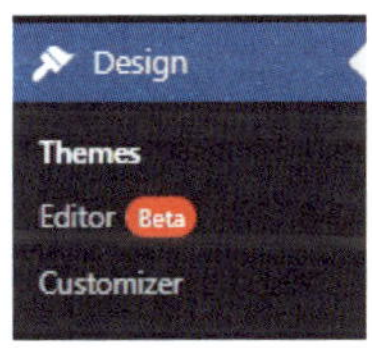

Neues Design-Menü

Und selbst wenn Sie hier den *Customizer* aufrufen, werden Sie gefragt, ob Sie nicht vielleicht doch lieber zum Editor wechseln möchten. Obwohl der Editor noch als Beta markiert ist, ist er bereits vollständig funktional und sollte dem Customizer vorgezogen werden.

5.4 Theme mit dem Customizer anpassen

Starten Sie den Customizer, ändert sich das Erscheinungsbild und Sie sehen eine Ansicht Ihrer Website und eine Reihe neuer Menüpunkte auf der linken Seite.

Änderungen, die Sie jetzt links im Customizer machen, werden auch direkt rechts angezeigt. Einige Einstellungen, wie zum Beispiel das Menü, können sowohl über den Customizer vorgenommen werden als auch über den entsprechenden Unterpunkt im *Design*-Menü.

Startseite des Customizers

Der Customizer zeigt Änderungen direkt an, wohingegen das *Design*-Menü manchmal etwas komfortabler zu bedienen ist.

Begrenzt ist es im Customizer möglich, innerhalb der Seite zu navigieren, also von der Übersichtsseite zu den Unterseiten zu springen, um zu sehen, wie sich die Änderungen dort auswirken.

Ganz unten im Menü des Customizers finden Sie eine Möglichkeit, die Darstellung umzuschalten.

Darstellung ändern

Damit können Sie nicht nur sehen, wie Ihre Seite auf dem Desktop-Computer aussieht, sondern auch, wie sie auf dem Tablet oder einem Smartphone aussehen würde. Allerdings ist jeweils nur eine gängige Auflösung fest codiert. Wenn Sie wissen wollen, wie Ihre Webseite auf Smartphones verschiedener Auflösungen aussieht, benötigen Sie andere Tools wie die Chrome Developer Tools (zu diesen Tools erfahren Sie mehr in Kapitel 21.2).

Wo immer Sie einen blauen Kreis mit einem Stift sehen, können Sie etwas editieren. Ein Klick darauf führt Sie direkt in den entsprechenden Dialog. Machen Sie es gleich einmal: Klicken Sie auf das Logo neben dem Titel oder Untertitel, dann öffnet sich in der linken Spalte ein Menü, in dem Sie die Informationen ändern können.

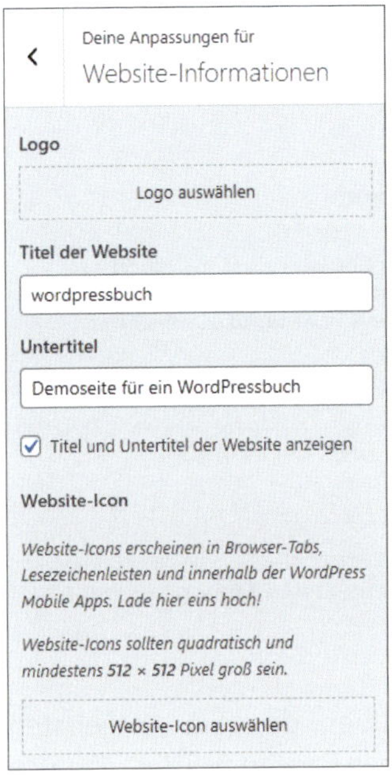

Grundinformationen anpassen

Änderungen, die Sie hier machen, sind zwar für Sie sichtbar, aber noch nicht für Ihre Besucher. Sobald Sie eine Änderung vornehmen, ändert sich der obige Hinweis *Veröffentlichen* zu einem blauen Button. Was ist aber, wenn Sie Ihre Änderungen noch gar nicht veröffentlichen, sondern später weitermachen wollen oder vielleicht auch erst mal einer anderen Person zeigen möchten? Auch das geht ganz einfach: Mit einem Klick auf das Zahnrad neben dem Button erscheint das entsprechende Menü.

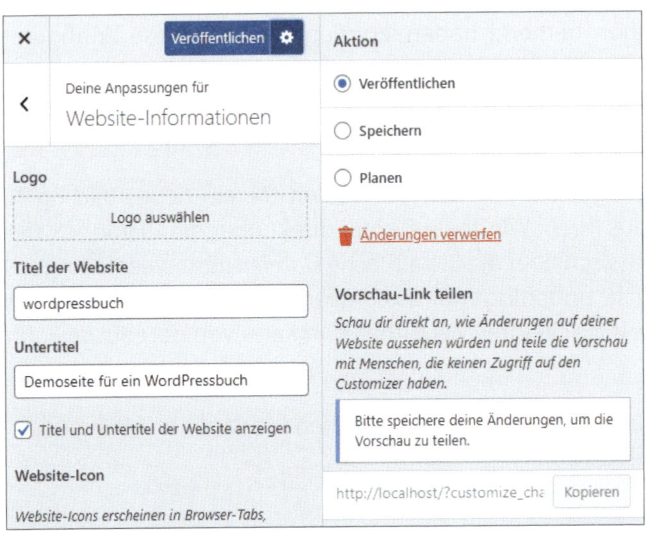

Änderungen publizieren

Wenn Sie jetzt auf *Speichern* klicken, wird der aktuelle Stand als Entwurf gesichert, und sobald Sie den Customizer später wieder öffnen, sehen Sie direkt den Hinweis *Entwurf gespeichert*.

Mithilfe der Option *Planen* können Sie eine Änderung zu einem bestimmten Zeitpunkt veröffentlichen, ohne dass Sie dabei direkt vor dem Rechner sitzen müssen. Den Zeitpunkt können Sie auf die Minute genau wählen. Achten Sie aber vorher darauf, dass auch die richtige Zeitzone eingestellt ist. Selbst große Agenturen haben es schon geschafft, vorbereitete Meldungen zu früh zu veröffentlichen, weil eine falsche Zeitzone auf einem der beteiligten Systeme gesetzt war.

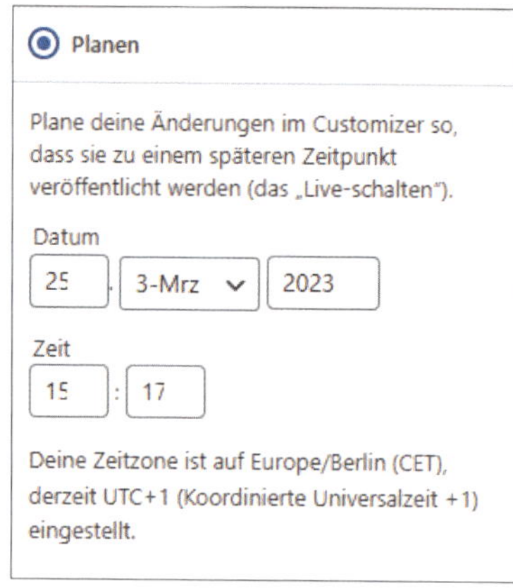

Veröffentlichung planen

Wenn Sie Ihre Website beim Ändern so verunstaltet haben, dass Sie am liebsten alles rückgängig machen würden, geht das mit *Änderungen verwerfen*. Dies gilt auch dann, wenn es sich um einen vorab gespeicherten Entwurf handelt. Das Rückgängigmachen geht allerdings bloß bis zur letzten Veröffentlichung. Lediglich bei diesen Seiten und Beiträgen gibt es eine Revisionshistorie.

Wollen Sie jemandem, der keinen Zugriff auf Ihr WordPress-Backend hat, einen gespeicherten Entwurf zeigen, funktioniert das mit *Vorschau-Link teilen*. Dabei wird ein Link mit einer eindeutigen ID generiert, mit dem der Empfänger die Vorschau sehen kann, ohne sich dafür bei Ihrem WordPress anzumelden.

Wie Sie möglicherweise schon bemerkt haben, können Sie über diese Konfigurationsseite nicht nur den (Unter-)Titel ändern, sondern haben auch die Möglichkeit, Ihrer Webseite ein Logo oder ein Website-Icon hinzuzufügen. Wenn Sie auf die entsprechende Schaltfläche klicken, öffnet sich der dazu passende Dialog.

Dabei haben Sie mehrere Möglichkeiten. Entweder laden Sie ein neues Bild hoch, indem Sie es mit der Maus aus Ihrem Windows-Ordner direkt über die Dialogbox ziehen, oder Sie gehen ganz klassisch über die Schaltfläche *Dateien auswählen*. Übrigens muss das an dieser Stelle nicht unbedingt nur das gewünschte Logo sein. Alles, was hochgeladen wird, landet erst mal in Ihrer Mediathek und kann von dort ausgewählt werden.

Wechseln Sie also einfach auf den Reiter *Mediathek*, klicken Sie das eben hochgeladene Bild an und gehen Sie auf *Auswählen*.

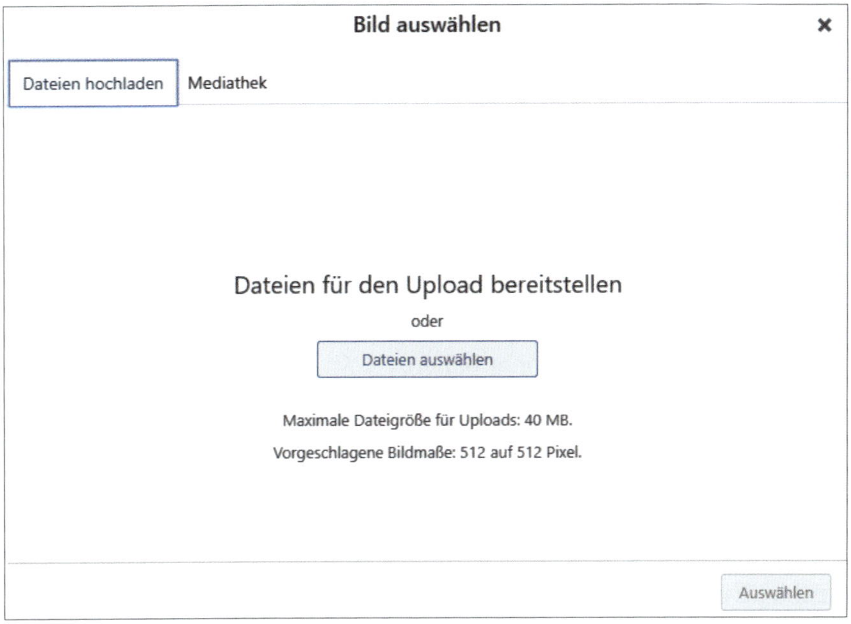

Ein Logo hinzufügen

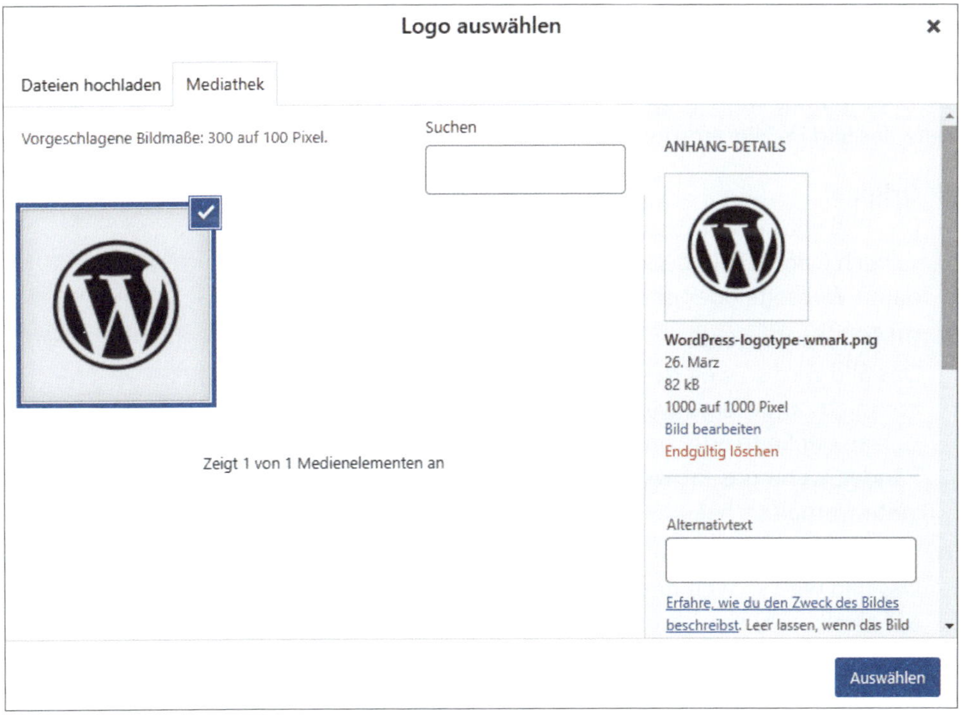

Ein Logo auswählen

Sie gelangen zu einem weiteren Dialog, bei dem Sie das Logo noch zuschneiden können. Das empfohlene Seitenverhältnis ist dabei schon vorausgewählt. Sie können mit der Maus die Auswahl verschieben und die Größe ändern, indem Sie an einem der Quadrate an den Ecken oder Kanten ziehen. Das Zuschneiden ist optional, Sie können den Schritt auch überspringen und erst mal sehen, wie die Seite mit unbeschnittenem Logo aussieht. Eine detaillierte Beschreibung der Mediathek finden Sie in Kapitel 6.

5.4.1 Hintergrundbild

Ähnlich verhält es sich mit dem Hintergrundbild, nur dass Sie hier ein paar Optionen mehr haben, sobald Sie ein Bild ausgesucht haben. Je nachdem, welche Voreinstellung Sie gewählt haben, werden Ihnen ganz unterschiedliche Einstellungsmöglichkeiten angezeigt. Am besten entscheiden Sie sich für *Individuell*, dann sehen Sie alle Optionen.

Ein Hintergrundbild festlegen

Mithilfe der zahlreichen Pfeil-Symbole können Sie angeben, an welcher Kante das Bild anschlagen soll oder ob es zentriert angezeigt werden soll. Links oben oder zentriert dürften die häufigsten Einstellungen sein.

Mit der *Bildgröße* kann festgelegt werden, welchen Platz das Bild im Hintergrund einnehmen soll.

- **Original**
  Das Bild wird in der exakten Größe angezeigt. Je nach Originalbild bedeckt es dann nicht die ganze Webseite oder ist abgeschnitten.
- **Bildschirmpassend**
  Das Bild wird so weit gestreckt, dass es immer komplett angezeigt wird. Dadurch ergeben sich an der Seite oder unten unter Umständen Ränder, wenn das Browserfenster ein anderes Seitenverhältnis hat.
- **Bildschirmfüllend**
  Das Bild wird so weit gestreckt, dass es immer auf der kompletten Browsergröße angezeigt wird. Unter Umständen werden dadurch Teile des Bildes abgeschnitten.

Vergessen Sie nicht, dass das Hintergrundbild immer mit übertragen wird. Wenn Sie ein großes, hochauflösendes Bild als Hintergrund wollen, dann machen Sie bitte nicht den Fehler, ein mehrere Megabyte großes Bild zu nutzen. Versuchen Sie lieber, ob sich das Bild besser komprimieren lässt oder ob es sogar ausreicht, ein kleines Bild zu strecken.

Falls das Bild nicht über die ganze Größe reicht, gibt es die Möglichkeit, es wiederholt anzeigen zu lassen. Dies ist besonders dann nützlich, wenn das Bild eine fortlaufende Struktur – zum Beispiel eine Holzmaserung – hat.

Mit der letzten Option *Mit Seite mitscrollen* schließlich geben Sie das Verhalten des Bildes an, wenn der Benutzer auf der Seite scrollen muss. Scrollt das Hintergrundbild mit, erweckt es den Eindruck, als würde das Bild zum Vordergrund gehören, was einen netten Effekt ergibt.

5.4.2 Menüs

Wie zu erwarten, können Sie an dieser Stelle die Menüs Ihrer WordPress-Seite bearbeiten. Je nach Theme gibt es eine unterschiedliche Anzahl von Menüs. Im mitgelieferten Theme *Twenty Twenty-Two* sind es bloß zwei. Ein Hauptmenü im Header und ein Untermenü im Footer. Je nach Installationsweise sind möglicherweise schon vordefinierte Menüs vorhanden oder auch nicht.

Gehen wir mal davon aus, dass noch keine Menüs definiert wurden, und legen eines an.

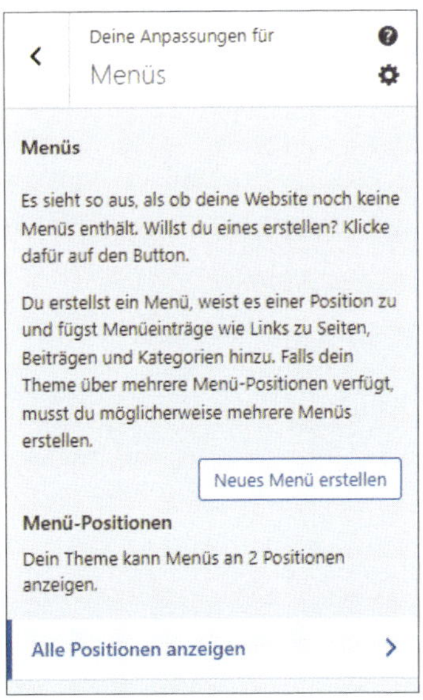

Menüs definieren

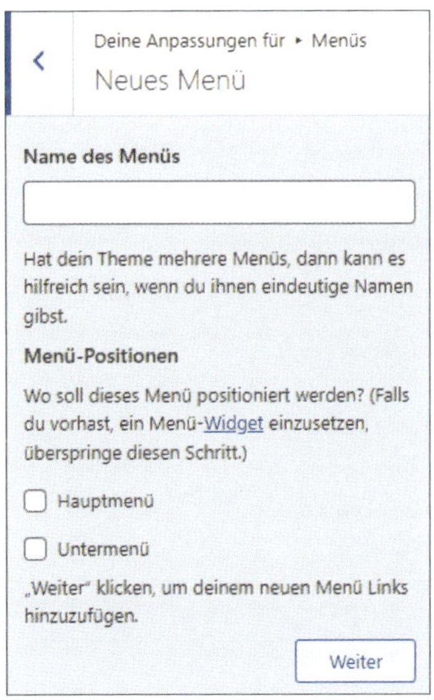

Ein neues Menü erstellen

Geben Sie Ihrem Menü als Erstes einen Namen. Zum Beispiel *Mein Hauptmenü*. Dieser Name wird nirgendwo angezeigt, sondern dient nur Ihrer eigenen Ordnung. Sie können auch mehr Menüs definieren, als Sie *Menü-Positionen* haben, und die Menüs bei Bedarf austauschen.

Falls Sie eine mehrsprachige Webseite haben (dazu kommen wir später noch), ist es möglich und sinnvoll, für jede Sprache ein eigenes Menü mit entsprechend angepassten Punkten anzulegen.

Sodann wählen Sie aus, an welcher Menü-Position Ihr neues Menü erscheinen soll. Sie können dasselbe Menü natürlich an verschiedenen Positionen erscheinen lassen. Es ist sogar häufig so, dass die Hauptmenüpunkte aus dem Header der Seite im unteren Teil der Seite noch einmal wiederholt werden.

Danach können Sie Ihrem Menü Einträge hinzufügen.

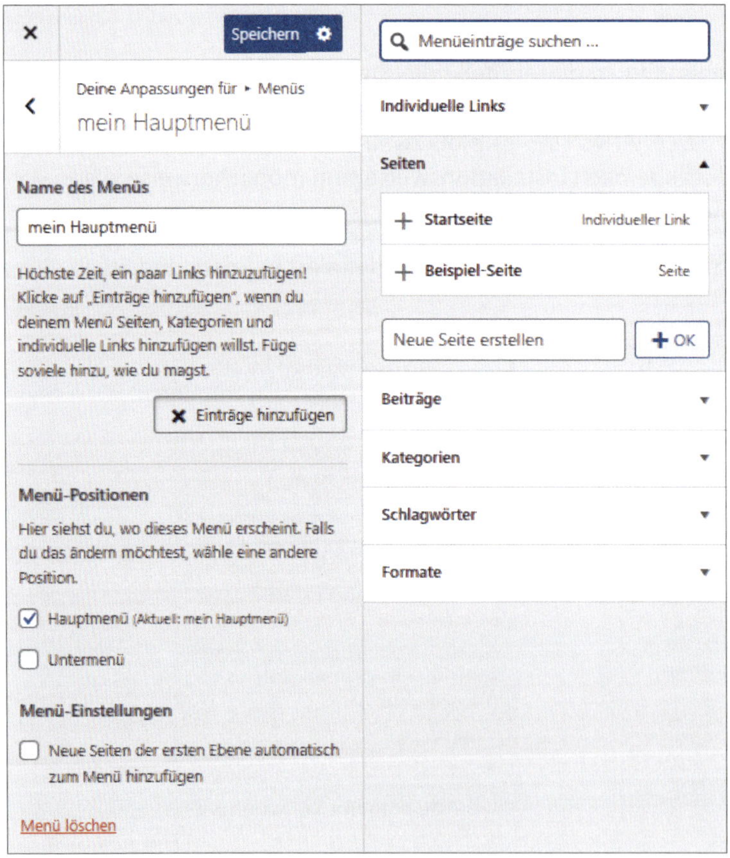

Menü konfigurieren

Wie Sie sehen, gibt es verschiedene Arten von Menüpunkten:

- **Individuelle Links**
  Damit können Sie beliebige Seiten aus dem Internet oder von Ihrer Seite dem Menü hinzufügen.
- **Seiten**
  Hier werden Ihnen alle Seiten, die Sie in Ihrem Blog bereits geschrieben haben, angezeigt und können direkt als Menüpunkt hinzugefügt werden.
- **Beiträge**
  Das Gleiche wie bei den Seiten, aber eben für Ihre Beiträge.
- **Kategorien**
  Wenn Sie keine einzelnen Beiträge verknüpfen wollen, sondern eine Blogkategorie, zum Beispiel alle Ihre Beiträge in der Kategorie *Reisen*, dann geht das hier.
- **Schlagwörter**
  Neben den Kategorien können Sie mithilfe von Schlagwörtern oder Tags auch Beiträge gruppieren. Der Unterschied zu Kategorien ist, dass ein Beitrag mehrere Schlagwörter, aber nur eine Kategorie haben kann. Vermutlich haben Sie noch keine Schlagwörter angelegt, daher ist dieser Punkt noch leer.

Die Liste der Arten von Menüpunkten kann variieren, je nachdem, was für Plug-ins installiert sind. Es gibt auch einige Plug-ins, um spezielle Menüfunktionen hinzuzufügen, beispielsweise ein zweistufiges Menü.

Wenn Sie alle gewünschten Menüpunkte hinzugefügt haben, speichern oder veröffentlichen Sie die Seite und sehen im Customizer direkt die Änderungen.

5.4.3 Widgets

Zusätzlich zu den vorgegebenen Bereichen Ihrer Seite können Sie noch sogenannte Widgets verwenden. Ein Widget ist ein Bereich, in dem Sie zusätzliche Inhalte oder Funktionen, wie zum Beispiel eine Suchleiste, hinzufügen können. Im Beispiel-Theme *Twenty Twenty-Two*, das oben ausgewählt wurde, haben Sie lediglich einen Widget-Bereich, nämlich den Footer, also den unteren Bereich der Webseite. Je nach Theme haben Sie aber auch mehrere oder keine Widget-Bereiche.

Auf Ihrer Beispielseite haben Sie im Footer bereits fünf vordefinierte Widgets:

- **Suchleiste**
  Damit können alle Beiträge und Seiten Ihrer Website durchsucht werden.
- **Neueste Beiträge**
  Listet auf, welche Beiträge Sie zuletzt veröffentlicht haben?

- **Neueste Kommentare**
  Was gab es für neue Kommentare? Diese Information finden Sie hier.
- **Archive**
  Hier stehen alle Beiträge Ihres Blogs nach Monat und Jahr gruppiert.
- **Kategorien**
  Alle Ihre Kategorien, sofern Sie welche angelegt haben, werden aufgelistet.

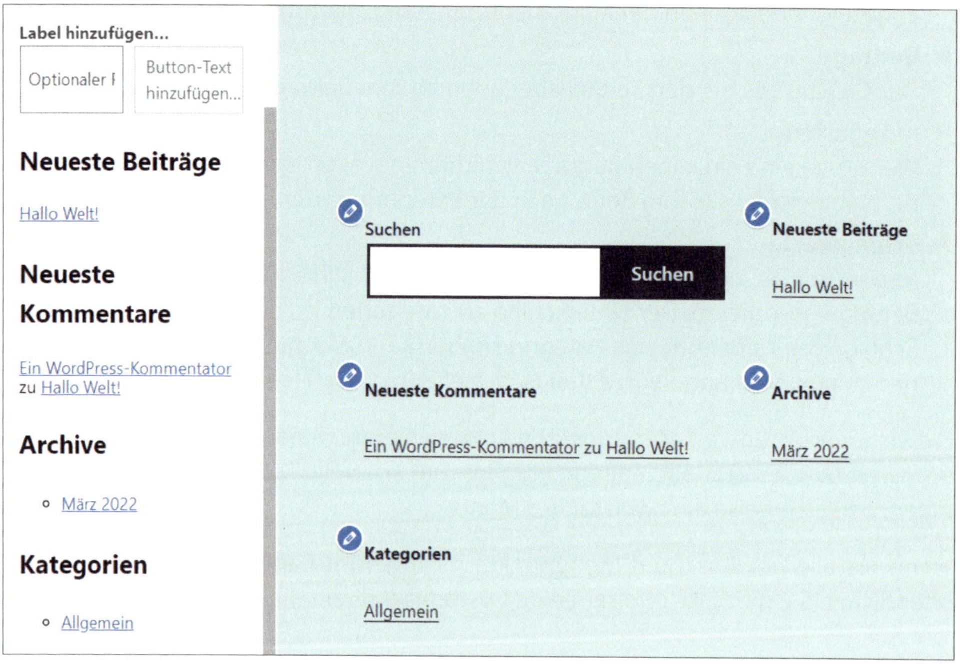

Stellen für Widgets

Seien Sie nicht irritiert, wenn – wie im obigen Beispiel – der Button bei der Suchleiste bereits mit *Suchen* beschriftet ist, obwohl er links im Customizer noch leer (*Button-Text hinzufügen*) ist. Dies ändert sich, sobald Sie eine Button-Beschriftung eintragen.

Genau genommen haben Sie in diesem Beispiel sogar sechs Widget-Arten, denn die Überschriften zu den einzelnen Funktionen sind auch Widgets.

Die Widgets können Sie ganz einfach auf der linken Seite bearbeiten. Klicken Sie beispielsweise in eine der Überschriften, öffnet sich ein Menü mit weiteren Bearbeitungsmöglichkeiten.

Da in WordPress viele Funktionen wiederverwendet werden, handelt es sich bei diesem Menü um den ganz normalen Block-Editor, den Sie auch zum Schreiben der Beiträge und Seiten verwenden.

Die kompletten Funktionen des Block-Editors werden in Kapitel 8 ausführlich vorgestellt, daher wird an dieser Stelle nur kurz darauf eingegangen.

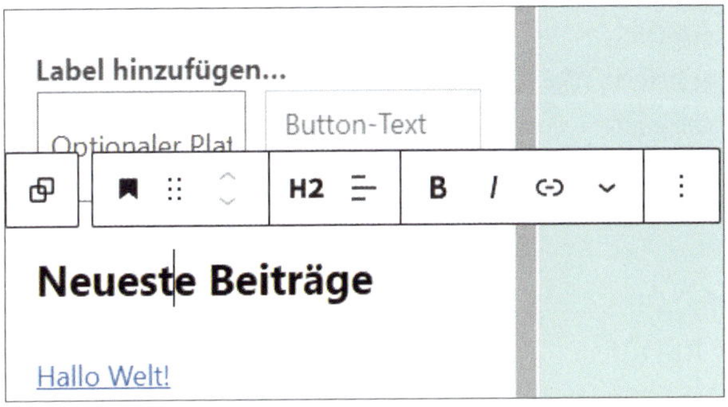

Widgets bearbeiten

Um ein neues Widget einzufügen, gehen Sie auf das Pluszeichen ganz unten, dann erscheint ein neues Menü mit den möglichen Blockarten.

Um ein neues Widget einzufügen, klicken Sie auf *Alle durchsuchen* und scrollen bis ungefähr zur Hälfte. Dort sehen Sie alle möglichen Widgets, die Sie hinzufügen können. Natürlich können Sie auch alle anderen Typen aus dieser Liste hinzufügen, zum Beispiel ein eingebettetes YouTube-Video.

Alle Blockarten

Zunächst eine kurze Erklärung der Widgets, die in der obigen Auflistung noch nicht erklärt wurden:

- **Kalender**
  Fügt einen Kalender hinzu, über den alle Ihre Beiträge mit dem Veröffentlichungstag verlinkt sind. Dies ergibt nur Sinn, wenn Sie mehrmals in der Woche neue Beiträge schreiben. Ansonsten ist es nur ein schmuck- und nutzloses Kalenderblatt.
- **Individuelles HTML**
  Wenn Sie sich schon ein bisschen mit der Webseitenerstellung auskennen und eigenen HTML-Code schreiben können, dann können Sie hier direkt HTML-Code reinschreiben. Es ist sogar JavaScript-Code möglich.
- **Seitenliste**
  Eine Liste aller Seiten (nicht Beiträge), die Sie veröffentlicht haben.

- **RSS**
  Mittels RSS-Feed können Sie Benachrichtigungen von anderen Seiten in Ihre eigene einbinden, sofern sie RSS-Feeds anbieten. Viele große Nachrichtenportale beispielsweise tun das. Ein Beispiel für einen Feed finden Sie etwa hier: https://www.n-tv.de/politik/rss
- **Shortcode**
  Shortcodes werden von vielen Plug-ins bereitgestellt, um dynamische Inhalte in Ihre Seiten integrieren zu können. Einen Shortcode erkennen Sie daran, dass er in eckigen Klammern steht, zum Beispiel: *[shortcode_test]*
- **Social Icons**
  Damit können Sie Ihre Social-Media-Seiten wie Facebook, XING, Instagram etc. verknüpfen.
- **Schlagwörterwolke**
  Dies ist nur dann relevant, wenn Sie Ihre Beiträge mit Tags bzw. Schlagwörtern versehen haben. Dann können Benutzer hierüber direkt alle Seiten eines bestimmten Schlagwortes auflisten.

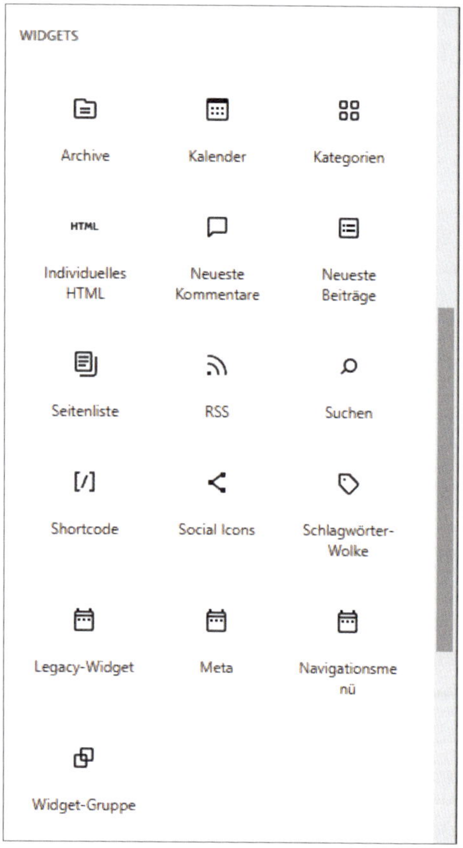

Widget-Arten

- **Legacy-Widget**
  Die Blöcke bei Widgets gibt es erst seit WordPress 5.8. Davor war der Widget-Editor anders aufgebaut. Widgets von Plug-ins, die noch das alte System haben, tauchen hier auf.
- **Meta**
  Das *Meta*-Menü enthält Links für die Administration, zum Beispiel den Link zum An-/Abmelden.
- **Navigationsmenü**
  Hierüber können Sie ein Menü hinzufügen. Dabei können Sie sowohl bereits genutzte Menüs als auch noch nicht angezeigte Menüs verwenden. Somit gibt es die Möglichkeit, einem Theme mehr Menüs hinzuzufügen, als es ursprünglich hat.
- **Widget-Gruppe**
  Eine Widget-Gruppe ist ein Container für weitere Widgets. In dieser Gruppe können Sie wiederum Widgets hinzufügen. Sie werden dadurch gemeinsam angezeigt.

Schauen Sie einfach, welche Widgets für Ihre Seite am besten geeignet sind. Solange Sie nicht speichern oder veröffentlichen, kann alles über die beiden Pfeile im oberen Bereich rückgängig gemacht werden.

Änderungen zurücknehmen

5.4.4 Homepage-Einstellungen

Dieser Punkt ist mal erfrischend übersichtlich. Hier geben Sie an, was der Benutzer, der auf Ihre Startseite kommt, als Erstes sieht.

Mittlerweile verwenden nur noch wenige Seiten die erste Einstellung. Dem Benutzer sofort eine Liste der letzten Beiträge anzuzeigen ist eher unüblich geworden. Stattdessen zeigt man lieber eine attraktive Seite, die dem geneigten Benutzer erst mal sagt, worum es hier eigentlich geht.

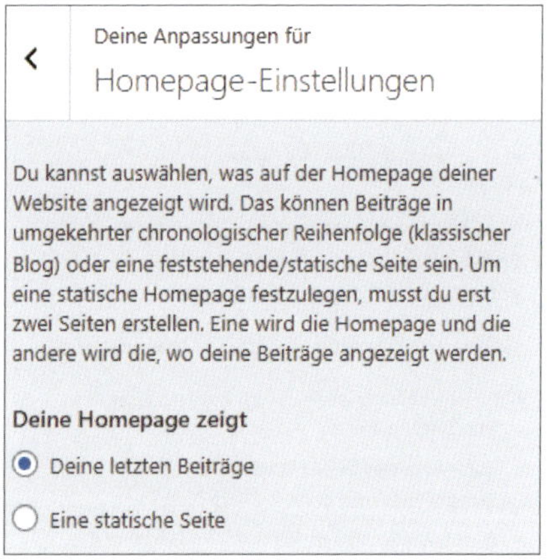

Was sieht der Besucher als Erstes?

5.4.5 Textauszug-Einstellungen

Wollen Sie auf Ihren Übersichtsseiten nur einen Textauszug anzeigen oder gleich den kompletten Beitrag? Wenn Sie in Ihrem Blog nur kurze und knackige Beiträge haben, lohnt sich vielleicht die zweite Option. Der Textauszug beträgt dabei ca. 340 Zeichen und umfasst immer komplette Wörter, also gibt es keinen Abbruch innerhalb eines Wortes.

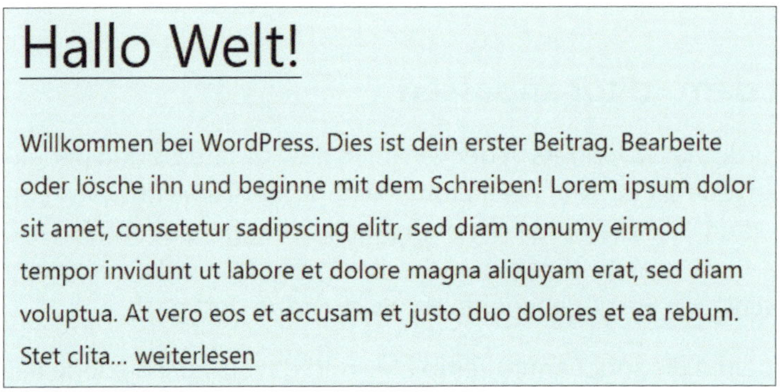

Ein Textauszug

5.4.6 Zusätzliches CSS

Dies ist eine wunderbare Methode, Ihre WordPress-Seite aufzupeppen oder komplett unlesbar zu machen. CSS (**C**ascading **S**tyle **S**heets) bietet eine Möglichkeit, bestehende HTML-Elemente nach eigenem Gutdünken umzuformatieren oder komplett zu verändern. Auch bereits von WordPress definierte Styles können so problemlos überschrieben werden. CSS ist im Laufe der Zeit unglaublich mächtig geworden und erlaubt ungeahnte Anpassungen, sogar einfache Animationen. Was man alles mit CSS machen kann, würde aber in diesem Buch zu weit führen, darüber sind schon unzählige Bücher gefüllt worden.

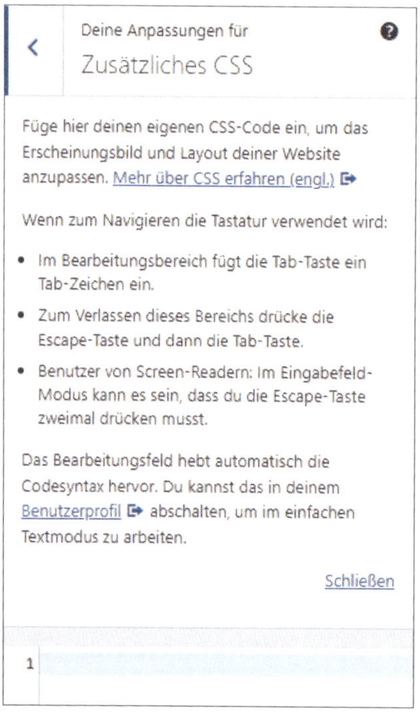

Zusätzliches CSS eintragen

5.5 Theme mit dem Editor anpassen

Wie bereits erwähnt wurde, hat WordPress in der Version 6 das Full Site Editing perfektioniert, sodass vieles jetzt direkt und auf einer einheitlichen Oberfläche im Block-Editor bearbeitet werden kann. Wie die Arbeit mit dem Block-Editor genau funktioniert, erfahren Sie in Kapitel 8. Wenn sich Ihnen manche Bearbeitungsmöglichkeit noch nicht ganz erschließt, schlagen Sie gegebenenfalls zwischendrin dort nach.

Im Theme-Editor bearbeiten Sie sogenannte Templates und davon verschiedene Bereiche.

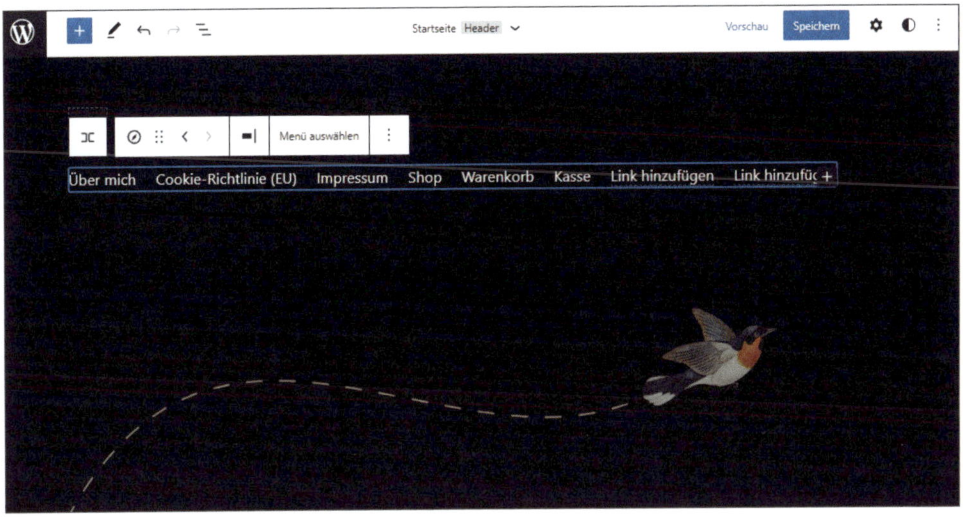

Der Header-Bereich des Templates »Startseite«

Ganz oben sehen Sie den Template-Namen, in diesem Fall *Startseite*, und daneben unter Umständen den Template-Teil, den Sie gerade bearbeiten (in diesem Fall *Header*). Klicken Sie auf den Pfeil daneben, werden Ihnen die anderen Teile des Templates angezeigt sowie ein Link zu allen verfügbaren Templates.

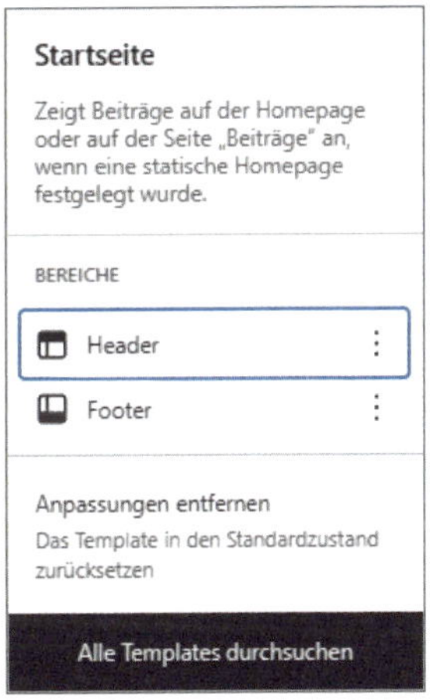

Template-Auswahl

Die ersten Templates werden durch das Theme angelegt. Es gibt für verschiedene Seitenarten bereits verschiedene Templates. Sie können aber auch eigene Templates ergänzen. Sie müssen dann lediglich darauf achten, dass Sie beim Schreiben einer neuen Seite oder eines neuen Beitrags das gewünschte Template zuweisen.

Nun würde das schon ausreichen, um alle Seitenarten individuell zu gestalten. Da Sie aber wiederholende Seitenteile – wie zum Beispiel das Menü – haben, das Sie bei Änderungen möglichst auch nur einmal anfassen wollen, gibt es noch die Template-Teile. Auch hier sind schon einige vorangelegt.

Auch Template-Teile können beliebig ergänzt werden. Leider fehlt eine Funktion, um ein Template oder einen Template-Teil zu klonen.

Nun können Sie anfangen, die Templates zu bearbeiten. Klicken Sie auf die Elemente, die Sie ändern möchten.

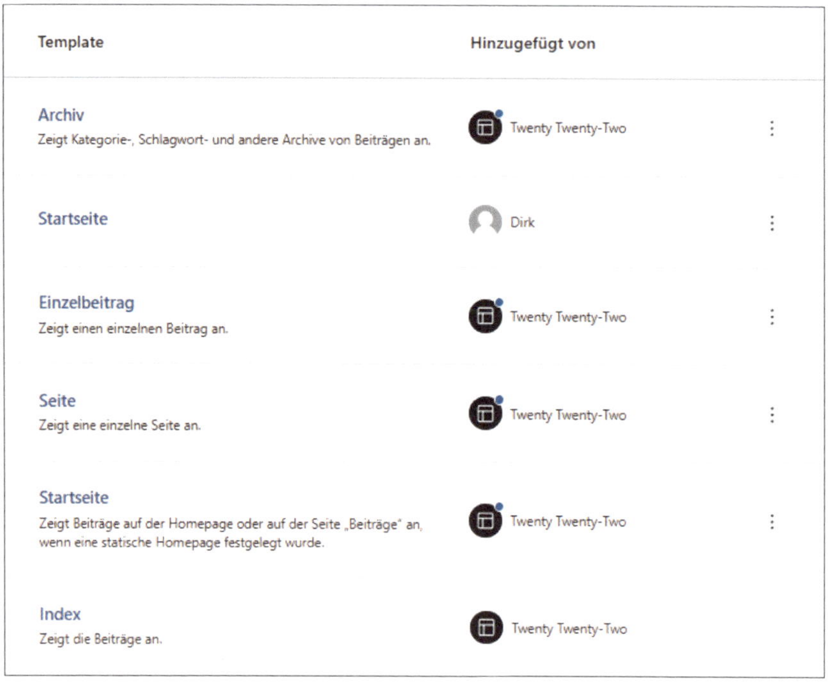

Verschiedene vorangelegte und ein selbst definiertes Template

Template-Teile

Vorsicht

Bei der Bearbeitung können Sie sowohl das Haupt-Template als auch die einzelnen Template-Teile verändern. Änderungen an Template-Teilen wirken sich unmittelbar auf alle Templates aus, die diesen Template-Teil eingebunden haben.

Möchten Sie beispielsweise für Ihre Startseite einen anderen Header haben als für die anderen Seiten, sollten Sie zunächst einen neuen Template-Teil anlegen.

Klicken Sie im Template auf den Header oder Footer, haben Sie die Möglichkeit, den kompletten Template-Teil zu ersetzen. Ihnen werden alle zur Verfügung stehenden Template-Teile angezeigt.

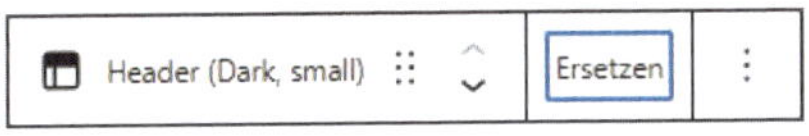

Template-Teil ersetzen

Für den Anfang suchen Sie sich den Template-Teil *Header* aus, der Ihren Vorstellungen am nächsten kommt, dann können Sie beispielsweise als Nächstes das Menü anpassen. Klicken Sie auf einen Menüpunkt, dann können Sie ihn entfernen oder einen neuen hinzufügen.

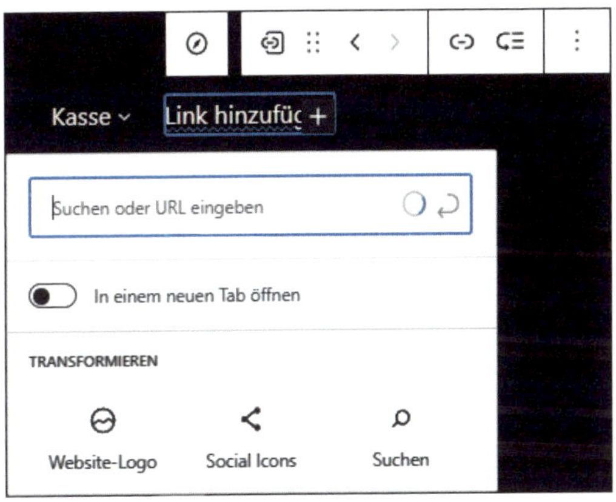

Menüpunkt hinzufügen

Um einen neuen Menüpunkt anzulegen, fangen Sie in dem Textfeld an zu tippen. WordPress wird Ihnen automatisch passende Seiten und Beiträge von Ihrer WordPress-Installation anzeigen. Möchten Sie einen externen Link einfügen, schreiben Sie einfach den Link aus, wie Sie es auch in Ihrem Webbrowser tun würden.

Mit dem halbrunden Pfeil im Top-Menü können Sie einem Menüpunkt ein Untermenü hinzufügen. In diesem Beispiel habe ich als Untermenüpunkt *E-Book Meine Reiseerlebnisse* hinzugefügt.

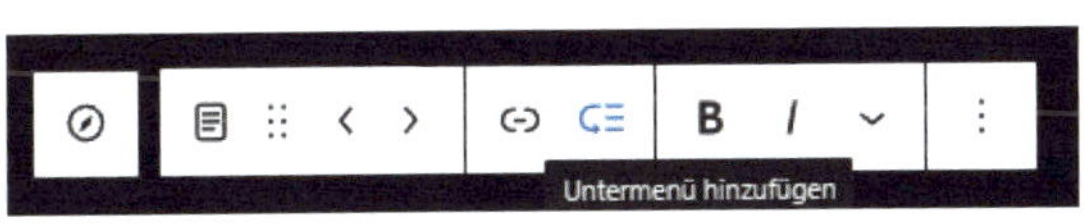

Untermenü hinzufügen

Blöcke können ineinander verschachtelt sein. Das sieht man daran, dass das erste Symbol, wie in obigem Bild zu sehen, etwas abgesetzt ist. Mit einem Klick darauf kommen Sie zur nächsthöheren Ebene.

Verdeutlichen wir das mit einem Beispiel: Der Punkt im Untermenü, den Sie gerade angelegt haben, gehört zur Ebene *Untermenü*, die wiederum zur Ebene *Navigation* gehört. Wählen Sie den eben angelegten Untermenüpunkt aus und klicken Sie ganz hinten im Top-Menü auf die drei Punkte.

Hier hätten Sie die Möglichkeit, den Unterpunkt wieder zu entfernen. Sie können aber auch den *Übergeordneten Block (Untermenü) auswählen*. Dort können Sie wiederum das ganze Untermenü entfernen.

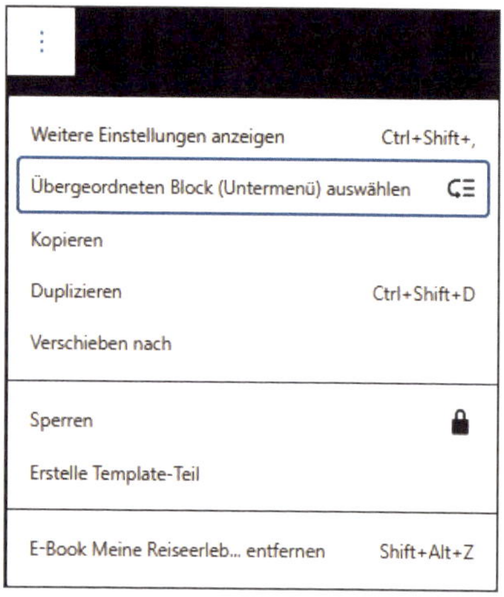

In den übergeordneten Block wechseln

Änderungen am Menü wirken sich immer auf alle Seiten aus, die dieses Menü eingebunden haben. Möchten Sie stattdessen verschiedene Menüs für verschiedene Seiten haben, so müssen Sie ein neues Menü erstellen.

Gehen Sie die Ebenen so weit nach oben, bis Sie sich im Block *Navigation* befinden. Hier haben Sie die Möglichkeit, ein anderes Menü auszuwählen – wie hier im Beispiel das bereits neu erstellte *mein erstes Menü* – oder ein neues Menü zu erstellen.

Menü ändern

Weitere Einstellungsmöglichkeiten, zum Beispiel die Anordnung der Elemente oder die Hintergrundfarbe, befinden sich im Einstellungsmenü hinter dem Zahnrad. Darauf gehen wir im Block-Editor noch näher ein.

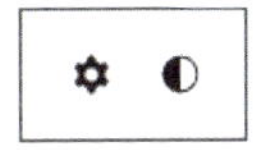

Eine Besonderheit gibt es noch im Site-Editor: Hinter dem halb ausgefüllten Kreis befindet sich das *Stile*-Menü. Hier haben Sie die Möglichkeit, Ihrem Theme verschiedene Farbstile, Schriftarten oder Abstände zu verpassen. Hier vorgenommene Änderungen wirken sich wiederum auf alle Seiten aus.

Das Stile-Menü

Nicht alles kann in den jeweiligen Templates angepasst werden. Das liegt daran, dass es sich um dynamische Inhalte handelt. Auf der Startseite werden Ihnen zum Beispiel die Textausschnitte aus Ihren Beiträgen angezeigt. Diese Texte können nicht im Template geändert werden, sondern nur in den Beiträgen selbst.

Sind Sie mit den Anpassungen fürs Erste zufrieden, klicken Sie rechts oben auf *Speichern*. Ihnen wird ein kurzer Überblick angezeigt, was gespeichert wird und was das für Auswirkungen hat.

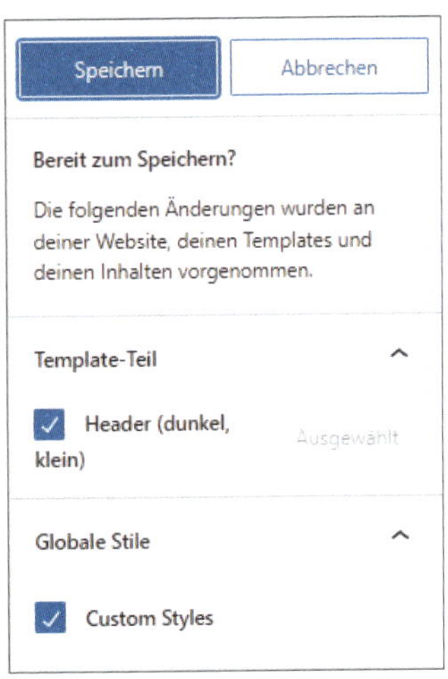

Änderungen, die gespeichert werden können

Nun haben Sie in diesem Beispiel bloß das Template für die Startseite bearbeitet, aber in der Tat können Sie verschiedene Templates definieren und jeder einzelnen Seite und jedem einzelnen Beitrag individuell zuordnen.

Tatsächlich gibt es leider auch Funktionen, die im Site-Editor fehlen, obwohl der Customizer sie bereits hatte. Die am schmerzlichsten vermisste Möglichkeit dürfte es wohl sein, eigene CSS-Styles einzutragen. Dazu ein kleiner Workaround: Ruft man händisch die Seite *customize.php* im Admin-Bereich auf, so findet man den Customizer wieder. Er ist nur leider nicht mehr im Menü vorhanden.
Beispiel: https://fotoauslese.de/wp-admin/customize.php

6. Die Mediathek

Die Mediathek ist sozusagen die Dateiablage, also Ihre Sammlung aller zusätzlichen Mediendateien für Ihre Webseite. Das können natürlich Bilder und Videos sein, aber auch PDFs, gepackte Archive oder andere Dateiarten, die Sie für Plug-ins brauchen oder Ihren Benutzern als Download zur Verfügung stellen wollen.

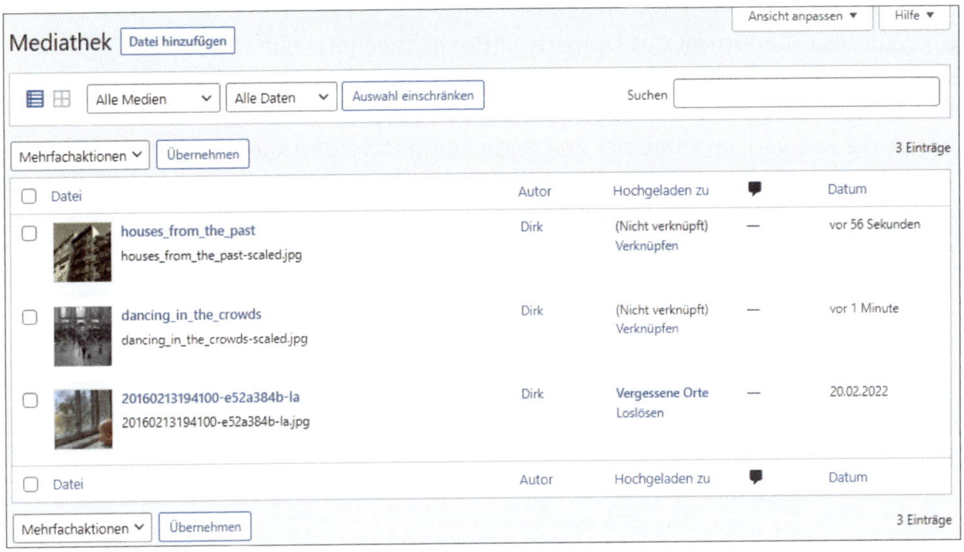

Die Listenansicht der Mediathek

6.1 Die Übersichtsseite

Wenn Sie die Mediathek öffnen, sehen Sie eine Liste aller Medien, die Sie bereits hochgeladen haben. Das Hochladen muss nicht zwingend über die Mediathek passiert sein. An vielen Stellen in WordPress gibt es Möglichkeiten, Inhalte hochzuladen, die dann aber alle in der Mediathek landen. Sie können die Ansicht umschalten von der Listenansicht zu einer Galerieansicht, wobei Letztere eigentlich nur praktisch ist, wenn Sie ein bestimmtes Bild suchen.

In der obersten Leiste haben Sie die Möglichkeit, die Menge an Bildern nach verschiedenen Kriterien einzuschränken.

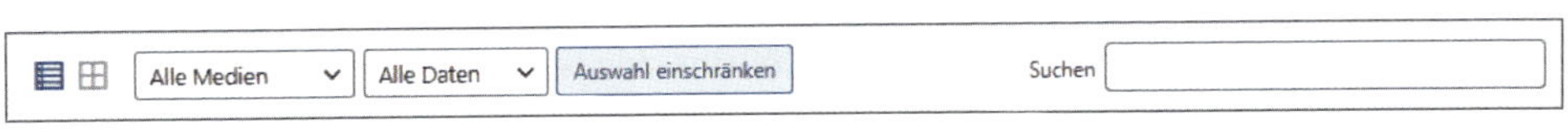

In der ersten Drop-down-Box können Sie die Auswahl nach verschiedenen Eigenschaften treffen: nach der Dateiart, ob die Bilder von Ihnen selbst hochgeladen wurden und ob die Bilder mit einer Seite verknüpft sind. Möglicherweise sehen Sie noch nicht alle Eigenschaften, da manche nur angezeigt werden, wenn auch Dateien dieser Art vorhanden sind.

Medienarten

Ein weiteres Kriterium ist das Upload-Datum im zweiten Feld. Hier können Sie nach Monat und Jahr filtern. Wiederum werden nur Monate angezeigt, in denen auch Medien hochgeladen wurden, sodass die Auswahl im Laufe der Zeit immer länger werden kann.

Filtern nach Datum

Befinden Sie sich in der Listenansicht, sehen Sie auf einen Blick noch einige nützliche Informationen und Aktionen. In der Galerieansicht dagegen nicht.

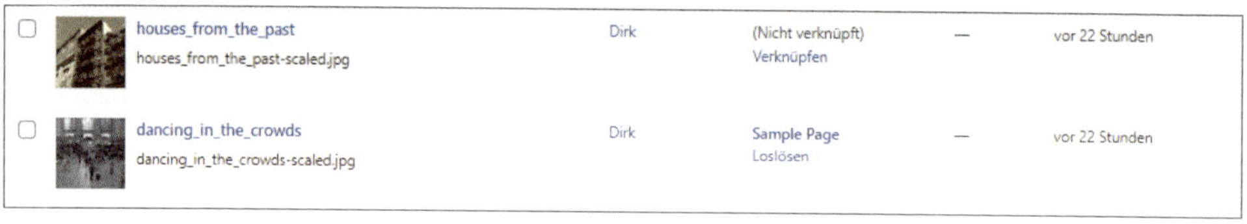

Liste hochgeladener Bilder

Neben einem verkleinerten Vorschaubild stehen der Bildname und der echte Dateiname. Der Bildname wird beim Upload automatisch aus dem Dateinamen generiert, kann aber in der Detailansicht geändert werden.

In der nächsten Spalte wird Ihnen der Uploader des jeweiligen Mediums angezeigt. Das ist praktisch, wenn mehrere Leute an der Webseite arbeiten und man den Überblick behalten muss, wer für welches Bild verantwortlich ist.

Die Spalte *Hochgeladen zu* hat mehr informativen Charakter und soll vor allem der Ordnung dienen. Laden Sie Medien innerhalb der Mediathek hoch, steht hier immer *(Nicht verknüpft)*, laden Sie dagegen Medien direkt auf der Seite hoch, auf der Sie sie verwenden, steht hier die Seite oder der Beitrag, auf dem dieses Bild hochgeladen wurde.

Sie können in der Mediathek ein Bild auch händisch mit einem Objekt verknüpfen. Wenn Sie auf *Verknüpfen* klicken, wird Ihnen eine Liste aller Seiten oder ähnlicher Objekte angezeigt, mit denen Sie das Bild verknüpfen bzw. wo Sie es anhängen können.

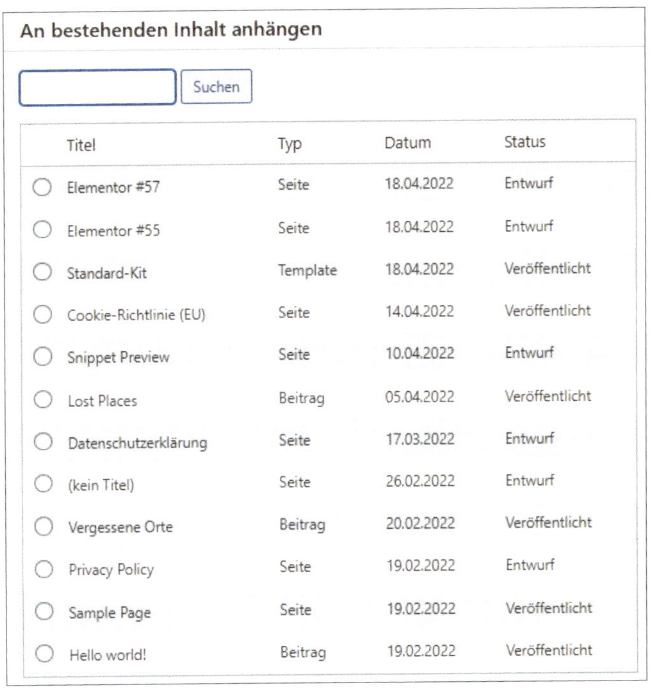

Medien mit einem Beitrag oder einer Seite verknüpfen

Umgekehrt können Sie das Medium auch *Loslösen*, wenn es bereits verknüpft ist. Eine Verknüpfung hat keinerlei Auswirkungen auf die Art und Weise, wie Bilder oder Seiten dargestellt werden. Sie dient lediglich für Sie dazu, den Überblick zu behalten, welches Bild für welche Seite genutzt wird. Somit können Sie, falls Sie mal Bilder löschen wollen, nachvollziehen, wofür diese genutzt werden.

Es ist wie bei der Ordnung auf dem Schreibtisch: Manche Leute machen dies kaum, andere exzessiv. Dementsprechend kann man bei unverknüpften Medien leider auch nie absolut sicher sein, dass diese tatsächlich nicht verwendet werden. Und natürlich ist es möglich, ein Bild in mehreren Seiten zu verwenden, aber es ist leider nur möglich, maximal eine Verknüpfung anzugeben.

In der vorletzten Spalte steht genau wie bei den Beiträgen die Anzahl der Kommentare. Bilder können zwar auch direkt als »Seite« mit Kommentarfunktion angezeigt werden, aber das wird in der Praxis kaum der Fall sein.

Und schließlich wird noch das Upload-Datum des Bildes angezeigt. Allerdings bloß tagesgenau. Wollen Sie es auf die Minute genau wissen, bekommen Sie das über die Detailansicht heraus.

Nur in der Listenansicht haben Sie die Möglichkeit, mehrere Bilder auf einmal zu löschen. In der vordersten Spalte können Sie die Checkboxen der betroffenen Bilder selektieren und wählen unter *Mehrfachaktionen* den Punkt *Endgültig löschen* aus. Klicken Sie dann auf *Übernehmen*, bekommen Sie noch eine Warnung, anschließend sind alle gewünschten Bilder gelöscht.

6.2 Medien hochladen

Es gibt mehrere Arten, Bilder oder andere Medien hochzuladen. Den direkten Weg über die Mediathek finden Sie entweder im Menü oder ganz oben in der Medienübersicht. Er führt Sie zum komfortablen Uploader, der sowohl Drag-and-drop unterstützt als auch mehrere Dateien gleichzeitig hochladen kann.

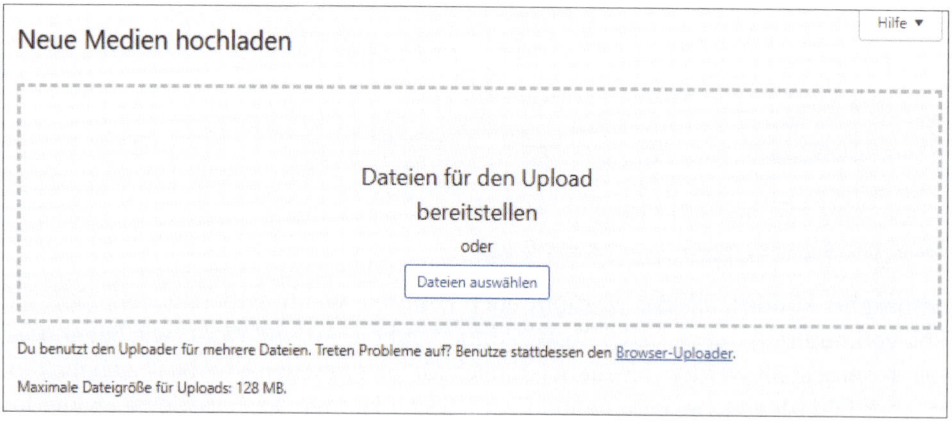

Neue Medien hochladen

Nun können Sie entweder Ihre gewünschten Bilddateien im Windows-Explorer markieren und auf die Box ziehen, oder Sie klicken auf *Datei auswählen*. Im Ordnerfenster können Sie mit gedrückter ⇧- oder Strg-Taste mehrere Dateien auf einmal auswählen. Während des Hochladens wird Ihnen direkt der Fortschritt angezeigt.

Bilder werden hochgeladen

Beachten Sie, dass die maximale Größe für den Upload begrenzt ist. Gerade bei Videodateien kann es passieren, dass man hier schnell an die Grenze gelangt. Die maximale Größe kann man über die Server-Einstellungen konfigurieren, dazu braucht man neben dem nötigen Wissen aber Zugriff auf die Server-Einstellungen. Das dürfte bei den meisten Webhostern nur der Fall sein, wenn man einen kompletten (virtuellen) Server angemietet hat.

Für den Fall, dass es mit dem modernen Uploader Probleme gibt, hat WordPress noch den klassischen Uploader als Fallback. Hier kann man nur eine Datei auf einmal auswählen und hochladen. Bei den meisten Webhostern sollte diese Option allerdings nicht mehr notwendig sein.

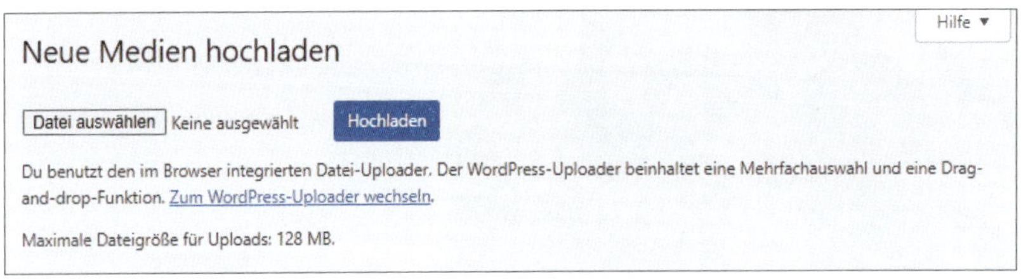

Der klassische Uploader

Daneben gibt es noch die indirekte Möglichkeit, Medien hochzuladen, nämlich an Ort und Stelle, wo sie benötigt werden.

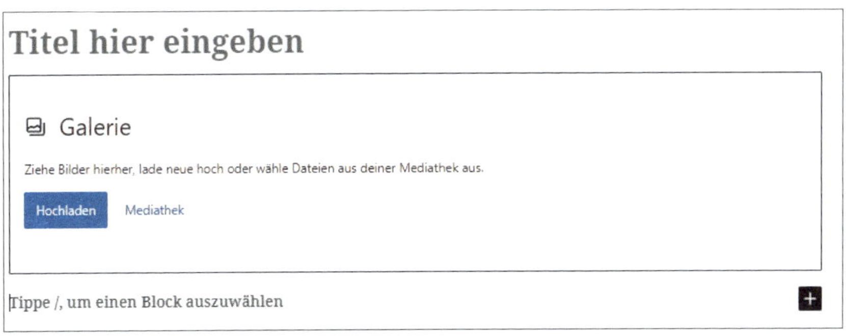

Medien hochladen über den Block-Editor

Schreiben Sie beispielsweise gerade an einer Seite und wollen Bilder einfügen, bekommen Sie fast immer die Option Bilder hochzuladen oder aus der Mediathek zu nutzen.

Was Sie hier hochladen, landet ebenfalls in der Mediathek und ist hierüber zu bearbeiten. Bei dieser Methode wird das Medium direkt mit der gerade bearbeiteten Seite verknüpft, sodass man genau sieht, wie das Bild in die Mediathek kam. Auch viele Plug-ins, bei denen man aus dem einen oder anderen Grund zusätzliche Dateien hochladen kann, legen diese in der Mediathek ab.

6.3 Detailansicht – Datei bearbeiten

Klicken Sie nun in der Medienübersicht auf ein Bild oder wählen Sie explizit die Bearbeiten-Option aus (hier im Beispiel *Bild bearbeiten*), dann können Sie die Datei bearbeiten.

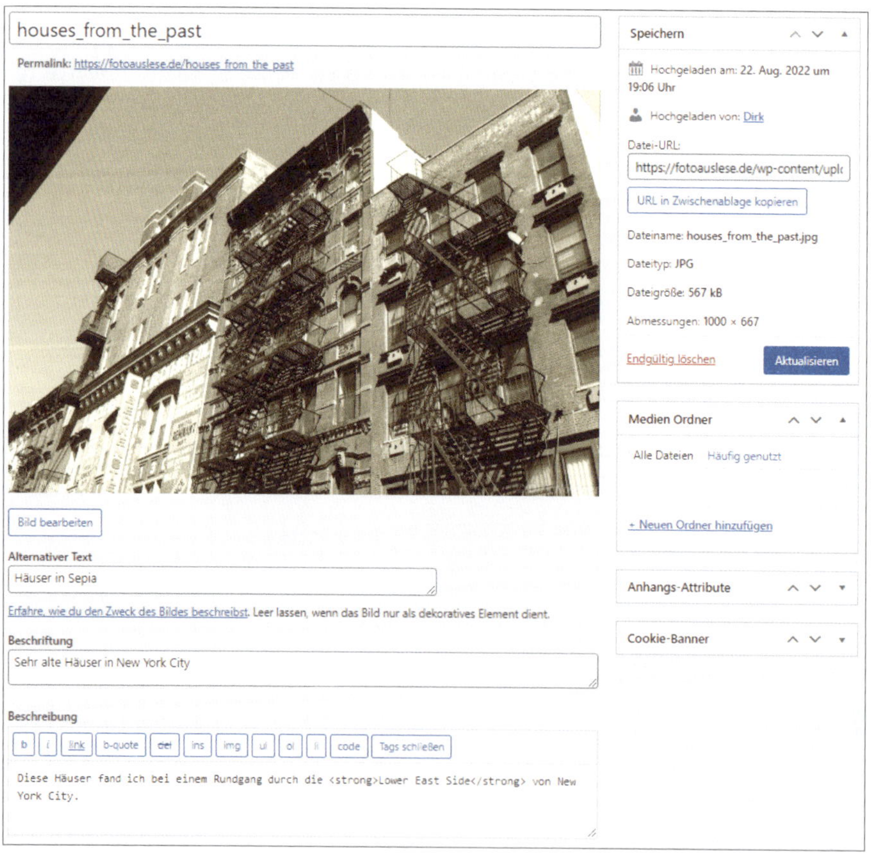

Datei bearbeiten

Gleich vorweg: Es gibt zwei Arten von Links zu den Bildern in WordPress:

- Ganz oben finden Sie den **Permalink**, hier im Beispiel: *https://fotoauslese.de/houses_from_the_past*

  Dieser führt zu einer einzelnen Seite mit diesem Bild und einem Link auf die Originaldatei.
  Einige der Einstellungen an der Datei führen nur zu Änderungen an dieser Seite, aber nicht an dem Originalbild.

Bild in der Seitendarstellung

- Daneben haben Sie noch die **Datei-URL**, hier: *https://fotoauslese.de/wp-content/uploads/2022/04/houses_from_the_past-scaled.jpg*

  Diese führt zu dem reinen Bild ohne Titel, Kommentare oder Ähnliches.

Ganz oben im Bearbeitungsdialog sehen Sie den Namen des Bildes. Wenn dieser nicht explizit eingegeben wurde, versucht WordPress, ihn aus dem Dateinamen zu extrahieren.

Der Name des Bildes ist nur dann wichtig, wenn Sie vorhaben, wie oben beschrieben, einzelne Seiten mit Bildern zu nutzen. Binden Sie Ihre Bilder dagegen in Seiten oder

Beiträge ein, ist der Bildname nicht mehr so wichtig und hilft Ihnen höchstens bei der Suche.

Der alternative Text, den Sie unter dem Bild angeben können, dient dazu, das Bild für sehbehinderte Menschen zu erklären, da dieser Text anstelle des Bildes vorgelesen oder auf einer Braillezeile ausgegeben werden kann. Wenn Sie also eine möglichst barrierefreie Seite anstreben, sollten Sie diesen Text füllen, das ist aber kein Muss. Nebenbei wird dieser Inhalt auch bei Suchmaschinen genutzt, um Bilder für die Bildersuche zu katalogisieren.

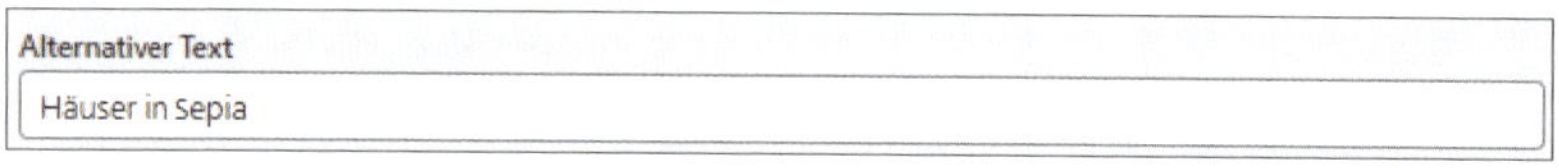

Die Bildbeschriftung wird als Bilduntertitel verwendet, wenn Sie das Bild in Beiträgen verwenden. Bei den Einzelseiten hat er hingegen keinerlei Bedeutung.

Ganz anders ist es mit der Bildbeschreibung. Dieser Text wird nur auf den Einzelseiten unter das Bild gesetzt. Sie haben die Möglichkeit, auch einfache Formatierungsanweisungen mitzugeben, allerdings ist dies weit von einem WYSIWYG-Editor entfernt und fügt nur die entsprechenden HTML-Befehle ein.

Zum Vergleich: So sähe das Bild in einem Beitrag aus (links) und als Einzelseite (rechts):

Bild als Beitrag und als Seite

Auf der rechten Seite der Dateibearbeitung sehen Sie nun noch einige möglicherweise nützliche Informationen. Unter anderem, wann die Datei genau und von wem hochgeladen wurde.

Ferner sehen Sie den *Dateityp*, die *Dateigröße* und die Auflösung des Bildes in Pixeln (*Abmessungen*).

Infos bei der Dateibearbeitung

Bei jeder Änderung an dem Bild oder den Texten müssen Sie die Datei aktualisieren, da sonst die Änderungen nicht übernommen werden.

Bevor Sie ein Bild *Endgültig löschen*, versichern Sie sich, dass es auch wirklich nirgendwo mehr verwendet wird. Es gibt keine Sicherheitsfunktion, die das Löschen eines in Benutzung befindlichen Bildes verhindert. Allerdings helfen Plug-ins wie *Broken Link Checker*, zumindest nachträglich einen Hinweis zu erhalten, dass jetzt Links ins Nirwana führen.

Der letzte Button *Regenerate Thumbnails* dient dazu, die kleinen Vorschaubildchen, die zum Beispiel in den Übersichtsseiten angezeigt werden, neu zu erzeugen. Dies ist nützlich, wenn das Vorschaubildchen zerstört, aber das Hauptbild korrekt angezeigt wird.

6.4 Bildbearbeitung

WordPress gibt Ihnen einige rudimentäre Möglichkeiten der Bildbearbeitung an die Hand. Klicken Sie im Dialog *Datei bearbeiten* auf *Bild bearbeiten*, ändert sich der Mittelteil und zeigt nun ein verkleinertes Bild sowie die dazugehörigen Bearbeitungsoptionen.

Eines gleich vorweg: Ich empfehle grundsätzlich, die Bilder lieber vorher mithilfe zusätzlicher Tools (siehe Kapitel 21 »Nützliche Tools«) zu bearbeiten. Zum einen bietet ein spezielles Programm zur Bildbearbeitung meist wesentlich mehr Optionen und oft auch bessere Ergebnisse, zum anderen verbleibt das Originalbild weiterhin auf der Festplatte des Servers.

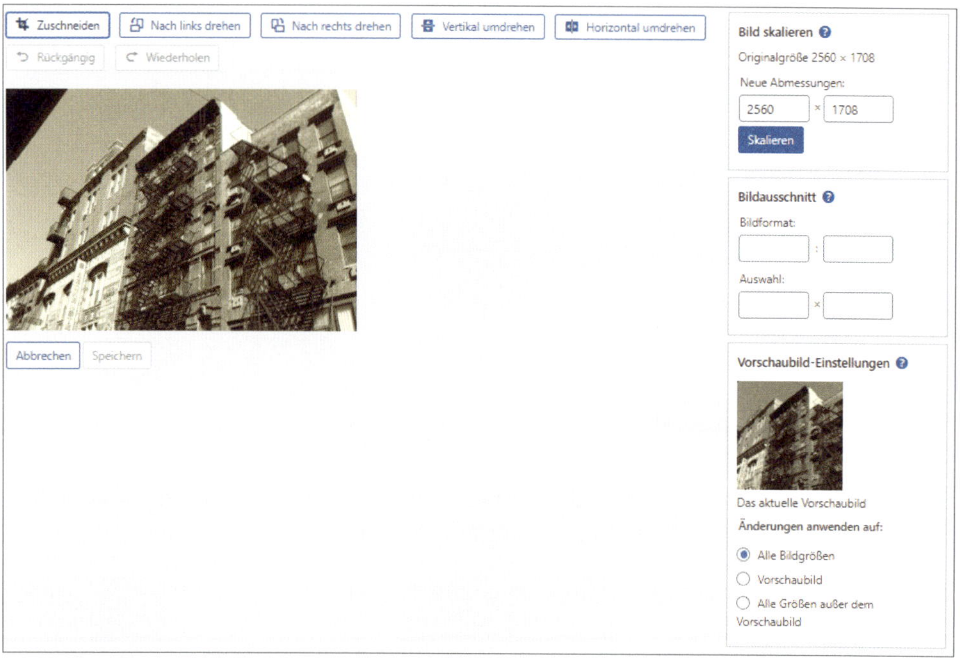

Bild-bearbeiten-Dialog

Wenn Sie also zum Beispiel viele hochauflösende Fotos hochladen und die Größe erst in WordPress ändern, kann es sein, dass Ihnen irgendwann der Speicherplatz ausgeht, und dann ist erst mal das Suchen nach den Verursachern angesagt. Abgesehen davon, dass es auch wesentlich schneller geht, ein bereits skaliertes Bild auf Ihren Server zu laden, als eines in voller Größe.

Bevor Sie mit der Bearbeitung anfangen, sollten Sie sich überlegen, was Sie bearbeiten möchten. WordPress erstellt nämlich für jedes hochgeladene Bild automatisch ein verkleinertes Vorschaubild. Rechts unten finden Sie den Menüpunkt *Vorschaubild-Einstellungen*.

Vielleicht möchten Sie in Ihrem Vorschaubild ein bestimmtes, besonders interessantes Detail des Hauptbildes herausstellen, um den Benutzer zum Klicken zu verleiten, und zeigen dann auf der eigentlichen Seite das komplette Bild.

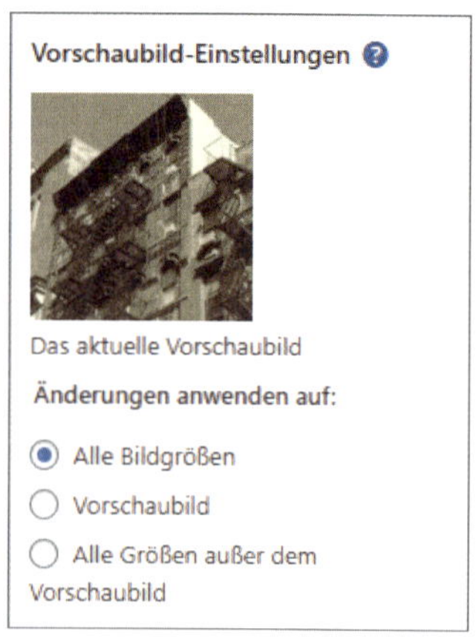

Vorschaubild-Einstellungen

In den obersten Bearbeitungsoptionen haben Sie die Möglichkeit, das Bild zuzuschneiden, zu drehen oder zu spiegeln.

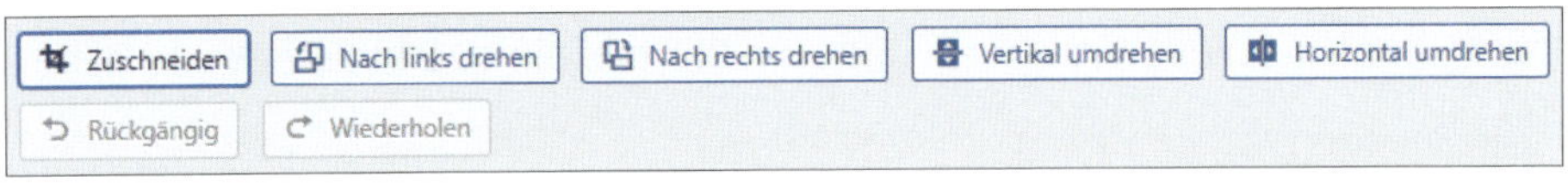

Bild zuschneiden oder drehen

Bevor Sie aber auf *Zuschneiden* klicken können, müssen Sie erst einmal den Bereich auswählen, den Sie behalten möchten. Das geschieht recht komfortabel, indem Sie einfach mit der Maus den entsprechenden Bereich im Bild auswählen.

Bild mit ausgewähltem Bereich

Wenn Ihnen die Auswahl noch nicht ganz passt, können Sie sie noch anpassen, indem Sie an den kleinen Quadraten an den Ecken und Kanten (den sogenannten Anfassern) ziehen oder den ganzen Ausschnitt durch das Klicken in der Mitte verschieben.

Leider gibt es keine Möglichkeit, das Bild zum Bearbeiten zu vergrößern, aber Sie können sich dadurch behelfen, indem Sie das Browserfenster skalieren. Wenn Sie im Browser die Strg-Taste gedrückt halten und gleichzeitig das Mausrad oder die Plus- bzw. Minus-Taste benutzen, verändert sich der Inhalt. Das hilft etwas, wenn man das Bild direkt an einer Linie beschneiden möchte. Vergessen Sie nicht, anschließend das Browserfenster wieder auf 100 % zu stellen, sonst werden Ihnen andere Webseiten schnell »komisch« vorkommen.

Auf der rechten Seite sehen Sie direkt die Größe des gewählten Ausschnitts.

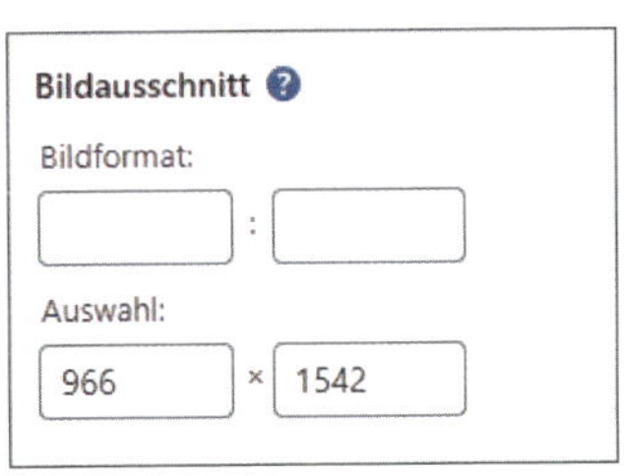

Größe und Format des Ausschnitts

Diese Werte können Sie auch direkt anpassen. Das ist insbesondere dann praktisch, wenn Sie mehrere Bilder auf einer Seite haben, die das gleiche Format haben sollen, um harmonisch zu wirken. Mit *Bildformat* können Sie zudem eine feste Seitenrelation angeben. Tragen Sie hier 1:1 ein, wenn Sie zum Beispiel ein quadratisches Bild haben wollen.

Bildausschnitt ändern

Sie werden sehen, dass Sie Ihren Bildausschnitt mit der Maus nun nicht mehr frei auswählen können, sondern nur noch innerhalb dieser Bedingungen.

Die einzutragenden Werte, auch beim Format, dürfen die Gesamtgröße des Bildes übrigens nicht überschreiten. Wenn Sie also erst den Bildausschnitt wählen und dann angeben, dass das Format 16:9 sein soll, wird Ihnen WordPress die Werte höchstwahrscheinlich kommentarlos aus den Eingabefeldern rauslöschen. Also am besten zuerst das Bildformat angeben und dann den gewünschten Ausschnitt wählen. Sind Sie mit der Auswahl zufrieden, können Sie den Button *Zuschneiden* anklicken und bekommen das Bild im gewünschten Format.

Sind Sie mit dem Ergebnis noch nicht zufrieden, können Sie alle Änderungen rückgängig machen, solange Sie das Ergebnis noch nicht gespeichert haben.

Und selbst wenn Sie das Bild bereits gesichert haben und es sich später anders überlegen: Sobald Sie das Bild bearbeitet haben, wird Ihnen rechts ein weiterer Kasten eingeblendet, mit dessen Hilfe Sie das Originalbild wiederherstellen können. Damit gehen die Änderungen aber unwiderruflich verloren.

Als letzte Bearbeitungsmöglichkeit haben Sie noch die Option, das Bild zu skalieren. Wobei »letzte« wörtlich gemeint ist. Die Skalierung der Bildgröße sollte immer erst nach allen anderen Bearbeitungsschritten passieren, da sie destruktiv ist, die Bildpixel werden unwiderruflich verändert. Sie bekommen ein besseres Ergebnis, wenn Sie beispielsweise erst das Bild drehen und dann skalieren und nicht umgekehrt.

Fertig geschnittenes Bild

Sie haben es sich doch anders überlegt?

Bild skalieren

Warum überhaupt ein Bild skalieren, wenn Ausschnitt und Seitenrelation bereits passen? Ganz einfach: Um die Dateigröße zu reduzieren. Je größer eine Bilddatei ist, desto länger dauert es für den Betrachter, sie über das Netz zu holen. Das mag sich bei einigen wenigen Bildern und einer Glasfaseranbindung nicht bemerkbar machen, aber bei vielen Bildern und schlechtem Handy-Empfang durchaus. Also achten Sie darauf, Bilder möglichst auch nur auf die Größe zu skalieren, die für die Anzeige gebraucht wird. Handy-Nutzer in ländlichen Gebieten ohne Glasfasernetz werden es Ihnen danken. Außerdem registriert das auch Google und straft Webseiten ab, die zu langsam sind.

Sind Sie nun mit Ihren Bearbeitungen durch und haben das Bild gespeichert, müssen Sie es noch im rechten Menü aktualisieren. Dadurch wird eine neue URL generiert, unter der das bearbeitete Bild ab sofort aufrufbar ist. Die URL enthält nun noch einen zufälligen Code, um es eindeutig zu identifizieren. Zum Beispiel: *houses_from_the_past-scaled-e1650703388631.jpg*

Sie werden feststellen, dass Sie das Originalbild unter *houses_from_the_past-scaled.jpg* weiterhin aufrufen können.

7. Die ersten redaktionellen Beiträge

Wir haben an mehreren Stellen bereits von Seiten und von Beiträgen geschrieben. Aber was genau ist der Unterschied? Vorweg: Man kann technisch eine WordPress-Seite nur mit Beiträgen oder auch nur mit Seiten betreiben. In der Praxis wird es aber häufig eine Mischung aus beiden sein.

7.1 Unterschiede zwischen Seiten und Beiträgen

Beiträge kommen vom Ur-WordPress, als es noch eine reine Bloggersoftware war. Dagegen sind Seiten mehr dem Anspruch, ein vollwertiges CMS zu sein, geschuldet. Tatsächlich gibt es zwischen beiden mehr Gemeinsamkeiten als Unterschiede: Beide verwenden die gleichen Editoren, beide können kommentiert werden, beide können untereinander verlinkt und in Menüs referenziert werden.

Aber nur Beiträge lassen sich einer Kategorie zuordnen oder verschlagworten. Grob gesagt, Seiten beinhalten eher statischen Inhalt, sozusagen das Gerüst einer Webseite. Typische Beispiele für Artikel, die sich besser als »Seite« eignen: Startseite, Datenschutzerklärung, Impressum, Über-uns-Seite.

Dagegen sind Beiträge mehr der dynamische Teil, der immer mit neuen Artikeln ergänzt und aktualisiert wird. Beiträge lassen sich durch die Kategorien und Schlagwörter viel besser katalogisieren und sind für den Benutzer (und auch Suchmaschinen) besser geeignet, um Inhalte aufzufinden. Nur bei Beiträgen erscheint standardmäßig der Name des Autors und das Veröffentlichungsdatum unter dem Artikel.

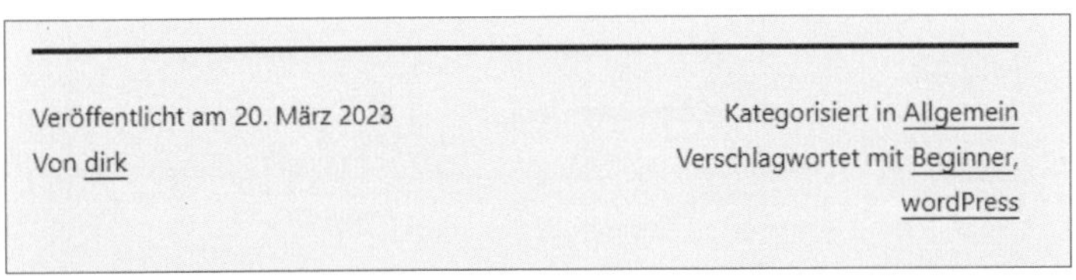

Hinweise unter einem Beitrag

Da die Gemeinsamkeiten überwiegen, wird in diesem und im nächsten Kapitel der Editor ganz allgemein beschrieben und nur, wenn es erforderlich ist, auf Unterschiede hingewiesen.

7.2 Ein neuer Beitrag/eine neue Seite

Um einen neuen Beitrag oder eine neue Seite zu starten, gibt es verschiedene Möglichkeiten. Sie können entweder den kurzen Weg über das Pluszeichen in der oberen

Leiste nehmen, oder Sie öffnen das entsprechende Untermenü und klicken auf *Erstellen*, oder Sie öffnen Ihre Seiten-/Beitragsliste und klicken dann auf *Erstellen*.

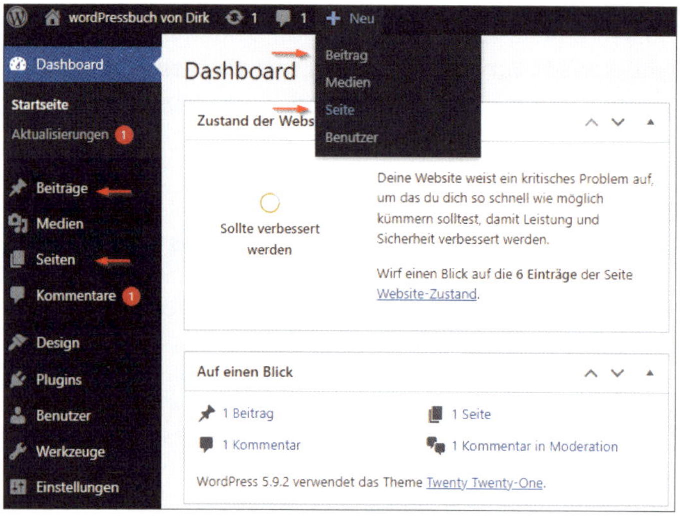

Neuen Beitrag oder neue Seite erstellen

Egal, wie Sie zum neuen Beitrag/zur neuen Seite kommen, das Fenster, das Sie dann sehen, dürfte so oder so ähnlich aussehen:

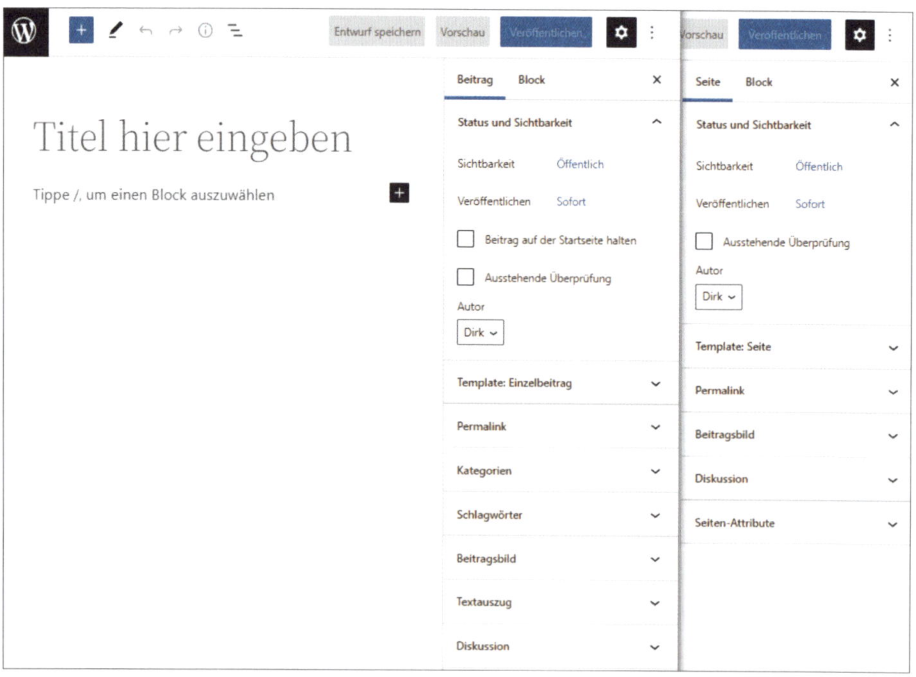

Der erste Artikel, links mit dem Menü für Beiträge, rechts mit dem für Seiten

In der rechten Spalte finden Sie noch einige Einstellungen, die für die Veröffentlichung nicht unbedingt notwendig, aber häufig sinnvoll sind.

7.3 Templates

In Kapitel 5.5 »Theme mit dem Editor anpassen« haben Sie bereits die Möglichkeit kennengelernt, verschiedene Templates zu nutzen. Hier haben Sie nun die Möglichkeit, jeder Seite bzw. jedem Beitrag das passende Template zu verpassen. Das ist praktisch, wenn Sie verschiedene Beitragsarten haben und diese unterschiedlich aussehen lassen wollen. Zum Beispiel einerseits Beiträge mit Reiseberichten, in denen oben ein Menü mit allen Ländern stehen soll, und andererseits Beiträge über leckere Gerichte, die ein Menü mit Zutaten bekommen sollen.

Das Ganze hat noch einen weiteren Vorteil: Wenn Sie ein Template ändern, so ändert sich das automatisch auf allen Seiten, die dieses Template nutzen. Falls Sie also plötzlich beschließen, in Ihren Reisebeiträgen noch einen weiteren Menüpunkt einzufügen, brauchen Sie das nur im Template zu ändern.

Die Ansicht im Editor ändert sich nicht. Um zu sehen, wie die Seite mit dem Template aussieht, müssen Sie die Vorschau aufrufen.

7.4 Permalink

Der Permalink sagt aus, unter welcher Seitenadresse Ihr Beitrag oder Ihre Seite aufrufbar ist. Achten Sie darauf, dass es ein möglichst aussagekräftiger, aber nicht zu langer Name ist.

Nicht nur, damit er besser lesbar ist, auch Suchmaschinen bewerten Seiten mit einer sprechenden URL besser als mit einer kryptischen Nummer. Meistens – aber nicht immer – ist der Vorschlag von WordPress brauchbar.

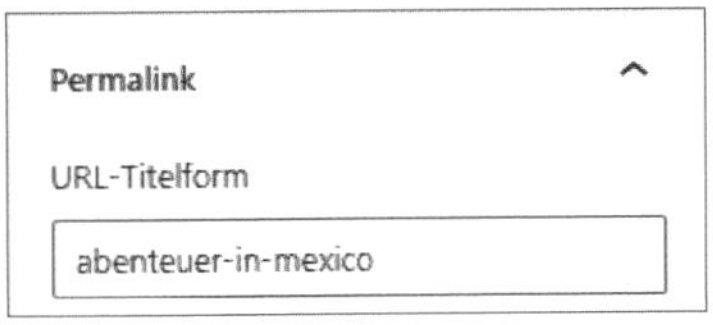

Seiten-URL

Unter den WordPress-Einstellungen konnten Sie bereits festlegen, was für Seiten-URLs WordPress standardmäßig generiert. Dieser Permalink wird erst generiert, wenn Sie wenigstens den Entwurf der Seite einmal gespeichert haben. Davor steht immer nur eine interne Nummer.

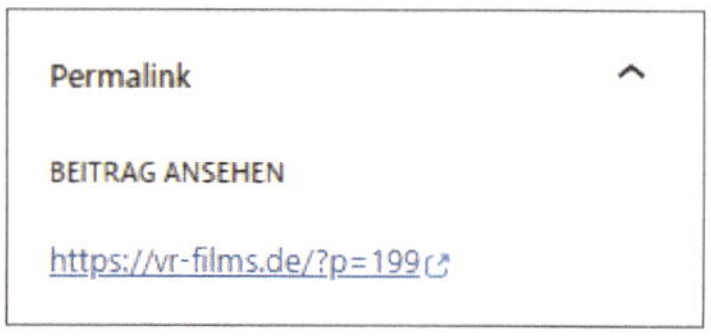

Seiten-URL eines neu angefangenen Beitrags

Bleibt diese Nummer nach der Speicherung oder Veröffentlichung noch immer stehen, sollten Sie Ihre Einstellungen noch mal überprüfen.

7.5 Kategorien und Schlagwörter

Mit Kategorien und Schlagwörtern schaffen Sie weitere Zugriffspfade zu Ihren Beiträgen, für Seiten gibt es das nicht. Beide Konstrukte sind sich ziemlich ähnlich. Um es mit einer Analogie zu versuchen: Wenn Sie WordPress mit einem Sachbuch verglichen, so entsprächen Kategorien eher dem Inhaltsverzeichnis und Schlagwörter eher dem Stichwortverzeichnis. Ich sage bewusst »eher«, da ein Beitrag anders als Ihr Sachbuch auch mehreren Kategorien zugeordnet werden kann.

Technische Unterschiede zwischen den beiden Strukturierungsarten:

- Kategorien können hierarchisch angeordnet sein, wie Unterkapitel in einem Buch. Schlagwörter dagegen haben keine Hierarchie.
- Jeder Beitrag muss mindestens einer Kategorie zugeordnet sein. Haben Sie noch keine angelegt, wird die Kategorie *Uncategorized* oder *Allgemein* verwendet. Schlagwörter dagegen sind optional.

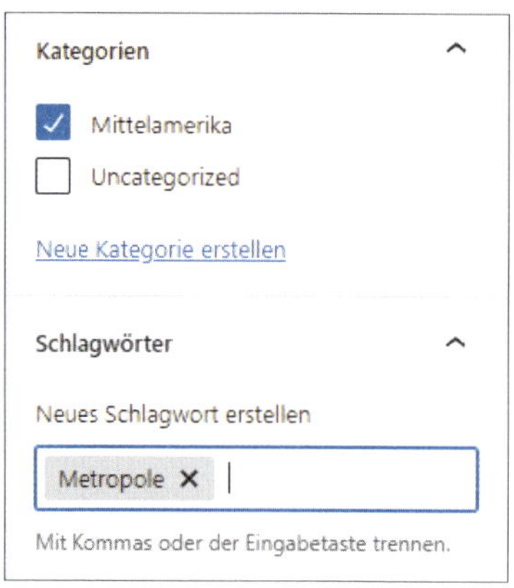

Kategorien und Schlagwörter des Beitrags im Beispiel

Neue Kategorien und Schlagwörter können direkt aus den Beitragseinstellungen heraus erstellt werden. Wollen Sie diese bearbeiten oder umstrukturieren, so finden Sie im linken WordPress-Menü unter *Beiträge* die entsprechenden Unterpunkte.

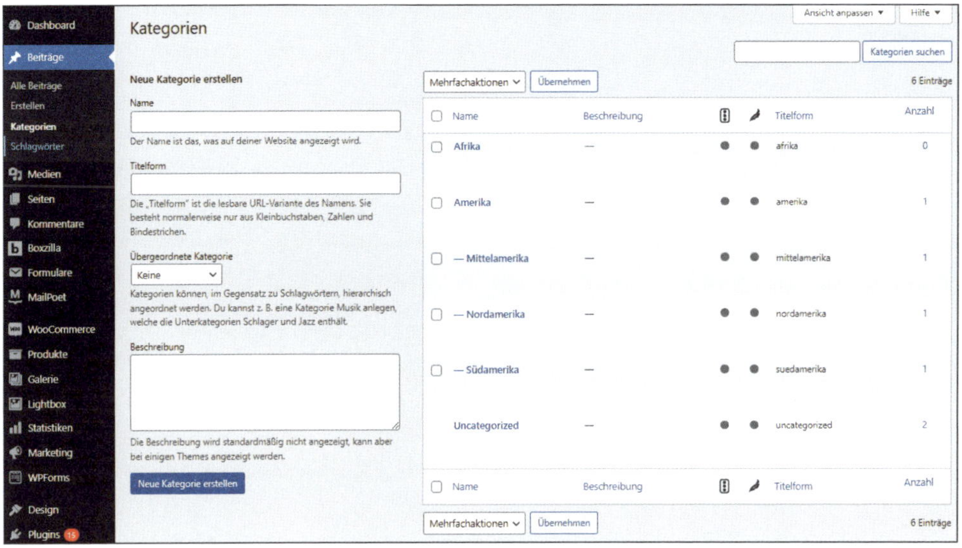

Liste der Kategorien

7.6 Beitragsbild und Textauszug

In der Übersichtsseite der Blog-Beiträge erscheint jeder Beitrag mit einem Beitragsbild und einem Kurztext. Je nach Theme fehlt unter Umständen auch der Kurztext und es wird nur der Beitragstitel angezeigt.

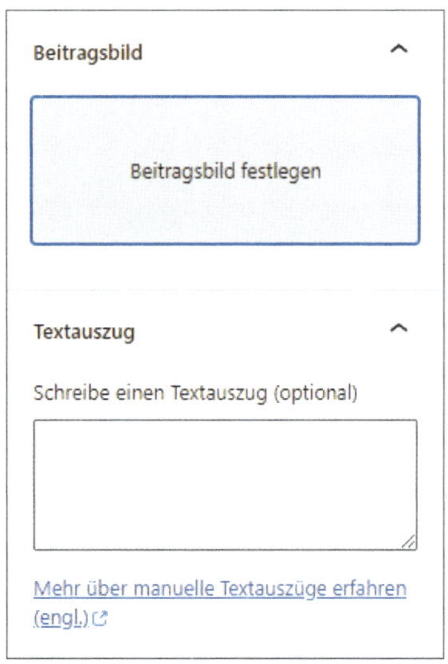

Beitragsbild und Textauszug

Für jeden Beitrag sollten Sie daher ein attraktives Beitragsbild wählen, das auch neugierig darauf macht, den Artikel zu lesen. Das Bild können Sie wie gehabt aus der Mediathek auswählen. Übrigens können Sie das definierte Beitragsbild auch innerhalb der Seite verwenden. Dazu gibt es den Blocktyp *Beitragsbild*, damit verweisen Sie dann auf jeder Blogseite immer auf das jeweilige Beitragsbild, ohne es doppelt eintragen zu müssen.

Nutzt Ihr Theme in der Übersichtsseite Textauszüge, werden diese automatisch aus dem ersten Absatz generiert. Das geschieht recht simpel, sodass der automatische Textauszug nicht immer optimal ist. Mit dem Feld *Textauszug* können Sie den Automatismus übergehen, wenn Ihnen das Ergebnis nicht ausreicht.

8. Der Block-Editor

Der Block-Editor war bei seiner Einführung auch unter dem Namen Gutenberg-Editor bekannt. Inzwischen ist es der Haupteditor geworden. Der ehemalige klassische Editor kann zwar noch über Plug-ins nachgerüstet werden, aber dafür gibt es eigentlich keinen echten Grund mehr.

Im klassischen Editor hatte man einen fortlaufenden Text, den man natürlich mit Absätzen und Grafiken aufbereiten konnte, aber im Prinzip war es nur ein einziger Textabschnitt.

Im Block-Editor dagegen wird, wie der Name schon vermuten lässt, der gesamte Seiteninhalt in Blöcken organisiert. Das hat viele Vorteile und ist zudem extrem flexibel. Wie Sie später sehen werden, kann die fertige Seite aus ganz unterschiedlichen Blocktypen bestehen. Blöcke können unabhängig voneinander unterschiedliche Eigenschaften haben und außerdem jeweils komplett individuell verschoben und angeordnet werden.

8.1 Grundlegende Block-Einstellungen

Wenn Sie einen neuen Beitrag oder eine neue Seite anfangen, sehen Sie den leeren Editor.

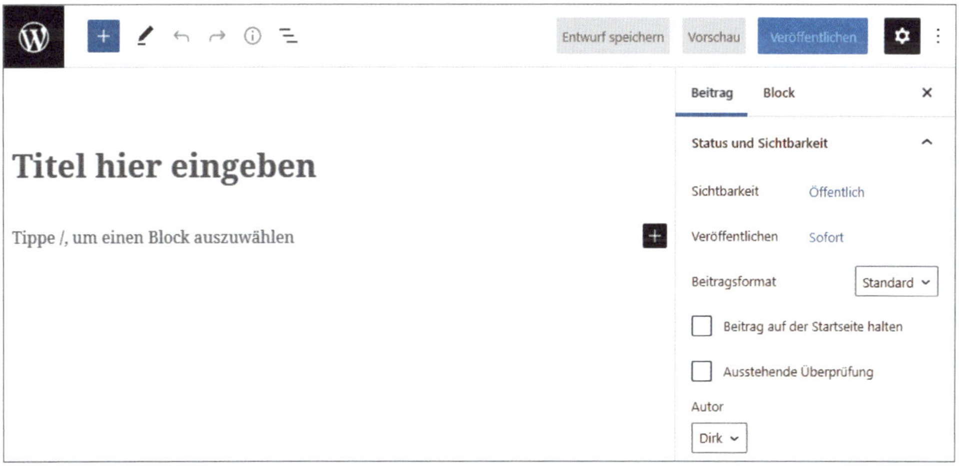

Startseite des Block-Editors

Das Einzige, was bereits vorgegeben ist, ist der Bereich für den Beitragstitel. Überlegen Sie sich also einen kurzen, aber prägnanten Titel für Ihre Seite. Nehmen wir an, Sie schreiben eine Seite für einen Reiseblog.

Nennen Sie Ihren ersten Beitrag beispielsweise so:

Seite mit Titel

Darunter ist bereits ein Abschnitt als Block angelegt und Sie können direkt anfangen, einen einleitenden Text zu schreiben. Mit einem Klick auf das Plus-Symbol können Sie einen neuen Block einfügen, dazu später mehr.

Fangen Sie also einfach an, einen neuen Text zu schreiben. Sobald Sie die ↵-Taste drücken, wird automatisch ein weiterer Absatz-Block angelegt. Falls Sie dagegen im selben Block bleiben möchten und nur einen Zeilenumbruch einfügen wollen, müssen Sie die Tastenkombination ⇧+↵ drücken.

Übrigens gilt das auch, falls Sie den Text aus einer anderen Quelle kopieren wollen. Absätze werden dann direkt beim Einfügen als weitere Blöcke angelegt.

Nun haben Sie einen Text mit einer Überschrift und zwei Absatz-Blöcken.

Text mit zwei Abschnitten

Wenn Sie mit der Maus in einen der Blöcke hineinklicken, dann werden Ihnen zwei Dinge auffallen. Zum einen ändert sich die rechte Leiste und statt der Einstellungen für den ganzen Beitrag sehen Sie jetzt die Einstellungen, die nur den Block betreffen.

Zum anderen erscheint das Top-Menü, ein kleines Kästchen mit weiteren Einstellungsmöglichkeiten über dem Block.

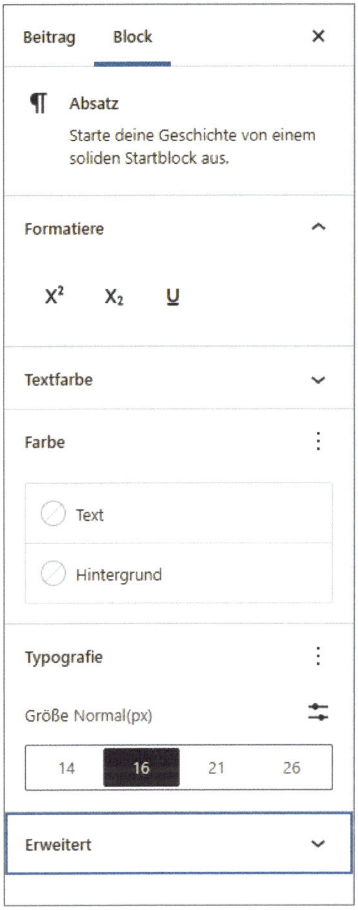

Blockeigenschaften

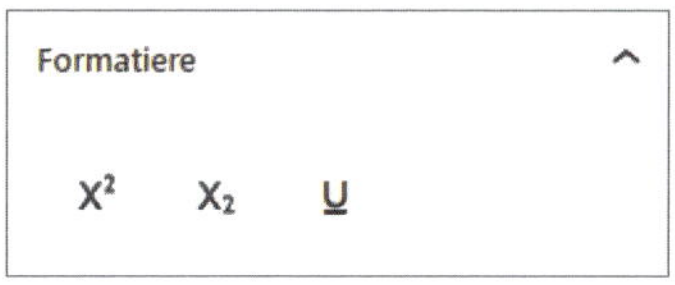

Formatierungsfunktionen

Fangen wir zunächst mit der Seitenleiste an. Hier findet sich die Blockart, in diesem Fall *Absatz*. Darunter finden sich einige Formatierungsfunktionen, nämlich *Superscript*, *Subscript* (Hoch-/Tiefstellung) und *Unterstreichen*.

Bevor diese Wirkung zeigen, müssen Sie den Teil des Textes, auf den die Optionen angewendet werden sollen, erst markieren und können dann die entsprechende Funktion auswählen. Weitere Formatierungsfunktionen finden sich im Top-Menü. Wenn Sie sich fragen, warum diese aufgesplittet sind: Das frage ich mich auch.

Darunter können Sie Farben für Ihren Text auswählen.

Der obere Abschnitt betrifft nur die Farbe für den ausgewählten Text. Vorher müssen Sie den Textbereich wieder markieren. Somit können Sie also einzelne Wörter mit einer anderen Text- oder Hintergrundfarbe versehen.

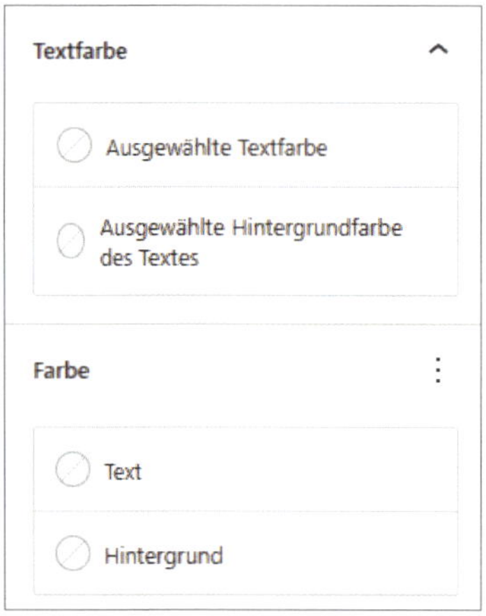

Farben auswählen

Der untere Abschnitt hingegen bezieht sich immer auf den kompletten Absatz.

Wenn Sie die Farbe ändern wollen, so erscheint eine Box mit einigen vordefinierten Farben und im großen Feld die aktuell gewählte Farbe.

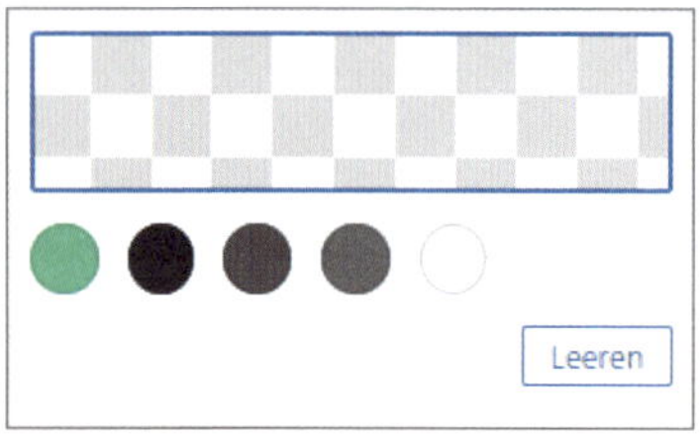

Farbauswahlbox

Wenn, wie in diesem Beispiel, statt einer Farbe nur ein Schachbrettmuster angezeigt wird, ist dies keine echte Farbe, sondern steht für Transparenz. Würden Sie also noch ein Hintergrundbild einfügen, würde es durchscheinen.

Wollen Sie eine eigene Farbe definieren, klicken Sie einfach in den eckigen Bereich, dann bekommen Sie eine detaillierte Farbauswahl.

Falls Sie bereits einen klaren Farbwert haben, können Sie diesen auch direkt eingeben. Klicken Sie dazu auf das kleine Regler-Symbol rechts unten, und schon verwandelt sich der Farbwert in ein Eingabefeld.

Farbskala

Im Bereich *Typografie* kann die Schriftgröße geändert werden, aber nur für den kompletten Abschnitt. Es werden einige vordefinierte Werte angezeigt. Auch hier haben Sie wieder ein Regler-Symbol, um die Anzeige umzuschalten und die Werte komplett frei eingeben zu können.

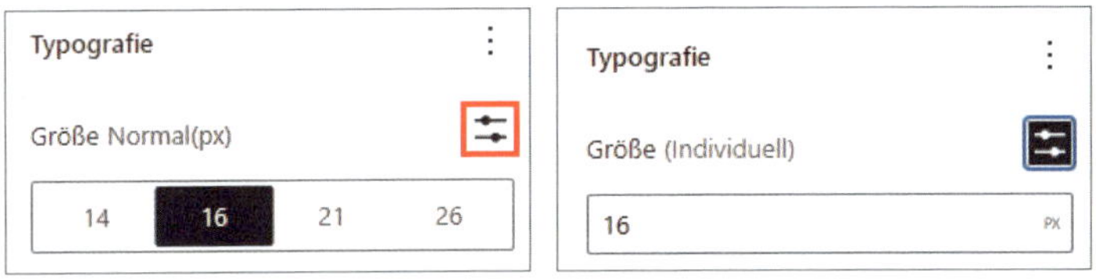

Schriftgröße auswählen

Unter dem Abschnitt *Erweitert* können Sie einen Anker setzen. Dieser dient dazu, einen bestimmten Abschnitt direkt zu referenzieren.

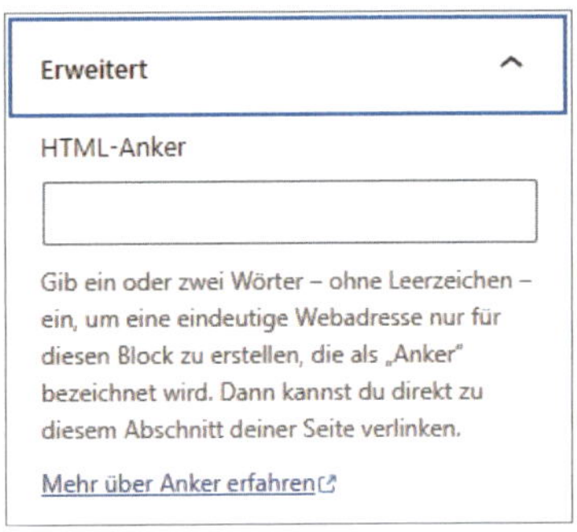

Erweiterte Einstellungen

Setzen Sie beispielsweise *einleitung* als Anker und fügen an die aufzurufende URL *#einleitung* hinzu, so wird der Browser direkt bis zu diesem Abschnitt springen.

Wie bereits erwähnt wurde, haben Sie weitere Formatierungsmöglichkeiten in der Box, die sich direkt über dem ausgewählten Abschnitt öffnet.

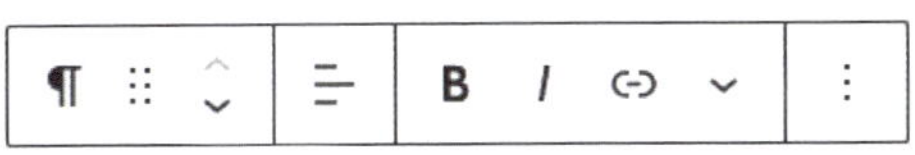

Weitere Formatierungsmöglichkeiten

Das Pi-ähnliche Symbol ganz links steht für die Blockart *Absatz*. Wenn Sie darauf klicken, werden Ihnen andere Blockarten angezeigt, in die Sie den Block umwandeln können. Die Auswahl ändert sich je nach aktuell genutztem Block, da immer nur sinnvolle Umwandlungsmöglichkeiten angezeigt werden. So ist es auch nicht immer möglich, wieder in den vorhergehenden Blocktyp zurück umzuwandeln. In einem solchen Fall hilft dann nur das Rückgängigmachen mit der bekannten Tastenkombination Strg+Z.

Über die beiden weiteren Symbole können Sie die Blöcke anders anordnen. Entweder, indem Sie mit der Maus das Symbol mit den sechs kleinen Punkten gedrückt halten und den ganzen Block mit der Maus an die gewünschte Stelle ziehen, oder, indem Sie einfach mit den Pfeil-Symbolen den Block um eine Stelle nach unten oder oben verschieben.

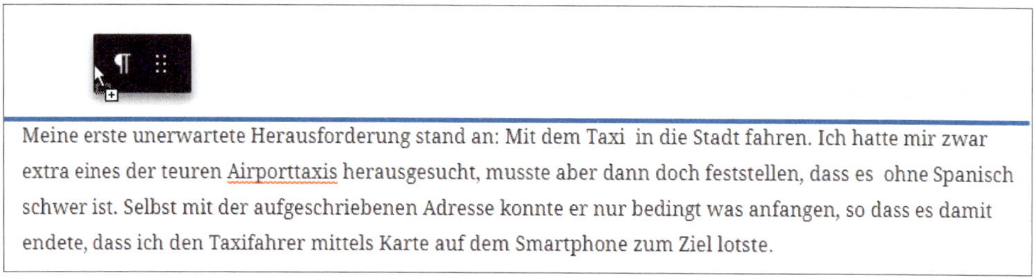

Beim Verschieben werden Ihnen mit einem blauen Strich mögliche Positionen angezeigt

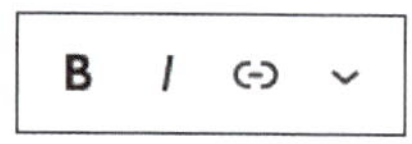

In diesem Bereich können Sie Ihren Text fett oder kursiv gestalten. Die Formatierung bezieht sich dabei jeweils auf den ausgewählten Textabschnitt.

Möchten Sie einen Link einfügen, dann markieren Sie das entsprechende Wort, das verlinkt werden soll, und klicken auf das Link-Symbol . Danach geben Sie ein Link-Ziel ein.

Link-Box

Sobald Sie anfangen zu tippen, wird Ihnen WordPress mögliche Seiten, Beiträge oder Medien vorschlagen, sofern Sie schon welche erstellt haben. Mit dem Weltkugel-Symbol können Sie die Eingabe auch direkt als feste URL – für externe Verweise – übernehmen. Allerdings müssen Sie selbst auf die korrekte Syntax achten. Eine Prüfung, ob es sich dabei um eine gültige Internetadresse handelt, findet nicht statt.

Sie können aber auch mit dem Plus-Symbol eine neue Seite mit diesem Titel erstellen. Es wird dann eine leere Seite als Entwurf angelegt, die Sie später bearbeiten können, aber der Link dazu wird direkt gesetzt. Das ist dann praktisch, wenn Ihnen beim

Schreiben direkt Ideen kommen, welche verlinkten Seiten Sie dazu noch ergänzen könnten, ohne den Arbeitsfluss unterbrechen zu müssen.

Vor allem, wenn Sie einen Link auf eine externe Seite setzen, sollten Sie das Schaltfeld *In einem neuen Tab öffnen* aktivieren, da sonst der Besucher der Webseite von Ihrer Website verschwindet, sobald er den Link öffnet.

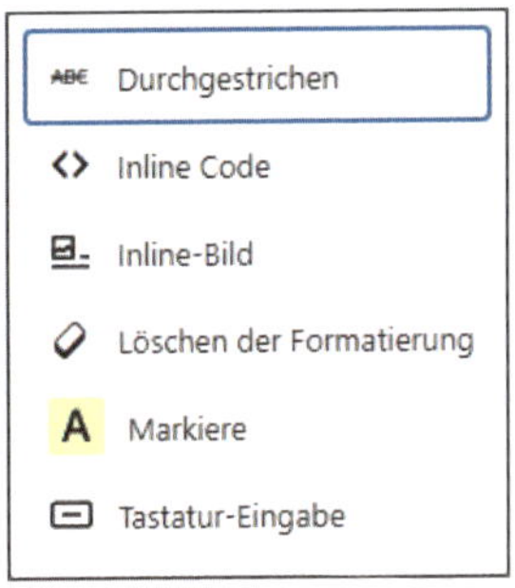

Unter dem Pfeil-Symbol finden Sie weitere Formatierungsmöglichkeiten:

Wollen Sie direkt in dem Fließtext ein Bild unterbringen, ohne dafür einen neuen Block anzulegen, so eignet sich dafür das *Inline-Bild*.

Verschiedene Formatierungsoptionen

Die Bearbeitungsmöglichkeiten finden Sie dann schließlich unter dem Symbol mit den drei Punkten.

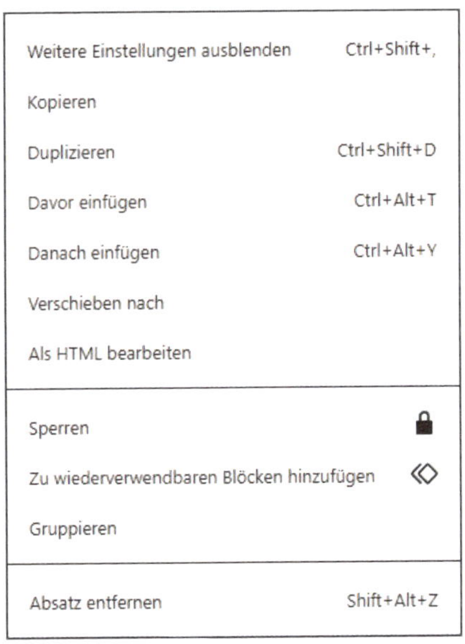

Den Block bearbeiten

Mit *Kopieren* können Sie den aktuellen Block in die Zwischenablage kopieren, um ihn irgendwo anders (auch in einem anderen Programm) wieder einzufügen. Mit *Duplizieren* wird der aktuelle Block geklont und erscheint direkt darunter ein zweites Mal.

Im Block-Editor wird Ihnen normalerweise der Text genauso formatiert angezeigt, wie er später auch auf der Webseite erscheint. Wenn Sie *Als HTML bearbeiten* auswählen, wird Ihnen der Block im Quellcode angezeigt. Das ist dann notwendig, wenn die Formatierungsmöglichkeiten in WordPress nicht mehr ausreichen und Sie selbst Hand anlegen wollen.

```
<p>Nach einem kurzen Flug mit einer amerikanischen Airline komme ich in Mexico City an.
<strong>Eine erste Überraschung erwartet mich</strong>: Dort wo normalerweise Broschüren und Infos
für Touristen liegen sollen, erwartet mich nur ein verwaister Stand. </p>
```

Block als HTML bearbeiten

Seit WordPress 6 gibt es zudem noch die Möglichkeit, Blöcke zu sperren. Damit können Sie das versehentliche Verschieben oder Löschen eines Blocks deaktivieren.

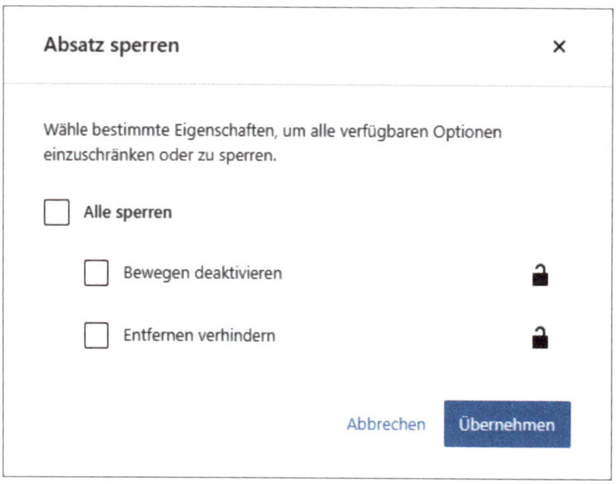

Blöcke sperren

Ein so gesperrter Block kann auch nicht mehr umgewandelt werden. Der Text im Block kann allerdings weiterhin verändert werden.

8.2 Maßeinheiten

Bevor wir uns den verschiedenen Blocktypen zuwenden, noch eine kurze Beschreibung der verschiedenen Einheiten, die jeweils an diversen Stellen für Breiteneinstellungen angeboten werden.

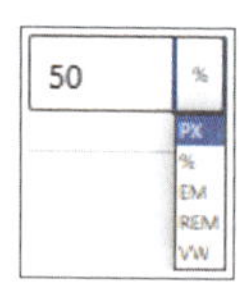

- **PX**
  Ist die Breite in Bildpixeln. Wird im Zeitalter von responsiven Webseiten eher weniger verwendet, da es als absolute Einheit die Gestaltung starr macht.
- **%**
  Die relative Breite in Relation zu den Nachbarelementen.

- **EM**
  Gibt die Größe relativ zum übergeordneten Element an. Wenn sich das übergeordnete Element durch Verbreitern vergrößert, so vergrößert sich auch entsprechend dieses Element. Wird heute in der Regel als Ersatz für PX genutzt.
- **REM**
  Ähnlich wie EM, bezieht sich aber nicht auf das übergeordnete Element, sondern immer auf das Basis-Element. Zum Beispiel die Größe der Webseite.
- **VW/VH**
  Bedeutet Viewport-Width oder -Height und meint die Breite und Höhe der Anzeige. Es bezieht sich also auf die konkrete Größe des Browserfensters und ändert sich je nach genutztem Gerät.

Alle diese Maßeinheiten können auch miteinander kombiniert werden. So ist es beispielsweise möglich, den Browser anzuweisen, eine von drei Spalten 200 Pixel breit zu machen und den restlichen Platz 50 % zu 50 % auf die anderen beiden Spalten zu verteilen. Testen Sie so etwas aber auf alle Fälle auch auf Mobilgeräten. Mit schlechten Einstellungen ist es schnell möglich, eine Webseite teilweise unlesbar zu machen.

8.3 Blöcke wiederverwenden

Nehmen wir an, Sie möchten auf jeder Seite einen Abschnitt haben, der immer gleich ist. Zum Beispiel möchten Sie auf jeder Seite den gleichen Abschnitt mit einem Hinweis auf Ihren Newsletter einbauen. Auch das ist ganz einfach möglich: Sie können jeden Block als eigene Blockart speichern. Schreiben und formatieren Sie den Block so, wie Sie ihn haben möchten, und anschließend wählen Sie aus dem Menü den Punkt *Zu wiederverwendbaren Blöcken hinzufügen* aus. Nun müssen Sie nur noch einen Namen vergeben, und schon wird der Block als Vorlage zur weiteren Verwendung gespeichert.

Einen gespeicherten Block können Sie dann überall dort in Ihrer WordPress-Installation, wo man Blöcke verwenden kann, einsetzen. Haben Sie zum Beispiel in einem Beitrag einen Block zur Wiederverwendung gespeichert, so können Sie den Block auch auf Seiten oder Menüs nutzen.

Ich würde Ihnen empfehlen, sich zuerst Gedanken über das Seitenlayout zu machen, wiederverwendbare Bereiche zu identifizieren und zuerst diese Blöcke anzulegen und zu speichern. Anschließend legen Sie dann Ihre Seiten und Beiträge an und können die gespeicherten Blöcke direkt verwenden.

Gespeicherte Blöcke haben noch einen weiteren großen Vorteil: Wollen Sie an einem wiederverwendeten Objekt eine Änderung durchführen, so wirkt sich diese Änderung direkt auf alle Seiten aus, in denen der gespeicherte Block genutzt wird. Sie müssen also nicht alle Beiträge oder Seiten einzeln durchgehen und händisch ändern. Diesen Vorteil haben Sie nicht, wenn Sie einen Block einfach mit Copy-and-paste oder *Duplizieren* vervielfältigen.

Gewöhnen Sie sich am besten gleich zu Beginn an, jedes Mal, wenn Sie versucht sind, einen Block zu kopieren, diesen stattdessen gleich als wiederverwendbaren Block zu speichern. Das wird Ihnen später sehr viel unnötige Arbeit ersparen, wenn Sie mal Ihre Seiten überarbeiten wollen oder müssen.

8.4 Blöcke gruppieren

Nun kann es vorkommen, dass Sie nicht nur einen einzelnen Block wiederverwenden wollen, sondern gleich einen ganzen Bereich einer Seite, der aus mehreren Blöcken besteht.

Dazu haben Sie die Möglichkeit, Blöcke zu Gruppen zusammenzufassen. Markieren Sie die Inhalte der aufeinanderfolgenden Blöcke, die Sie zusammenfassen wollen. Dabei ist es gar nicht unbedingt notwendig, den gesamten Block zu markieren, ein Teilbereich reicht bereits aus.

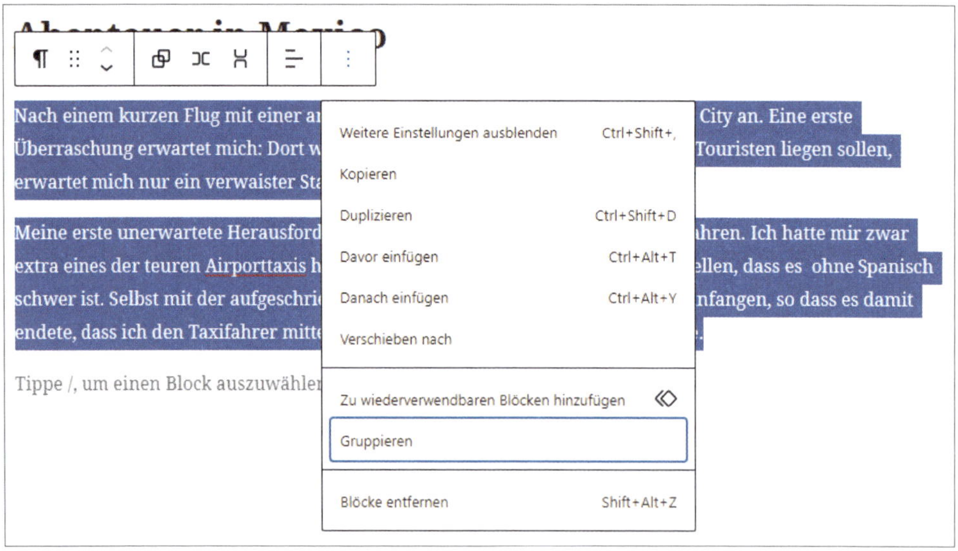

Blöcke gruppieren

Dann wählen Sie aus dem erweiterten Menü den Punkt *Gruppieren* aus, und schon ändert sich die Darstellung. Beide Blöcke sind nun durch einen Rahmen zusammengefasst.

Blöcke gruppieren: Ergebnis

Sie können nun die Gruppe von Blöcken als Ganzes verschieben, kopieren, duplizieren und eben auch zur Wiederverwendung speichern. Die Gruppierung wirkt sich aber auch auf die Layout-Funktionen aus. Wenn Sie die ganze Gruppe anwählen, werden Sie im rechten Menü sehen, dass Sie Farben und Schriftgrößen ab sofort für die gesamte Gruppe ändern können. Trotzdem können Sie aber weiterhin die Blöcke auch separat bearbeiten.

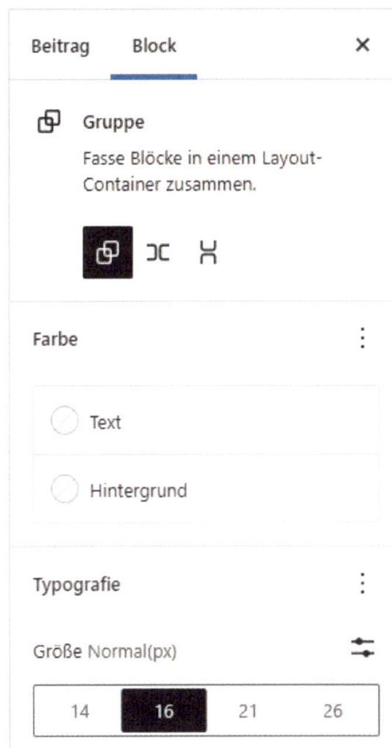

Seitenmenü für Gruppen

8.5 Weiteres Hilfe-Menü

Auf ein Menü möchte ich Sie an dieser Stelle noch aufmerksam machen: Links oben haben Sie noch mal einige Symbole mit Aktionen.

Neben dem Button zum Hinzufügen neuer Blöcke sowie der Rückgängig- und Wiederholen-Funktion können Sie sich mit dem ganz rechten Button eine

Listenansicht der genutzten Blöcke anzeigen lassen. Hier sehen Sie übersichtlich, über welche Blöcke Ihr Beitrag verfügt und welche Gruppierungen genutzt wurden, Sie können alle bequem einzeln auswählen und auch direkt bearbeiten.

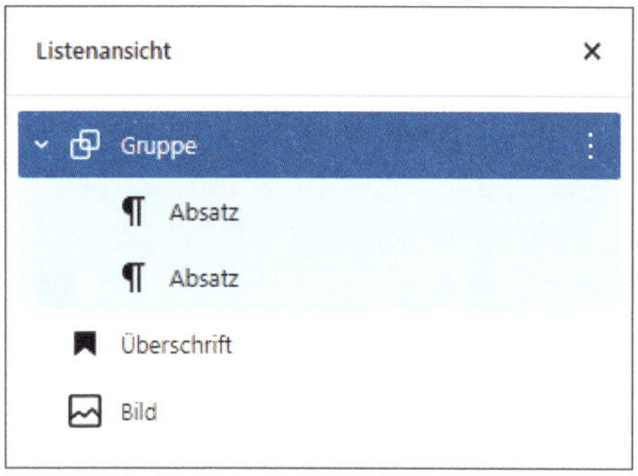

Gliederung der Blöcke

Ich empfehle Ihnen, auf jeden Fall vor Veröffentlichung des Beitrags oder der Seite einen Blick darauf zu werfen. Allzu leicht legt man beim Editieren unabsichtlich leere und damit unnötige Blöcke an.

Ebenfalls im oberen Menü steckt noch eine ganz praktische Statistik. Mit einem Klick auf das Info-Symbol bekommen Sie eine ausführliche Auflistung Ihrer bisherigen Arbeit.

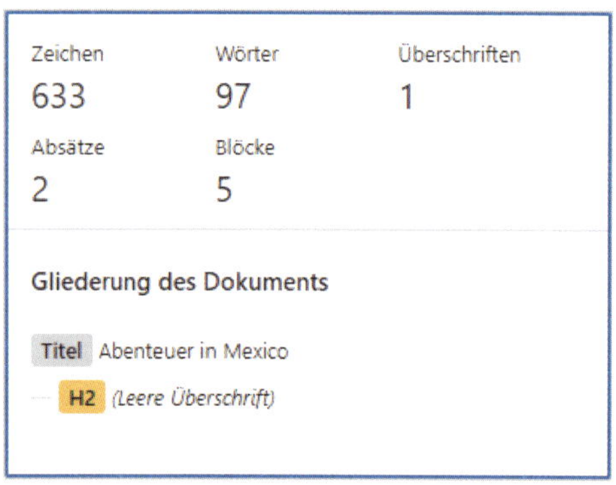

Zahlen Ihres Beitrags

Um Ihnen die Bearbeitung etwas zu erleichtern, können Sie die Ansicht noch etwas anpassen. Die Optionen dazu finden Sie ganz rechts oben, wenn Sie auf die drei Punkte klicken.

Zunächst können Sie angeben, ob die obere Werkzeugleiste direkt bei den Blöcken oder immer fest links oben stehen soll.

Im Spotlight-Modus wird nur der aktuell zu bearbeitende Block normal angezeigt, und alle anderen Blöcke werden leicht milchig abgeblendet. Das hilft, um sich direkt auf einen Block zu konzentrieren und sich nicht von den anderen ablenken zu lassen.

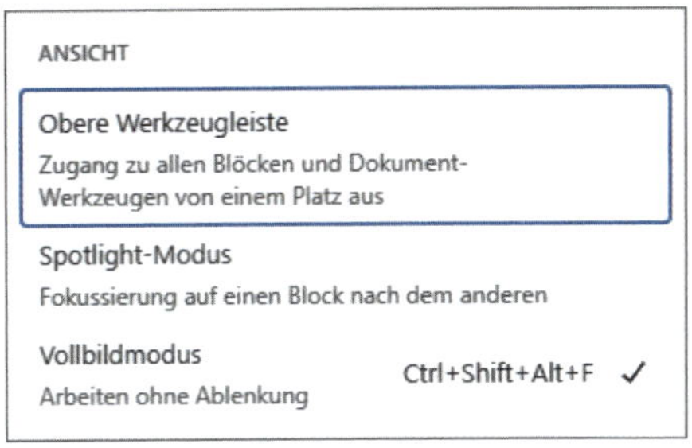

Bedienung erleichtern

8.6 Einen neuen Block einfügen

Sie haben bislang eine Seite mit zwei Absätzen. Nun wollen Sie weitere Blöcke einfügen und dabei auch andere Blocktypen nutzen.

Um einen neuen Block einzufügen, gibt es mehrere Möglichkeiten. Im Prinzip können Sie überall da, wo ein Plus-Symbol auftaucht, damit einen neuen Block einfügen. Zusätzlich geht es auch noch über die einzelnen Blockmenüs.

Verschiedene Arten, einen Block einzufügen

Einen kleinen Unterschied gilt es dabei zu beachten. Drücken Sie auf das Plus-Symbol im Text, so erscheint nur eine kleine Box mit den zuletzt genutzten Blockarten. Sie können aber mit *Alle durchsuchen* alle Blockarten aufrufen oder, falls Sie bereits wissen, wie die gewünschte Blockart heißt, einfach anfangen zu tippen, dann werden Ihnen direkt die passenden Alternativen präsentiert.

Über das Plus-Symbol links oben werden Ihnen dagegen auch wirklich alle zur Auswahl stehenden Blocktypen angezeigt. Wie Sie schon an der Scrollleiste sehen, sind das inzwischen sehr viele. Hier finden Sie übrigens auch die Blöcke, die Sie selbst als wiederverwendbar gespeichert haben.

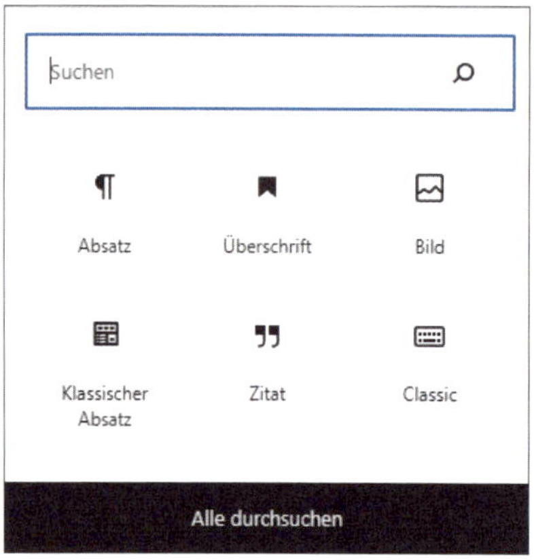

Blockauswahl

Hinweis

Wir behandeln in diesem Kapitel nur die allerhäufigsten Blöcke. Im nächsten Kapitel lernen Sie dann die weiteren Blocktypen kennen.

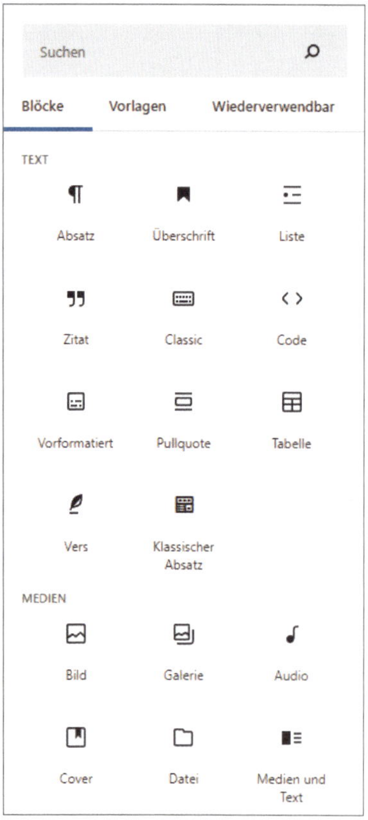

Alle Blöcke durchsuchen

8.7 Der Bild-Block

Lassen Sie uns als Nächstes ein Bild zwischen den beiden Absätzen einfügen. Passend zum bisherigen Text nehme ich eines vom verwaisten Info-Stand am Flughafen. Navigieren Sie mit der Maus zwischen die beiden Blöcke, bis ein blauer Balken mit einem Plus-Symbol erscheint.

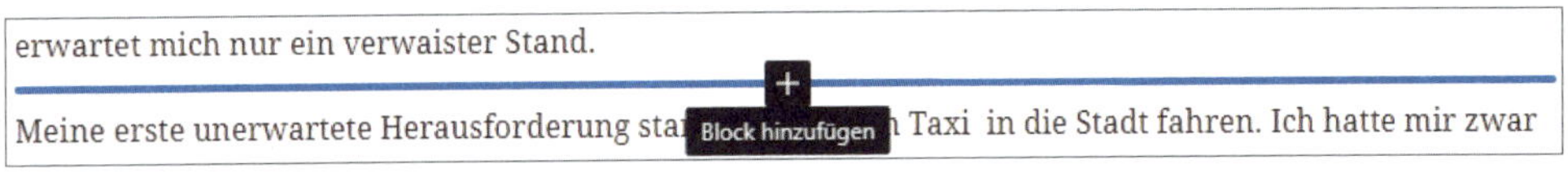

Fügen Sie einen neuen Block zwischen den Absätzen ein

Dann wählen Sie den Blocktyp *Bild* aus der Box aus. Erscheint die Option *Bild* nicht sofort, können Sie sie mithilfe des Textfeldes suchen.

Bild-Block suchen

Nun erhalten Sie einen Platzhalter für ein Bild. Sie müssen noch nicht zwingend ein Bild direkt einfügen. Sie können auch Ihren Beitrag fertig schreiben, schon mal überall gewünschte Bild-Blöcke einfügen und dann im zweiten Durchgang auf einen Rutsch alle Bilder einbauen. Das wäre sogar die effizientere Herangehensweise, da Sie so nicht laufend zwischen den verschiedenen Arbeiten (Text schreiben, Bild auswählen) wechseln müssen.

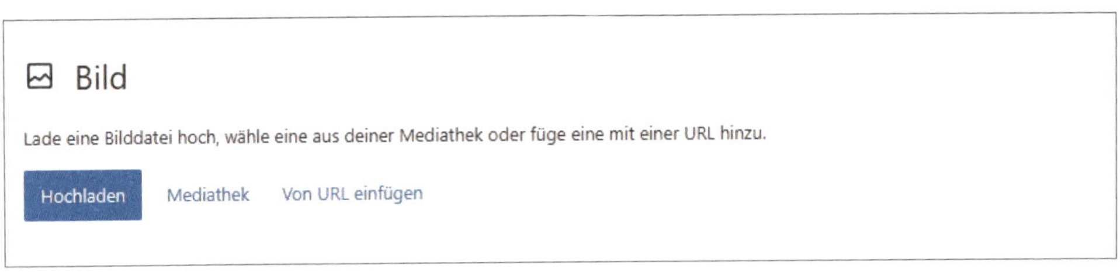

Der ungefüllte Bild-Block

Ihnen werden drei Möglichkeiten vorgeschlagen, ein Bild hochzuladen. Dabei gibt es einige Unterschiede:

- **Hochladen**
  Laden Sie das Bild direkt in den Bild-Block hoch, wird es in der Mediathek abgelegt, in den Beitrag eingefügt und direkt mit dem Beitrag verknüpft. Die Verknüp-

fung eines Bildes mit einem Beitrag ändert nichts an der Funktion, aber Sie sehen in Ihrer Mediathek genau, wo ein Bild eingefügt wurde.

- **Mediathek**
  Das Fenster der Mediathek öffnet sich. Hier sehen Sie alle Bilder, die Sie bereits hochgeladen haben, und können eines auswählen. Sie können ebenso Bilder in die Mediathek hochladen. Das Bild wird dann direkt in den Beitrag eingefügt, allerdings nicht mit dem Beitrag verknüpft. Dies können Sie aber manuell nachholen.
- **Von URL einfügen**
  Hiermit wird das Bild nicht in die Mediathek eingefügt, sondern das Bild wird von der angegebenen URL referenziert. Das kann eine URL von Ihrer eigenen Seite sein, das kann aber auch eine URL auf ein Bild einer komplett fremden Seite sein. Im letztgenannten Fall sollten Sie sich unbedingt absichern, ob Sie dieses Bild auch verlinken dürfen. Manche Webseiten haben solche sogenannten Deeplinks inzwischen wegen Missbrauchs komplett geblockt.

Für den Bild-Block haben sich auch die rechte Spalte sowie das Kästchen mit den Bearbeitungsmöglichkeiten verändert.

Als Erstes können Sie den Stil des Bildes ändern. Allerdings haben Sie dabei nur die Auswahl zwischen normalen und abgerundeten Ecken.

Stil des Bildes

Normale Ecken

Abgerundete Ecken

Leider gibt es keine Möglichkeit, den Radius der Ecken einzustellen. Sollten Sie einen anderen Radius bevorzugen, müssen Sie das händisch über CSS-Klassen regeln. Das ist dann eher etwas für Fortgeschrittene.

Eine Einstellung, die Sie auf jeden Fall vornehmen sollten, ist der alternative Text. Dieser Text wird angezeigt, wenn das Bild nicht dargestellt werden kann oder der Betrachter der Webseite sehbehindert ist und die Seite über Braillezeile oder Sprachausgabe nutzt. Da Google barrierefreie Webseiten beim Ranking bevorzugt, ist das auch eine der Pflichtaufgaben bei der SEO-Optimierung. Weiteres zu diesem Thema finden Sie in Kapitel 16.

Um die sichtbare Bildgröße direkt in der Seite anzupassen, gibt es mehrere Möglichkeiten. Zunächst haben Sie die Drop-down-Box unter *Bildgröße*.

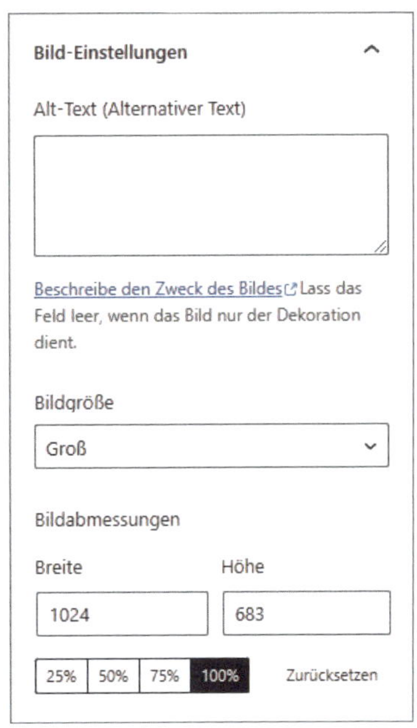

Alternativtext und Bildgröße

Die hier abgebildeten Optionen sind die vordefinierten Bildgrößen in WordPress. Jedes Mal, wenn Sie ein Bild in die Mediathek hochladen, werden automatisch diese vier Größen generiert. Wenn Sie eine dieser Größen auswählen, wird das Bild auf der fertigen Seite auch tatsächlich in dieser Größe ausgeliefert, selbst wenn die angezeigte Größe eine andere ist. Hier sollten Sie also immer die kleinstmögliche Größe nehmen und die Einstellung *Vollständige Größe* nur dann, wenn Sie die auch wirklich brauchen.

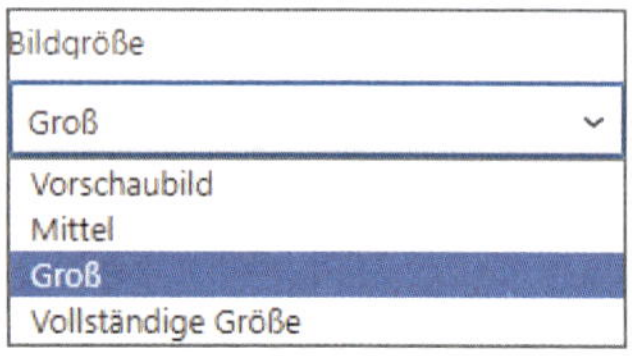

Bildgröße

Unter *Bildabmessungen* wird dagegen definiert, wie das Bild tatsächlich auf der Webseite dargestellt wird. Hier können Sie einen prozentualen Wert auswählen oder direkt die gewünschten Bildmaße eingeben. Die Einstellungen, die Sie unter *Bildabmessungen* festlegen, wirken sich zwar auf die Darstellungsgröße, aber nicht auf die Übertragungsgröße aus. Wenn Sie also als Bildgröße *Vollständige Größe* auswählen und die Bildabmessungen auf *25%* stellen, mag es zwar gut aussehen, aber bei jedem Seitenaufruf werden die 3–4 MB, die das Originalbild möglicherweise hat, übertragen, was die Webseite langsam macht.

Grundsätzlich empfehle ich, Änderungen an der Bildgröße lieber vor dem Hochladen in einem externen Programm, zum Beispiel IrfanView (siehe dazu Kapitel 21.1), vorzunehmen. Dann haben Sie nur die Bildgröße auf dem Server, die Sie auch wirklich brauchen.

Ein kleiner Trick, um herauszufinden, welche Bildgröße tatsächlich auf der Webseite verwendet wurde: Klicken Sie mit der rechten Maustaste auf das Bild in der fertigen Webseite und wählen Sie *Bild in neuem Tab öffnen*. Das Bild öffnet sich dann ohne zusätzliche HTML- oder CSS-Anpassungen, so wie es auf dem Server liegt. Wenn ein kleines Bild auf der Webseite im neuen Tab geöffnet plötzlich riesengroß ist, besteht Optimierungspotenzial.

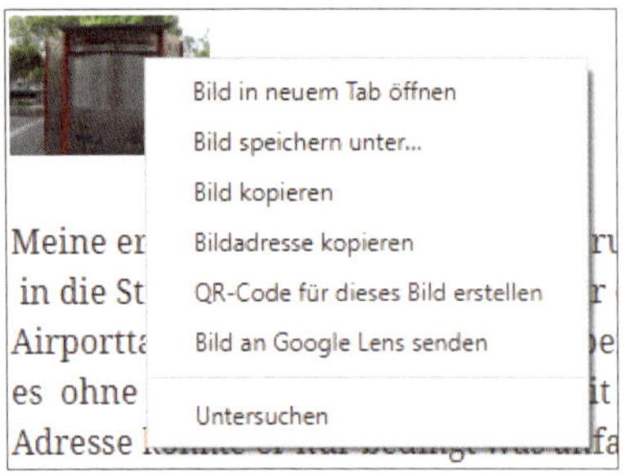

Bild in einem neuen Tab öffnen

Es gibt noch eine weitere Möglichkeit, die Bildabmessungen zu beeinflussen. Selektieren Sie das Bild im WordPress-Editor, so erscheinen unten und rechts zwei kleine

Kringel. Durch das Ziehen an diesen Anfasserpunkten können Sie die Abmessungen direkt im Block-Editor anpassen.

Bildgröße unmittelbar ändern

Weitere Bildeinstellungen finden Sie im Top-Menü über dem Block:

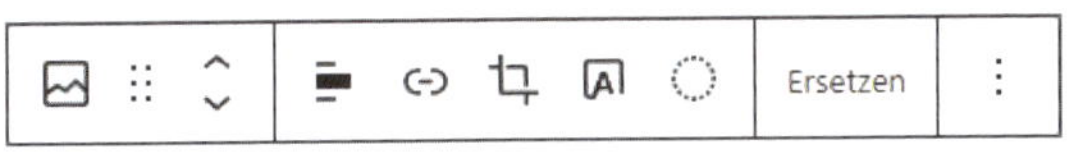

Kontextbox für Bild-Block

Mit der Einstellung der Ausrichtung (viertes Symbol von links) können Sie beeinflussen, wie der Bild-Block zwischen den anderen Blöcken angeordnet wird.

Ist keine spezielle Ausrichtung gewählt, wird der Bild-Block in einer eigenen Zeile in der fixen Breite wie alle anderen Blöcke angeordnet. Wählen Sie dagegen *Linksbündig* oder *Rechtsbündig* aus, wird der Bild-Block von dem Text im nächsten Block umlaufen, sofern die Bildgröße dafür Platz lässt.

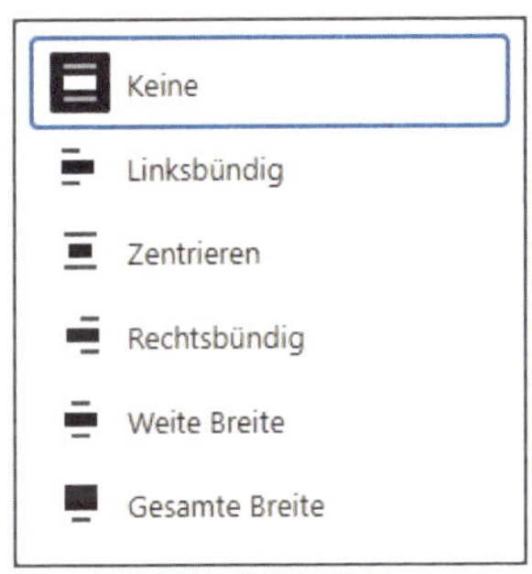

Mögliche Ausrichtungen

Linksbündiger Bild-Block mit umlaufendem Text

Hier muss man unter Umständen mit den Bildgrößen etwas herumspielen, um eine schöne Darstellung zu erreichen. Aber im Ergebnis sieht das Layout wesentlich flüssiger aus, als den Text immer wieder durch ein Bild zu unterbrechen.

Mit der Einstellung *Weite Breite* wird das Bild wesentlich breiter als die anderen Blöcke dargestellt, aber es hat immer noch eine fixe Breite. Stellen Sie Ihr Bild als *Gesamte Breite* dar, so wird die gesamte Breite der Webseite ausgenutzt. Das bedeutet dann auch zwangsläufig, dass sich die Bildbreite sowie Darstellung ändern, wenn der Benutzer die Browserbreite ändert.

8.7.1 Ein Bild verlinken

Natürlich kann ein Bild auch mit einer weiteren Seite verlinkt sein. Klicken Sie auf das entsprechende Symbol, so erscheint eine passende Eingabe.

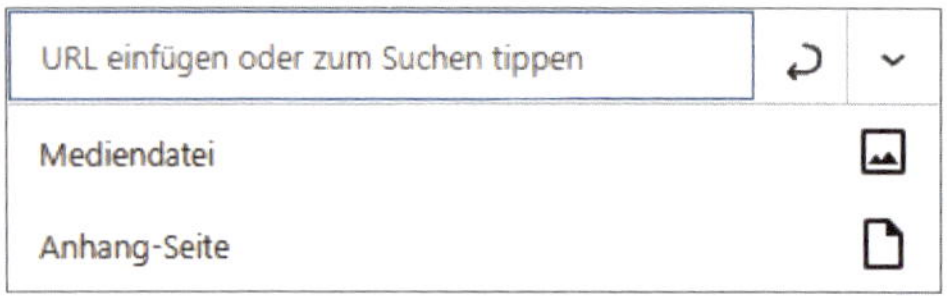

Bild-Link einfügen

Genau wie beim Einfügen eines Links werden Ihnen passende Seiten Ihrer WordPress-Installation vorgeschlagen, sobald Sie zu tippen anfangen. Sie können aber auch eine statische (externe) URL eingeben.

Zwei spezielle Links werden Ihnen noch vorgeschlagen. Mit dem Link *Mediendatei* kommt der Betrachter, sobald er auf das Bild klickt, auf eine neue Seite, die nur das Bild enthält, und zwar das Originalbild, selbst wenn Sie eine kleinere Bildgröße zur Darstellung auf der Beitragsseite ausgewählt haben.

Der Link *Anhang-Seite* ist so ähnlich. Nur, dass der Benutzer nicht allein das Bild erhält, sondern eine automatisch generierte WordPress-Seite in Ihrem Design, die das einzelne Bild mit zusätzlichen Informationen wie dem Bildnamen, dem Veröffentlichungsdatum sowie mit einem Kommentarbereich enthält.

8.7.2 Ein Bild beschneiden

Mit diesem Symbol können Sie das Bild beschneiden. Wenn Sie diese Funktion anwählen, wird das Bild optisch in neun Segmente unterteilt. Dabei handelt es sich nur um Hilfslinien, die Ihnen helfen sollen, den besten Ausschnitt zu finden. Nun können Sie mit dem Mausrad reinzoomen und durch Halten sowie Ziehen mit der Maus den Bildausschnitt verändern. Sind Sie mit dem gewählten Ausschnitt zufrieden und klicken auf *Übernehmen*, wird der gewünschte Ausschnitt als neues Bild in der Mediathek abgelegt. Das Originalbild bleibt unangetastet und kann jederzeit wieder genutzt werden, sodass Sie nichts kaputtmachen können, falls Sie es sich später doch anders überlegen.

Unterteiltes Foto

Bild mit neuem Ausschnitt

Falls Sie ohne Maus arbeiten oder keine Maus mit Scrollrad haben, können Sie den Bildausschnitt auch mit dem Zoom-Symbol über dem Bild vergrößern.

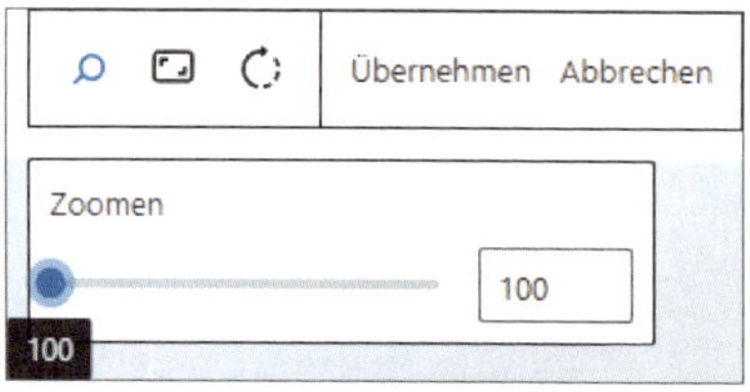

Zoom-Funktion

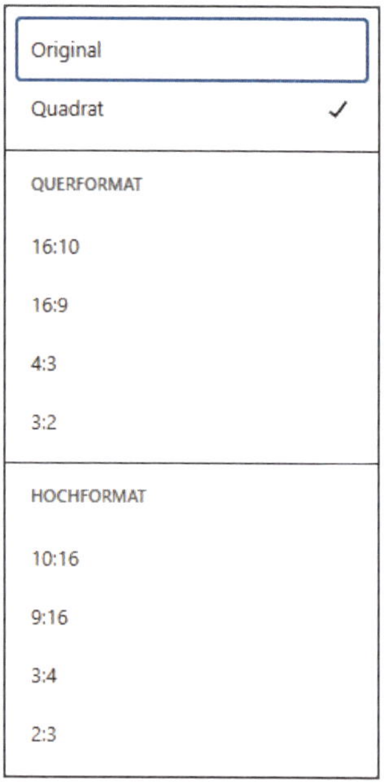

Möglicherweise wollen Sie beim Beschneiden nicht nur den Bildausschnitt, sondern auch das Format ändern. Die Funktion dazu befindet sich im Top-Menü. Allerdings sind Sie hier nicht komplett frei. Sie haben lediglich die Auswahl zwischen quadratisch sowie einigen gängigen Hoch- und Querformaten.

Möchten Sie eine andere nicht zur Auswahl stehende Seitenrelation haben, müssen Sie das Bild vorab mit einem externen Tool wie IrfanView bearbeiten.

Vordefinierte Seitenrelationen

Als letzte Option beim Bearbeiten haben Sie noch mit dem nebenstehenden Button die Möglichkeit, das Bild in 90-Grad-Schritten zu drehen. Eine Feinjustierung ist leider (noch) nicht direkt in WordPress möglich.

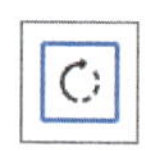

8.7.3 Duotone-Filter

Eine relativ neue Funktion ist der *Duotone*-Filter. Damit kann man nette abstrakte Effekte erzielen, ohne das Originalbild zu verändern. Wie der Name schon sagt, können Sie damit das Bild zweifarbig einfärben. Sie können eine Farbe für dunkle Bereiche definieren und für helle Bereiche eine andere.

Wählen Sie für *Schatten* die Farbe *Schwarz* und für *Hervorhebungen* Weiß aus, so haben Sie ein ganz normales Schwarz-Weiß-Bild. Aber auch jede andere Farbkombination ist möglich, zum Beispiel, wie hier zu sehen, Rot-Schwarz.

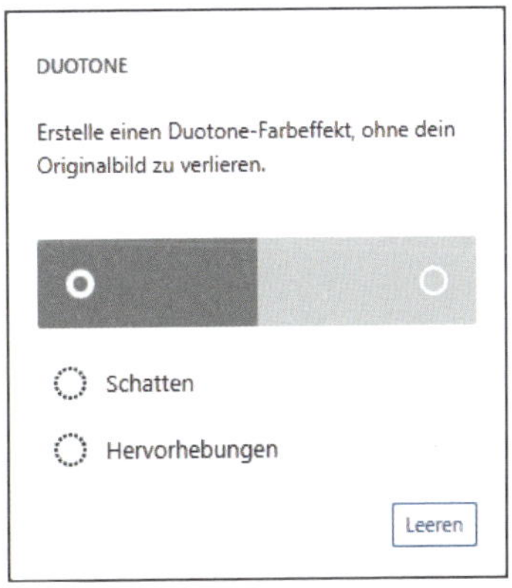

Einstellungen für den Duotone-Filter

Duotone-Filter

8.7.4 Bild mit weiteren Elementen versehen – der Cover-Block

Das Werkzeug ist beschriftet mit *Text über das Bild hinzufügen*. Tatsächlich ist das aber nicht ganz richtig. Genau genommen wird dabei zuerst mal der Blocktyp zu *Cover* umgewandelt. Ob Sie also das Werkzeug nutzen oder direkt einen Cover-Block einfügen, führt zum gleichen Ergebnis. Sie werden sehen, dass Bild-Block und Cover-Block sich in einigen Dingen unterscheiden, wenn auch einige Optionen die gleichen sind.

Zunächst einmal kann ein Cover-Bild nicht mehr direkt auf der Seite beschnitten werden und auch nicht mehr mit einer Seite verlinkt werden.

Dafür haben Sie andere Möglichkeiten, eine davon ist, andere Blöcke über einen Cover-Block legen zu können. Sie können sich einen Cover-Block quasi als eine Art Hintergrundbild vorstellen.

Ein Cover-Block mit Bild

Cover-Block mit Text und Button

In der Mitte ist schon ein Absatz-Block angelegt, der direkt mit Text befüllt werden kann. Natürlich kann auch ein anderer Blocktyp verwendet werden. Über das Plus-Symbol auf der rechten Seite können Sie noch weitere Blöcke innerhalb des Bildes anlegen, beispielsweise einen Button:

Dabei ist allerdings zu beachten, dass die Ausrichtung der einzelnen inneren Blöcke möglicherweise nicht mehr funktioniert, da die Ausrichtung nun vom umgebenden Cover-Block geerbt wird. In dem hier gezeigten Beispiel hat die Einstellung der vertikalen Position im Button-Block keine Relevanz mehr, da der Button zusammen mit dem Text nach den Einstellungen des Cover-Blocks angeordnet wird.

Auch wenn mir dafür keine Anwendungsmöglichkeit einfällt, kann innerhalb eines Cover-Blocks auch ein weiterer Cover-Block angelegt werden, und so können Cover-Blöcke beliebig ineinander verschachtelt werden.

Vermutlich ist Ihnen aufgefallen, dass das Bild nach der Umwandlung in einen Cover-Block dunkler dargestellt wird. Das liegt daran, dass Cover-Blöcke defaultmäßig ein *Overlay* mit 50 % Deckkraft verpasst bekommen, damit der Inhalt besser lesbar ist. Die Einstellungen dazu finden Sie in der rechten Leiste.

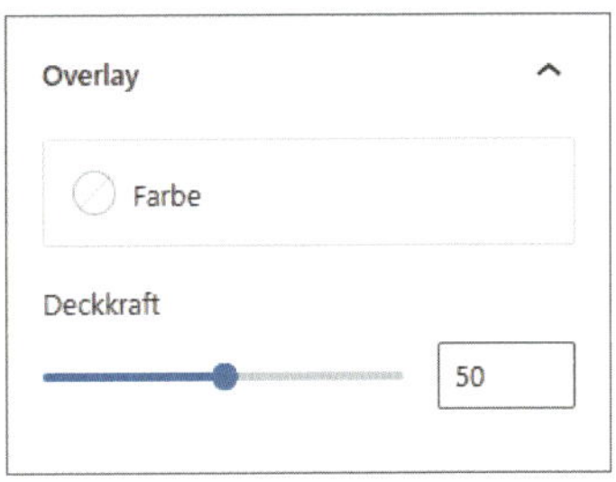

Farbe und Deckkraft für einen Cover-Block

Mit der *Deckkraft* ist hier nicht die Deckkraft des Bildes gemeint, sondern die Deckkraft des Overlays. Stellen Sie den Regler auf 0, so haben Sie Ihr Bild wieder in voller Helligkeit. Nicht nur die Stärke der Deckkraft ist regulierbar, sondern auch die Farbe.

Farbauswahl des Overlays

Möchten Sie beispielsweise einen Text haben, bei dem das Hintergrundbild nur ganz leicht durchscheint, setzen Sie die Overlay-Farbe auf Weiß und wählen eine Deckkraft über 50 % aus.

Inhalt mit dezentem Hintergrundbild

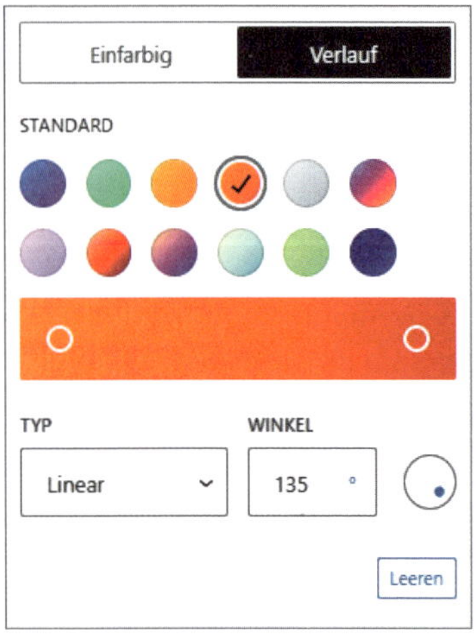

Die Overlay-Farbe muss dabei keinesfalls einfarbig sein. Unter dem Reiter *Verlauf* sind auch Farbverläufe möglich, sowohl linear (von einer Seite zur anderen) als auch radial (von innen nach außen).

Mehrere zwei- und dreiphasige Farbverläufe sind bereits vordefiniert, mit einem Klick auf den Farbverlauf-Balken können Sie andere und weitere Farben auswählen, sogar eine transparente Wirkung ist möglich. Ihrer Kreativität sind kaum Grenzen gesetzt.

Farbverläufe beim Overlay

Mit einem radialen Verlauf von transparent nach schwarz und einer Deckkraft von 100 bekommen Sie beispielsweise einen Passepartout-Effekt. Mit der Variante transparent nach weiß läuft das Bild an den Rändern dezent aus.

Ein paar Worte noch zu den weiteren Einstellungen. Einen eindrucksvollen Effekt können Sie mit den *Medien-Einstellungen* erreichen.

Passepartout-Effekt

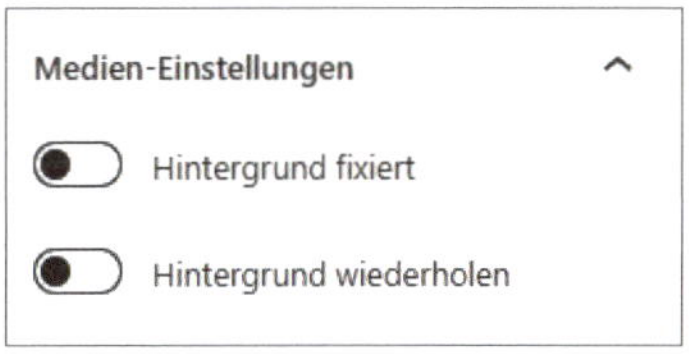

Medien-Einstellungen

Wenn Sie den Hintergrund fixieren, bleibt er fest stehen, wenn der Seiteninhalt vertikal gescrollt wird. Wird der Hintergrund wiederholt, so wird das Hintergrundbild in Originalgröße angezeigt, wiederholt sich aber, sobald der Benutzer über das Bildende hinausscrollt. Das ist eher für sich wiederholende Strukturen oder Muster geeignet, zum Beispiel eine Holzmaserung.

Wird der Hintergrund nicht wiederholt, so wird das fixierte Hintergrundbild auf die gesamte Seitenhöhe gestreckt. Wie schon erwähnt, erben innen liegende Elemente ihre Ausrichtung teilweise vom Cover-Block-Element. Mit dem entsprechenden Symbol in der oberen Einstellungsleiste können Sie angeben, wie die innen liegenden Elemente ausgerichtet werden sollen.

Ausrichtung der Innenblöcke

8.8 Galerie

Möchten Sie auf einen Schwung gleich mehrere Bilder nebeneinander auf Ihrer Webseite haben, ist der Galerie-Block nützlich.

Wie gehabt können Sie die Bilder wieder direkt hochladen oder bestehende Bilder aus der Mediathek wählen. Genau genommen ist der Galerie-Block lediglich ein Container für einzelne Bild-Blöcke.

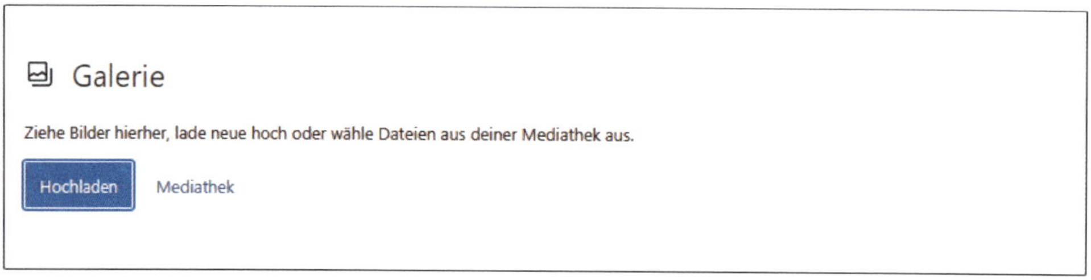

Der Galerie-Block

Entsprechend vertraut sieht auch die obere Werkzeugleiste aus.

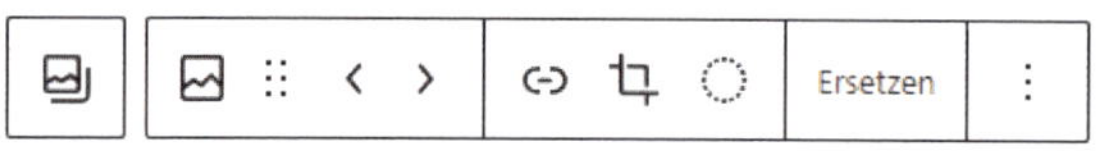

Hier können Sie jedes Bild einzeln beschneiden, verlinken oder mit dem Duotone-Filter versehen. Ein paar Besonderheiten gibt es aber doch. Mit dem Symbol ganz vorn kommen Sie zu den Einstellungsmöglichkeiten für den ganzen Galerie-Block. Außerdem gehen die Pfeile für die Verschiebung nicht mehr nach oben bzw. unten, sondern nach links und rechts. Hierüber können Sie die Reihenfolge der einzelnen Bilder in der Galerie anpassen. Mit dem Verschieben-Werkzeug ‹ › ist es sogar möglich, ein Bild aus der Galerie zu lösen und als einzeln stehenden Bild-Block zu behandeln.

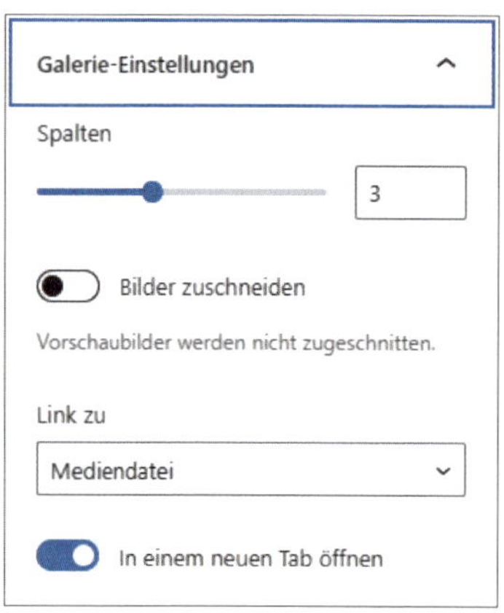

Um zu bestimmen, wie viele Bilder in einer Zeile angezeigt werden sollen, können Sie die Einstellungen im rechten Einstellungsblock verändern.

Die Anzeige ist begrenzt responsiv. Wenn die Größe des Displays zum Beispiel bei einem Smartphone zu klein ist, kann es durchaus sein, dass weniger als die angegebene Anzahl Bilder in einer Zeile angezeigt wird und die weiteren Bilder in die nächste Zeile rutschen.

Einstellungen für den Galerie-Block

Haben Sie ungleich große Bilder, können Sie das mit der Option *Bilder zuschneiden* korrigieren. Die Korrektur erfolgt allerdings nur zeilenweise. Wenn Ihre Galerie also mehrere Zeilen mit Bildern füllt, kann es sein, dass trotzdem jede Zeile eine andere Bildhöhe hat.

Darüber hinaus haben Sie keine Möglichkeit, Einfluss zu nehmen, welcher Teil der Bilder abgeschnitten wird. Es ist also besser, die Bilder vorher mit IrfanView oder direkt in WordPress auf die gleiche Größe zurechtzustutzen.

Darstellung ohne die Option »Bilder zuschneiden«

Darstellung mit der Option »Bilder zuschneiden«

Interessant ist noch die Möglichkeit, alle Bilder in der Galerie auf einmal mit Links zu den Originaldateien zu versehen, so brauchen Sie das nicht für jedes Bild einzeln zu erledigen.

Leider hat der Galerie-Block einige Unschönheiten. So nutzen die Bilder in einer Zeile diese immer komplett aus, auch wenn in der letzten Zeile nur ein einziges Bild steht.

Unschöne Aufteilung

Daneben vermisst man eine Möglichkeit, Bilder direkt an Ort und Stelle per Draufklicken zu vergrößern, wie es heutzutage schon Standard ist. Und es gibt auch keine Möglichkeit, einfach mit Pfeilen zwischen den Bildern zu navigieren.

Hier wäre ein Lightbox-Plug-in wie zum Beispiel *Responsive Lightbox & Gallery*, das in Kapitel 10 zu Plug-ins beschrieben wird, die elegantere Wahl.

8.9 Überschrift-Block

Nachdem Sie jetzt schon Absätze schreiben und Bilder einfügen können, ist der nächste Schritt, Ihre Seite durch weitere Überschriften zu unterteilen.

Klicken Sie wieder auf das Plus-Symbol und wählen Sie den Block *Überschrift* aus.

Die meisten Einstellungsmöglichkeiten entsprechen denen des Absatzes.

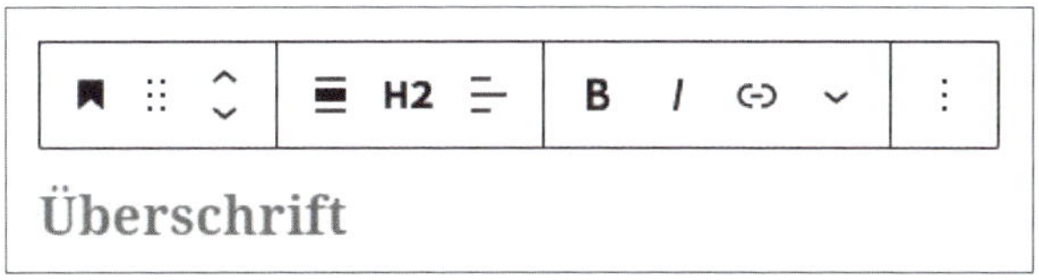

Einstellungen für den Überschrift-Block

Die einzige neue Option ist die Art der Überschrift. Hier haben Sie die Auswahl von *H1* bis *H6*. Wobei *H2* bereits vorausgewählt ist.

Mögliche Überschriften

Dass gerade *H2* vorausgewählt ist, ist kein Zufall, sondern beabsichtigt. *H1* ist für die Hauptüberschrift der Seite gedacht und wird im Block-Editor automatisch für den Seitentitel verwendet. Technisch gesehen kann man *H1* natürlich mehrfach pro Seite verwenden. Wollen Sie aber Ihre Seiten für Suchmaschinen optimieren, sollten Sie darauf verzichten. Google und Co. gehen davon aus, dass mit *H1* der Hauptinhalt der Seite deklariert wird. Ein mehrfaches Verwenden von *H1* auf derselben Seite könnte somit zu einem schlechteren Ranking führen.

Die verschiedenen Überschriften im Vergleich

Aus demselben Grund sollten Sie auch nicht auf die Idee kommen, den Überschrift-Block zur Formatierung zu missbrauchen. Verwenden Sie die Überschriften genauso, wie eine Überschrift gedacht ist, nur zur Gliederung des Textes.

Wenn Sie normalen Fließtext in einer anderen Größe darstellen wollen, nutzen Sie die normalen Formatierungsfunktionen, die weiter oben bereits vorgestellt wurden.

Trotzdem kann ein Überschrift-Block noch abweichend formatiert werden, wobei nicht alle angebotenen Formatierungsfunktionen auch wirklich Sinn ergeben. Beispielsweise sind Überschriften in manchen Themes immer fett, dann ist es zwecklos zu versuchen, eine Überschrift oder einen Teil davon noch zusätzlich fett auszuzeichnen.

8.10 Beitrag veröffentlichen

Nachdem Sie jetzt Ihren ersten Beitrag oder die erste Seite geschrieben haben, wollen Sie das natürlich der Welt nicht vorenthalten. Die Buttons dazu finden Sie rechts oben.

Veröffentlichen des Beitrags

Wollen Sie Ihren Beitrag doch noch nicht veröffentlichen, sondern später weiterbearbeiten, dann speichern Sie ihn einfach als Entwurf. Haben Sie Ihren Beitrag veröffentlicht, ändert sich der Button zu *Auf Entwurf umstellen* und dient dazu, eine Veröffentlichung rückgängig zu machen.

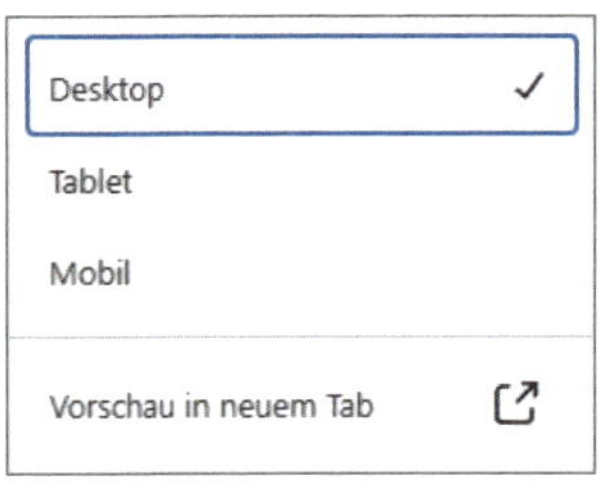

Vorschau-Einstellungen

Bevor Sie Ihren Beitrag endgültig veröffentlichen, sollten Sie sich unbedingt die Vorschau ansehen. Nun ist im modernen WordPress das Eingabefenster gleichzeitig bereits das Vorschaufenster, da WordPress versucht, bei der Bearbeitung den Beitrag möglichst schon so darzustellen, wie er später auch auf der Webseite aussehen wird.

Aber sehen Sie sich unbedingt auch an, wie der Beitrag auf anderen Geräten wie einem Tablet oder einem Smartphone aussehen würde.

Tipp

Falls Sie eine Seite speziell für Handy-Nutzer entwerfen, sollten Sie diese schon zu Beginn der Bearbeitung auf *Mobil* umschalten und sich später nur noch versichern, ob sie auch auf dem Desktop gut aussieht.

Wie gesagt, »versucht« WordPress die Bearbeitung schon möglichst richtig darzustellen, aber es gelingt nicht immer zu 100 %. Für solche Fälle gibt es den Button *Vorschau in neuem Tab*. Damit geht ein neues Fenster auf, und der Beitrag wird tatsächlich exakt so dargestellt, wie er später beim Veröffentlichen erscheint.

Wenn Sie über zukünftige Ereignisse berichten, dann möchten Sie vielleicht gar nicht, dass der Beitrag sofort erscheint. Ebenso kann es sein, dass Sie mal einen ganzen Stoß Beiträge auf Vorrat schreiben, diese dann aber peu à peu erscheinen lassen wollen. Das Menü *Beitrag* bietet Ihnen dafür die entsprechenden Optionen.

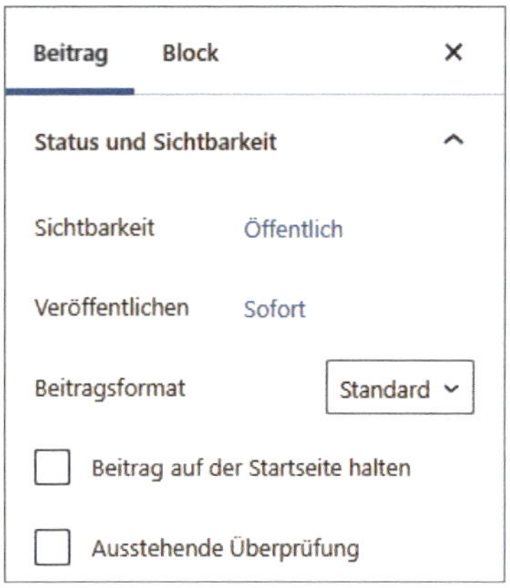

Status und Sichtbarkeit

Klicken Sie auf *Sofort*, erscheint ein Datums- und Uhrzeitfenster, mit dem Sie den genauen Zeitpunkt, wann der Beitrag online gehen soll, festlegen können.

Achten Sie aber sicherheitshalber darauf, dass auch die korrekte Zeitzone eingestellt ist.

Vergessen Sie nicht, auch bei der Einstellung eines Datums den oberen Button, der sich jetzt zu *Planen* geändert haben sollte, anzuklicken. Nur dann ist der Beitrag scharfgeschaltet und wird auch zum gewünschten Zeitpunkt online gestellt.

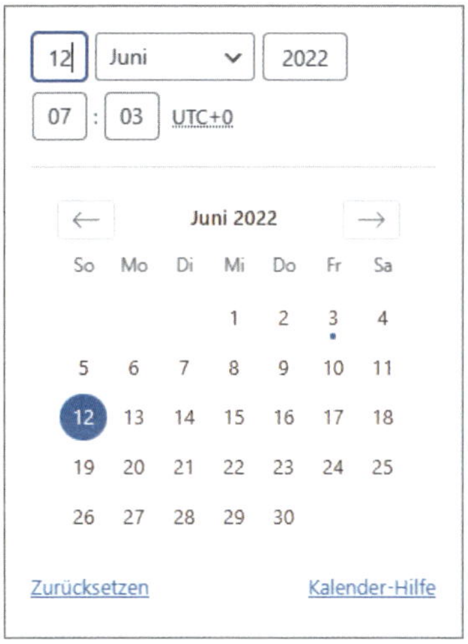

Datumsfenster

Ich hatte zwar oben gesagt, dass Sie Ihren Beitrag mit der ganzen Welt teilen können, aber das müssen Sie nicht. Unter *Status und Sichtbarkeit* haben Sie die Möglichkeit, diesen Beitrag nur für einen beschränkten Kreis zu veröffentlichen.

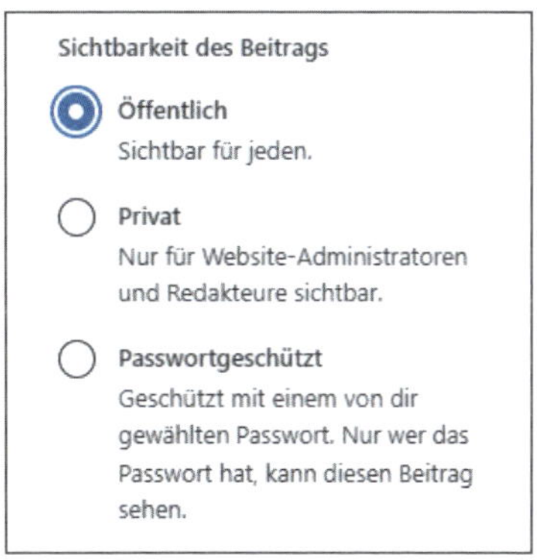

Sichtbarkeit des Beitrags

Mit der Einstellung *Privat* können Sie den Beitrag nur für Leute sichtbar machen, für die Sie vorher einen passenden Benutzer-Account in Ihrer WordPress-Seite angelegt haben. Mit *Passwortgeschützt* muss der Betrachter keinen WordPress-Account haben, sondern jeder kann Ihren Beitrag sehen, vorausgesetzt Sie schicken ihm das Passwort zu.

Das ist vor allem dann praktisch, wenn Sie Ihren Beitrag vorher noch jemand anderem zeigen oder sich Rat holen wollen, bevor er für alle sichtbar ist. Dann kommt auch keine Suchmaschine an diesen Beitrag heran.

Was ich in der Praxis häufig erlebe: Ein Seitenvorschlag wird einfach für alle veröffentlicht, um ihn dem Chef oder anderen Kollegen zu zeigen, in dem Glauben, er wäre sowieso noch nicht verlinkt. Häufig wird er dann vergessen, und Wochen später wundert man sich, warum der unfertige Beitrag bei Google auftaucht. Entweder war er dann doch schon automatisch irgendwo verlinkt oder er wurde explizit von einem SEO-Plug-in für die Suchmaschine bereitgestellt. Also stellen Sie den Beitrag oder die Seite wirklich nur dann auf *Öffentlich,* wenn es auch wirklich so gemeint ist.

8.11 Revisionen

Eine der großen Stärken von WordPress ist die eingebaute Versionskontrolle oder die Zurückverfolgbarkeit von Änderungen. Jedes Mal, wenn Sie Ihren Beitrag nach einer Änderung speichern oder aktualisieren, wird eine neue Revision gespeichert.

Den Einstieg dazu finden Sie im *Beitrag*-Menü auf der rechten Seite.

Hier gibt es bereits 44 Änderungen am Beitrag

Rufen Sie die Revisionen auf, so erhalten Sie einen Zeitstrahl mit allen protokollierten Änderungen an dem Beitrag oder der Seite.

Zeitstrahl der Revisionen

Wenn Sie nun den Knopf mit dem Doppelpfeil bewegen oder einfach mit *Zurück* und *Weiter* navigieren, werden Ihnen alle Änderungen an der jeweiligen Version im Vergleich zur Vorversion angezeigt. Sie sehen so, wann und von wem die Änderung war, und im großen Block darunter sehen Sie natürlich auch, was geändert wurde.

Dabei sind die geänderten Blöcke farblich markiert und die Änderungen innerhalb eines Blocks noch mal in dunkler Farbe.

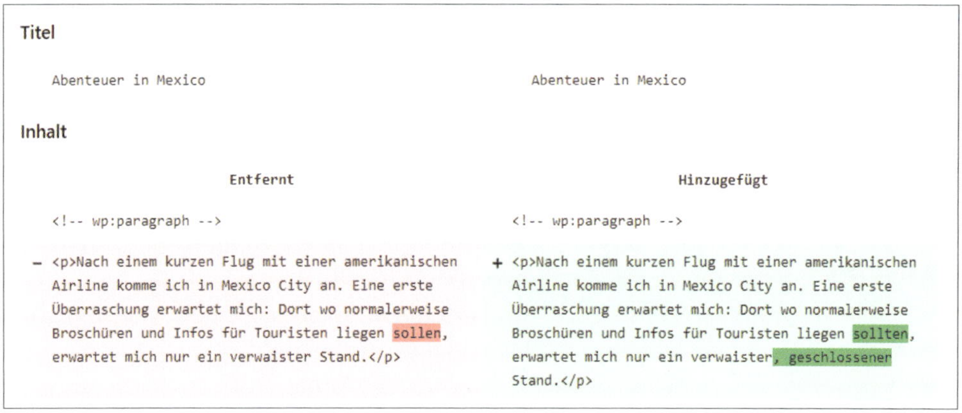

Änderungen auf der Seite farblich markiert

Entfernte Blöcke sind rot, ergänzte grün gekennzeichnet. Möchten Sie eine alte Version wiederherstellen, so können Sie das ganz einfach mit dem Button *Diese Revision wiederherstellen*. Die wiederhergestellte Version wird dabei wiederum als neue Revision gespeichert. Wenn Ihnen also danach wieder einfällt, warum Sie diese Änderungen vorgenommen haben, und Sie wieder auf den zuletzt bearbeiteten Stand zurückgehen wollen, können Sie das problemlos wieder tun.

Was ist nun aber, wenn Sie nicht mehr wissen, wann Sie eine Änderung gemacht haben, oder wenn Sie sich Änderungen über einen größeren Zeitraum ansehen wollen?

Dafür gibt es eine zusätzliche Option *Zwei beliebige Revisionen vergleichen*, die Sie anhaken können. Sie bekommen damit einen zweiten Doppelpfeil eingeblendet, den Sie ebenso verschieben und damit zwei beliebige Versionen vergleichen können.

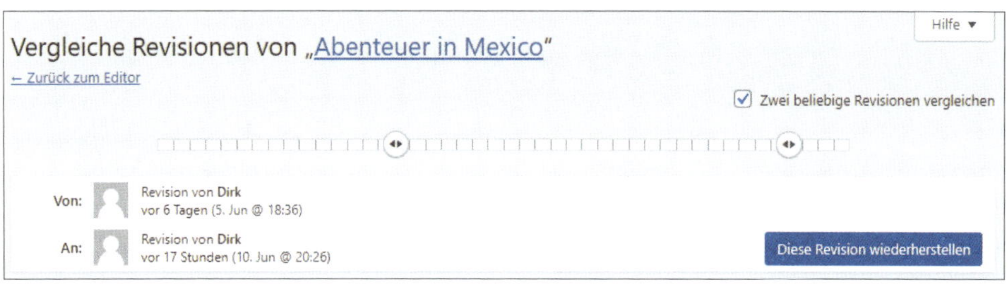

Beliebige Versionen vergleichen

9. Weitere Blocktypen

Im vorherigen Kapitel haben Sie den ersten Beitrag geschrieben und dabei schon mal einige der am häufigsten verwendeten Blocktypen kennengelernt. In diesem Kapitel werden nun weitere Blocktypen und deren Nutzung präsentiert. Bei aktuell fast 100 vorinstallierten Blocktypen werden wir natürlich nicht alle durchgehen, aber die wichtigsten und nützlichsten.

Wenn Sie einen neuen Block einfügen und *Alle durchsuchen* wählen, wird Ihnen eine Liste aller verfügbaren Blöcke angezeigt. Da dies fast 100 Blöcke sein können und einige Plug-ins noch weitere Blocktypen mitbringen, kann es schnell unübersichtlich werden.

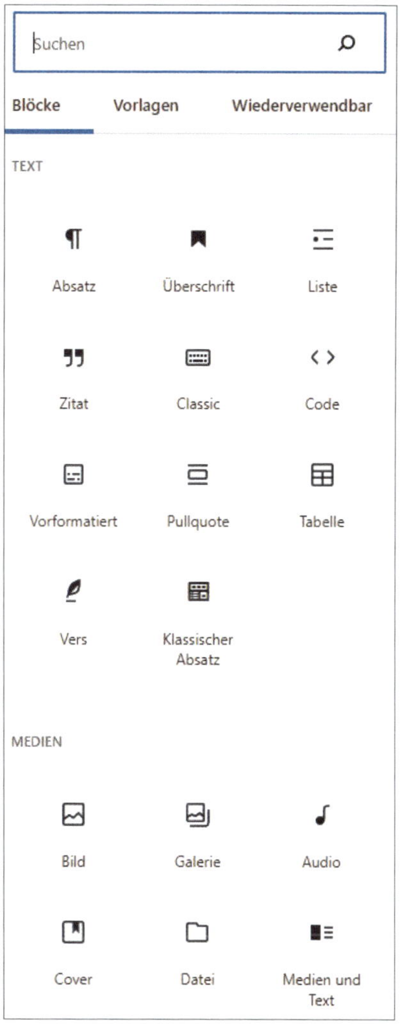

Anfang der Liste aller Blocktypen

Um den gewünschten Blocktyp möglichst schnell zu finden, können Sie die Blockarten durchsuchen. Dabei handelt es sich nicht nur um eine simple Suche nach dem vorkommenden Begriff, sondern es reicht, ein Stichwort einzutippen, und Ihnen werden dazu passende Arten präsentiert. Beispielsweise bringt die Suche nach »Bild« auch die Typen *Website-Logo* und *Flickr* hervor.

Außerdem sind die Blockarten nach Kategorien geordnet. Wobei einige Blöcke auch in mehrere Kategorien eingeordnet werden könnten.

Folgende Kategorien gibt es in WordPress 6.0:

- **Text**
  Alle Blocktypen, die mit der Eingabe oder Darstellung von Text zu tun haben.
- **Medien**
  Alles, was die Einbettung und Präsentation von Bildern, Ton oder Videos betrifft.
- **Design**
  Hier finden Sie Elemente, die das Design Ihrer Seite beeinflussen, aber auch Buttons gehören zu dieser Kategorie.

- **Widgets**
  Widgets sind vordefinierte Funktionen in WordPress, die Sie Ihrem Beitrag hinzufügen können, zum Beispiel ein Such- oder Kommentarfeld.
- **Theme**
  Auch hier finden sich Blöcke, um Funktionen oder variablen Inhalt einzublenden.
- **Einbettungen**
  Mit diesen Blöcken können Sie einfach fremden Inhalt von Social-Media-Seiten wie YouTube, Vimeo oder Twitter einbinden.

9.1 Blöcke für Text

9.1.1 Liste

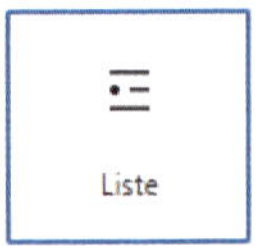

Diese Blockart hilft Ihnen, eine Auflistung oder Aufzählung zu erstellen.

Einstellungen des Liste-Blocks

Dabei können Sie auswählen, ob Sie eine einfache Liste haben wollen oder eine Aufzählung, die automatisch durchnummeriert wird. Auflistungen werden immer mit Punkt angeführt, es gibt leider keine Möglichkeit, dies zu ändern, ohne über Stylesheets zu gehen. (Im klassischen Absatz-Block gibt es auch eine Listenfunktion, die das kann.)

Listenelemente können beliebig eingerückt und verschachtelt werden. Dabei ist jede Ebene voneinander unabhängig. Es können also Auflistungen und Aufzählungen beliebig miteinander vermischt werden.

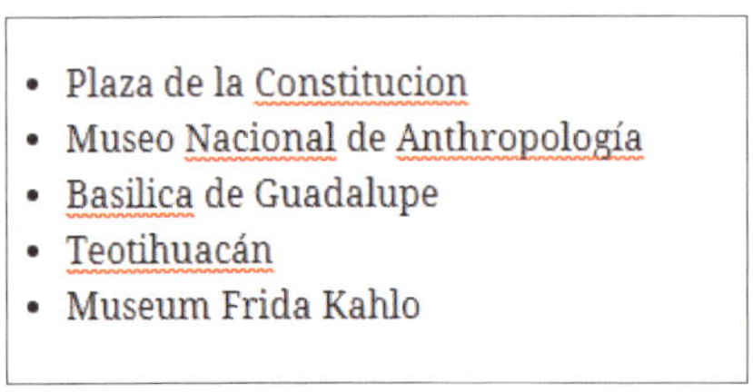

Eine einfache Auflistung

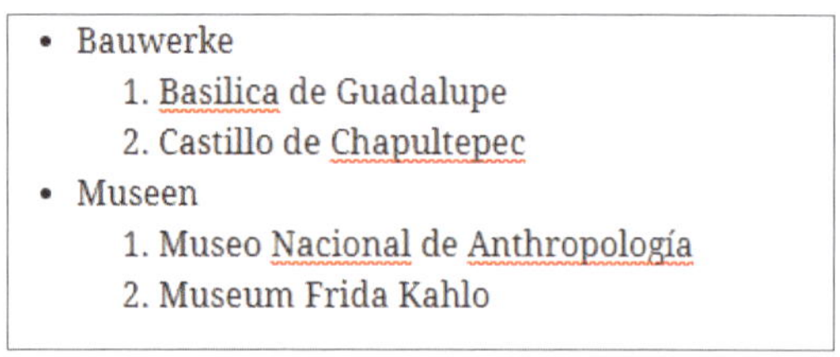

Eine Liste mit Aufzählungen als Unterpunkten

9.1.2 Zitat und Pullquote

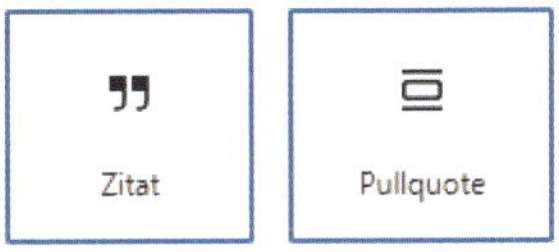

Zitat und *Pullquote* sind zwar verschiedene Blockarten, die aber sehr ähnlich sind. Das Layout unterscheidet sich etwas und beim Pullquote-Block haben Sie mehr Einfluss auf die Gestaltung.

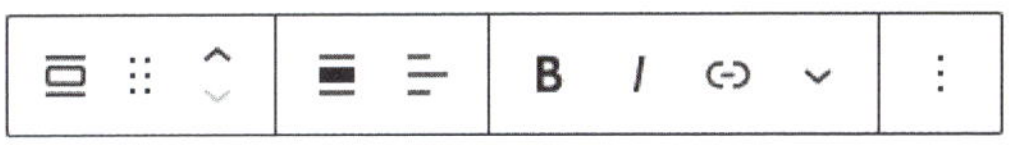

Einstellungen des Pullquote-Blocks

Beide Blockarten geben Ihnen zwei Eingabemöglichkeiten vor: den für das eigentliche Zitat und einen zweiten für die Quellenangabe.

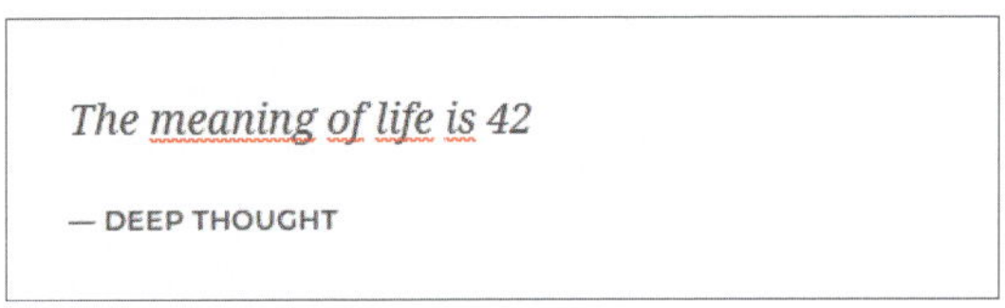

Gefüllter Zitat-Block

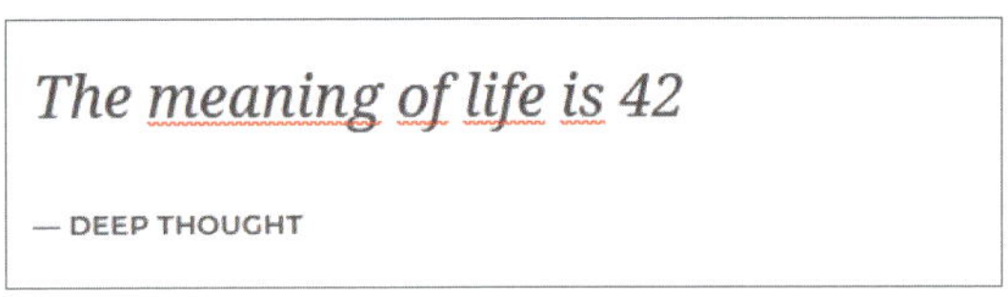

Gefüllter Pullquote-Block

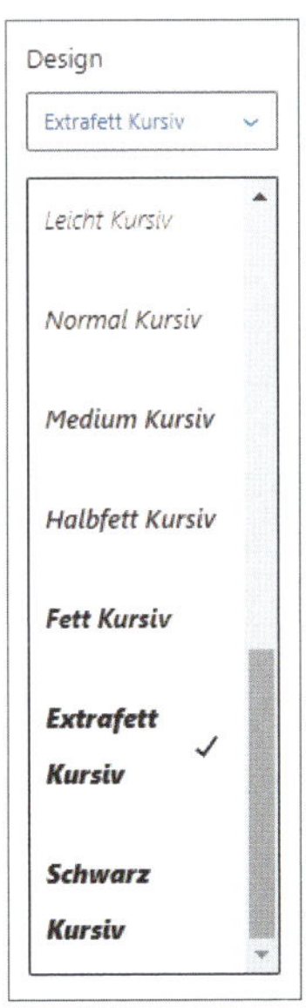

Bei beiden Blockarten können Sie über das rechte Menü mit *Design* die Schriftgröße und -dekoration anpassen.

Die Ausrichtung des gesamten Blocks können Sie nur beim Pullquote-Block anpassen. Ebenso nur beim Pullquote-Block haben Sie die Möglichkeit, einen Rahmen um das Zitat zu legen, um es noch besser abzuheben.

Festgelegt werden können die *Breite* sowie *Stil* des Rands und ob und wie stark die Ecken abgerundet sein sollen.

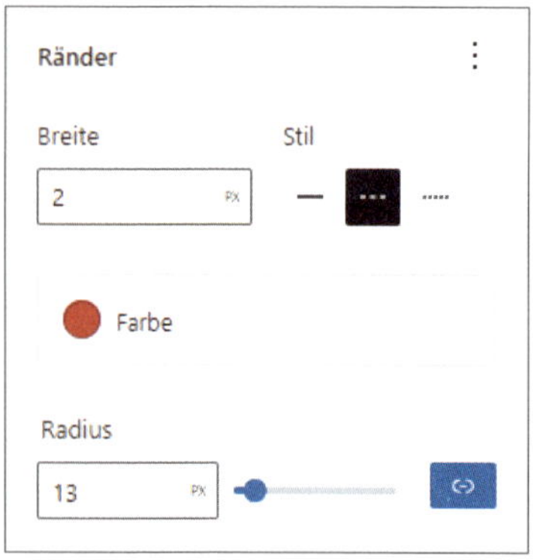

Randeinstellungen

Wollen Sie doch keinen Rand und alles wieder zurücksetzen, so finden Sie diese Möglichkeit oben rechts mit Klick auf das Symbol mit den drei Punkten.

Zitat mit den obigen Randeinstellungen

9.1.3 Classic und Klassischer Absatz

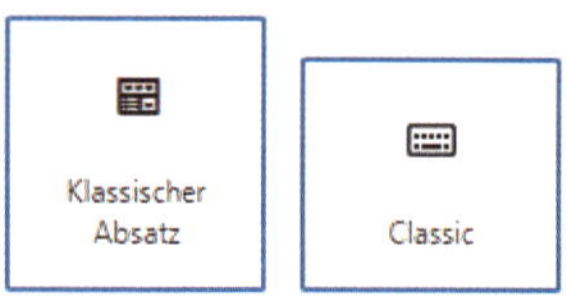

Hierbei handelt es sich wieder um zwei Blockarten, die fast identisch sind. Beide sollen einen Ersatz für den ehemaligen klassischen Editor darstellen.

Einstellungen für den Classic-Block

Die Optionen in den Einstellungen sind sehr übersichtlich, da sämtliche Formatierungsanweisungen und Funktionen, wie bei klassischen HTML-Editoren, in einer eigenen Menüleiste untergebracht sind.

Menüleiste des klassischen Absatzes

Hier finden Sie vieles vereint, was im Block-Editor auf verschiedene Blockarten aufgeteilt ist. Sie können Bilder einfügen, Tabellen, Links, Zitate und weiteres mehr.

Sie können im klassischen Absatz auch Überschriften verwenden.

Überschriftenformatierungen im klassischen Absatz

Tatsächlich handelt es sich bei den klassischen Blöcken gar nicht um einen einzelnen Block. Jedes Mal, wenn Sie die [↵]-Taste drücken, wird intern ein neuer Block eingefügt, die alle unter diesem Blocktyp zusammengefasst werden. Am besten sehen Sie das, wenn Sie unter *Ansicht* auf *Blöcke anzeigen* klicken. Dann werden Ihnen die einzelnen Blöcke mit einem dünnen Rahmen markiert.

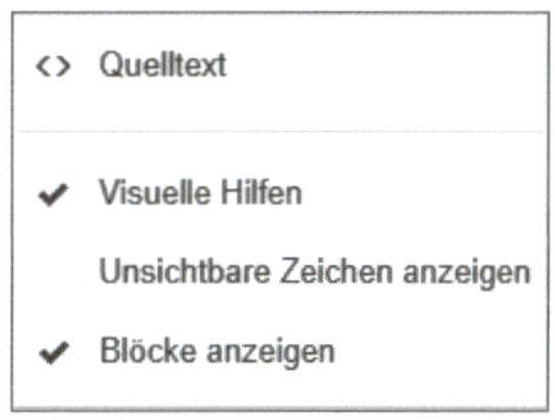

Ansicht-Menü

Sie können sogar alles, was Sie geschrieben haben, in reguläre Blöcke umwandeln. Die Option *in Blöcke umwandeln* gibt es aber nur im Classic-Block. Den *Klassischen Absatz* müssen Sie erst in einen Classic-Block umwandeln. Dies ist aber der einzige mir bekannte Unterschied. Bei der Umwandlung in Blöcke ändert sich unter Umständen die Formatierung etwas, da nicht alle klassischen Formatierungen auch eine komplett identische Entsprechung bei den Blöcken haben.

9.1.4 Code

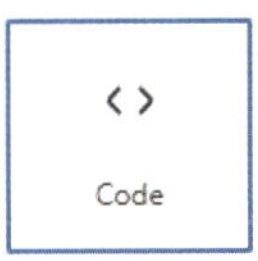

Der Blocktyp *Code* bedeutet nicht etwa, dass Programmcode zur Verarbeitung in Ihre WordPress-Seite eingefügt werden kann, sondern, dass Code-Schnipsel dem Seitenbetrachter präsentiert werden. Bei einem Reiseblog ist dieser Blocktyp weniger von Nutzen als etwa bei einem Blog, der sich mit dem Thema Programmierung beschäftigt.

In diesem Block können Sie jede Art von Programmcode eingeben und geringfügig gestalten oder die Farben ändern.

Eingabe von Code

Der Block wird dann entsprechend formatiert angezeigt. Je nach Farbeinstellung erhält er auch einen Rahmen.

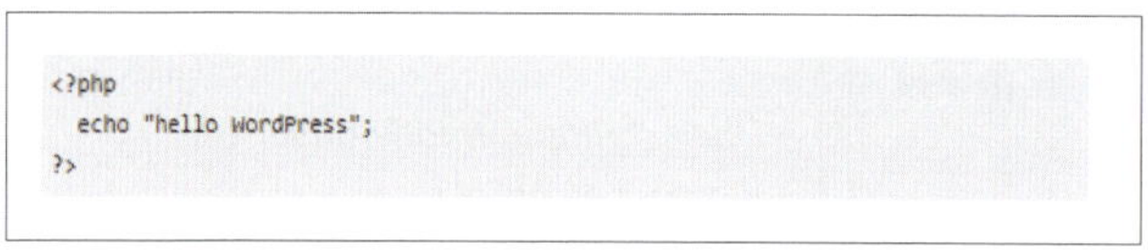

Code-Block auf der fertigen Seite

Technisch gesehen, wird ein Code-Block im HTML-Quellcode mit dem Attribut *<code>* ausgezeichnet. Dadurch werden solche Blöcke in der Schriftart Monospace dargestellt, was für Programmcode besser lesbar ist. Wenn Sie Ihre Webseite später mal mit eigenem CSS abändern wollen, können alle Code-Blöcke auf einen Schwung angepasst werden.

9.1.5 Tabelle

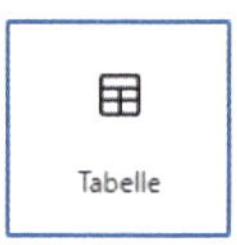

Möchten Sie Daten tabellarisch darstellen, so ist die Tabelle am besten geeignet. Dabei handelt es sich lediglich um eine Tabelle zur Darstellung und nicht um eine Tabellenkalkulation wie beispielsweise Excel.

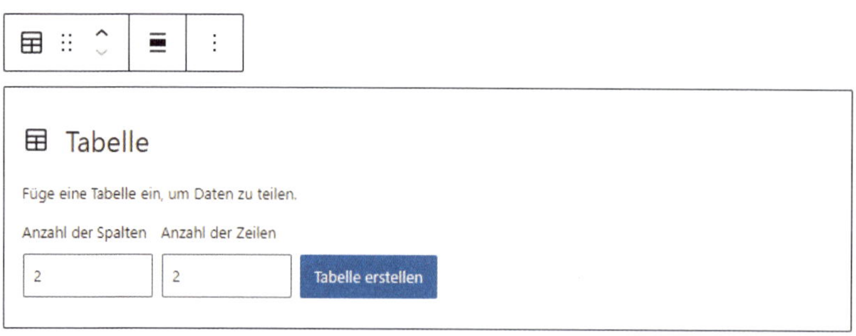

Mit dem Block Tabelle arbeiten

Wenn Sie einen neuen Block *Tabelle* anlegen, werden Sie direkt gefragt, wie viele Zeilen und Spalten dieser beinhalten darf. Keine Sorge, Sie können dies auch später noch ändern, wenn Sie sich jetzt noch nicht ganz sicher sind.

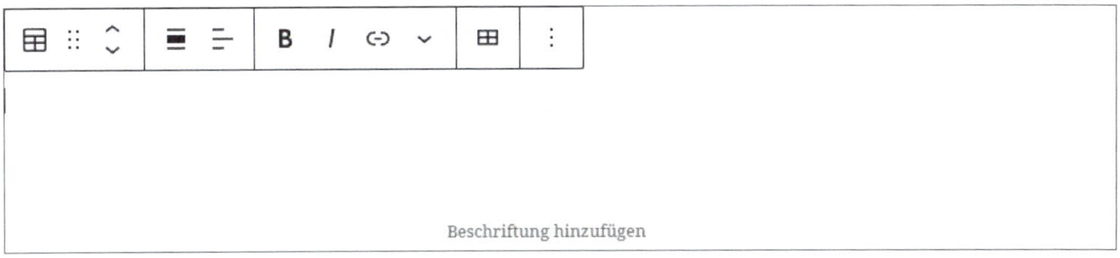

Leerer Block mit sieben Zeilen und drei Spalten

Gleich eines vorweg: Es werden zwar Zeilen, aber nicht die Spalten angezeigt, und die Größe der Tabellenspalten ist in der Standardeinstellung dynamisch, das heißt, sobald Sie in eine Zelle Text eintragen, verschieben sich die anderen Spalten. Um innerhalb der Tabelle zu navigieren, ist es daher am besten, die Cursortasten auf der Tastatur zu verwenden.

Nehmen wir an, Sie wollen eine Tabelle über die täglichen Reisekosten in Mexiko schreiben, um bei unserem Reiseblog-Beispiel zu bleiben.

Zunächst einmal können Sie die Beschriftung der Tabelle ergänzen. Dann fügen Sie den Titel der einzelnen Spalten hinzu. Dazu finden Sie in der rechten Menüleiste die Möglichkeit, eine zusätzliche Kopf- oder Fußzeile zu ergänzen. Diese ist dann entsprechend anders formatiert.

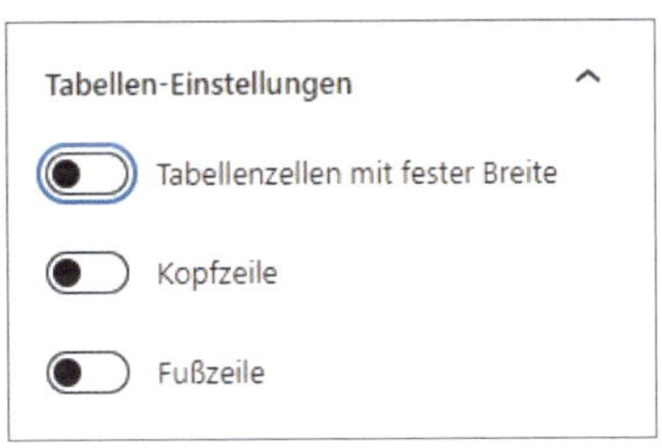

Tabellen-Einstellungen

Tabelle mit aktivierter Kopfzeile

Übrigens können Sie in dem Menü auch aktivieren, dass Ihre Zellenbreiten sich nicht dynamisch verhalten sollen, sondern eine feste Breite haben.

Tragen Sie nun Überschriften und die einzelnen Daten in die Felder ein.

Kostenart	Günstig	Gehoben
Übernachtung	9 Euro	20 Euro
Mittagessen	4 Euro	15 Euro
Bier	1,6 Euro	2,5 Euro
Transport	6 Euro	12 Euro

Reisekosten

Gefüllte Tabelle

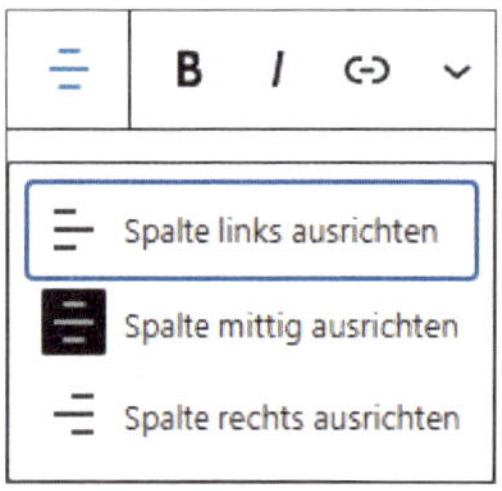

Wie Sie sehen, passen die Ausrichtungen zwischen Überschrift und Inhalt nicht zusammen. Das liegt daran, dass Tabellenüberschriften standardmäßig zentriert ausgerichtet sind. Um das zu ändern, können Sie die Ausrichtung jeder Spalte über das Top-Menü verändern.

Ausrichtung der Spalte

Klicken Sie auf irgendein Feld in der gewünschten Spalte und wählen Sie die Ausrichtung. Danach sieht die Tabelle schon besser aus.

Kostenart	Günstig	Gehoben
Übernachtung	9 Euro	20 Euro
Mittagessen	4 Euro	15 Euro
Bier	1,6 Euro	2,5 Euro
Transport	6 Euro	12 Euro

Reisekosten

Korrekt ausgerichtete Tabelle

Je länger eine Tabelle wird, umso schwieriger ist es, beim Lesen in derselben Zeile zu bleiben. Über *Stile* aus dem rechten Menü können Sie jede zweite Zeile grau hinterlegen.

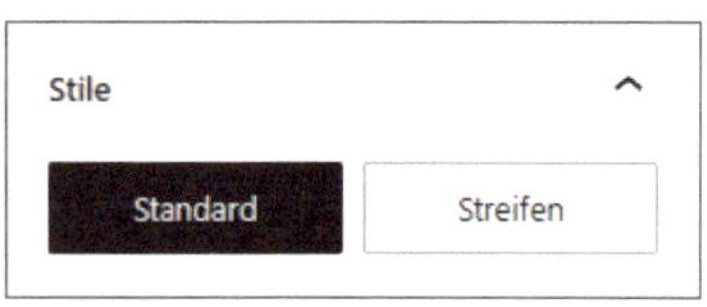

Stile der Tabellendarstellung

Kostenart	Günstig	Gehoben
Übernachtung	9 Euro	20 Euro
Mittagessen	4 Euro	15 Euro
Bier	1,6 Euro	2,5 Euro
Transport	6 Euro	12 Euro

Reisekosten

Tabelle mit Streifen

Jetzt merken Sie, dass Sie eine Zeile zu viel haben, aber stattdessen noch die Spalte »Luxus« mit aufnehmen wollen.

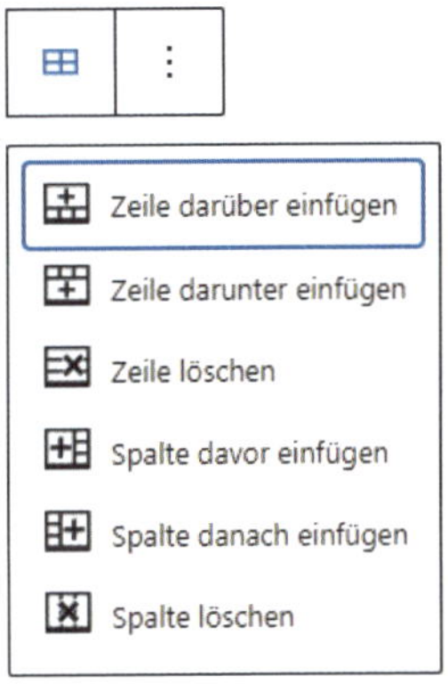

Die Aktionen dafür finden Sie im Top-Menü. Achten Sie aber darauf, dass Sie sich mit dem Cursor in der richtigen Zelle befinden, bevor Sie eine der Aktionen auslösen, denn schnell ist die falsche Zeile oder Spalte gelöscht.

Aktionen für Spalten und Zeilen

Danach haben Sie Ihre fertige Tabelle (die Werte sind selbstverständlich fiktiv):

Kostenart	Günstig	Gehoben	Luxus
Übernachtung	9 Euro	20 Euro	50 Euro
Mittagessen	4 Euro	15 Euro	20 Euro
Bier	1,6 Euro	2,5 Euro	3-4 Euro
Transport	6 Euro	12 Euro	20 Euro

Reisekosten

Fertige Tabelle

9.2 Blöcke für Medien

Sämtliche Medienblöcke, die sich mit Bildern beschäftigen, haben wir bereits abgehandelt, sodass wir nur noch einen Blick auf die verbliebenen Medienarten werfen.

9.2.1 Audio

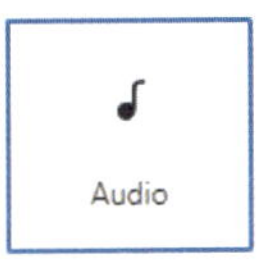

Mit dem Audio-Block ist es möglich, einen Audiostream in Ihre Webseiten einzufügen. Dabei werden verschiedene bekannte Formate unterstützt. Das gängigste ist das MP3-Format, das vom Fraunhofer-Institut entwickelt wurde.

Die Audiodatei können Sie – genauso wie Bilder – entweder direkt hochladen oder vorab hochgeladene Dateien aus der Mediathek wählen.

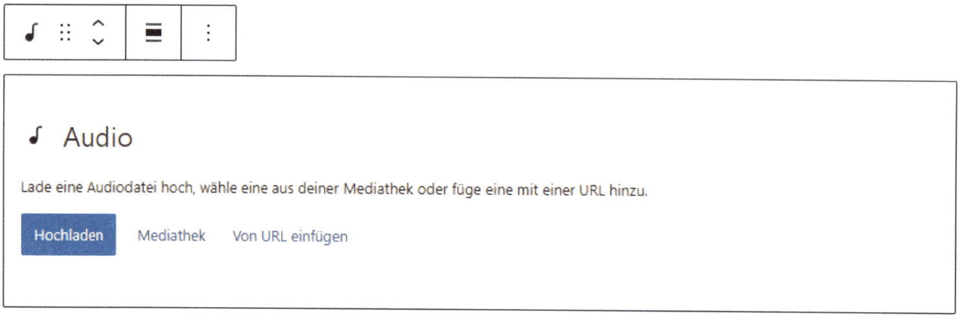

Neuer Audio-Block

Der Besucher bekommt nun eine Player-Leiste angezeigt, in der er das Audiostück selbst starten muss.

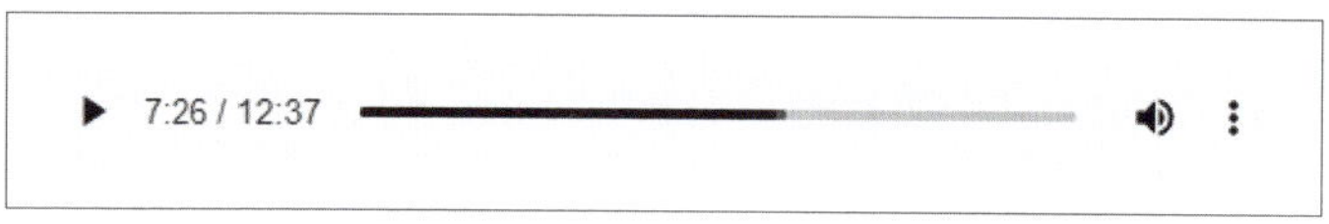

Player-Leiste des Audio-Blocks

Es besteht auch die Möglichkeit, eine Audiodatei automatisch zu starten, sobald die Webseite aufgerufen wird. Die Einstellungen dazu finden Sie im rechten Menü.

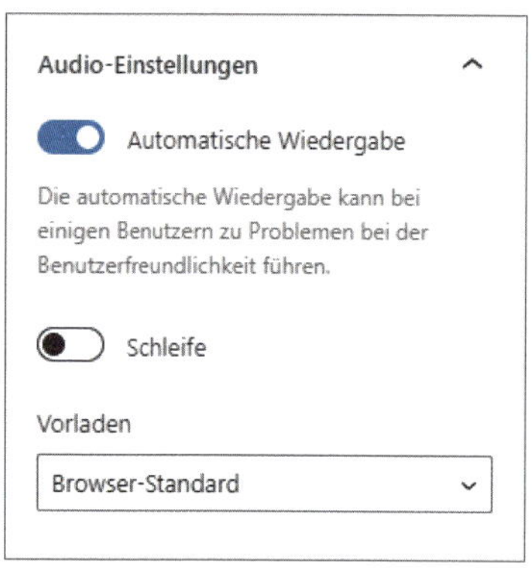

Audio-Einstellungen für die Wiedergabe

Diese automatische Wiedergabe wird allerdings nicht mehr von allen Webbrowsern unterstützt, da diese Möglichkeit in früheren Jahren von einigen Webseiten sehr exzessiv missbraucht wurde. Aus diesem Grund sollten Sie diese Einstellung sehr vorsichtig und dezent einsetzen. So mancher User, dem beim Aufruf einer Webseite laute Musik um die Ohren schallt, ist schnell wieder weg.

Während der Wiedergabe kann der Besucher die Lautstärke und Geschwindigkeit einstellen und sogar die Originaldatei von Ihrem Blog herunterladen. Sie sollten unbedingt die Möglichkeit einer Beschriftung der Audiodatei wahrnehmen. Die Wahrscheinlichkeit ist höher, dass die Besucher sie starten, wenn sie wissen, was sie erwartet.

Für Audiodateien gilt genauso wie für Bilder das Urheberrecht. Bevor Sie also eine fremde Audiodatei einbinden, sollten Sie sich versichern, ob Sie diese auch wirklich nutzen dürfen.

Eine gute Quelle für alle möglichen Arten von Tönen und kleinen Musikstücken die unter einer Creative-Commons-Lizenz veröffentlich wurden, ist übrigens https://freesound.org/. Hier finden Sie alle möglichen kostenfreien Töne angefangen vom »Red Alert« bis hin zu Piano-Musik.

Freesound.org

Auch immer nett, wenn Sie mal wieder einen ausgefallenen Klingelton suchen oder ein ausgestorbenes Geräusch wie ein Modem oder Wählscheibentelefon hören wollen.

9.2.2 Datei

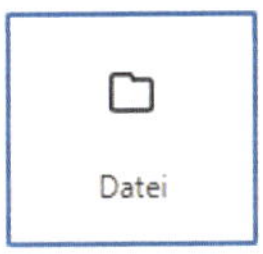

Den Datei-Block verwenden Sie, wenn Sie Ihren Besuchern eine Datei oder ein Dokument zum Ansehen oder Herunterladen zur Verfügung stellen wollen.

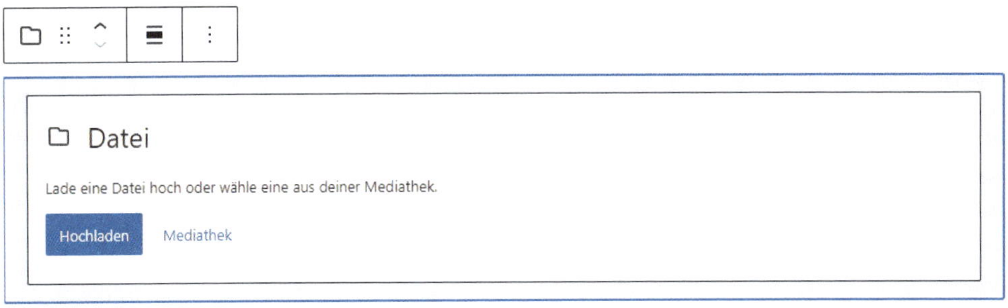

Der Datei-Block

Erlaubt sind dabei eine Vielzahl von Dateien, wobei nicht alle identisch behandelt werden. Die Auswahl der möglichen Dateitypen ist in der Standard-Installation von WordPress aber nicht unbegrenzt offen. Erlaubt sind die meisten Bild-, Audio-, Film- und Dokumentenformate. Nicht erlaubt ist alles andere, zum Beispiel aus Sicherheitsgründen keine Programme oder ausführbaren Dateien.

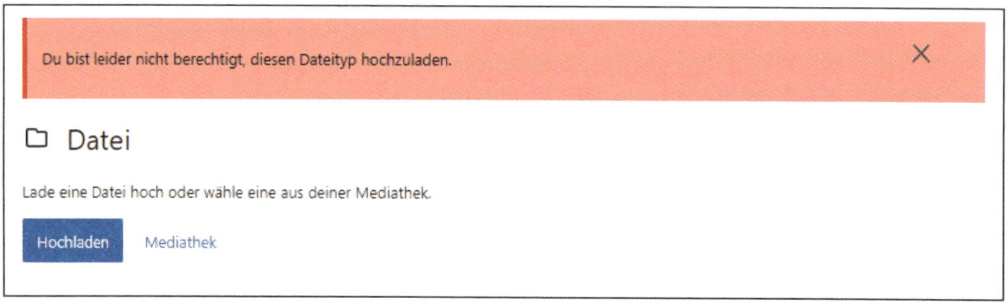

Fehlermeldung bei einem unbekannten oder unerlaubten Dateityp

Wenn Sie das trotzdem möchten, müssen Sie entweder direkt in den Konfigurationsdateien Ihrer Installation eine Änderung vornehmen, oder Sie laden die Datei einfach mittels SFTP in das Dateiverzeichnis bei Ihrem Provider und setzen von Ihrer WordPress-Seite aus einen regulären Link darauf.

Nehmen wir an, Sie wollen unsere Packliste, die wir im Windows-Editor geschrieben haben, hochladen. Das fertige Ergebnis sähe dann so aus:

Textdatei im Datei-Block

Auf der rechten Seite finden sich noch einige Einstellungen. So können Sie, genauso wie bei den Bildern, angeben, ob die Datei in einem neuen Fenster angezeigt werden soll und ob sie direkt oder in einer eingebetteten Seite gezeigt werden soll.

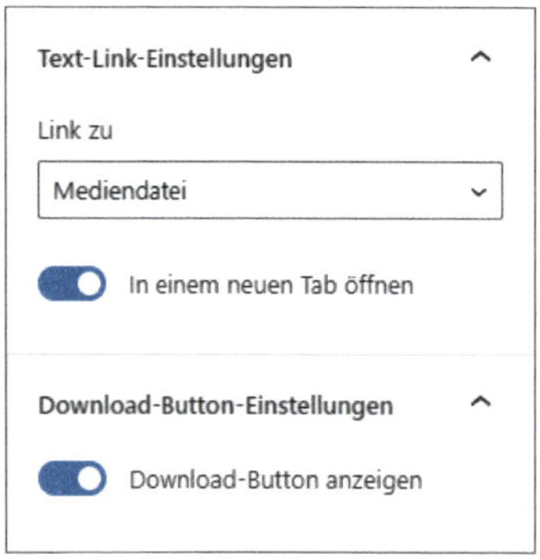

Einstellungen des Datei-Blocks

Weiter können Sie festlegen, ob Sie dem Betrachter einen Download-Button anzeigen wollen. Vorsicht: Das Ausblenden des Download-Buttons bedeutet nicht, dass die Datei nicht heruntergeladen werden kann! Grundsätzlich kann alles, was Sie hier an Dateien präsentieren, mit einem Klick auf *Link speichern unter* auch heruntergeladen werden.

Wenn der Surfer nun auf diesen Dateilink klickt, so versucht der Browser, ihn anzuzeigen. In unserem Beispiel mit der Textdatei sollte das keine Probleme darstellen. Wenn der Browser mit der Datei nichts anfangen kann, zum Beispiel bei einem DOC- oder PPT-Format, wird er automatisch die Datei herunterladen.

Eine Besonderheit gibt es bei PDF-Dateien. Diese können auch eingebettet angezeigt werden. Sobald Sie ein PDF hochladen, wird es Ihnen im Block-Editor direkt angezeigt, und in der Einstellungsleiste haben Sie zwei weitere Optionen:

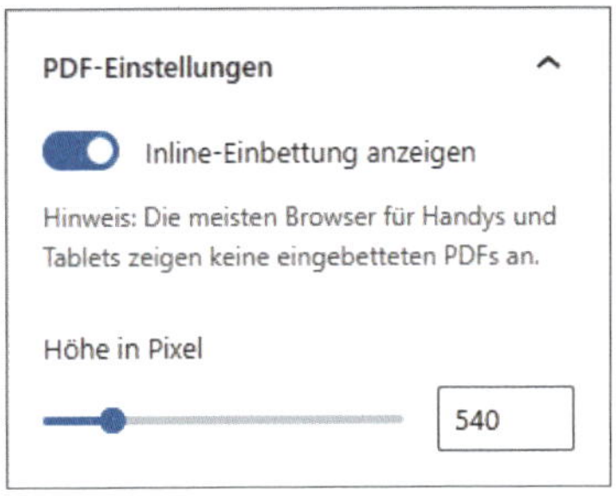

Einstellungen bei PDF-Dateien

Sie können festlegen, ob Sie das PDF-Dokument direkt in Ihre Seite einbetten oder lediglich einen Link darauf setzen wollen, und falls Sie sich für die Einbettung entscheiden, müssen Sie festlegen, wie groß der Block der Einbettung sein soll. Schauen Sie sich das Ergebnis auf jeden Fall live an, da die Vorschau hier unter Umständen von der tatsächlichen Darstellung abweicht.

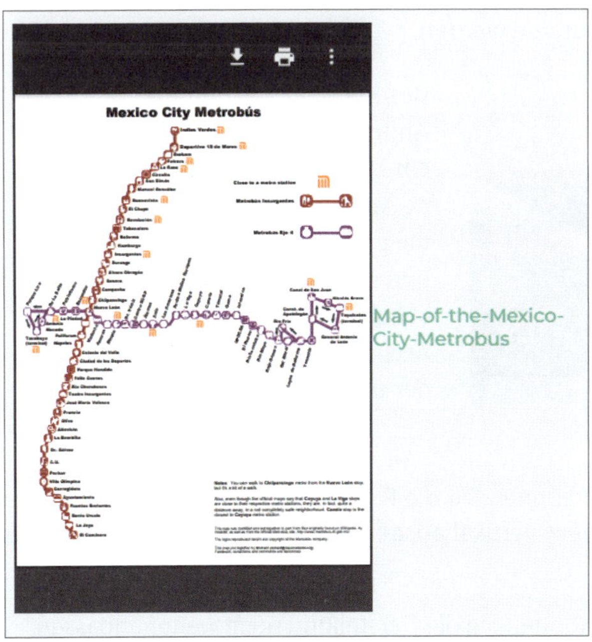

Eingebettetes PDF-File

9.2.3 Medien und Text

Häufig will man Bilder und einen dazugehörigen Text direkt nebeneinanderstehen haben. Das können Sie zwar mit entsprechender Ausrichtung bei einem normalen Bild-Block auch schaffen, funktioniert aber nicht immer so wie gewünscht. Mit dem Medien-und-Text-Block geht das eleganter.

Medien-und-Text-Block

Hier haben Sie Text und Medien in einem Block vereint. Medien können Bilder oder Videos sein, Dokumente werden nicht akzeptiert. Im Textbereich können alle bei Textblöcken möglichen Formatierungsfunktionen verwendet werden. Es kann sogar in den Text ein weiteres Bild eingebunden werden.

Befüllter Medien-und-Text-Block

Über die obere Einstellungsleiste können Sie die Position der beiden Blöcke vertauschen und bestimmen, wie der Text vertikal ausgerichtet werden soll, falls das Bild höher ist als der Text.

In der rechten Einstellungsleiste können Sie die Darstellung noch weiter anpassen.

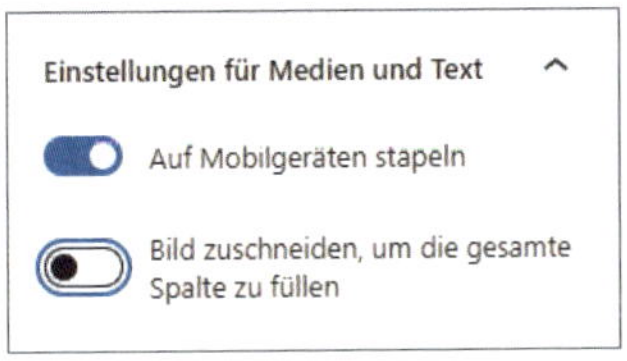

Einstellungen auf der rechten Seite

Die erste Einstellung *Auf Mobilgeräten stapeln* sollten Sie am besten beibehalten, sofern Sie nicht sehr gute Gründe dagegen haben. Das führt nämlich dazu, dass die Seite responsiv reagiert, das heißt, sobald das Anzeigegerät zu schmal wird, werden die Blöcke übereinander anstatt nebeneinander angezeigt. Dadurch bleibt der Text auch auf Smartphones gut lesbar und das Layout ansehnlich.

Ungestapelte Darstellung auf einem zu schmalen Gerät

Auch in den Bereich des responsiven Designs fällt die Option, das Bild automatisch zu beschneiden. Ändert sich die Breite des Browserfensters, wird es unweigerlich dazu kommen, dass der zur Verfügung stehende Bildbereich nicht mehr das gleiche Seitenverhältnis hat wie das Bild, sodass an den Seiten unschöne leere Bereiche entstehen.

Bild zuschneiden

Das Bild wird dann automatisch so beschnitten, dass der freie Platz voll genutzt wird. Durch das Setzen eines Fokuspunktes verhindern Sie, dass dabei ausgerechnet der interessante Bildteil weggeschnitten wird.

Schließlich können Sie noch die Bildgröße und -relation angeben. Mit der Bildgröße verhält es sich wie bei einem normalen Bild-Block. Wählen Sie eine Bildgröße aus, die möglichst die gleiche Größe wie der Platz dafür hat, um unnötige Datenlast zu vermeiden oder eine zu verpixelte Darstellung zu bekommen.

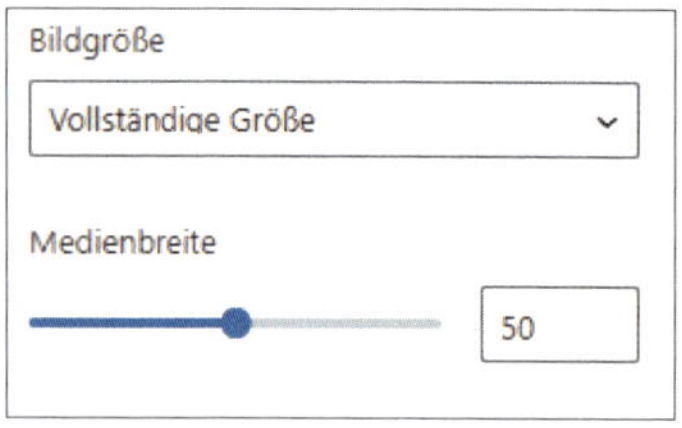

Größe und Medienbreite

Die Medienbreite gibt an, wie viel Prozent der Blockbreite für das Bild oder Video genutzt werden darf. Je nachdem, ob Sie dem Bild oder dem Text mehr Gewichtung geben wollen, können Sie den Blockbereich verbreitern oder verschmälern.

9.2.4 Video

Genauso wie Sie Bilder hinzufügen, können Sie auch Videos in Ihre Webseite aufnehmen. Die Möglichkeiten sind dabei die gleichen: Entweder Sie laden das Video direkt hoch, oder Sie nehmen ein bereits in der Mediathek hochgeladenes Video oder verlinken ein externes Video.

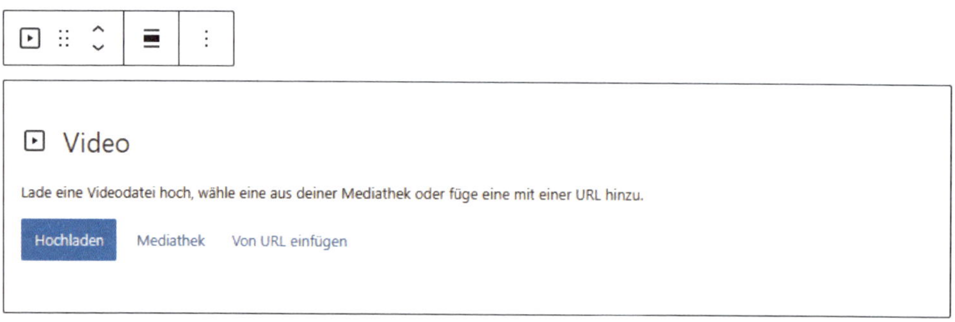

Möglichkeiten, ein Video einzubinden

Bevor Sie ein neues Video hochladen, beachten Sie, das hochauflösende Videos sehr groß sein können. Das kann dazu führen, dass Sie das Video gar nicht so einfach hochladen können, da die maximale Dateigröße limitiert ist. Es ist zwar technisch möglich, dieses Limit zu erhöhen, aber da Sie dabei in die Konfigurationsdateien von PHP eingreifen müssen, ist das etwas für einen erfahrenen Anwender.

Außerdem belegen große Videos entsprechend viel Platz auf Ihrem Server und Bandbreite beim Betrachter. Genauso wie Sie bei Bildern darauf achten sollten, die ideale Bildgröße zu nutzen, so sollten Sie auch das Video in der benötigten Auflösung codieren. Es ergibt keinen Sinn, ein 4K-Video hochzuladen, für ein Video, das lediglich in einer Auflösung von 800 x 600 Pixeln auf der Webseite angezeigt wird.

Videos codieren

Eine Möglichkeit, Videos in einer anderen Auflösung zu codieren, ist der kostenfreie *VLC media player*, den Sie unter der Webadresse https://www.videolan.org herunterladen können.

Wollen Sie ein Video von einer fremden URL einfügen, klären Sie vorher ab, ob Sie dies auch dürfen. Sie können hier auch einen YouTube-Link nutzen. Dabei wird allerdings unter der Haube der Blocktyp in eine YouTube-Einbettung geändert. Bevor Sie YouTube-Videos oder andere Social-Media-Videos einbinden, sollten Sie zunächst einen Blick in Kapitel 18 »Rechtliches« werfen.

Ob Sie ein Video selbst hochladen oder ein externes Video einbinden, stellt bei den Einstellungen und später beim Abspielen keinen Unterschied dar. Technisch werden beide sogar identisch behandelt, da auch ein hochgeladenes Video intern bloß als Link eingebunden wird.

Einstellungsmöglichkeiten für den Video-Block

Wenn Sie die Videodatei also aufgrund der Dateigröße nicht in Ihre Mediathek hochladen können, so spricht nichts dagegen, das Video einfach auf einen anderen Server oder eine Videoplattform hochzuladen und nur den Link auf Ihrer Webseite einzubinden.

Auf der rechten Seite finden Sie einige Einstellungsmöglichkeiten, um festzulegen, wie sich das Video bzw. der Player dem Betrachter präsentieren soll.

Wie bei Tönen ist auch bei Videos eine automatische Wiedergabe möglich. Wenn Sie das Video aber direkt beim Laden abspielen, sollten Sie zumindest den Ton abschalten. Nicht jeder Besucher mag es, wenn auf der Webseite gleich etwas laut dudelt. Die automatische Wiedergabe funktioniert außerdem nicht in allen Browsern.

Sie können festlegen, ob das Video direkt in eine Endlosschleife gehen soll oder beim Starten nur einmal abläuft. Das Stummschalten bedeutet nicht, dass das Video keinen Ton hat, sondern nur, dass der Ton beim Betrachter zunächst einmal abgeschaltet ist und er ihn selbst wieder einschalten kann. Haben Sie ein Video, das Sie explizit nur als stummes Video anbieten wollen (weil der Ton unerheblich ist, nur aus Rauschen besteht, Urheberrecht verletzt oder Ähnliches), müssen Sie das Video vorher ohne Ton neu codieren. Das spart übrigens auch wieder Speicherplatz.

Mit der *Wiedergabe-Steuerung* legen Sie fest, ob dem Benutzer direkt die Steuerleiste angezeigt werden soll, um das Video zu starten und zu stoppen.

Steuerleiste des Videoplayers

Alle diese vier genannten Punkte legen lediglich den Ausgangswert beim Laden der Seite fest. Diese Optionen können vom Betrachter mit einem Klick auf die rechte Maustaste geändert werden.

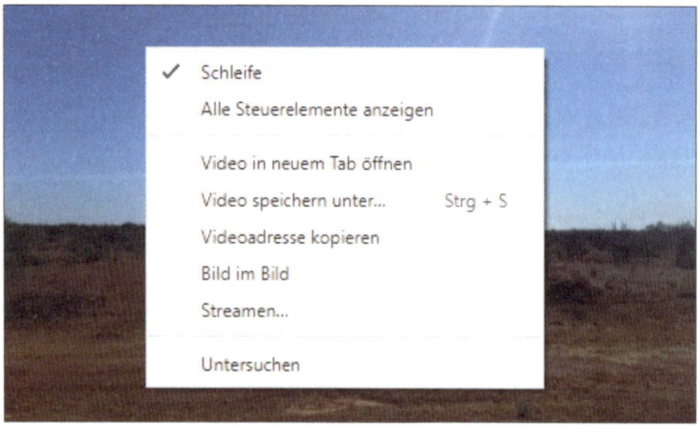

Optionen beim Anzeigen des Videos auf der Webseite

Mit *Inline abspielen* können Sie erzwingen, dass das Video auf sehr kleinen Displays nicht in einem neuen Fenster geöffnet, sondern immer innerhalb der Seite abgespielt wird.

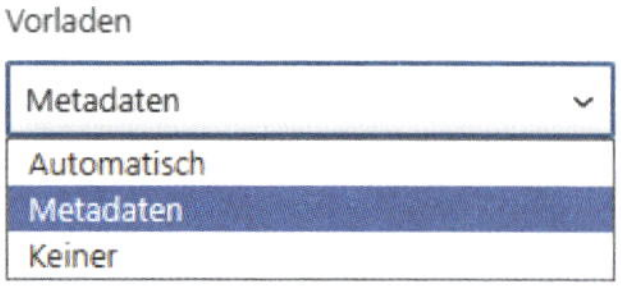

Unter *Vorladen* weisen Sie die Webseite an, was mit den Videodaten beim Laden der Webseite geschehen soll.

Optionen für das Vorladen der Daten

- **Automatisch**
  Das Video wird direkt geladen. Dadurch dauert das Laden der Webseite unter Umständen etwas länger, aber dafür kann das Video sofort gestartet werden.
- **Metadaten**
  Es werden nur einige grundlegende Informationen zum Video vorab geladen, aber der eigentliche Videostream erfolgt erst beim Starten.
- **Keiner**
  Es wird nichts vorab geladen, sondern alles erst, sobald das Video gestartet wird.

Normalerweise wird der erste Frame des Videos angezeigt, wenn es nicht gestartet wurde. Möchten Sie stattdessen ein anderes Bild anzeigen, zum Beispiel ein Bild mit dem Videotitel, so können Sie unter *Vorschaubild* ein anderes Bild dafür hochladen. Achten Sie dann darauf, dass das Vorschaubild die gleichen Abmessungen wie das Video hat, damit sich das Seitenlayout nicht ändert, wenn das Video gestartet wird.

Die obere Einstellungsleiste beschränkt sich auf die Ausrichtung des Blocks und weitere Informationen wie etwa Untertitel.

Obere Leiste mit Untertitel-Dialog

Für weitere Infos wie Kapitel oder Untertitel wird das WebVTT-Format mit der Dateiendung *.vtt* genutzt. Dabei handelt es sich um eine Textdatei, die den anzuzeigenden Text und weitere Infos, etwa dazugehörige Videopositionen, enthält. Diese kann zwar mit einem normalen Texteditor erstellt werden, aber einfacher ist es, einen der vielfältigen Onlinegeneratoren dafür zu nutzen.

Sie können verschiedene Untertitel für verschiedene Sprachen definieren. Der Text unter *Label* dient der Bezeichnung der Sprache bei der späteren Auswahl. Sie können also auch so was wie »Kommentar« schreiben.

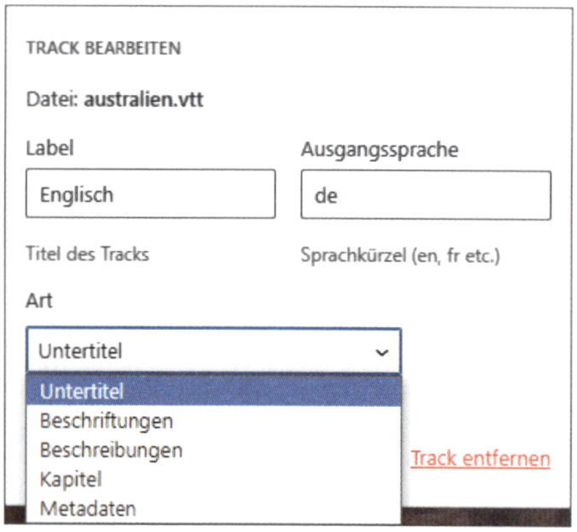

Untertitel hinzufügen

Die Art des Tracks hat in den meisten Browsern noch keine Bedeutung. Alle Tracks tauchen untereinander auf, egal, welche Art definiert wurde.

Der Benutzer der Webseite kann dann beim Abspielen des Videos auswählen, ob und welchen Untertitel er sehen will.

Untertitel-Auswahl im Player

Das fertige Ergebnis könnte dann so aussehen:

Fertiger Video-Block mit Untertitel

Noch ein Tipp zum Abschluss: Zur Auflockerung einer textlastigen Webseite kann man gut Endlosvideos (zum Beispiel der Blick aus einem Zugfenster) ohne Ton in voller Breite zwischen den Textblöcken platzieren.

9.3 Blöcke für Design

In diesem Bereich finden Sie Blöcke, um das Layout Ihrer Seite besser zu gestalten. Einen dieser Container haben Sie bereits in Kapitel 8.4 kennengelernt, und zwar den Gruppe-Block, der lediglich Elemente zusammenfasst, aber nicht deren Anordnung beeinflusst.

9.3.1 Buttons

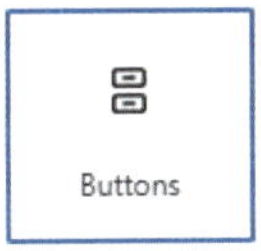

Man mag sich im ersten Moment fragen, warum der Buttons-Block auch im Design-Abschnitt steht, aber das lässt sich ganz leicht erklären: Auch dieser Block ist ein Container für mehrere Buttons, mindestens aber für einen.

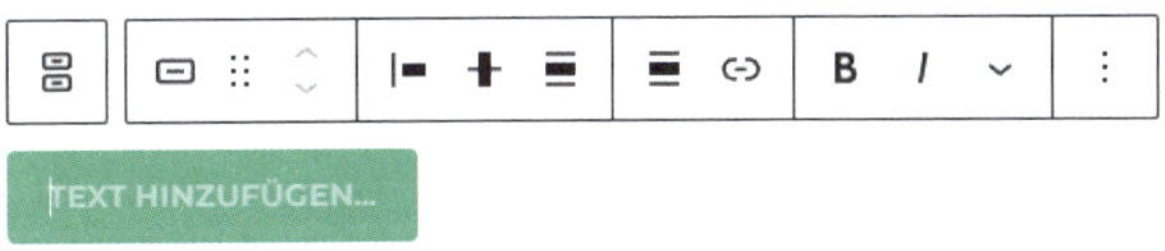

Einstellungen für Buttons

Der erste Button wird automatisch angelegt, wenn Sie den Buttons-Block hinzufügen. Um noch weitere Buttons zu ergänzen, klicken Sie links auf das Plus-Symbol für die große Liste der Blöcke. Solange Sie sich im Buttons-Block befinden, wird Ihnen als einzige Möglichkeit ein weiterer Button angezeigt.

Neuen Button hinzufügen

Die andere Möglichkeit besteht darin, in der oberen Einstellungsleiste auf das erste Icon für den Buttons-Block zu klicken. Dann ändert sich die Einstellungsleiste für die Einstellungen, die den ganzen Block mit allen Buttons und nicht mehr den einzelnen Button betreffen. Dann bekommen Sie rechts unten wieder ein Plus-Symbol zum Hinzufügen eines weiteren Schalters eingeblendet.

Alternativer Weg, um einen neuen Button einzufügen

Die Aktionen zum Ausrichten und zur Breiteneinstellung beziehen sich immer auf den ganzen Block mit Buttons, nicht auf jeden einzelnen Button. Ordnen Sie also Ihre Buttons so an, wie Sie Ihnen am besten auf der Webseite gefallen.

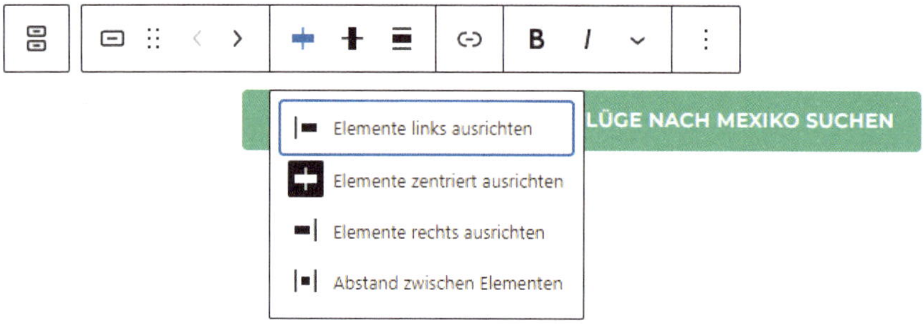

Buttons-Block richtig ausrichten

Damit die Buttons einen Nutzen haben, müssen sie noch mit einer Aktion hinterlegt werden. Technisch gesehen handelt es sich bei diesen Schaltern lediglich um entsprechend gestaltete Links und nicht um echte HTML-Buttons.

Verpassen Sie also Ihren Buttons nun erst mal die passenden Ziele:

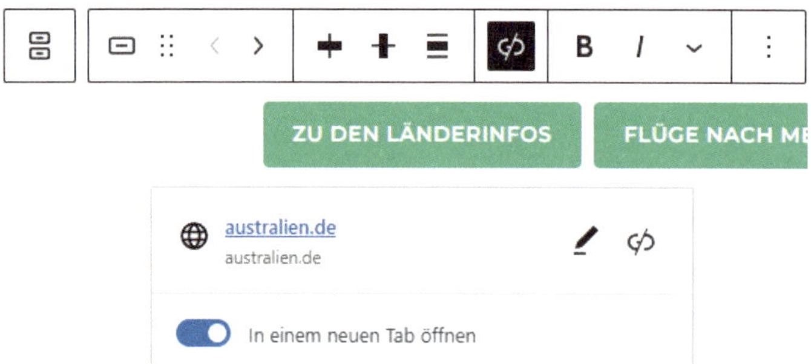

Buttons mit Links versehen

Wenn sich das Link-Ziel außerhalb Ihrer Domain befindet, sollten Sie es in einem neuen Tab öffnen lassen, um den Besucher nicht zu verlieren.

Auf der rechten Seite finden Sie noch einige weitere Einstellungen, um das Aussehen der Schalter zu verändern. Neben den üblichen Einstellungen für die Farben stehen Ihnen zwei verschiedene *Stile* zur Verfügung.

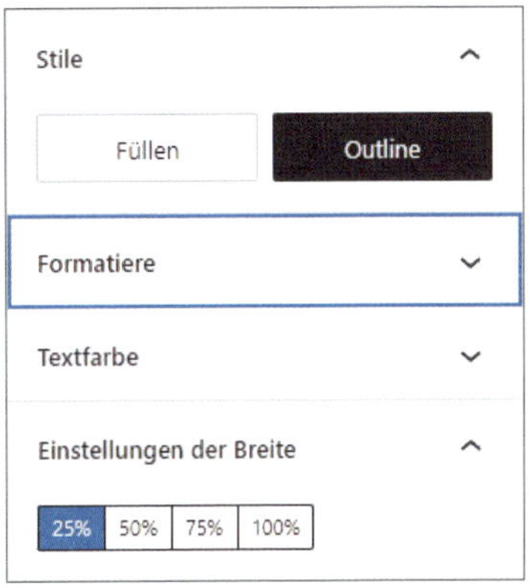

Einstellungen der Buttons

Ein beliebtes Mittel, um den Besucher ganz gezielt zu einem bestimmten Link oder Button hinzuführen, ist es, den bevorzugten Button farblich gefüllt zu lassen und die anderen nur als Umrandung anzuzeigen. Sehr beliebt übrigens bei den Cookie-Einverständniserklärungen.

Mit der Einstellung der Breite kann für jeden Schalter individuell ausgewählt werden, wie viel Prozent der Gesamtbreite er verwenden darf. Der Text wird dabei gegebenenfalls entsprechend umbrochen. Wird eine Gesamtgröße über 100 % angegeben, erscheinen die Buttons nicht neben-, sondern untereinander.

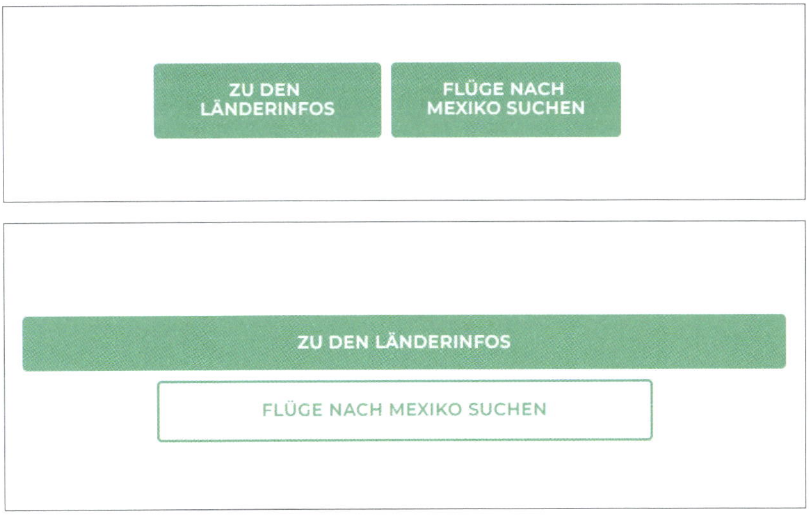

Buttons mit verschiedenen Stil- und Breiteneinstellungen

Und schließlich haben Sie noch die Möglichkeit, die Ecken der Buttons zu gestalten. Die Option finden Sie rechts unten. In der Ausgangseinstellung verändern Sie alle vier Ecken eines Buttons immer identisch.

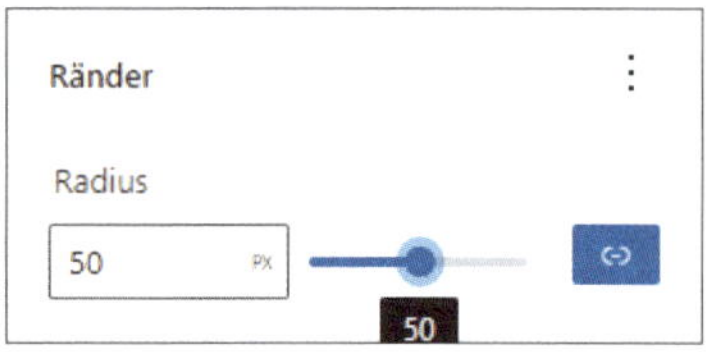

Synchrone Ecken

Wenn Sie diese Synchronisierung aber mit einem Klick auf das Kettensymbol aufheben, so haben Sie die Möglichkeit, jede Ecke einzeln anzupassen. Damit sind sehr individuelle Gestaltungen möglich.

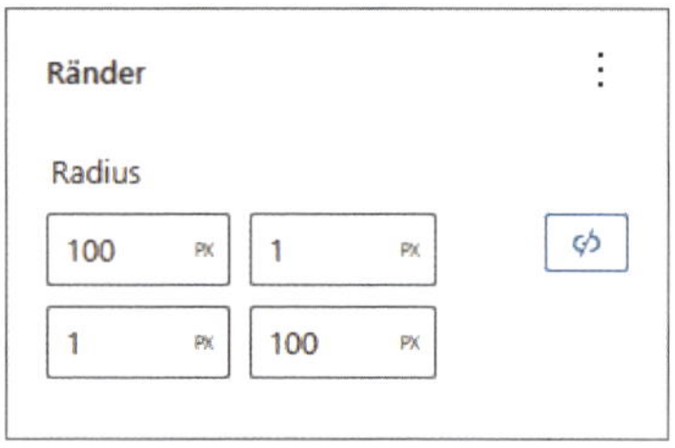

Asynchrone Ecken

Das wäre das Ergebnis der beiden oberen Beispiele:

Buttons mit gleich und ungleich abgerundeten Ecken

Wenn Ihnen das immer noch nicht an Individualisierungsmöglichkeiten reicht: In den Buttons haben Sie bei den Farben die Möglichkeit, Farbverläufe zu definieren und zu nutzen. Wie das geht, wurde in Kapitel 8.7.4 zum Cover-Block schon einmal gezeigt.

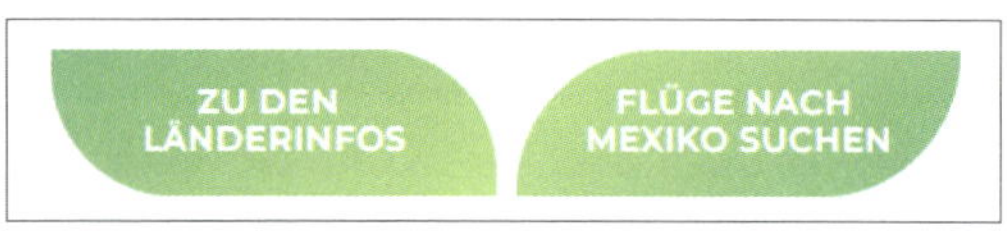

Buttons mit Farbverläufen

9.3.2 Spalten

Mit dem Block *Spalten* bekommen Sie einen Container, der in verschiedene Spalten aufgeteilt ist und in dessen Spalten Sie beliebige andere Blöcke aufnehmen können. Es ist sogar möglich, einen weiteren Spalten-Block in eine der Spalten zu setzen.

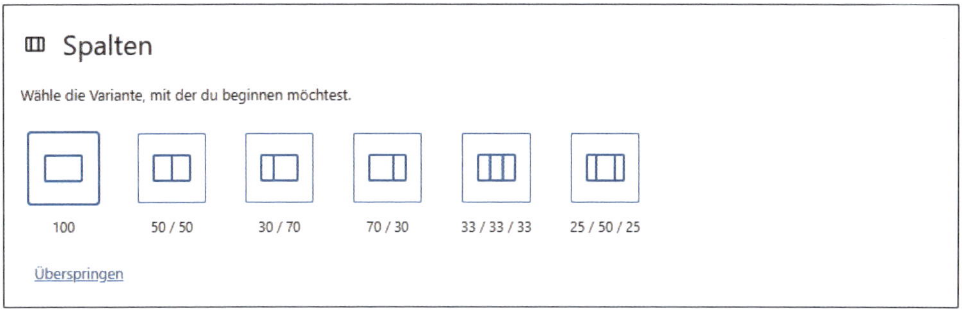

Vorauswahl der Spalten

Wenn Sie den Block einbinden, wird Ihnen als Erstes eine Vorauswahl mit einigen typischen Spaltenaufteilungen gezeigt. Hier können Sie bereits einen der Vorschläge annehmen, Sie können das aber auch überspringen und starten dann mit zwei gleich großen Spalten.

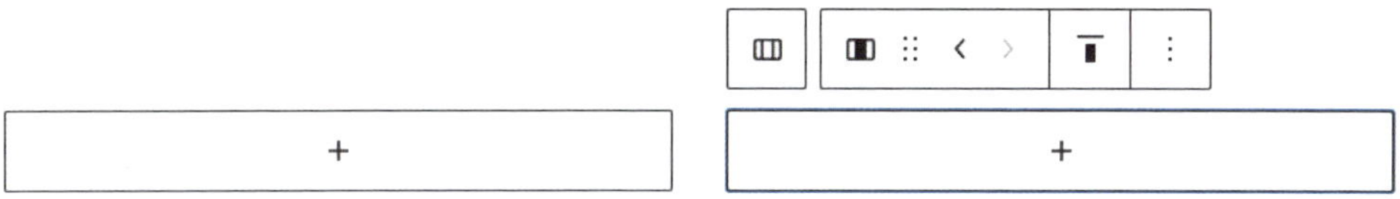

Spaltenblock mit zwei gleich großen Spalten

Über die oberen Einstellungen können Sie die einzelnen Spalten verschieben und ausrichten bzw. zu den Ausrichtungsoptionen für den ganzen Spalten-Block wechseln.

Um eine Spalte mit einem Block zu füllen, klicken Sie einfach auf das jeweilige Plus-Symbol. So kommen Sie zu der bekannten Auswahl der Blockarten.

Um eine neue Spalte einzufügen, klicken Sie einfach in den Freiraum zwischen zwei Spalten, dann erscheint das gewünschte Symbol.

Neue Spalte einfügen

Die Möglichkeit, eine Spalte zu entfernen, finden Sie in den erweiterten Einstellungen des Top-Menüs der einzelnen Spalte.

Etwas mühsam ist es, die obere Einstellungsleiste aufzurufen, da jedes Mal, wenn man in eine Spalte klickt, das Fenster zum Hinzufügen einer Blockart aufpoppt. Ein kleiner Kniff: Schließen Sie das Fenster mit der Esc-Taste und drücken Sie eine der Cursortasten. Dann erscheint das Top-Menü wieder. Nebenbei können Sie mit den Pfeiltasten auch zwischen den Spalten navigieren.

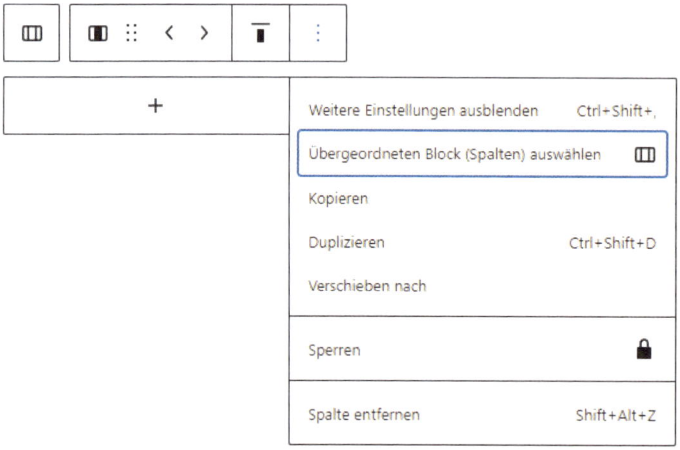

Spalte entfernen

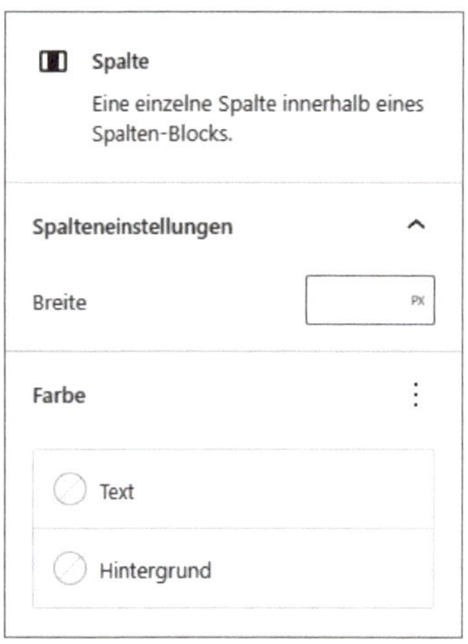

Den gleichen Trick können Sie auch anwenden, um das Seitenmenü aufzurufen. Neben der obligatorischen Farbdefinition können Sie die Spaltenbreite individuell festlegen.

Rechte Einstellungsleiste des Spalten-Blocks

So könnte beispielsweise ein fertiger Spalten-Block mit drei Spalten aussehen:

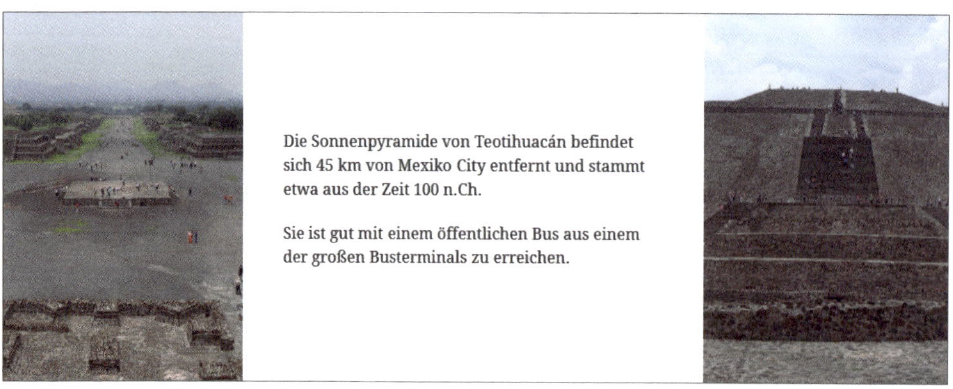

Beispiel eines fertigen Spalten-Blocks

9.3.3 Zeile

Man könnte meinen, dass der Zeile-Block das Pendant zum Spalten-Block ist, aber das ist ein Irrtum. Tatsächlich dient der Zeile-Block (man beachte den Singular) dazu, mehrere Blöcke in einer Zeile zusammenzufassen.

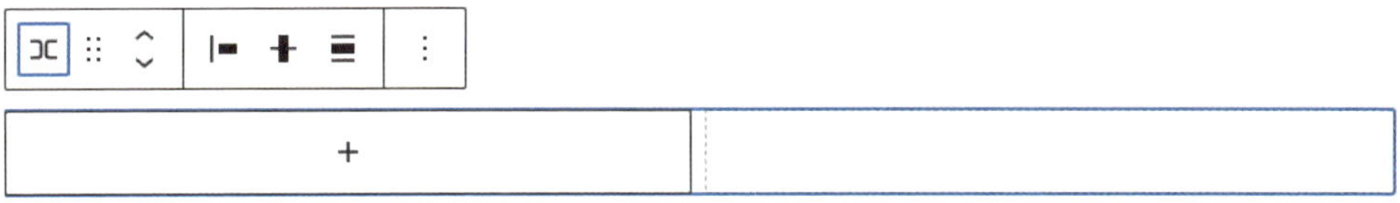

Der Zeile-Block

Genau wie beim Spalten-Block können mehrere Elemente nebeneinandergelegt werden, aber im Gegensatz dazu ist es nicht möglich, die Breite der einzelnen Elemente zu beeinflussen, sie werden automatisch angepasst.

Die Einstellungsmöglichkeiten auf der rechten Seite sind sehr überschaubar. Lediglich die Anordnung der einzelnen Blöcke kann beeinflusst werden. Darüber hinaus können Sie den Editor anweisen, was zu tun ist, wenn der Platz zu knapp wird, um alle Blöcke gut darstellen zu können.

Wenn Sie den Zeilenumbruch auf mehrere Zeilen erlauben, so werden ab einer bestimmten Breite die weiteren Blöcke einfach auf eine neue Zeile gesetzt. Wollen Sie das nicht, werden alle in eine Zeile gequetscht, was bedeutet, dass ein möglicher unumgänglicher Umbruch nun innerhalb der inneren Blöcke stattfinden muss, was nicht immer schön aussieht.

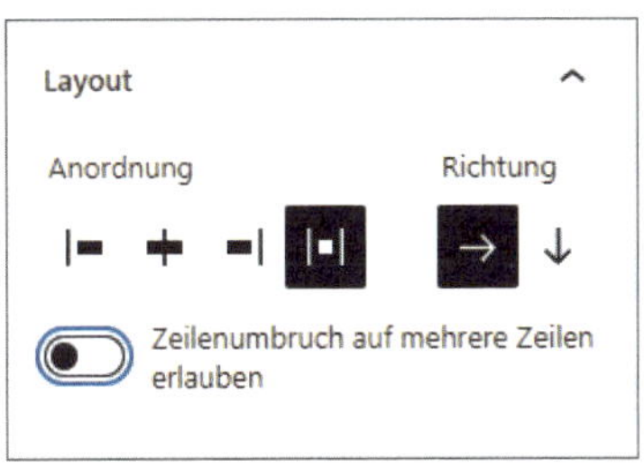

Seiteneinstellungen des Zeile-Blocks

Die Änderung der Richtung von horizontal zu vertikal ist keine Einstellung dieser Blockart, sondern ein Wechsel zur Blockart *Stapel*, die nachfolgend dargestellt wird.

9.3.4 Stapel

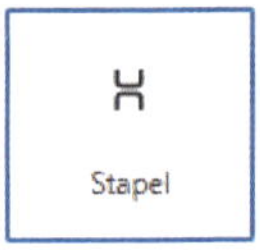

Der Stapel-Block ist das Pendant zum Zeile-Block: Sie können verschiedene Blöcke untereinander anordnen, was ja der Block-Editor an sich ohnehin macht.

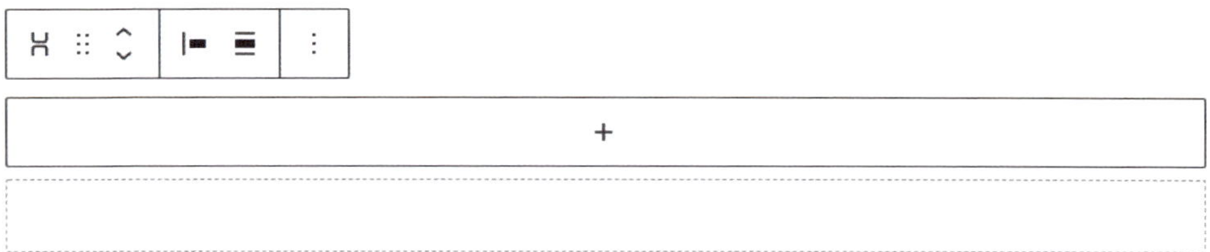

Der Stapel-Block

Der einzige Grund, einen Stapel-Block zu nutzen, besteht darin, die Elemente zu gruppieren und schnell von der vertikalen in die horizontale Ansicht wechseln zu können. Die Einstellungsmöglichkeiten entsprechen ansonsten komplett denen des Zeile-Blocks.

9.3.5 Seitenumbruch

Nun haben Sie Ihre erste Seite fertig und stellen beim Betrachten fest, dass diese doch ziemlich lang geworden ist und Sie sie lieber auf zwei oder mehrere Seiten aufteilen würden. Anstatt jetzt einfach einen Teil des Artikels in einen neuen Beitrag zu kopieren und diese dann untereinander zu verlinken, gibt es die Möglichkeit, einen Seitenumbruch wie bei den gängigen Textverarbeitungsprogrammen einzufügen.

Seitenumbruch

Fügen Sie in Ihrer Seite einen Seitenumbruch ein, so wird dem Besucher eine Liste mit Seitenzahlen (in der Fachsprache »Paginator«) angezeigt, mit der er direkt zu der entsprechenden Seite springen kann.

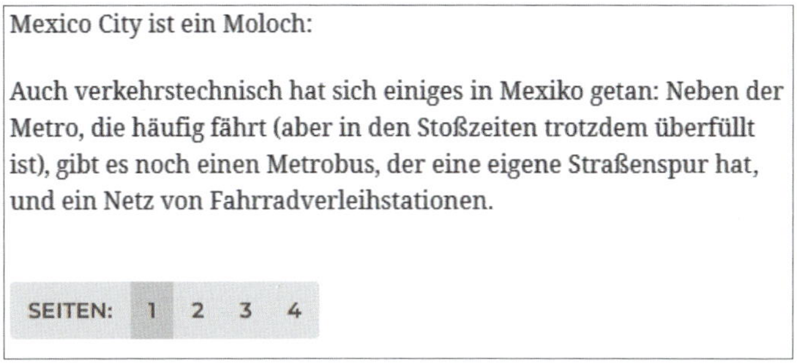

Beitrag mit drei Seitenumbrüchen

Technisch gesehen wird der weitere Beitrag auf einer neuen Webseite angezeigt, die durch das Anhängen einer Zahl an die URL angesprochen wird.

Beispiel:
https://reise-deinen-traum.de/abenteuer-in-mexico
https://reise-deinen-traum.de/abenteuer-in-mexico/2
etc.

Der Seitenumbruch-Block hat keine weiteren Einstellungsmöglichkeiten. Leider kann man auch die Gestaltung des Paginators nicht direkt beeinflussen.

Textlastige Beiträge

Gerade wenn Sie sehr textlastige Beiträge haben, sollten Sie diese auf mehrere Seiten verteilen. Die Wahrscheinlichkeit ist höher, dass der Besucher mit dem Lesen anfängt, wenn er erst mal nur einen überschaubaren Teil sieht, als wenn er gleich mit einer langen Textwüste erschlagen wird.

9.3.6 Trenner

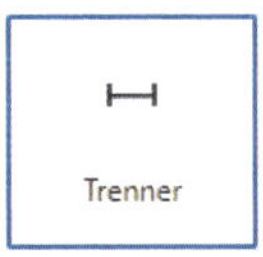

Eine weitere Möglichkeit, Text optisch zu unterteilen, ist der Trenner. Der Trenner-Block besteht einfach aus einer horizontalen Linie, die zwischen den übrigen Blöcken eingefügt wird.

Der Trenner

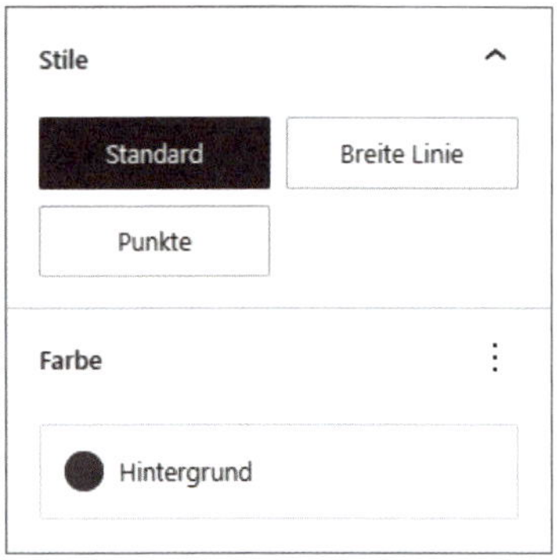

Die Einstellungsmöglichkeiten sind limitiert. Lediglich die Breite kann etwas variiert werden. Über das Seitenmenü kann noch die Farbe und einer von drei vordefinierten Stilen ausgewählt werden.

Einstellungen für den Trenner

Die Bezeichnung *Hintergrund* für die Farbe ist etwas irreführend, natürlich ist damit die Strichfarbe gemeint. Es sind in den Einstellungen auch Farbverläufe möglich, die aber in der Praxis keinen sichtbaren Effekt zeigen.

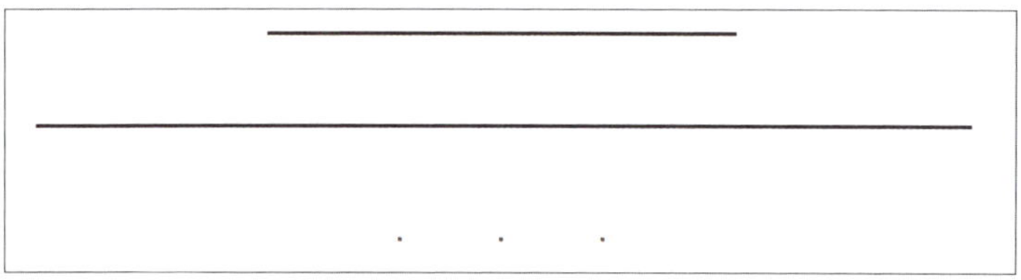

Alle drei Stile für den Trenner

Im Hintergrund wird für den Trenner das dafür gedachte HTML-Element *<hr>* verwendet und könnte so über Stylesheets gegebenenfalls noch etwas angepasst werden, was sich allerdings eher für erfahrene Anwender eignet.

9.3.7 Abstandshalter

Der Abstandshalter ist ein weiterer netter kleiner Helfer. Er macht das, was der Name sagt: einen klar definierten Abstand zwischen zwei Blöcken einfügen.

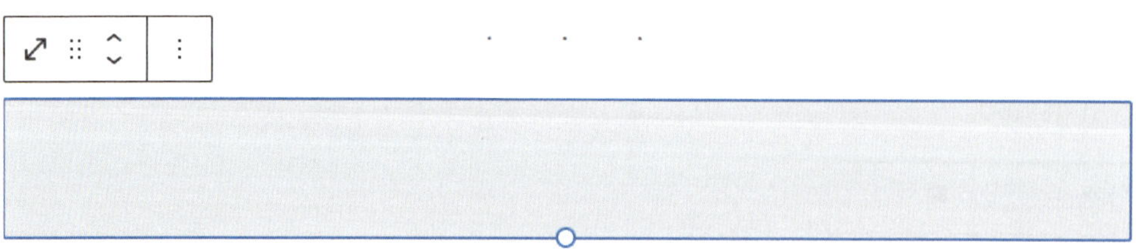

Der Abstandshalter

Die einzige Einstellungsmöglichkeit ist die Höhe des Blocks, die Sie auch festlegen können, wenn Sie mit der Maus direkt an dem kleinen Kreis ziehen oder schieben.

Einstellungen für den Abstandshalter-Block

Natürlich könnte man für Abstände auch einfach einen Absatz-Block »missbrauchen«, aber ein Abstandshalter-Block ist wesentlich genauer einzustellen. Zudem taucht er auch in der Strukturübersicht als solcher auf, sodass Sie sich in Ihrem eigenen Beitrag besser zurechtfinden, wenn dieser mal umfangreicher geworden ist.

Abstandshalter in der Seitenstruktur

9.4 Blöcke für Widgets

Widgets sind kleine Komponenten, die meist WordPress-eigene Funktionen kapseln und die Möglichkeit bieten, diese Funktionen an gewünschter Stelle einzublenden. Widgets gab es schon vor dem Block-Editor, sie konnten aber da nur an bestimmten Stellen im Layout eingebunden werden. Nun ist das System wesentlich offener, und Widgets können überall da, wo Blöcke vorkommen, als ein Blocktyp verwendet werden.

9.4.1 Archive

Mit dem Archive-Widget können Sie eine zeitlich sortierte Übersicht aller veröffentlichten Artikel mit direkter Verlinkung auf die entsprechenden Unterseiten einbinden.

Sie haben im Februar, April und Juni Artikel veröffentlicht

In der Seitenleiste können Sie die Darstellungsart des Archivs noch etwas anpassen.

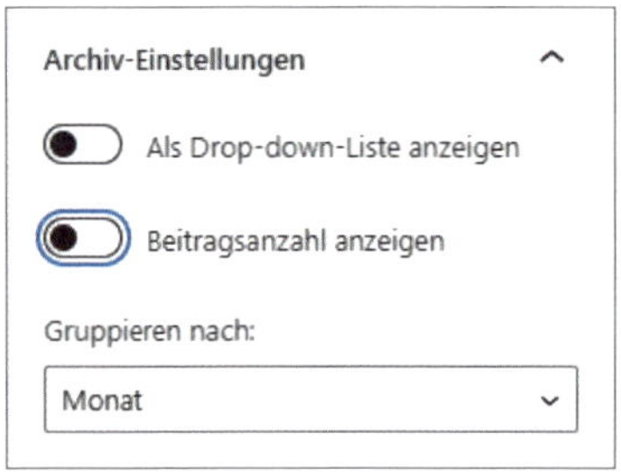

Anpassungen des Archiv-Widgets

Drop-down-Archiv

Falls Sie in jedem Zeitraum mindestens einen neuen Artikel schreiben, so kann diese Liste schon ziemlich lang werden. Dann sollten Sie mit dem Gedanken spielen, die Liste lieber als Drop-down-Menü anzeigen zu lassen.

Ob Sie die Anzahl der Beiträge in jedem Zeitraum anzeigen wollen, hängt ganz von Ihren Vorlieben ab. Spätestens, wenn Sie mehr als einen Artikel pro Monat schreiben, kann es für den Leser ganz informativ sein, wie viele Beiträge sich hinter jedem Punkt verbergen.

Unter der Gruppierung können Sie angeben, in welchem Zeitraum Sie Beiträge auf einer Übersichtsseite zusammenfassen wollen. Schreiben Sie relativ häufig tagesaktuelle Artikel, so kann eine Gruppierung nach Tagen sinnvoll sein. Schreiben Sie bloß alle paar Monate einen Beitrag, reicht das vielleicht auf Jahresebene.

9.4.2 Kalender

Der Kalender-Block ist dem Archive-Block ähnlich. Im Gegensatz dazu wird hier aber ein Kalenderblatt angezeigt, auf dem alle Tage, an denen Beiträge veröffentlicht wurden, anklickbar sind und auf Übersichtsseiten mit den Beiträgen des entsprechenden Tages verlinken.

Der Kalender-Block

Anders als zu erwarten, kann man nicht zwischen den Monaten hin- und herwechseln, sondern es werden nur die Monate angezeigt, in denen auch Beiträge veröffentlicht wurden.

Weitere Einstellungsmöglichkeiten gibt es bei diesem Blocktyp nicht.

9.4.3 Kategorien

Im Kategorien-Block werden die Beiträge nicht nach dem Datum gruppiert, sondern nach den verwendeten Kategorien.

Der Kategorien-Block

Haben Sie bisher noch nicht mit Kategorien gearbeitet, so wird lediglich die Standardkategorie *Uncategorized* auftauchen. Es werden nur Kategorien angezeigt, die auch tatsächlich Beiträge enthalten. Die Einstellungsmöglichkeiten beschränken sich auf die Darstellung.

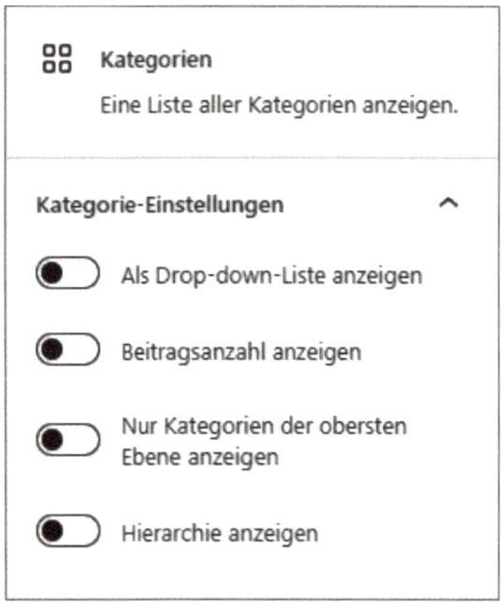

Einstellungen des Kategorie-Blocks

Sie können wählen, ob Sie die Kategorien flach, als Baumstruktur oder als Drop-down-Menü anzeigen wollen. Gerade wenn Sie Ihre Kategorien sehr feingranular gestaltet haben, bietet es sich eventuell an, nur die oberste Ebene anzuzeigen und den Betrachter nicht gleich mit einer zu großen Untergliederung zu überfordern.

Verschiedene Darstellungsarten der Kategorien

9.4.4 Individuelles HTML

Reichen Ihnen die Gestaltungsmöglichkeiten der Blöcke nicht aus oder legen Sie lieber selbst Hand an, so haben Sie mit dem Block *Individuelles HTML* die Möglichkeit, eigenen HTML-Code direkt in die Seite zu schreiben.

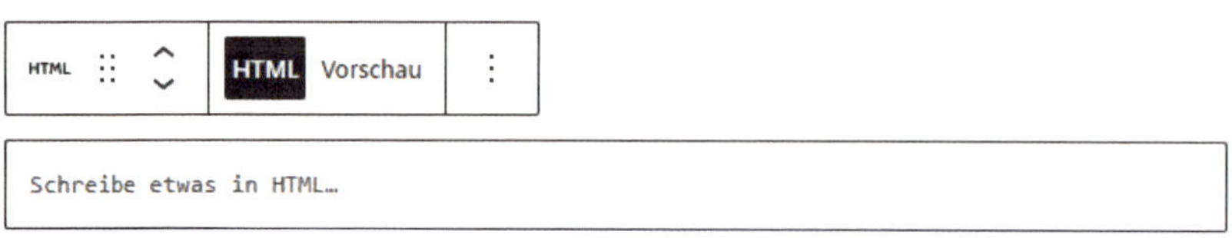

Direkt HTML-Code schreiben

Um einfach nur etwas HTML in einen Fließtext einzubauen, brauchen Sie diesen Typ aber nicht unbedingt, da einige Blocktypen – zum Beispiel der Absatz-Block – auch die Möglichkeit bieten, direkt HTML einzugeben.

Auch wenn der Blocktyp HTML heißt, so wird trotzdem auch JavaScript unterstützt, falls Sie noch etwas mehr in die Webprogrammierung einsteigen wollen. Nicht möglich ist dagegen PHP-Code.

9.4.5 Neueste Kommentare

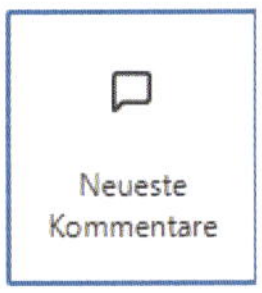

Haben Sie schon viele (nützliche) Kommentare auf Ihrer Webseite und möchten Sie diese Dynamik Ihrer Leser auch nach außen zeigen, so können Sie einfach die neuesten x Kommentare anzeigen.

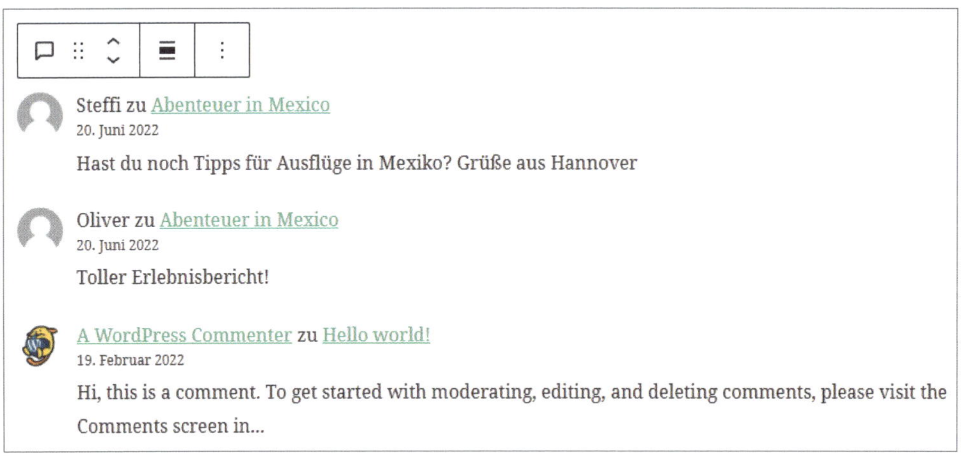

Der Kommentar-Block

Beachten Sie aber dabei, dass es sich nicht nur um die Kommentare auf dieser Seite handelt, sondern um alle Kommentare auf Ihrer Internetpräsenz, die freigegeben wurden.

Bevor Sie diesen Block also nutzen, werfen Sie erst einmal einen Blick auf die Kommentare und räumen gegebenenfalls auf, sonst tauchen eventuell unerwünschte Kommentare auf – wie im hier gezeigten Beispiel der WordPress-Begrüßungskommentar.

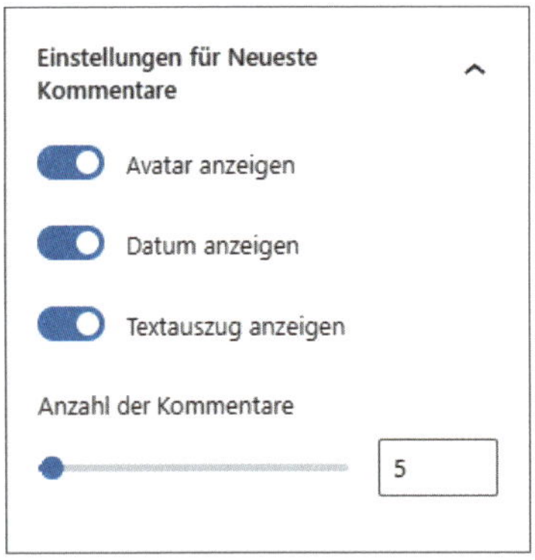

Einstellungen für Neueste Kommentare

Die Einstellungen sind eigentlich selbsterklärend. Lediglich bei *Datum anzeigen* sollten Sie sich gut überlegen, ob Sie diese Option aktivieren. Es ist kein Aushängeschild für die Aktualität Ihrer Webseite, wenn der Benutzer direkt mit der Nase darauf gestoßen wird, dass der »neueste« Kommentar noch aus dem letzten Jahr stammt.

9.4.6 Neueste Beiträge

Der Blocktyp *Neueste Beiträge* kann recht vielseitig eingesetzt werden. In der Grundeinstellung ist es einfach eine ziemlich lustlose Auflistung der letzten fünf Beiträge, aber aufgrund einer Vielzahl von Einstellungs- und Filtermöglichkeiten ist er für mehrere Zwecke geeignet. Somit ist das Attribut »neueste« auch nicht wörtlich zu nehmen.

Der Neueste-Beiträge-Block

Man könnte diesen Blocktyp als Übersichtsseite für eine Vielzahl von Beiträgen nutzen oder unten am Ende der Seite als Appetithäppchen oder Teaser, um den Besucher zu animieren, in ähnlichen Artikeln weiterzulesen.

Im Top-Menü haben Sie nur die Wahl zwischen der Listen- und Rasterdarstellung, dabei ergibt die Rasterdarstellung erst mit den Einstellungsmöglichkeiten der Seitenleiste ein vernünftiges Aussehen.

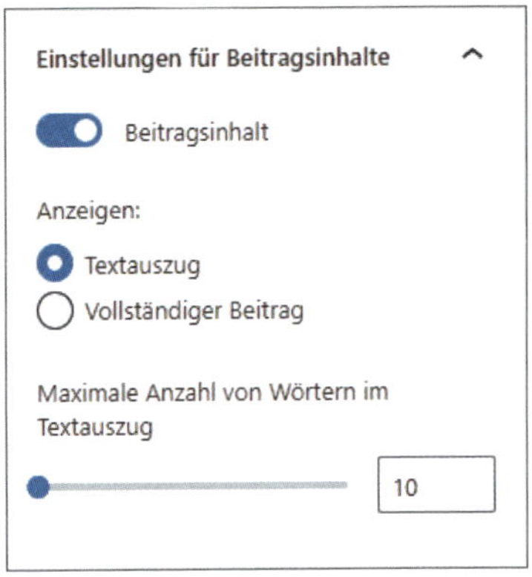

Einstellungen für die Textanzeige

Wollen Sie keinen Beitragsinhalt anzeigen, so ist dieser Block nur eine Liste von verlinkten Überschriften; mit einem Textauszug erhält der Leser schon einmal einen kleinen Einblick in den zu erwartenden Inhalt. Haben Sie Ihren Beiträgen ganz gezielt einen Textauszug verpasst, so wird dieser hier angezeigt. Findet sich so etwas nicht, werden einfach die ersten x Wörter des Beitrags genommen. Wie viele Wörter das sind, können Sie entsprechend einstellen, danach wird durch *[…]* abgekürzt. Die *Maximale Anzahl von Wörtern im Textauszug* bezieht sich nur auf den automatischen Auszug, der händisch erstellte Textauszug wird immer komplett angezeigt.

Den vollständigen Text anzuzeigen, ergibt nur bei sehr kurz gehaltenen Beiträgen wirklich Sinn.

Weiter können Sie auswählen, welche zusätzlichen Informationen, etwa Autor, Beitragsdatum oder Beitragsbild, Sie anzeigen wollen.

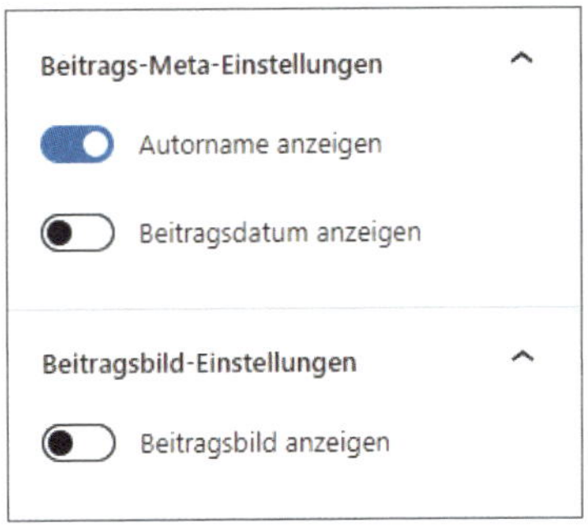

Einstellungen für weitere Informationen

Besonders hervorheben möchte ich die Möglichkeit, das Beitragsbild anzuzeigen. Damit wird die Liste schon viel ansprechender, und auch die Rasteransicht macht jetzt was her. Vorausgesetzt natürlich, dass Sie vorher bei jedem Beitrag ein Beitragsbild angelegt haben.

Neueste Beiträge mit Beitragsbild in Rasteransicht

Mit dem Aktivieren des Beitragsbildes bekommen Sie eine Reihe neuer Optionen und können sowohl die Größe als auch die Position zum Text definieren.

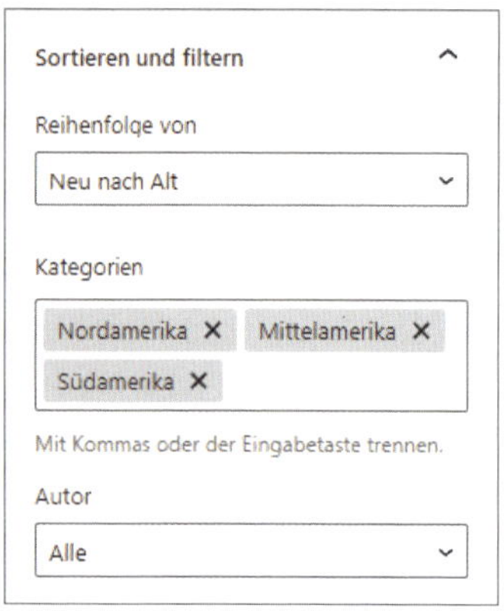

Es ist gängige Praxis, nicht auf jeder Seite die gleichen Verweise auf andere Beiträge anzuzeigen, sondern die Auswahl der angeteaserten Artikel zu variieren. Dazu gibt es bei diesem Blocktyp die Möglichkeit, die Reihenfolge anzupassen sowie Filter einzusetzen.

Sortieren und Filtern der Beitragsvorschau

Wie eingangs erwähnt, stimmt das »neueste« bei der Blockart nicht unbedingt, es ist auch möglich, die Sortierung von Alt nach Neu zu machen und so die ältesten Beiträge anzuzeigen oder einfach von A–Z oder umgekehrt zu sortieren. Viel interessanter ist die Möglichkeit, die Beiträge nach Kategorien oder Autor zu filtern. Somit können Sie problemlos Ankündigungen wie »Weitere Artikel von diesem Autor« oder »Mehr zu diesem Thema« produzieren und schicken den Benutzer auf Ihren Seiten umher.

9.4.7 RSS

Mithilfe eines RSS-Blocks können Beiträge von anderen Webseiten eingeblendet werden, sofern deren Eigentümer einen RSS-Feed zur Verfügung stellen. RSS ist die Abkürzung für **R**ich **S**ite **S**ummary oder **R**eally **S**imple **S**yndication.

Der RSS-Block

RSS-Blöcke sind eine ziemlich einfache Methode, der eigenen Seite einen aktuellen Anstrich zu geben, ohne selbst dafür laufend neue Artikel schreiben zu müssen. Natürlich hat das für den Bereitsteller des RSS-Feeds auch einen Nutzen, und zwar die Links. Jeder Beitrag ist direkt mit der Quelle verlinkt, und so kommen Ihre Besucher, wenn sie auf einen RSS-Link klicken, direkt zur Seite des RSS-Betreibers.

Für Sie kann das ein Nachteil sein, da der Benutzer dann wieder von Ihrer Seite verschwindet. Auch aus SEO-Sicht können zu viele wegführende Links Ihre eigene SEO-Kraft schwächen.

Wir wollen jetzt einfach mal einen RSS-Feed über mexikanisches Essen in unseren Beitrag einbauen. Bei den gängigen Suchmaschinen wird man da schnell fündig. RSS-Feeds erkennt man daran, dass sie meistens auf *rss* oder *feed* enden, zum Beispiel https://www.mexicanplease.com/feed/.

Diese Links können Sie übrigens auch direkt im Browser aufrufen und bekommen eine textuelle Seite, die voll mit Auszeichnungsanweisungen und Metainformationen ist.

Sobald Sie die URL in den RSS-Block eingetragen haben, bekommen Sie auch direkt die ersten fünf Überschriften angezeigt, und das Top-Menü wird noch um eine zusätzliche Option ergänzt, um den Feed als Raster anzuzeigen.

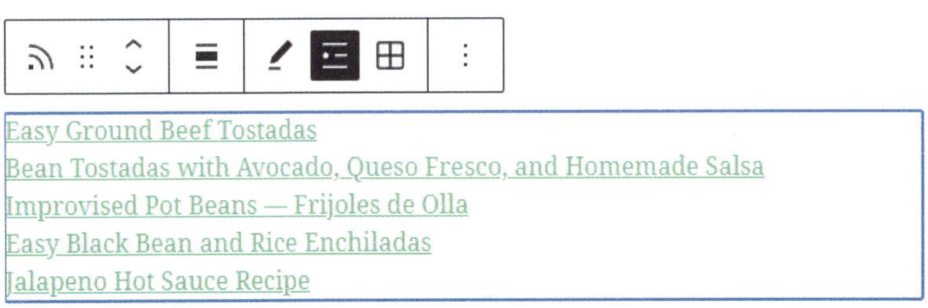

Eingetragener RSS-Feed im Editor

In der Seitenleiste können Sie die Anzahl der Elemente sowie die Menge der Informationen auswählen. Die Optionen sind sehr ähnlich denen des zuvor erläuterten Blocks *Neueste Beiträge*.

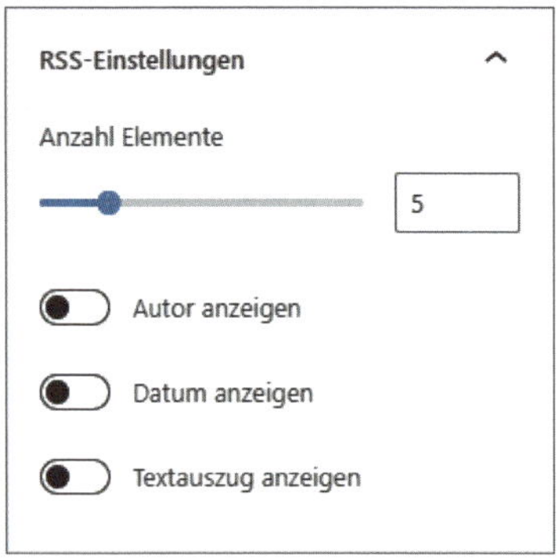

Einstellungen des RSS-Blocks

So könnte dann der fertige RSS-Block auf Ihrer Webseite aussehen:

Fertig formatierter RSS-Block

9.4.8 Suchen

Um Ihren Lesern die Möglichkeit zu geben, alle bereits veröffentlichten Seiten und Beiträge mithilfe einer Volltextsuche zu durchsuchen, verwenden Sie den Suchen-Block.

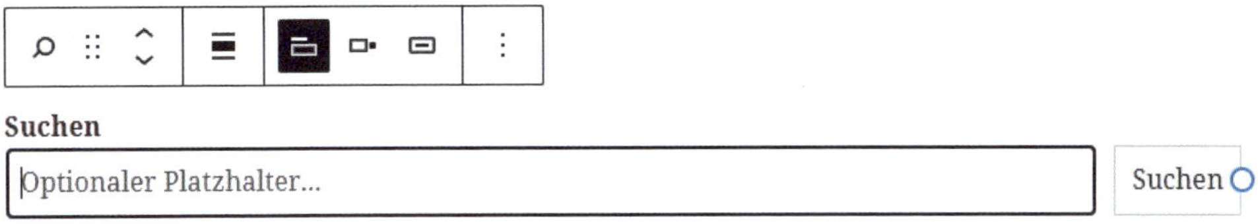

Der Suchen-Block

Die Optionen des Blocks beschränken sich auf die Größe des Suchfeldes sowie die Beschriftung des Buttons.

9.4.9 Social Icons

Es gibt mehrere Wege, die üblichen Social-Media-Links einzubinden, manche Themes bringen sogar eine eigene Umsetzung mit. Eine weitere Möglichkeit ist der Social-Icons-Block.

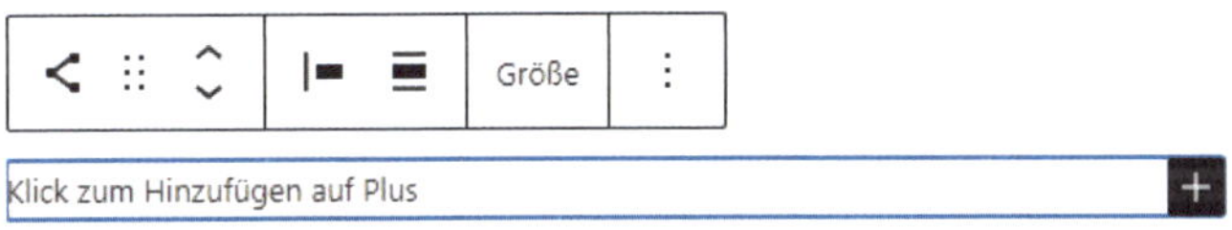

Der Social-Icons-Block

Bei diesem Block handelt es sich genau genommen wieder nur um einen Container. Um ihn zu füllen, müssen Sie die Blöcke für die Icons einzeln über das Plus-Symbol hinzufügen und jeweils den Link zu Ihrem jeweiligen Profil angeben.

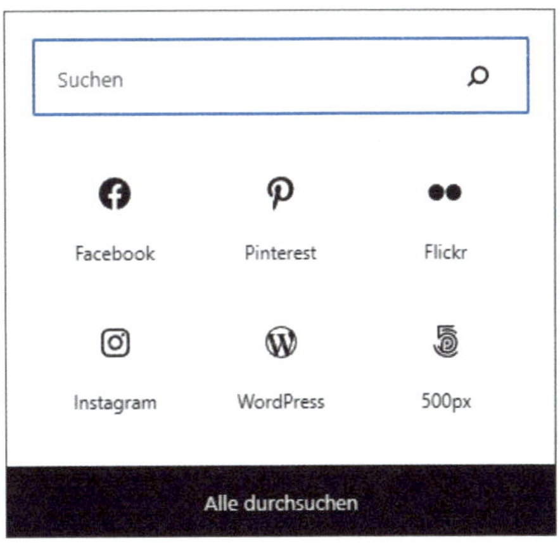

Einzelne Icons hinzufügen

Nur Icons, die mit einem Link gefüllt wurden, werden dann auf der fertigen Seite auch tatsächlich angezeigt. Übrigens müssen Links und Icons nicht übereinstimmen, es kann also hinter dem Facebook-Icon ein Wikipedia-Link eingetragen werden.

Die Darstellung sowie die Beschriftung der Icons können nach eigenem Geschmack angepasst werden. Unbedingt aktivieren sollten Sie die Einstellung *Links in neuem Tab öffnen*, sonst verlieren Sie jeden Besucher, der zu Ihrem Facebook-Profil weiterspringt.

Mit diesem Block werden lediglich Links zu den entsprechenden Plattformen gesetzt. Wenn Sie Links zum sofortigen Teilen, Twittern oder Ähnliches haben wollen, dann finden Sie in Kapitel 18.5 zum Einbinden von Facebook, YouTube und Co. das datenschutzrechtlich korrekte Vorgehen.

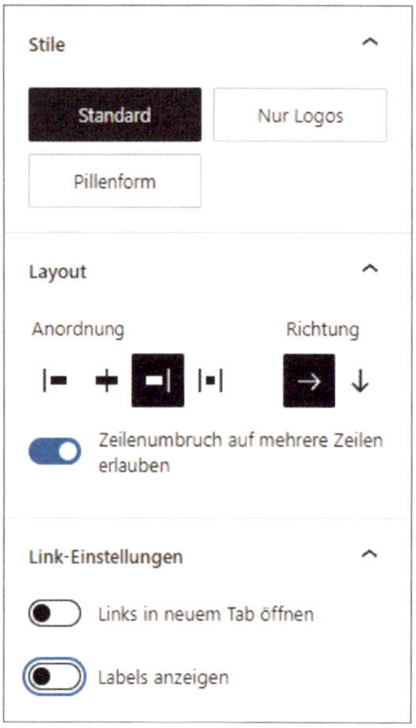

Einstellungen in der Seitenleiste

Verschiedene Darstellungsarten

9.4.10 Schlagwörter-Wolke

Mit der Schlagwörter-Wolke können Sie dem Leser optisch zeigen, wie häufig welche Schlagwörter in Ihrem Blog genutzt werden.

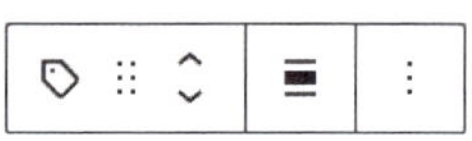

Der Schlagwörter-Wolke-Block

Je häufiger ein Schlagwort genutzt wird, desto größer wird es dargestellt. Wobei die Größe nicht die absolute, sondern nur die relative Häufigkeit darstellt. Ein Schlagwort, das zweimal vorkommt, wird also auch maximal dargestellt, wenn alle anderen Schlagwörter nur einmal vorkommen.

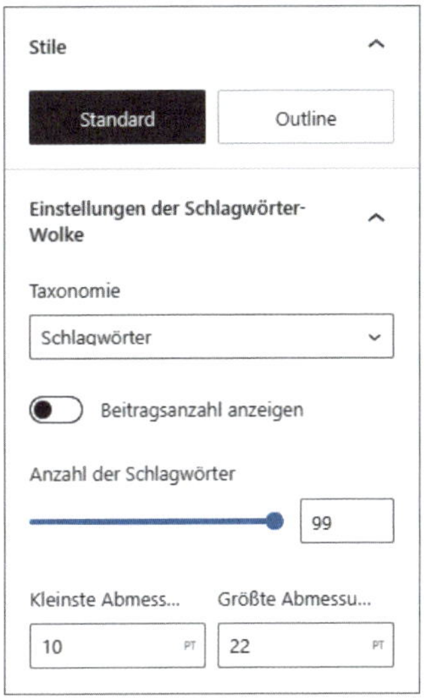

Seit WordPress 6 gibt es die Möglichkeit, den Stil der Wolke zu verändern, die unterschiedlichen Schriftgrößen für die Häufigkeit gibt es aber nur im *Standard*-Stil.

Auch wenn der Block *Schlagwörter-Wolke* heißt, so ist es möglich, statt Schlagwörtern die Kategorien zu nehmen, falls Sie keine Schlagwörter vergeben haben. Die Anzahl der Begriffe kann natürlich eingestellt werden. Je mehr es sind, desto mehr kommt es einer »Wolke« nahe. Ebenso erst seit WordPress 6 können Sie die minimale und maximale Schriftgröße für die Extremwerte angeben.

Einstellungen für die Schlagwörter-Wolke

9.5 Blöcke für Themes

In dieser Kategorie finden Sie Blöcke, die mit dem Theme, den Metainformationen oder der Navigation zu tun haben. Viele Blockarten sind so feingranular, dass wir sie zusammengefasst haben, andere wiederum so speziell oder redundant, dass wir sie weggelassen haben.

9.5.1 Navigation

Eine Möglichkeit, Menüs zu erstellen, haben Sie schon in Kapitel 5.4 zum Customizer kennengelernt. Dieser Blocktyp bietet noch mehr Möglichkeiten der Navigation.

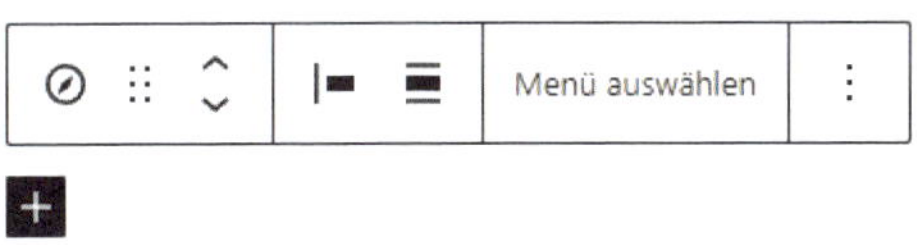

Der Navigation-Block

Während das klassische Menü vor allem für den Seitenkopf oder -fuß gedacht war und auf jeder Seite erscheint, können Sie hiermit direkt in der Seite ein Menü anlegen.

Sie haben zwei Möglichkeiten, damit zu beginnen: Entweder gehen Sie direkt auf *Menü auswählen* und nehmen ein Menü, das Sie bereits bei den WordPress-Einstellungen angelegt haben, oder Sie nutzen das Plus-Symbol und legen den ersten Punkt für ein neues Menü an. Auch wenn Sie mit dem bereits erstellten Menü beginnen, so können Sie weitere (Unter-)Punkte hinzufügen, ohne dass Sie das gespeicherte Menü ändern.

Beim Anlegen eines Menüpunktes sind Sie völlig frei, Sie können bestehende Seiten oder Beiträge oder einen komplett externen Link einbauen.

Sobald Sie einen Oberpunkt angelegt haben, können Sie darunter beliebig viele Unterpunkte anlegen.

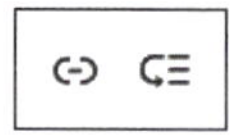

Untermenüs erscheinen allerdings nicht automatisch, sondern werden durch einen kleinen Pfeil angezeigt und öffnen sich wahlweise beim Darüberfahren oder Daraufklicken.

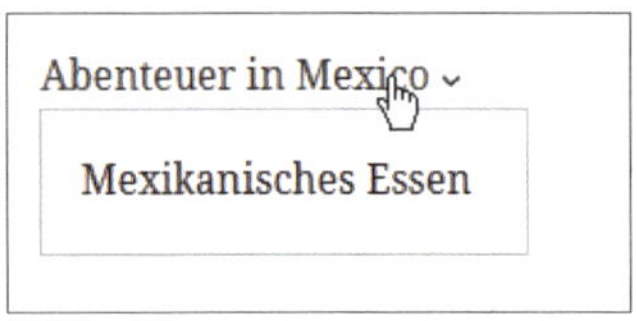

Menü mit Unterpunkt

Im Seitenmenü können Sie die Darstellung anpassen. Wichtig ist vor allem die Darstellung auf Mobilgeräten. Umfangreiche Menüs auf dem Smartphone zu bedienen, ist keine Freude. Hier wird meistens die sogenannte Hamburger-Darstellung verwendet.

Diese klappt auf, sobald der Benutzer auf das Icon mit den Strichen klickt, und entfaltet sich über den ganzen Bildschirm.

Hamburger-Darstellung

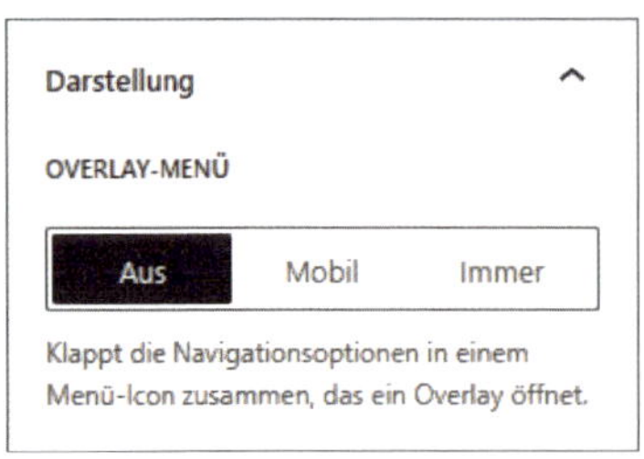

Wo soll die verkleinerte Darstellung genutzt werden?

9.5.2 Website-Logo, Website-Titel, Website-Untertitel

Diese drei Blockarten binden die entsprechende Information, die Sie ganz am Anfang bei den Einstellungen Ihrer Webseite hinterlegt haben, an der entsprechenden Stelle ein. Aber warum diese Blöcke nutzen, anstatt einfach das Webseiten-Logo aus der Mediathek zu nehmen oder den (Unter-)Titel der Website noch mal zu schreiben?

Nehmen wir mal an, Sie wollen in ein paar Jahren das Logo ändern oder stellen fest, dass der Seitentitel nicht mehr zeitgemäß ist, oder Sie wollen aus irgendeinem Grund diese Seite klonen, aber mit anderem Namen. Wenn Sie die hier genannten Blöcke verwendet haben, reicht es, die Haupteinstellungen zu ändern, und alle Stellen aktualisieren die Infos automatisch.

Die Einstellungsmöglichkeiten sind beschränkt auf Ausrichtung und Links, lediglich beim Bild sind einige weitere Anpassungen möglich.

Einstellungen fürs Website-Logo

Vorsicht, wenn Sie das Website-Logo in diesem Block ersetzen! Diese Änderung bezieht sich dann auf Ihre gesamte Webseite.

Anzeige der drei Blöcke auf der fertigen Seite

9.5.3 Abfrage-Loop/Liste der Beiträge

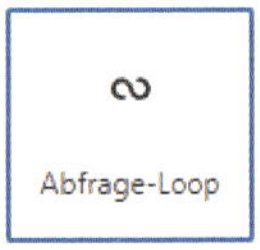

Sie haben schon eine Möglichkeit kennengelernt, in einem Beitrag auf andere Seiten oder Beiträge zu verweisen, um den Benutzer zum Weiterlesen zu animieren. Der Block mit der sperrigen Bezeichnung *Abfrage-Loop* macht das auch, aber hübsch.

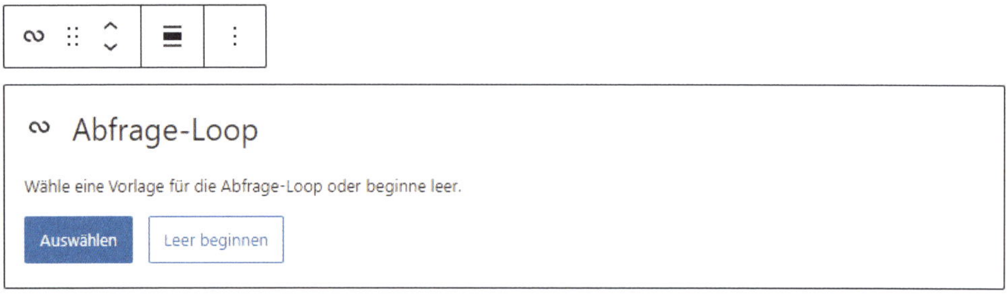

Der Abfrage-Loop-Block

Direkt nach dem Einfügen des Blocks können Sie sich entscheiden, ob Sie eine der vordefinierten Vorlagen nutzen wollen oder mit einem leeren Loop starten. Wählen Sie die Vorlage, wird Ihnen die erste Vorlage, gefüllt mit Ihren Beiträgen, angezeigt.

Karussellansicht der Vorlagen

Mit den Pfeilen links unten können Sie zwischen den Vorlagen hin- und herschalten.

Persönlich bevorzuge ich jedoch die Rasteransicht, bei der Ihnen alle Vorlagen neben- und untereinander angezeigt werden.

Rasteransicht der Vorlagen

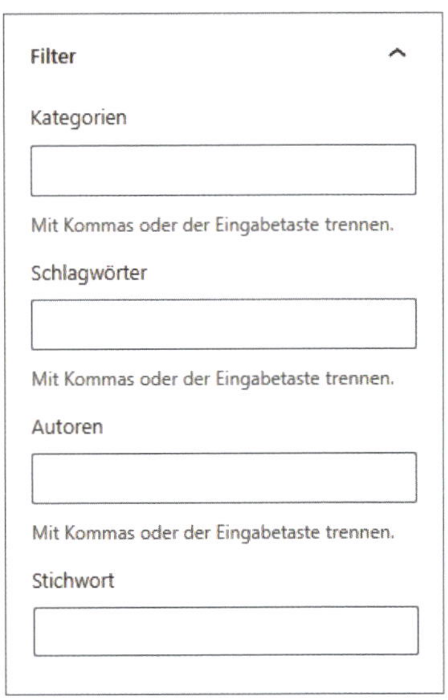

Mit einer wichtigen Funktion bei den Einstellungen kann dieser Blocktyp noch punkten: Beim Filtern ist es möglich, nicht nur nach Schlagwörtern oder Autoren zu filtern, sondern auch nach Stichwörtern.

Dabei handelt es sich um eine simple Volltextsuche. Wenn Sie also lediglich Beiträge zum Thema »Essen« hier stehen haben wollen, müssen Sie darauf achten, dass Sie das Stichwort auch in den erwünschten Beiträgen verwenden.

Filtern im Block

Der fertige Block könnte dann beispielsweise so aussehen:

Fertiger Abfrage-Loop

9.5.4 Avatar

Es macht einen Artikel immer gleich persönlicher, wenn man ein konkretes Bild des Autors vor Augen hat. Dafür gibt es den Blocktyp *Avatar*.

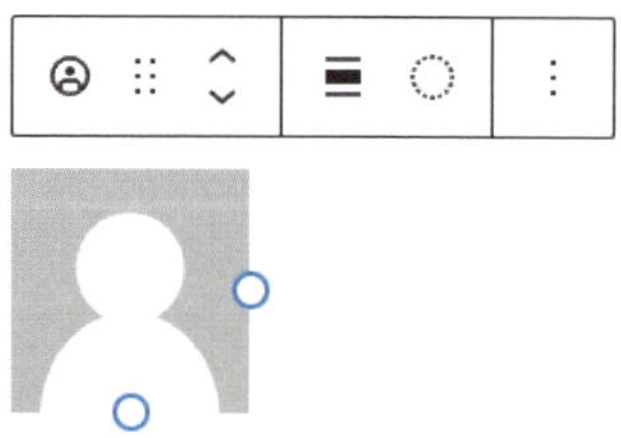

Der Avatar-Block

Damit wird der Avatar des aktuellen Autors eingeblendet. Die Größe ist veränderbar, und auf Wunsch kann er auch mit dem Profil des Autors verknüpft werden. Es muss nicht zwingend der aktuelle Autor sein, es kann auch der Avatar einer anderen Person ausgewählt werden, sofern Sie diese in Ihrer WordPress-Seite angelegt und der Person ein Profilbild gegeben haben.

Falls Sie (zu Recht) das Profilbild lokal halten und nicht mit Gravatar verwalten wollen: Der Blocktyp funktioniert auch mit Plug-ins wie *Simple Local Avatars*, die das Bild lokal speichern.

9.5.5 Beitragstitel/-auszug/-bild/-kategorien/-schlagwörter

Mit dieser Gruppe von Blockarten zeigen Sie die entsprechende Information des aktuellen Beitrags oder der aktuellen Seite an. Diese Blöcke ergeben eigentlich nur Sinn, wenn Sie vorhaben, Beiträge zu duplizieren und danach individuell anzupassen, oder mithilfe der Funktion *Zu wiederverwendbaren Blöcken hinzufügen* eine Art Vorlage basteln, die Sie dann zukünftig für neue Beiträge verwenden wollen, ohne diese Informationen immer von Hand anpassen zu müssen.

9.5.6 Nächster Beitrag/Vorheriger Beitrag

Meistens bieten Themes eine eigene Möglichkeit an, zwischen den Beiträgen zum chronologisch nächsten oder vorhergehenden Artikel zu wechseln. Möchten Sie diese Navigation explizit an einer bestimmten Stelle haben, so haben Sie dafür die beiden passenden Blöcke. Die Optionen beschränken sich darauf, ob der Link-Titel lediglich aus *Zurück*, *Weiter* oder dem Titel der entsprechenden Seite oder aus beidem bestehen soll.

Beispiel für die Navigation zum nächsten oder vorherigen Beitrag

9.5.7 An-/Abmelden

Falls Sie einen Blog mit einem beschränkten Zugriff haben, bei dem nur angemeldete Leute bestimmte Beiträge lesen können, dann können Sie einen Link zum Ein- oder Ausloggen einbauen.

An-/Abmelden-Block

Sie haben die Wahl, ob das Einloggen über die normale Einloggen-Seite oder direkt in der Seite passieren soll. Das eingebettete Formular kommt aber komplett unformatiert daher und müsste erst über Stylesheets angepasst werden.

9.5.8 Beitragsautor-Biografie

Dieses ist ein Blocktyp, den es erst seit WordPress 6 gibt. Damit können Sie die Biografie des Autors, sofern er unter den Benutzereinstellungen hinterlegt wurde, integrieren.

Beitragsautor-Biografie-Block

Leider wird die Biografie komplett unformatiert angezeigt und hat auch keinerlei Formatierungsoptionen. Somit eignet sich der Block nur für Biografien im Fließtext, tabellarische oder listenartige Biografien werden als fortlaufender Text angezeigt.

9.6 Blöcke für Einbettungen

Hier finden Sie Blöcke für die Einbettung aller möglichen fremden Inhalte. Viele davon haben Sie sicherlich noch nie gehört. Komischerweise fehlt ausgerechnet Facebook. Die Einbettung erfolgt überall gleich:

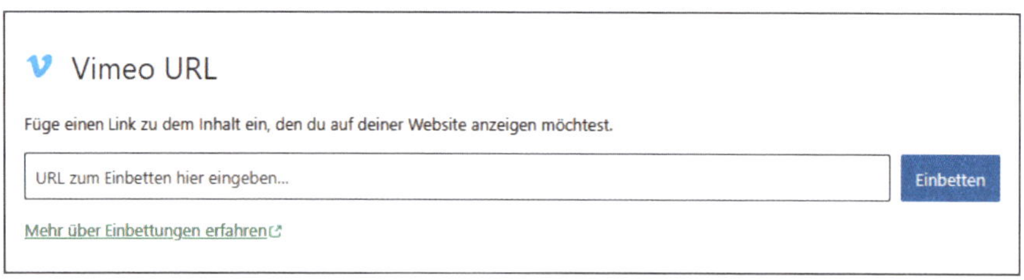

Einbettung eines Vimeo-Videos

Sie bekommen eine Eingabezeile, um den entsprechenden Link einzutragen. Weitere Einstellungsmöglichkeiten gibt es nicht.

Vorsicht: Wenn Sie externe Inhalte einbetten, zum Beispiel YouTube-Videos, erhält der Seitenbetreiber die IP-Adresse Ihrer Seitenbesucher und könnte so ein Benutzerprofil erstellen. Werfen Sie besser vorher einen Blick in das Kapitel 18 »Rechtliches«. Für die Einbettung fremder Inhalte sollte die Shariff-Methode verwendet werden (mehr dazu in Kapitel 18.5).

10. Plug-ins

Eines der großen Erfolgsgeheimnisse von WordPress ist die Möglichkeit, es durch Plug-ins beliebig zu erweitern und neue Funktionen nachzurüsten.

10.1 Was sind Plug-ins?

Plug-ins sind kleine Programm-Module, die über definierte Schnittstellen an das Basis-WordPress angedockt werden. Wie sehr diese Programme in das WordPress-System eingreifen, ist dem jeweiligen Entwickler überlassen.

Die Grundanforderungen an ein Plug-in sind extrem einfach. Genau genommen reicht es, ein Skript in dem entsprechenden Dateiverzeichnis zu erstellen und mit ein paar Kommentarzeilen, die die Metainformationen des Plug-ins – zum Beispiel Name, Beschreibung, Versionsnummer – enthalten, zu füllen. Das Plug-in hat zwar noch keine Funktionalität, wird aber von WordPress bereits erkannt und taucht in der Übersicht der Plug-ins auf.

Sie sehen, mit Plug-ins könnte ein Böswilliger allerhand anstellen, daher ist es anzuraten, Plug-ins nur aus offiziellen Quellen herunterzuladen.

Manche Plug-ins sind ziemlich einfach und rüsten nur eine Funktionalität nach, andere greifen wiederum tief in das System ein. Manche Plug-ins benötigen andere Plug-ins zum Funktionieren oder verändern andere Plug-ins bewusst.

Einige Plug-ins sind sogar so trivial, dass man sie fast als Placebo bezeichnen könnte, da man das gewünschte Feature auch mit Bordmitteln oder über die Betriebssystemkonsole selbst ausführen könnte.

Noch etwas Grundsätzliches zu der Plug-in-Nutzung in WordPress: WordPress unterscheidet bei Plug-ins zwischen installiert und aktiviert. Ein Plug-in kann installiert sein, aber solange es nicht aktiviert ist, hält es seine Füße still und macht nichts, außer in der Plug-in-Übersicht aufzutauchen. Erst wenn Sie ein installiertes Plug-in aktivieren, können Sie es auch tatsächlich benutzen. Auf der anderen Seite können Sie auch keine Plug-ins löschen, die Sie noch aktiviert haben, sondern müssen das Plug-in zuerst deaktivieren.

Beim Deaktivieren von Plug-ins gehen deren Einstellungen und Daten nicht verloren, beim Löschen in der Regel schon. Somit ist es einfach möglich, Plug-ins temporär zu deaktivieren, um Problemen auf die Spur zu kommen.

Dadurch haben Sie ein Sicherheitsnetz: Bevor Sie ein Plug-in komplett deinstallieren, bietet es sich an, es erst mal zu deaktivieren und zu prüfen, ob noch alles wie gewünscht läuft. Gerade bei vielen Plug-ins weiß man nämlich schnell nicht mehr, wofür man dieses oder jenes Plug-in eigentlich mal installiert hatte.

10.2 Preismodelle von Plug-ins

Die Entwickler von Plug-ins haben ganz unterschiedliche Motivationen, ein Plug-in zu schreiben. Manche programmieren sich einfach selbst eine Funktion, die sie gerade brauchen, und stellen diese dann auch der Allgemeinheit zur Verfügung, andere betreiben die Plug-in-Entwicklung kommerziell. Entsprechend unterschiedlich ist auch die Motivation, mit einem Plug-in etwas verdienen zu wollen oder auch nicht.

Das Gute gleich mal vorweg: Alle Plug-ins, die Sie direkt über WordPress finden, können Sie erst mal kostenlos installieren. WordPress ist kein Shop-Betreiber wie manche Tech-Giganten. Ob und inwieweit die Nutzung des Plug-ins dann auch kostenlos ist, steht auf einem anderen Blatt. Aber Bezahlungen für Plug-ins müssen die Entwickler und Firmen jeweils selbst organisieren.

Jetzt die schlechte Nachricht: Es gibt leider keine strukturierte Information darüber, ob und wann ein Plug-in etwas kostet. Auch hier ist es den Plug-in-Entwicklern selbst überlassen, wie transparent sie das in der Beschreibung oder auf ihrer Webseite darstellen. Ärgerlich ist es zum Beispiel, wenn man ein komfortables Backup-Plug-in nutzt und erst im Ernstfall, wenn das Backup wieder zurückgeschrieben werden soll, merkt, dass dies nur in der kostenpflichtigen Premium-Version möglich ist.

Machen wir uns nichts vor: Auch Softwareentwickler wollen leben und machen das nicht alles nur zum Spaß, und viele Plug-ins sind ihr Geld durchaus wert. Zum Glück ist bei den meisten Plug-ins recht offensichtlich, welche Funktionen zahlenden Kunden vorbehalten sind. Aber auch hier wieder: Solange Sie nicht auf die Shop- oder Bezahlseite eines Anbieters weitergeleitet werden, ist alles gut.

Man kann verschiedene Preismodelle unterscheiden:

- **Freeware:** Plug-ins, die tatsächlich komplett kostenlos sind. Dies sind meist, aber nicht immer, eher kleinere nützliche Tools. Updates und Support sind hier naturgemäß oft nicht ganz so gut. Es gibt aber auch hier professionelle Plug-ins, die trotzdem kostenlos sind.
- **Auf Spendenbasis:** Viele Entwickler stellen ihre Plug-ins zwar unentgeltlich zur Verfügung, erwarten aber eine Spende als Anerkennung. Wenn Sie so ein Plug-in nutzen und es Ihnen die Arbeit erleichtert, sollten Sie dieser Bitte auch nachkommen. Es fördert die Weiterentwicklung der Plug-ins.

- **Freemium:** Dies ist bei den professionellen Plug-ins der überwiegende Teil. Ein Teil der Funktionen ist kostenlos zum Anfüttern, und wenn man weitergehende Funktionen benötigt, muss man die Premium-Version kaufen. Ich habe bisher tatsächlich nur sehr wenige Plug-ins erlebt, die in der Free-Version nutzlos waren. Fast alle hatten auch schon in der kostenlosen Version einen deutlichen Nutzen. Das Angebot an Plug-ins ist so vielfältig, dass es sich keiner der allgemeinen Anbieter erlauben kann, sein Plug-in als Crippleware anzubieten. (Crippleware ist die Bezeichnung für Software, die in der Basisversion so »verkrüppelt« ist, dass sie faktisch nicht nutzbar ist.)
- **Komplett kostenpflichtig:** Damit werden Sie höchstwahrscheinlich gar nicht in Berührung kommen. Hierbei handelt es sich um hochspezialisierte Nischenprodukte für einen sehr kleinen Kundenkreis. Zum Beispiel einen komplexen Produktkonfigurator.

Bei der Art der Bezahlung kann man noch mal zwischen verschiedenen Arten unterscheiden:

- **Key oder API-Key:** Die häufigste und für alle Seiten komfortabelste Art der Bezahlung. Sie müssen auf der Shop-Seite des Plug-in-Entwicklers einen Account anlegen und bekommen nach der erfolgreichen Bezahlung einen Key oder API-Key zugeschickt. Diesen Key geben Sie nun in Ihrem bereits installierten Plug-in ein, meistens unter *Einstellungen*. Das Plug-in kontaktiert den Hersteller und prüft die Gültigkeit des Schlüssels. Danach werden die kostenpflichtigen Funktionen freigeschaltet. Manchmal muss das Plug-in dafür weitere Module herunterladen. Bei vielen Anbietern kann der Key von der Webseite wieder gelöst werden, falls Sie das Plug-in zu einer anderen Webseite umziehen möchten. Dies funktioniert dann entweder im Plug-in selbst oder über die Webseite des Herstellers.
- **Eigenständige Version:** Manchmal bekommen Sie von der Shop-Seite des Anbieters keinen Key, sondern müssen eine komplett neue Version des Plug-ins herunterladen und manuell installieren. Wie das geht, ist weiter unten beschrieben.
- **Einmalzahlung:** Dabei zahlen Sie einmal und können das Plug-in dann auf einer Webseite beliebig lange nutzen. Den Fall gibt es immer weniger, da Plug-ins auch laufend weiterentwickelt werden (müssen).
- **Abomodell:** Das häufigste Modell: Sie zahlen einen bestimmten Monats- oder Jahresbetrag. Häufig ist es Ihnen überlassen, ob Sie monatliche oder jährliche Zahlung wünschen, wobei die jährliche günstiger ist. Daneben gibt es oft noch verschiedene Tarife nach der Anzahl der Webseiten, auf denen Sie das Plug-in einsetzen wollen, oder ob die Seite kommerziell oder privat ist. Wie sich das Plug-in verhält, sobald Sie das Abo kündigen, ist unterschiedlich. Manche schalten dann die Premium-Funktionen ab, andere erlauben es, alle Funktionen der letzten Version weiterhin zu nutzen, aber Sie bekommen keine Aktualisierungen mehr.

- **Mischmodelle:** Aus den Preismodellen sind beliebige Mischformen hervorgegangen. Es ist auch nicht unüblich, den Benutzer entscheiden zu lassen, ob er lieber einen kleinen Monatsbetrag oder eine teure Lifetime-Lizenz kauft.

10.3 Übersicht der installierten Plug-ins

Über den Punkt *Plugins* im linken WordPress-Menü kommen Sie zur Liste der installierten Plug-ins.

Übersicht der installierten Plug-ins

Auch wenn Sie WordPress komplett neu aufgesetzt haben, werden Sie hier bereits einige Plug-ins vorfinden. Haben Sie WordPress über einen Hoster wie STRATO oder IONOS installiert, werden einige nützliche Plug-ins direkt mit vorinstalliert.

Selbst wenn Sie ein »sauberes« WordPress von der offiziellen Quelle herunterladen und installieren finden Sie die beiden Plug-ins wie oben in der Abbildung bereits vor. Da diese beiden in der offiziellen Version vorhanden sind, jeweils ein kurzer Satz dazu:

Akismet Anti-Spam ist ein Tool, das helfen soll, Spam-Kommentare aus Ihrer Seite herauszufiltern. Dazu ist aber eine separate Anmeldung bei Akismet notwendig. Bei nicht kommerziellen Seiten können Sie selbst entscheiden, was Sie zahlen möchten (angefangen bei 0 Euro), bei kommerziellen Seiten brauchen Sie ein entsprechendes kostenpflichtiges Abo. Für den Anfang wird *Akismet Anti-Spam* eher nicht benötigt, das können Sie später immer noch nachholen, falls Sie überhaupt die Kommentarfunktion nutzen.

Hello Dolly ist eher eine nerdige Spielerei. Wenn Sie das Plug-in aktivieren, bekommen Sie in Ihrem Admin-Bereich zufällige Zeilen aus einem Lied von Louis Armstrong.

In der obersten Zeile haben Sie wieder Ihre üblichen Filter- und Suchfunktionen.

Filter- und Suchfunktionen in der Plug-in-Liste

Hier können Sie nach dem Aktivierungszustand des Plug-ins filtern. Zudem können Sie sich auch nur die Plug-ins anzeigen lassen, bei denen Sie keine automatische Aktualisierung eingestellt haben.

In der Liste der Plug-ins stehen Ihnen in der ersten Spalte unter dem Namen des Plug-ins einige grundlegende Aktionen zur Verfügung.

Mögliche Aktionen von Plug-ins

Vorgegeben ist dabei nur *Deaktivieren*, falls das Plug-in aktiv ist, oder *Aktivieren* und *Löschen*, falls das Plug-in inaktiv ist. Andere Aktionen werden je nach Plug-in bereitgestellt. Sehr häufig finden Sie noch den Punkt *Einstellungen*, aber das ist nicht verpflichtend. Andere Plug-ins haben ihre Einstellungen auch direkt in das WordPress-Menü gepackt. Sehr häufige Aktionen sind noch Support-Informationen und (natürlich) Hinweise auf die kostenpflichtige Pro-Version, falls vorhanden.

In der zweiten Spalte finden Sie die mehr oder weniger nützliche Beschreibung, die installierte Versionsnummer sowie Links zum Autor und zu weiterführenden Informationen über das Plug-in.

Ganz zum Schluss können Sie die automatischen Aktualisierungen je Plug-in ein- oder ausschalten. Haben Sie *Automatische Plugins aktivieren* eingeschaltet, aktualisiert sich das Plug-in selbstständig, sobald eine neue Version vorliegt. Die Meinungen darüber sind geteilt. Auf der einen Seite hat man sofort die neue Version zur Verfügung, wenn ein Update zu einem Sicherheitsloch veröffentlicht wird.

Auf der anderen Seite besteht auch immer die Gefahr, dass Ihre Webseite durch ein fehlerhaftes Update zerschossen wird, ohne dass Sie es bemerken oder online sind, um zeitnah Reparaturmaßnahmen zu ergreifen. Gerade bei tiefgreifenden Plug-ins ist es vor einem Update meist eine gute Idee, eine Datensicherung vorzunehmen, um notfalls zurückrollen zu können. Ich persönliche ziehe auf meinen Webseiten die manuelle Aktualisierung vor. Weitere Informationen dazu finden Sie in Kapitel 14 zum Thema »Wartung«.

10.4 Plug-in installieren

Das Installieren eines neuen Plug-ins ist sehr einfach. Sowohl im Plug-in-Menü als auch in der Plug-in-Übersicht finden Sie den Punkt *Installieren*. Es gibt Plug-ins, die man direkt in der WordPress-Seite aus der offiziellen WordPress-Quelle installieren kann, und andere, die man händisch hochladen muss. Bevor Sie aber anfangen, Plug-ins zu installieren, sollten Sie erst mal überlegen, welche Plug-ins Sie brauchen oder glauben zu brauchen.

10.4.1 Wahl des richtigen Plug-ins

Wer nach einem Plug-in für einen bestimmten Zweck sucht, wird erst einmal von der schieren Masse an Plug-ins überwältigt. Hier ein paar Tipps, wie Sie das passende Plug-in finden bzw. was Sie bei der Wahl beachten sollten.

Zunächst einmal: nicht immer gleich jedes Plug-in installieren, das einem nützlich erscheint. Überlegen Sie sich erst einmal, ob Sie vielleicht schon ein Plug-in haben, dass etwas Ähnliches leistet. Vielleicht hat es bereits die von Ihnen benötigte Funktion, aber Sie haben sie bislang übersehen.

Gerade bei kleinen Hilfsprogrammen rund um WordPress sollte man sich auch die Frage stellen, ob man dazu überhaupt ein Plug-in braucht. Manches kann man auch direkt über Konfigurationen lösen.

Nutzen Sie dann die Suche bei den Plug-ins Ihrer WordPress-Seite. Hier werden meist schon ganz brauchbare Ergebnisse geliefert.

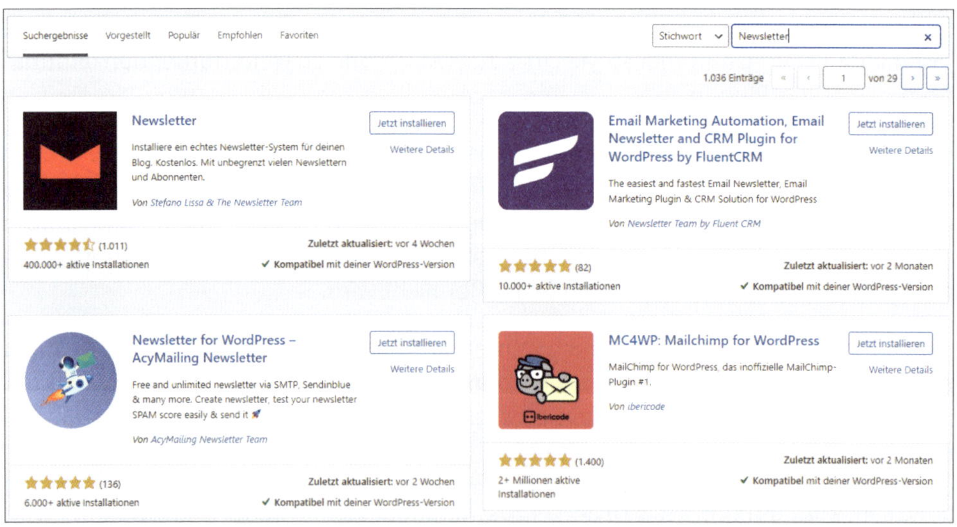

Suche nach Plug-ins

Wie die Ergebnisse sortiert werden, ist nicht ganz transparent, aber es ist anzunehmen, dass dabei die Anzahl der Installationen und die Bewertungen eine Rolle spielen. Zu jedem Plug-in im Suchergebnis erhalten Sie bereits ein paar nützliche Infos:

Plug-in-Informationen

Wobei ich jetzt noch keines der Kriterien als K.-o.-Kriterium sehen würde. Ein Plug-in muss nicht zwingend schlecht sein, weil es noch nicht viele Installationen vorweisen kann. Vielleicht ist es einfach noch relativ neu. Eine unterdurchschnittliche Gesamtbewertung kann auch auf ein paar wenige Leute mit falschen Erwartungen zurückzuführen sein. Wenn die letzte Aktualisierung bereits mehrere Monate her ist, kann es sein, dass das Plug-in nicht groß weiterentwickelt wird oder dass es in letzter Zeit einfach nichts zu korrigieren bzw. zu verbessern gab.

Es wird zwar durch einen grünen Haken angezeigt, ob ein Plug-in mit Ihrer WordPress-Installation kompatibel ist, aber das bezieht sich nur auf die WordPress-Version. Ob das Plug-in dann aber auch tatsächlich mit allen anderen von Ihnen genutzten Plug-ins kompatibel ist, ist deswegen noch nicht gesagt. Umgekehrt sagt eine fehlende Kompatibilitätsbescheinigung noch nicht aus, dass es nicht funktioniert. Es wurde bloß noch nicht getestet.

Um eine bessere Entscheidung treffen zu können, sehen Sie sich am besten die Details des Plug-ins an. Hier finden Sie weitere Informationen.

Nur ein kurzes Wort zur Mindestversion von WordPress: Haben Sie eine zu alte WordPress-Version für das Plug-in, dann sollten Sie lieber Ihr WordPress aktualisieren als nach einem anderen Plug-in zu suchen.

In den Details finden Sie Links zur Homepage des Entwicklers. Werfen Sie ruhig einmal einen Blick auf die Seite. Oft finden Sie hier Informationen, ob und welche Teile des Plug-ins kostenpflichtig sind.

Detaildaten eines Plug-ins

Schauen Sie sich dann die Bewertungen genauer an, besonders die letzten Bewertungen. Werden die Bewertungen plötzlich schlagartig schlecht, ist es ein Hinweis darauf, dass das Programm mit neuen Versionen doch nicht mehr so ganz kompatibel ist oder die Entwickler im letzten Update einige Bugs verbrochen haben.

Lassen Sie sich von einzelnen Bewertungen wie diese nicht sofort abschrecken. Sie kommen bei fast jedem Plug-in vor.

Schlechte Bewertung

Kommt dies allerdings gehäuft vor, sollte man vielleicht doch besser die Finger vom Plug-in lassen oder vor der Installation mal prüfen, wie alt das letzte Backup ist.

Schauen Sie sich dann auch mal gezielt ein paar schlechte Bewertungen an, ob es sich dabei wirklich um Funktionsmängel handelt oder ob sich bloß jemand beschwert, dass Programmierer auch Geld verdienen wollen.

Ziehen Sie auch eine zweite Quelle zurate. Die globale Suche im Internet nach einem Plug-in für eine spezielle Aufgabe fördert häufig Seiten zu Tage, die ähnliche Plug-ins verglichen haben.

Und wenn Sie sich gar nicht zwischen zwei oder mehreren Plug-ins entscheiden können, spricht auch nichts dagegen, einfach beide zu installieren und auszuprobieren. Allerdings sollten Sie dann darauf achten, dass Sie die zu testenden Plug-ins nicht gleichzeitig aktivieren, um Wechselwirkungen zu vermeiden.

10.4.2 Plug-in über WordPress installieren

Um ein Plug-in aus dem WordPress-Repository zu installieren, klicken Sie entweder auf den entsprechenden Button in der Plug-in-Übersicht oder im Admin-Menü.

Sie kommen zu einer Seite, auf der Ihnen verschiedene Plug-ins vorgestellt und empfohlen werden, und Sie können natürlich nach passenden Plug-ins suchen. Haben Sie sich für das entsprechende Plug-in entschieden, klicken Sie auf den Button *Jetzt installieren*.

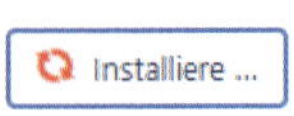

Der Button verändert sich und zeigt die Aktivität an.

Sobald er sich zu einem blauen Button *Aktivieren* ändert, ist das Plug-in installiert.

Diesen brauchen Sie jetzt nur noch anzuklicken, und schon ist das Plug-in bereit zur Nutzung. Wie es jetzt weitergeht, hängt ganz vom Plug-in ab. Manche starten ein kurzes Tutorial oder leiten Sie direkt zur Konfiguration, andere schicken Sie einfach zurück zur Plug-in-Übersicht.

10.4.3 Plug-in aus externer Quelle installieren

Manche Plug-ins finden sich nicht im Repositorium von WordPress. Das kann mehrere Gründe haben. Meist handelt es sich dabei um eine kostenpflichtige Version, die separat gekauft werden muss, oder um hochspezialisierte Zusatzprogramme.

Auch diese lassen sich einfach installieren. Sie haben dazu von dem Plug-in-Verkäufer eine gepackte Datei mit allen notwendigen Skripten bekommen.

Ganz oben auf der Seite zum Installieren eines Plug-ins gibt es einen Button *Plugin hochladen*. Damit öffnet sich ein Dialog zum Hochladen der gepackten Datei.

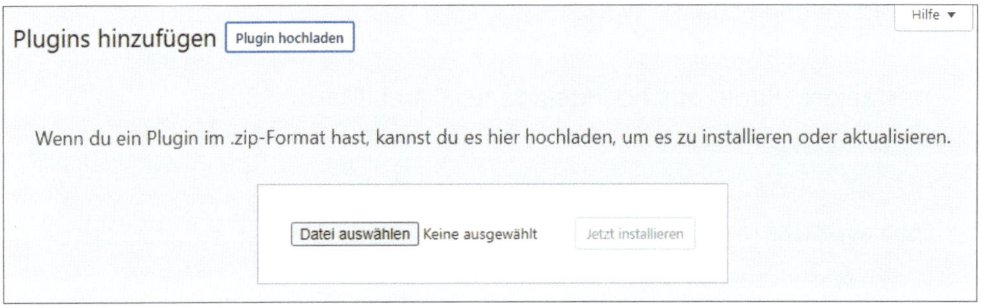

Plug-in hochladen

Wählen Sie nun einfach die ZIP-Datei aus, die Sie erhalten haben, und laden Sie diese hoch. Sie erhalten einige Fortschrittsmeldungen und hoffentlich schließlich die Meldung über die erfolgreiche Installation. Danach können Sie das Plug-in wie gewohnt aktivieren und nutzen.

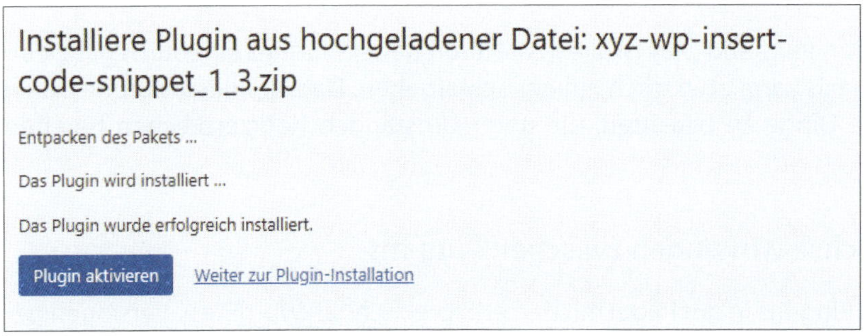

Erfolgreiches Hochladen eines Plug-ins

Gehen das Hochladen oder die Installation schief, so bekommen Sie eine entsprechende Fehlermeldung. Die häufigsten Ursachen sind Upload-Begrenzungen oder ein unbrauchbares Archiv.

- **Upload-Begrenzungen:** In seltenen Fällen kann es vorkommen, dass die hochzuladende Datei größer ist, als der Webserver es erlaubt. Dazu müsste aber die Datei schon sehr groß sein, was bei reinem Quellcode selten ist, oder die Upload-Größe auf Ihrem Server ist stark eingeschränkt. Dann können Sie versuchen, die Größenbeschränkungen auf dem Server zu erhöhen oder durch den Hoster erhöhen zu lassen. Eine andere Möglichkeit wäre es, das Archiv auf Ihrem lokalen Rechner zu entpacken und per FTP-Programm auf Ihren WordPress-Server in das Verzeichnis *wp-content/plugins* zu laden. Etwas anderes macht WordPress auch nicht. Anschließend können Sie das Plug-in über das Plug-in-Menü ganz regulär aktivieren.
- **Unbrauchbares Archiv:** Hier hilft es wohl nur, sich das Archiv mal genauer anzuschauen und gegebenenfalls auch mal lokal zu entpacken. Ist es überhaupt die richtige Datei? Ist sie möglicherweise beim Herunterladen beschädigt worden? Und: Ist sie überhaupt für WordPress?

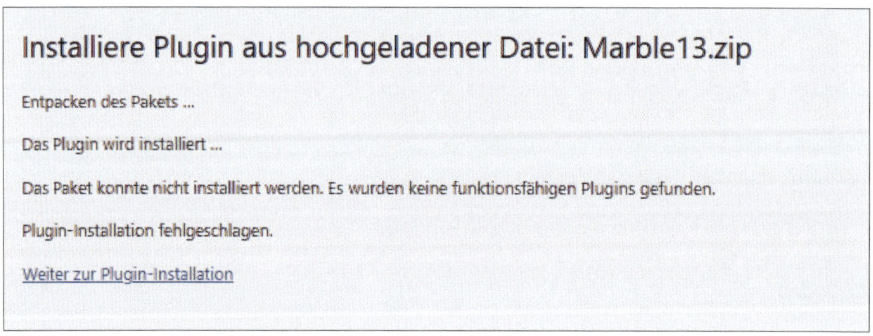

Fehlerhaftes Hochladen eines Plug-ins

10.5 Probleme mit Plug-ins

Genau wie beim Plug-and-play ist die Installation neuer Plug-ins eigentlich ganz einfach, in der Praxis kann aber doch einiges schiefgehen. Darüber hinaus gibt es auch einige andere Dinge zu beachten, die unter Umständen Kopfzerbrechen bereiten können.

10.5.1 Wechselwirkungen zwischen Plug-ins

Zwar sind die Plug-ins in der Regel mit den entsprechenden WordPress-Versionen getestet worden, aber keine WordPress-Installation ist wie die andere.

Genauso wie bei Medikamenten kann es zu Wechselwirkungen zwischen den Plug-ins kommen. Dies tritt besonders dann häufiger auf, wenn verschiedene Plug-ins installiert wurden, die sehr ähnliche Funktionalitäten haben. Wenn es sich nur um Anzeigeerweiterungen handelt, mag es noch nicht so gravierend sein, aber wenn es systemnahe Plug-ins sind, kann es schon mal suboptimal laufen. Wenn Sie drei verschiedene Plug-ins für die Anzeige von Slidern auf Ihrer Webseite haben, wird es denen höchstwahrscheinlich egal sein. Aber ich habe es auch schon erlebt, dass ein Betreiber drei verschiedene Plug-ins zum Cachen der Seiten installiert hatte, die dann versucht haben, sich lustig gegenseitig zu optimieren.

Apropos Caching: Gerade bei Plug-ins, die durch Caching eine höhere Performance versprechen, sollten Sie Ihre Webseite gut durchtesten. Diese Plug-ins sind teilweise ziemlich aggressiv und optimieren die Webseite, indem sie statische Seiten vorgenerieren. Dabei kommen manchmal dynamische Inhalte wie etwa ein Kontaktformular unter die Räder.

10.5.2 Inkompatibilitäten

Ob ein Plug-in mit Ihrer WordPress-Version kompatibel ist, wird Ihnen ja recht zuverlässig angezeigt. Aber nun besteht eine WordPress-Installation nicht nur aus dem WordPress-Programmcode. Die Programmiersprache PHP, die Datenbank und den Webserver gibt es auch in unterschiedlichen Versionen. Datenbank und Webserver sind dabei selten ein Problem, diese Teile sind schon naturgemäß mit größtmöglicher Abwärtskompatibilität versehen.

Bei PHP schmeißt man dagegen schon mal alte Felle über Bord. Zwar findet sich in der Plug-in-Beschreibung immer ein Hinweis darauf, welche PHP-Version mindestens vorausgesetzt wird, aber keine Angabe dazu, welche es höchstens sein darf. Erscheint eine neue PHP-Version, sind die Plug-in-Entwickler immer bemüht, ihre Plug-ins wenn nötig nachzuziehen, aber manchmal dauert es auch etwas länger.

Probleme können auch durch unsaubere WordPress-Installationen entstehen. Beispielsweise weil eine Datei schreibgeschützt ist, die es nicht sein sollte.

10.5.3 Zusätzliche Sicherheitslücken

Jede Software kann Lücken und Fehler enthalten. Das liegt einfach daran, dass der ganze Softwarebereich inzwischen so komplex geworden ist, dass es gar nicht mehr möglich ist, vollständige Fehlerfreiheit zu gewährleisten, ohne die Softwarekosten komplett aus den Augen zu verlieren.

Manchmal gibt es Fehler in verwendeten Bibliotheken, deren Quellcode niemand mehr richtig kennt, oder es ist einfach pure Schlamperei. Gerade mit PHP kann man auch als Einsteiger schnelle Ergebnisse erzielen, die jeden Profi die Hände über dem Kopf zusammenschlagen lassen.

Bedenken Sie also, dass Sie sich mit jedem Plug-in auch ein weiteres potenzielles Sicherheitsrisiko in Ihr System holen.

10.5.4 Datenschutz

Ähnliches wie für Sicherheitslücken gilt auch für den Datenschutz, gerade bei Plug-ins, die außerhalb der EU entwickelt wurden.

Manche Plug-ins schicken Daten »nach Hause«, zum Beispiel Tools zur Spambekämpfung. Andere laden externe Daten aus anderen Quellen nach. Das können JavaScripts, Bilder oder häufig auch Schriftarten sein. Da hierbei die externe Quelle die IP-Adresse des Seitenbesuchers erfährt oder erfahren könnte und die IP-Adresse in Europa unter die personenbezogenen Daten fällt, ist das rechtlich bedenklich und müsste genau genommen mithilfe entsprechender Verträge geregelt werden (siehe Kapitel 18 »Rechtliches«).

Und zu guter Letzt: die leidigen Cookies. Viele Plug-ins setzen ihre eigenen Cookies und das meist auch aus gutem Grund. Dies muss alles in der Cookie-Policy dokumentiert werden. Entsprechende Plug-ins können Ihnen wiederum dabei helfen, alle Cookies zu erkennen, die von den verschiedenen Anwendungen gesetzt werden.

10.5.5 Änderung der Plug-ins

Zuletzt kann es auch sein, dass ein Plug-in plötzlich nicht mehr wie gewohnt funktioniert, auch wenn das selten vorkommt. Meistens ist dem eine Aktualisierung eines der Systeme vorausgegangen. Vielleicht haben Sie WordPress aktualisiert und stellen plötzlich fest, dass das Plug-in nicht mehr kompatibel ist oder vielleicht sogar gar nicht weiterentwickelt wird.

Oder Sie haben das betroffene Plug-in aktualisiert und stellen fest, dass das Update fehlerhaft war oder der Entwickler die Funktionen grundlegend verändert hat. Es kam auch schon vor, dass ausgerechnet das meistgenutzte kostenlose Feature des Plug-ins plötzlich kostenpflichtig wurde und der Webmaster damit unter Druck gesetzt wurde, zu einem Abo zu wechseln oder sich kurzfristig nach einer Alternative umsehen zu müssen.

Kleiner Trost: Hat ein Plug-in beim Update nicht an der Datenbank rumgeschraubt, so kann man es mit ein paar Tricks wieder durch die alte Version aus dem Backup ersetzen, vorausgesetzt man hat eines.

10.6 Plug-in-Datei-Editor

Der Vollständigkeit halber will ich noch kurz auf den Punkt *Plugin-Datei-Editor* eingehen. Da jedes Plug-in in PHP geschrieben ist, ist der Programmcode, sofern er auf Ihrem Server liegt, völlig frei über die Betriebssystemkonsole einsehbar und veränderbar. Der Plug-in-Datei-Editor macht insofern nichts, was nicht sowieso möglich wäre, er kürzt nur den Weg ab.

Im Datei-Editor können Sie direkt in dem Programmcode der verschiedenen Plug-ins herumprobieren und natürlich dabei auch jede Menge Schaden anrichten. Nicht ohne Grund bekommen Sie beim Anwählen des Menüpunktes erst einmal eine fette Warnung auf dem Bildschirm zu sehen.

Warnung vor dem Ändern von Plug-ins

Zunächst müssen Sie das gewünschte Plug-in auswählen. Alle installierten Plug-ins werden Ihnen angezeigt, egal ob aktiv oder nicht.

Haben Sie die Auswahl mit dem Button *Auswählen* bestätigt, bekommen Sie in der rechten Spalte alle Dateien angezeigt, die dieses Plug-in hat. Das sind auf jeden Fall die Programmdateien (Dateiendung *.php*), aber häufig auch JavaScripts (Dateiendung *.js*) oder Stylesheets (Dateiendung *.css*) oder andere.

Dateien eines Plug-ins

Die Datei, die den Einstieg in das Plug-in darstellt, trägt immer den Namen des Plug-ins. Wenn Sie sie mal spaßeshalber öffnen, sehen Sie als Erstes eine ganze Reihe mit Kommentarzeilen, deren Inhalt Ihnen möglicherweise bekannt vorkommt. Dabei handelt es sich um dieselbe Information, die Ihnen auch in der Plug-in-Übersicht angezeigt wird.

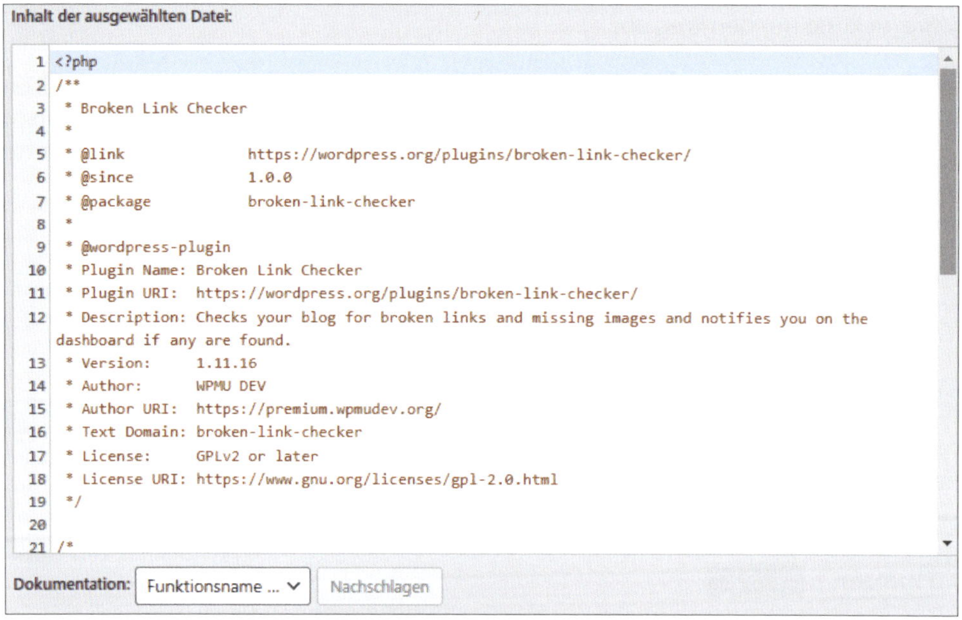


```
<?php
/**
 * Broken Link Checker
 *
 * @link              https://wordpress.org/plugins/broken-link-checker/
 * @since             1.0.0
 * @package           broken-link-checker
 *
 * @wordpress-plugin
 * Plugin Name: Broken Link Checker
 * Plugin URI:  https://wordpress.org/plugins/broken-link-checker/
 * Description: Checks your blog for broken links and missing images and notifies you on the dashboard if any are found.
 * Version:     1.11.16
 * Author:      WPMU DEV
 * Author URI:  https://premium.wpmudev.org/
 * Text Domain: broken-link-checker
 * License:     GPLv2 or later
 * License URI: https://www.gnu.org/licenses/gpl-2.0.html
 */

/*
```

Quelltext eines Plug-ins

Als nützliches Gimmick stellt Ihnen WordPress 6 unter dem Editorfenster noch eine Nachschlagemöglichkeit zu allen in dieser Datei genutzten PHP-Funktionen zur Verfügung.

Eigentlich ist mit der Warnung eingangs schon alles gesagt: An bestehenden Plug-ins herumdoktern ist zum einen gefährlich, zum anderen werden diese Änderungen beim nächsten Update (sofern es dann noch möglich ist) wieder überschrieben. Diese Funktion ist vor allem dann interessant, wenn Sie selbst ein Plug-in entwickeln wollen.

11. Nützliche und beliebte Plug-ins

In diesem Kapitel möchte ich Ihnen einige Plug-ins vorstellen, die ich selbst häufig einsetze oder die Ihnen das Leben als WordPress-Administrator erleichtern. Dies kann allerdings nur eine Momentaufnahme sein. Gelegentlich kam es schon vor, dass ein nützliches Plug-in plötzlich nicht mehr weiterentwickelt wurde oder dass es bei einem Update zu einer Verschlimmbesserung kam.

Einige besonders spezielle und umfangreiche Plug-ins werden noch in den speziellen Themenkapiteln, zum Beispiel in Kapitel 16 zu SEO, vorgestellt.

11.1 Plug-ins für Funktionalität

11.1.1 Fehlerhafte Links finden: Broken Link Checker

Link: https://de.wordpress.org/plugins/broken-link-checker/

Der *Broken Link Checker* ist gerade dann nützlich, wenn Sie häufig Änderungen an Ihrer Seitenstruktur vornehmen oder viele externe Links eingebunden haben. Einmal installiert, prüft der *Broken Link Checker* in festgelegten, regelmäßigen Intervallen alle Links, die auf Ihrer Webseite vorhanden sind, auf Gültigkeit bzw. einen 404-Fehler. Dabei werden nicht nur Links gescannt, die Sie innerhalb Ihrer eigenen Webpräsenz haben, sondern auch Links, die auf externe Seiten weiterleiten. Dies ist gerade bei der Datenschutzerklärung nützlich, wenn Sie externe Tools im Einsatz haben und auf die jeweiligen Erklärungen der Partner verlinken.

In den Einstellungen können Sie angeben, in welchen Zeitabständen gesucht werden soll und ob und wer per E-Mail informiert werden soll. Gerade wenn Sie auf Ihrer Webseite noch andere Leute als Beitragsautoren haben, sollte nicht nur dem Administrator, sondern auch dem Beitragsautor eine Mail geschickt werden, um ihn auf möglicherweise mangelnde Sorgfalt hinzuweisen.

Unter der Registerkarte *Suche nach Links in* kann genau festgelegt werden, in welchen Teilen der Webseite die Links überprüft werden sollen. Es bietet sich an, mindestens Beiträge, Seiten und Kommentare anzuklicken. Weiter kann angegeben werden, in welchem Veröffentlichungszustand Beiträge zu prüfen sind: Sollen auch nicht veröffentlichte Beiträge oder geplante Beiträge geprüft werden oder nur bereits veröffentlichte Artikel?

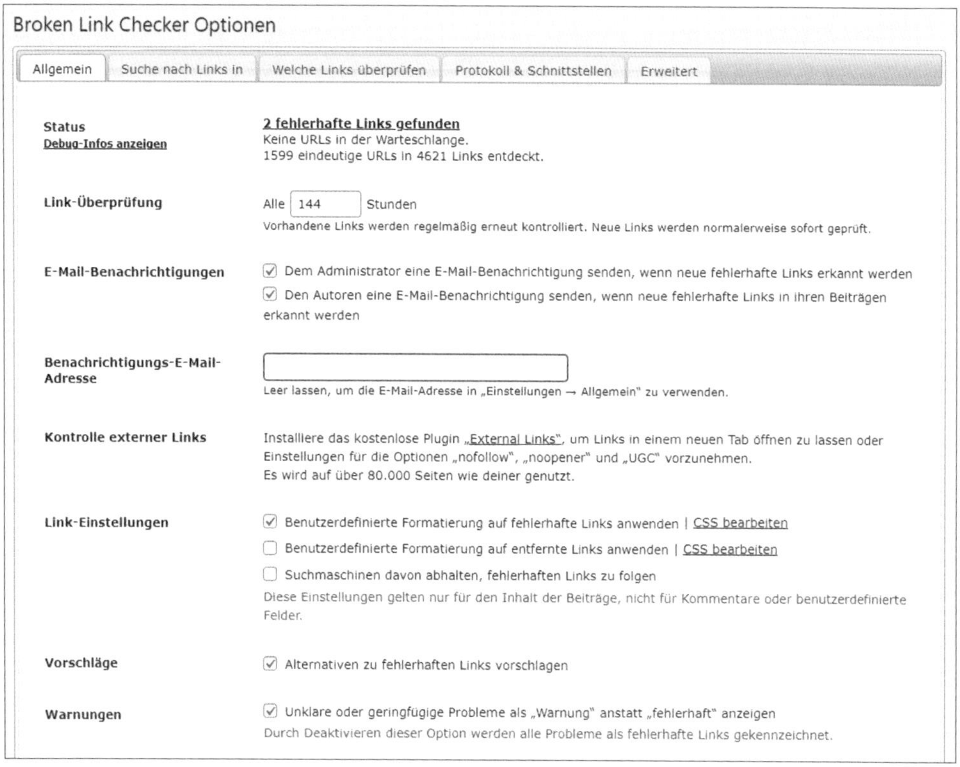

Einstellungen des Broken Link Checker

Welche Beiträge sollen geprüft werden?

Es bietet sich nicht an, blind alle Haken zu setzen, da es umso länger dauert und mehr Last erzeugt, je mehr Links geprüft werden müssen. Zusätzlich kann angegeben werden, welche Arten von Links gecheckt werden sollen. Es sollten wenigstens die HTML-Links sowie die HTML-Bilder geprüft werden. Gerade was Bilder anbelangt, verliert man doch gelegentlich den Überblick und löscht auch mal vermeintlich verwaiste Bilder. Da ist es dann praktisch, wenn ein automatisiertes Tool noch mal sicherstellt, dass das Bild tatsächlich nirgendwo eingebunden war. Ob Sie auch Video-Links prüfen wollen, hängt davon ab, ob Sie YouTube-Videos oder andere auf Ihrer Webseite überhaupt nutzen.

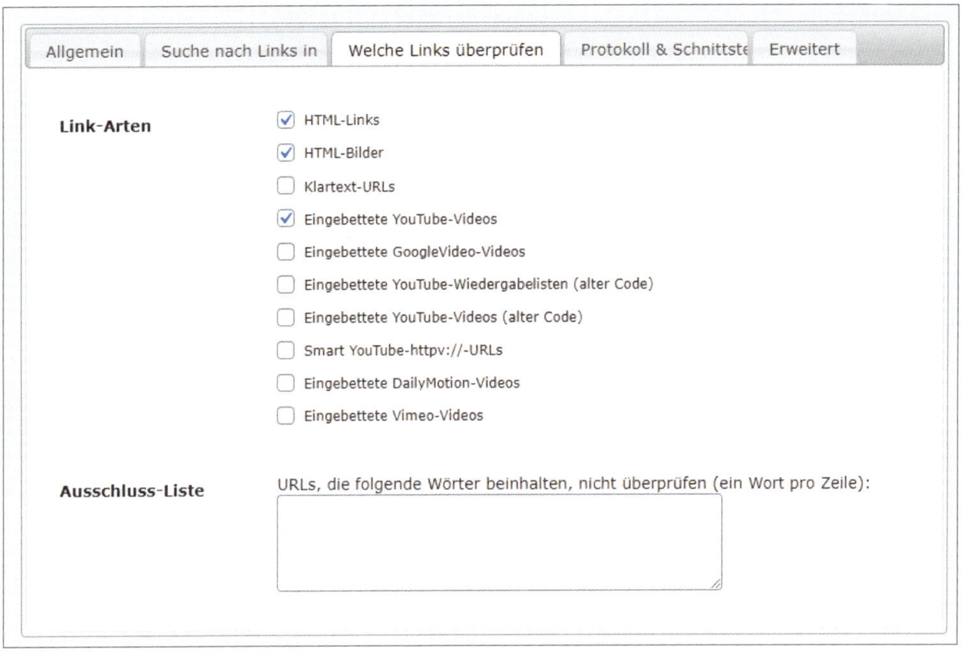

Die zu prüfenden Link-Arten

In den erweiterten Einstellungen sind in der Regel keine Änderungen nötig. Hier wird angegeben, wie der *Broken Link Checker* arbeiten soll und wie viele Server-Ressourcen er sich dafür nehmen darf. Zudem können die möglichen Optionen bei einem fehlerhaften Link eingeschränkt werden.

Jedes Mal, wenn der *Broken Link Checker* bei seiner Arbeit mindestens einen ungültigen Link findet, bekommen Sie unter der Admin-E-Mail-Adresse oder der angegebenen Adresse eine E-Mail mit der Info, wie viele ungültige Links gefunden wurden. Dabei werden die ersten fünf direkt genannt. Eine Liste aller fehlerhaften Links finden Sie in Ihrem WordPress-Backend.

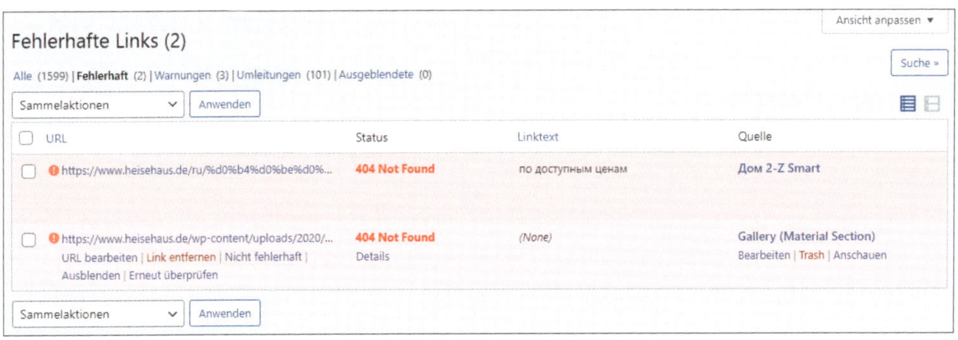

Liste der fehlerhaften Links

Bei jedem Fehler haben Sie mehrere verschiedene Optionen:

- **URL bearbeiten**
  Sie können direkt aus der Liste heraus eine andere URL angeben. Falls der *Broken Link Checker* irgendwelche Vorschläge hat, weil ein ähnliches Ziel existiert, wird dieses angezeigt.
- **Link entfernen**
  Der Link wird direkt aus der Seite entfernt. Der dazugehörige Text wird zwar weiterhin angezeigt, aber nicht mehr als Hyperlink.
- **Nicht fehlerhaft**
  Bietet sich an, wenn Sie sicher sind, dass kein Fehler vorliegt. Zum Beispiel kann es daran liegen, dass das Ziel nur mit einem bestimmten Log-in erreichbar ist, das der *Broken Link Checker* natürlich nicht kennt. Derart markierte Fehllinks werden nicht erneut überprüft.
- **Ausblenden**
  Der Fehler wird momentan aus der Liste ausgeblendet, er wird aber zu einem späteren Zeitpunkt erneut geprüft. Das bietet sich an, wenn das Ziel temporär nicht erreichbar ist oder noch nicht klar ist, ob es sich bloß um ein vorübergehendes Problem handelt.
- **Erneut überprüfen**
  Der Link wird sofort erneut geprüft – wenn Sie den Fehler nicht (mehr) reproduzieren können oder Ihren Reparaturversuch noch mal prüfen lassen möchten.

Eine andere Möglichkeit ist es, an der Quelle des fehlerhaften Links anzugreifen. Hier haben Sie die folgenden drei Möglichkeiten:

- **Bearbeiten**
  Führt Sie direkt zum Editor für die aufrufende Seite. Falls keine der linken Optionen infrage kommt.
- **Trash**
  Verschiebt die komplette aufrufende Seite in den Papierkorb. Bietet sich dann an, wenn der Link auf einer nicht mehr genutzten Seite auftaucht. Andernfalls provozieren Sie weitere Link-Fehlermeldungen.
- **Anschau/Vorschau**
  Lassen Sie sich die Seite oder eine Vorschau direkt anzeigen, um zu sehen, wo der Link eingebunden ist.

Im Tab mit den *Warnungen* sehen Sie alle Links, die nicht direkt falsch waren. Beispielsweise weil der angesprochene Server nicht reagiert hat oder es einen anderen Fehlercode gab, wie zum Beispiel *403 forbidden*.

Unter *Umleitungen* finden Sie schließlich alle Links, die zwar so nicht existieren, aber bei denen der Betreiber des Zielsystems eine Umleitung (Redirect) auf die richtige Seite gesetzt hat. Ursachen dafür gibt es viele. Entweder wurde die Seite verschoben, oder es wurde als Ziel eine einfach zu merkende URL gewählt, die dann auf die eigentliche aktuelle Seite verweist.

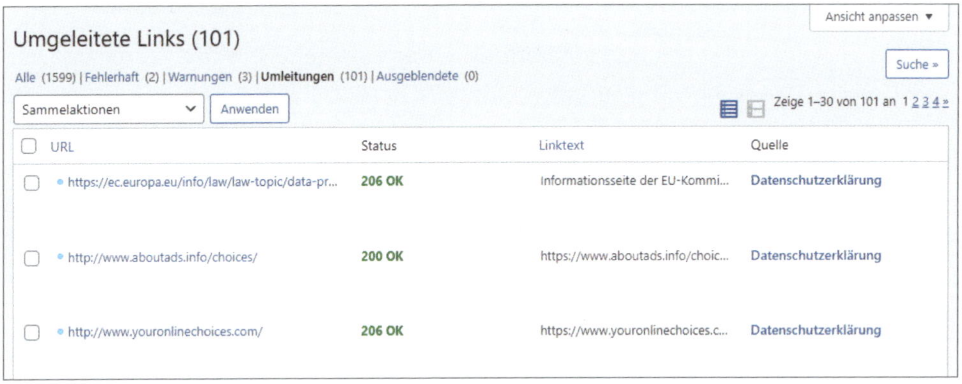

Liste der gefundenen Redirects

Alles in allem ein ausgesprochen nützliches Tool, insbesondere wenn mehrere Leute an einer WordPress-Seite arbeiten, die sich auch gelegentlich in die Quere kommen.

11.1.2 Kontaktformulare: Contact Form 7

Link: https://de.wordpress.org/plugins/contact-form-7/

Die einzige Möglichkeit für den Besucher, in Kontakt mit dem Seitenbetreiber – also Ihnen – zu treten, ist per E-Mail oder über die Kommentarfunktion, sofern diese aktiviert ist.

Ein eleganteres Kontaktformular kann man über zahlreiche Plug-ins nachrüsten. *Contact Form 7* ist eines davon, das besonders puristisch daherkommt und dadurch schnell eingerichtet werden kann.

Sobald Sie dieses Plug-in installiert und aktiviert haben, sehen Sie unter dem Menüpunkt *Kontaktformulare* ein erstes, bereits benutzbares Formular.

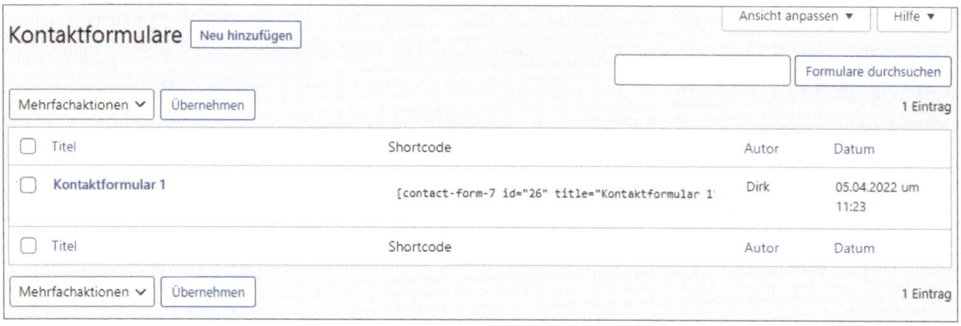

Die erstellten Formulare

Den Text, den Sie unter *Shortcode* sehen, in diesem Fall *[contact-form-7 id="26" title="Kontaktformular 1"]*, können Sie an fast jeder beliebigen Stelle in WordPress schreiben. Bei der Anzeige für den Benutzer wird dieser Shortcode dann durch das gewünschte Formular ersetzt.

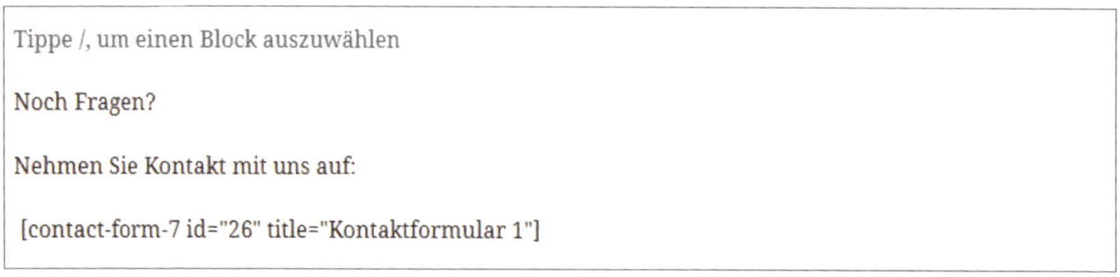

Die Einbindung ...

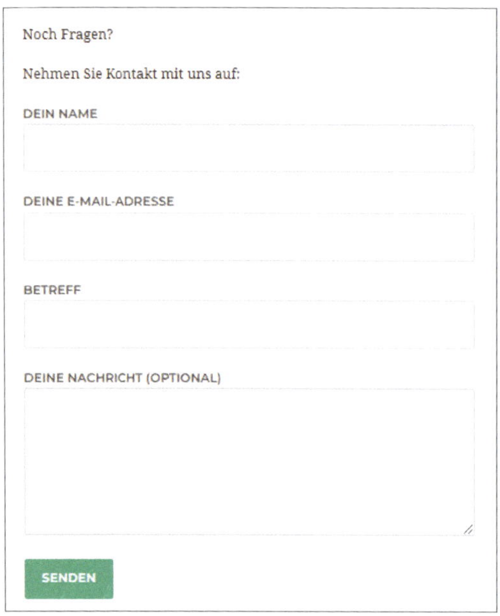

... und das Ergebnis

Das Demoformular können Sie direkt ausprobieren, und wenn der Mailserver auf Ihrer Webseite richtig eingerichtet ist, dann bekommen Sie auch das Ergebnis direkt als Mail zugeschickt.

Sie können beliebig viele unterschiedliche Formulare anlegen. Öffnen die das Beispielformular oder legen Sie ein neues an. Ihnen wird der folgende Dialog angezeigt:

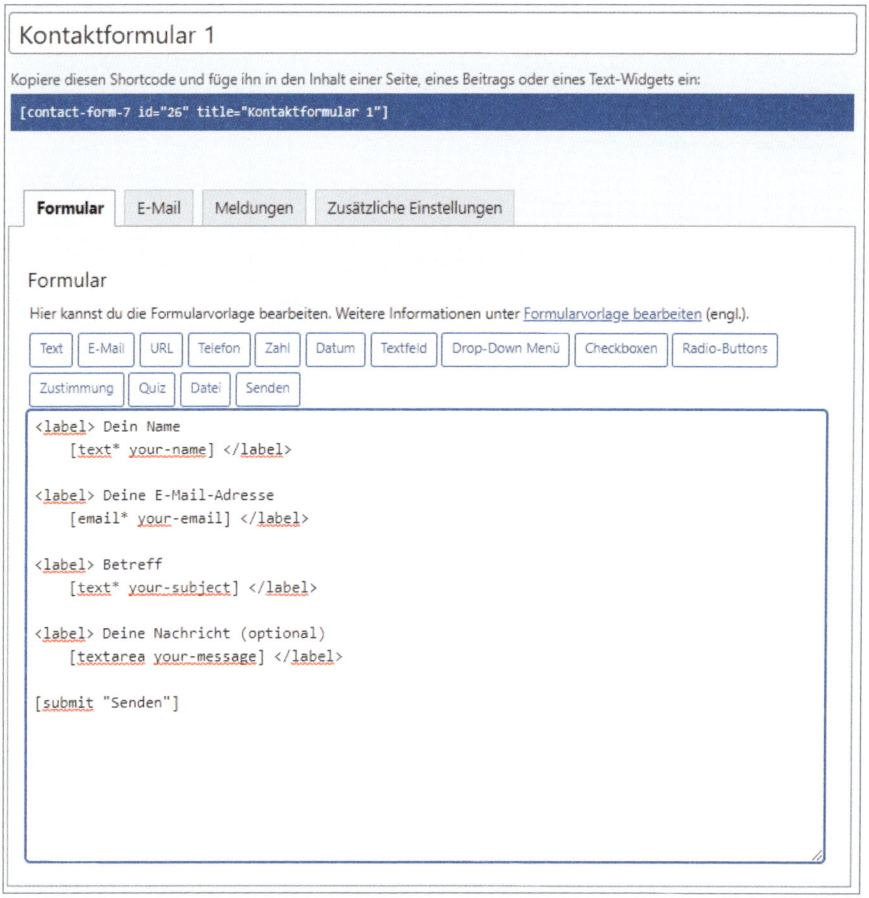

Ein Formular ändern

In die Textbox können Sie ganz normales HTML eintragen, das dann wiederum mit Shortcodes der einzelnen Formular-Elemente angereichert wird.

Wenn Sie beispielsweise ein Datumsfeld für den Geburtstag anlegen möchten, klicken Sie auf *Datum* und bekommen eine Dialogbox mit den Attributen des Formular-Elements. In diesem Fall wären das Minimum- und Maximum-Werte sowie ein möglicher *Standardwert*. Die Felder *ID-Attribut* und *Klassen-Attribut* sind nur interessant, wenn Sie das Formular mit eigenem Stylesheet designen wollen.

Ein Datumsfeld definieren

Sobald Sie die Schaltfläche *Tag einfügen* wählen, wird der Shortcode für einen Kalender *[date date-728]* an der entsprechenden Stelle in Ihrem Formular eingefügt. Natürlich können Sie den Shortcode noch innerhalb des Formulars verschieben, genauso wie Sie Text in einem Textdokument verschieben würden.

Im Reiter *E-Mail* haben Sie die Möglichkeit, die Mail, die durch dieses Formular ausgelöst wird, zu bearbeiten. Geben Sie an, an wen die E-Mail gehen soll, mit welchem Betreff und welchem Text. Um die Eingaben aus dem Formular mitzuschicken, schreiben Sie einfach den Namen des Elements in eckigen Klammern. Zum Beispiel: *[date-728]*

Im Feld *Zusätzliche Kopfzeilen* kann beispielsweise eine abweichende Antwortadresse hinzugefügt werden. Das geht mit *Reply-To: [your-email]*. Gern wird auch eine zusätzliche versteckte Kopie (Bcc) ergänzt: *Bcc: admin@vr-films.de*.

Ganz zum Schluss gibt es noch die Möglichkeit, eine zweite E-Mail mit anderem Inhalt zu versenden. So ist es allgemein üblich geworden, dem Absender der Nachricht eine kurze E-Mail mit dem Hinweis zu senden, dass man die Nachricht erhalten habe und sich schnellstmöglich darum kümmern werde.

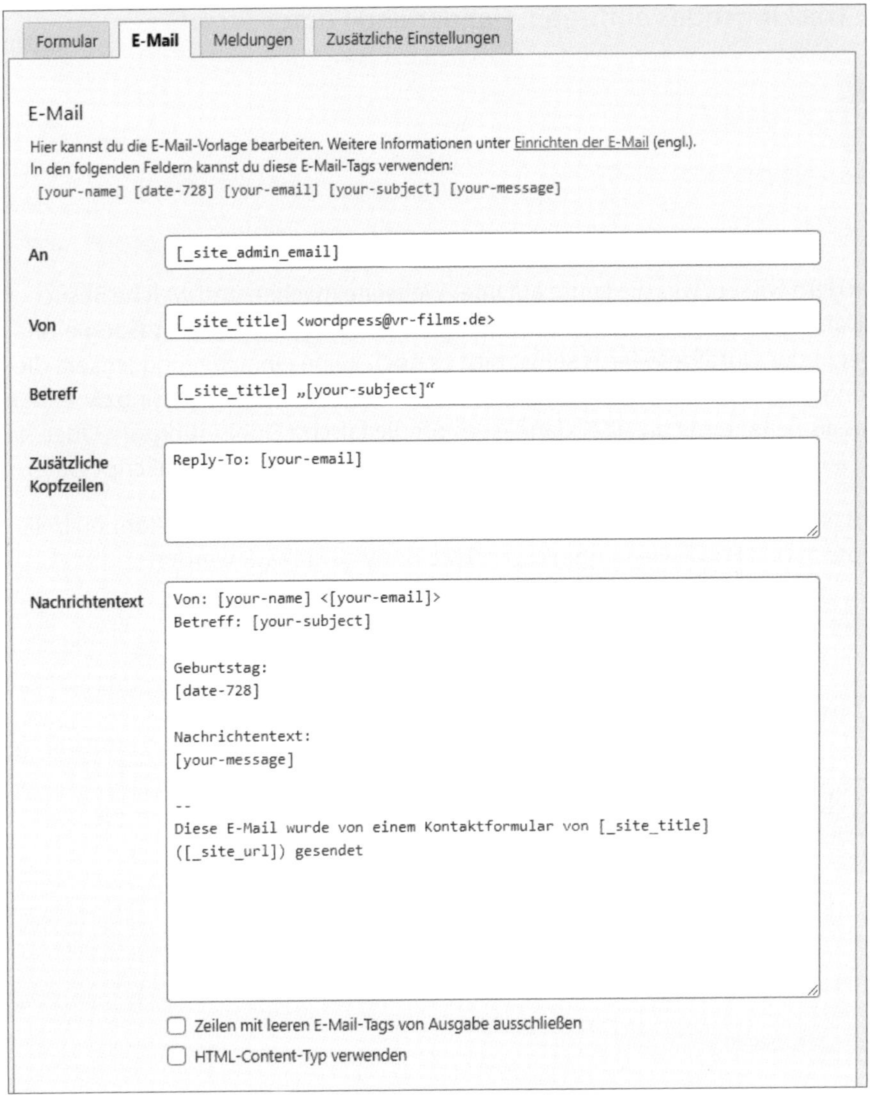

E-Mails definieren

Das Plug-in bietet weitere Integrationen und Erweiterungen an, um zum Beispiel die Adressen direkt in einem Kundenverwaltungssystem (CRM) zu verwalten oder die Felder von Bedingungen abhängig zu machen.

Sobald ein Formular auf einer Webseite eingebunden ist, wird es auch häufig von Bots für Werbung missbraucht. Um das zu unterbinden, gibt es die Integration von reCAPTCHA. Leider ist diese Funktion im reCAPTCHA-Plug-in seit Neuestem kostenpflichtig.

11.1.3 Trackingcodes einfügen: Header and Footer Scripts

Link: https://de.wordpress.org/plugins/header-and-footer-scripts/

Sie wollen gern wissen, was die Leute auf Ihrer Webseite machen und welche Besucher es sind? Dafür gibt es eine Reihe von Trackingtools, das bekannteste ist Google Analytics. Aber in der WordPress-Basis selbst gibt es noch keine einfache Möglichkeit, diesen Trackingcode einzubinden. Zwar gibt es eine Reihe von Plug-ins dafür bzw. einige bieten das als Beifang mit an, aber dann ist es oft die falsche Einbindungsart. Oder Sie brauchen aus irgendeinem Grund eine bestimmte Stylesheet- oder JavaScript-Datei.

Dann ist das Plug-in *Header and Footer Scripts* bestens geeignet. Damit können beliebige Skripte in den HTML-Head oder den HTML-Body eingebaut werden.

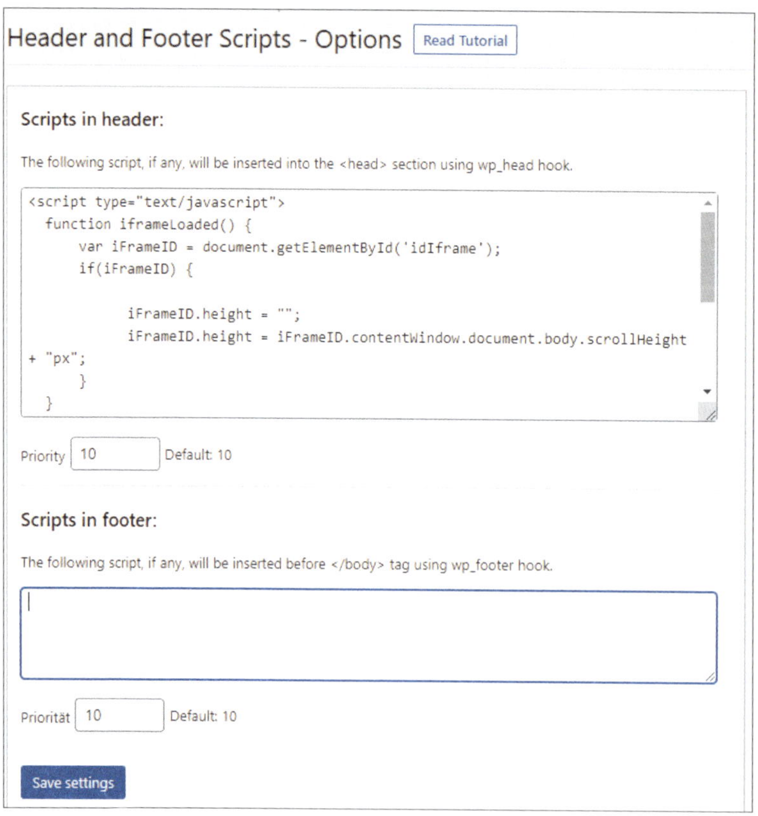

Zusätzliche Skripte eintragen

Nach der Installation des Plug-ins finden Sie in den Einstellungen zwei Textfelder, in denen Sie die gewünschten Skripte eintragen können.

Diese Skripte werden ab sofort auf allen Seiten mit eingebunden. Daneben bietet das Tool noch die Möglichkeit, nur in einzelnen Seiten oder Beiträgen ein Skript einzubinden. Dann aber nur im Header. Die Option dazu finden Sie direkt, wenn Sie einen neuen Beitrag oder eine neue Seite erstellen.

Das Plug-in ist grundsätzlich kostenlos, aber der Autor bittet um eine selbst gewählte Spende, um das Plug-in weiterzuentwickeln.

11.1.4 Mit Google verbinden: MonsterInsights

Link: https://de.wordpress.org/plugins/google-analytics-for-wordpress/

Eine andere, besonders komfortable Möglichkeit, den Analytics-Code von Google einzubinden, stellt das Plug-in *MonsterInsights* dar. Leider gibt es für *MonsterInsights* noch keine deutsche Übersetzung.

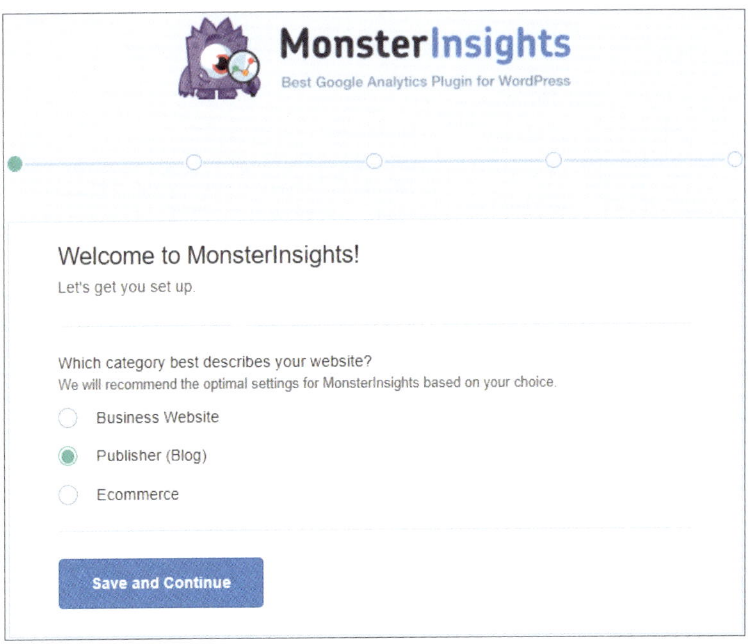

Der Einrichtungsassistent

Direkt nach der Installation können Sie sich ein kurzes Video-Tutorial ansehen oder direkt den Assistenten aufrufen, der Sie durch die Installation leitet. Die besten Einstellungen für den Assistenten werden je nach Verwendung der Webseite angepasst.

Als Nächstes will sich *MonsterInsights* mit Ihrem Google-Account verbinden. Das setzt natürlich voraus, dass Sie bereits einen haben. Falls dies nicht der Fall ist, können Sie sich über https://analytics.google.com/ einen anlegen.

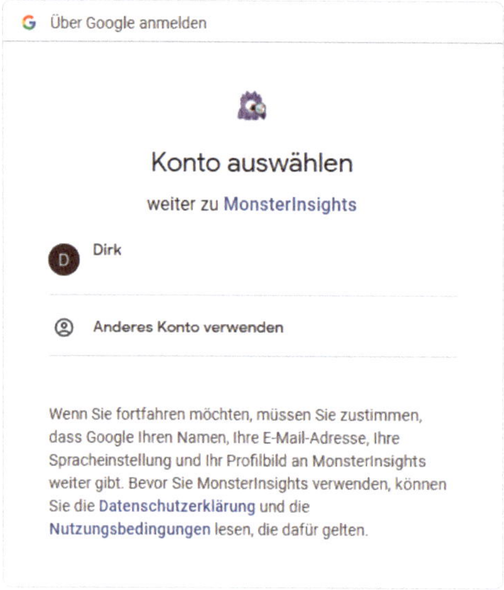

Mit einem Google-Konto verbinden

Sie werden zu Google weitergeleitet, wo Sie als Erstes gefragt werden, ob Sie *MonsterInsights* vertrauen, und Google Sie darüber informiert, welche Rechte von *MonsterInsights* angefordert werden. Wenn Sie sich nicht sicher sind, dann können Sie Google Analytics übrigens auch auf anderem Weg, zum Beispiel mit dem Plug-in *Header and Footer Scripts* nutzen.

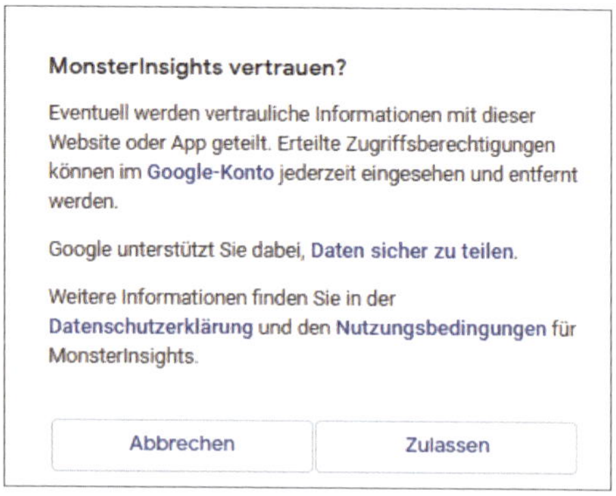

Vertrauen Sie MonsterInsights? Dann können Sie den Zugriff autorisieren

Anschließend wird Sie *MonsterInsights* nach der genauen Seite fragen, die Sie in Google Analytics angelegt haben.

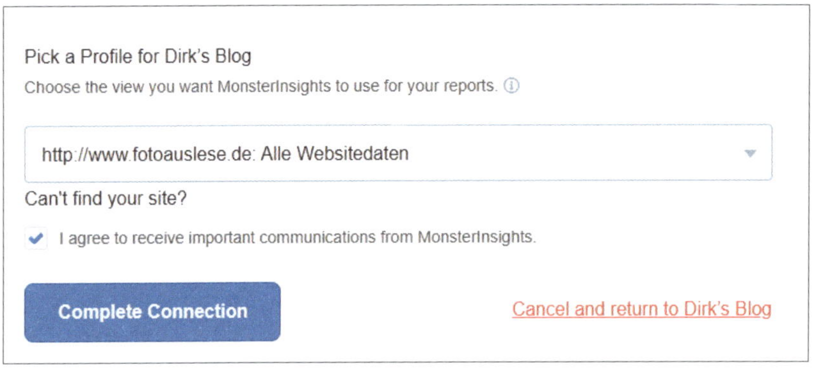

Welche Sicht soll genutzt werden?

Zum Schluss können Sie noch die Features anpassen. Viele Features sind der Pro-Version vorbehalten, leider auch die Datenschutzkonformität nach EU-Recht.

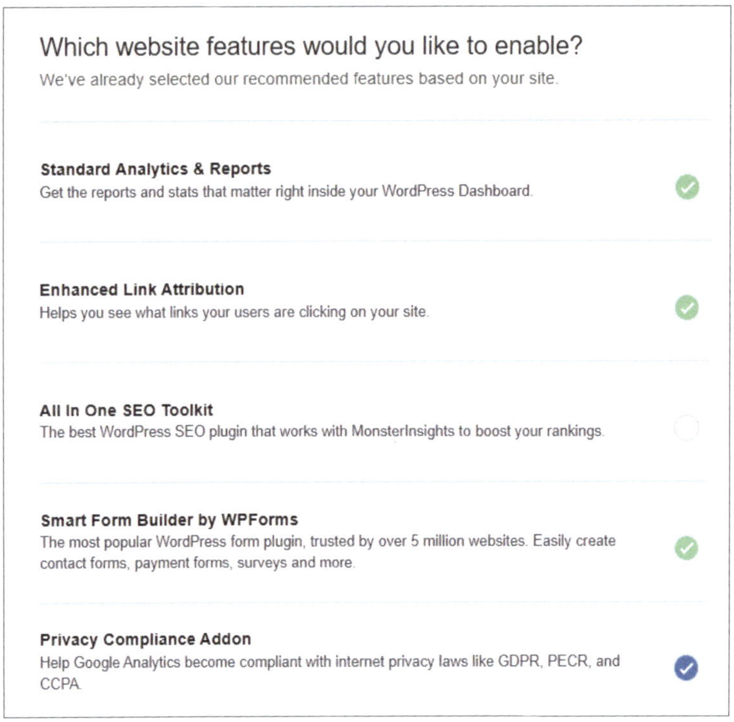

Features aktivieren

Haben Sie nun alles eingerichtet, können Sie sich die Reports Ihrer Webseite anzeigen lassen. Natürlich muss Google dazu erst einmal genügend Daten Ihrer Webseite sammeln, es kann also durchaus 24 Stunden dauern, bevor etwas angezeigt wird. Viele

Optionen des Reports lassen sich erst in der kostenpflichtigen Version nutzen, sofern Sie es direkt in Ihrem Backend sehen wollen. Sie können die Reports aber auch mit allen Optionen in Ihrem Google-Account ansehen (ohne extra Kosten).

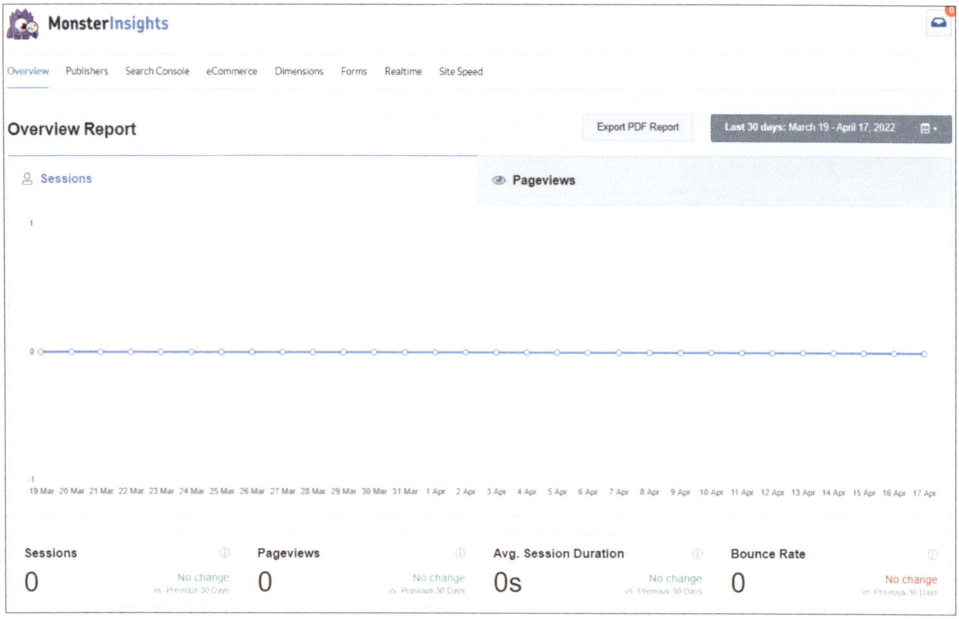

Der leere Report direkt nach der Einrichtung

11.1.5 Mehrsprachigkeit einbauen: Polylang

Link: https://de.wordpress.org/plugins/polylang/

Polylang macht Ihre Webseite mehrsprachig. Direkt nach der Installation und Aktivierung werden Sie zu einem Assistenten geleitet, der Ihnen bei der weiteren Einrichtung hilft.

Wählen Sie zunächst einmal die Standardsprache der Webseite (nicht die zusätzlichen Sprachen), also vermutlich *Deutsch*. Danach können Sie noch eine oder mehrere Alternativsprachen hinzufügen, zum Beispiel *English*. Sie werden unter Umständen sehen, dass viele Sprachen mehrfach auftauchen. So gibt es Deutsch auch als österreichische oder schweizerische Version. Zur besseren Unterscheidung wird auch der offizielle Lokalisierungscode angezeigt, bestehend aus *Sprache_Land*, zum Beispiel *de_DE* oder *de_AT*.

Polylang-Einrichtungsassistent

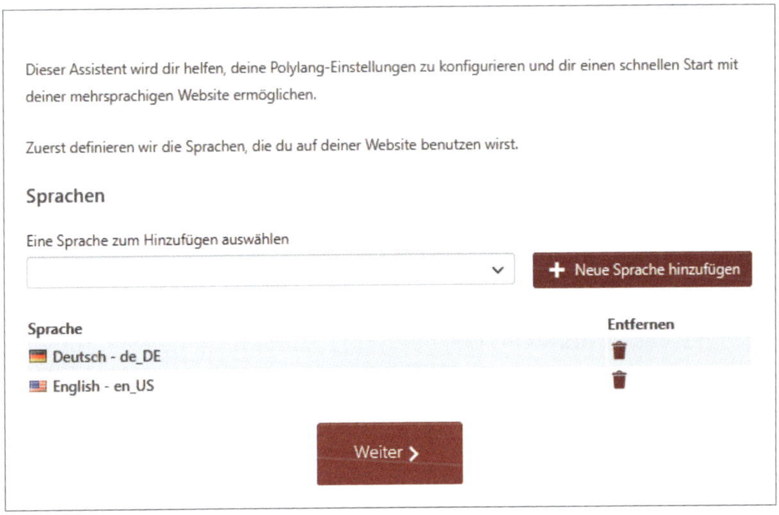

Assistent mit Deutsch sowie amerikanischem Englisch

Danach können Sie auswählen, ob Medientexte auch mehrsprachig sein sollen. Im Zweifelsfall: ja.

Zum Abschluss erklären Sie noch, welche Sprache alle bereits bestehenden Seiten haben sollen, also welches Ihre Standardsprache sein soll. Höchstwahrscheinlich wieder *Deutsch*.

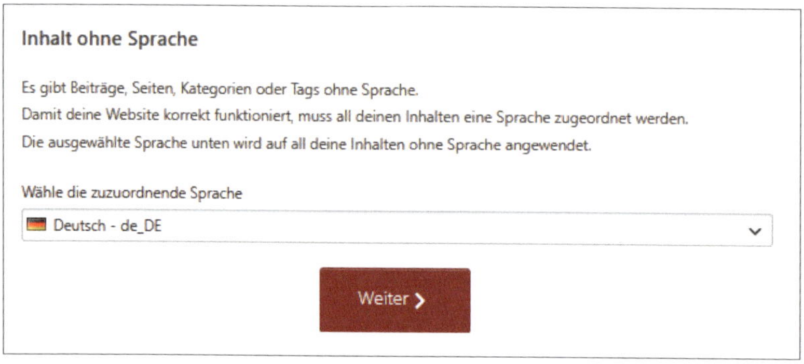

Welches soll die Standardsprache sein?

Das war's auch schon mit der Spracheinrichtung. Wenn Sie jetzt Ihre Übersichtsliste mit Seiten oder Beiträgen aufrufen, werden Sie direkt den Unterschied bemerken: Es gibt eine neue Spalte mit Flaggen.

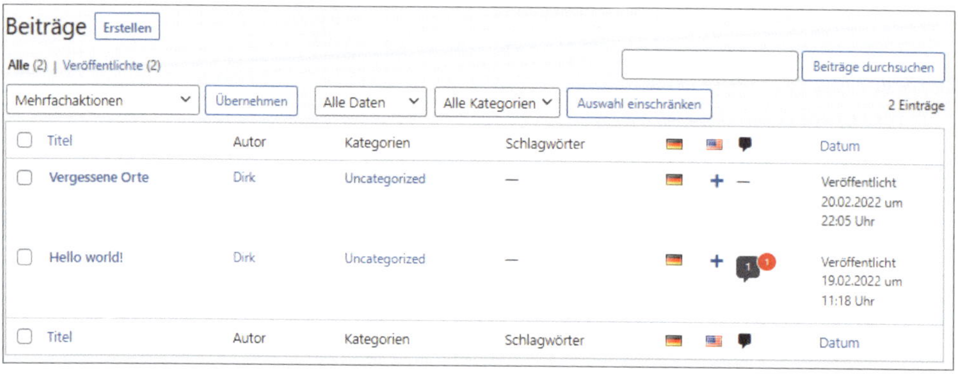

Geänderte Beitragsübersicht

Die Flaggen, die sich jeweils in der Zeile der Beiträge befinden, zeigen an, für welche Sprachen bereits eine Version dieser Seite existiert. Hier im Beispiel überall für *Deutsch*. Wenn Sie auf das Pluszeichen in einer Zeile klicken, dann können Sie die entsprechende fremdsprachige Version anlegen. *Polylang* nimmt Ihnen nicht die Übersetzung ab, aber erlaubt Ihnen, die gleiche Seite in mehreren Sprachen miteinander zu verknüpfen. Rufen Sie die Liste wieder auf, nachdem Sie eine neue Sprachversion der Seite hinzugefügt haben, so erscheint statt des Pluszeichens ein Stift, der auf die jeweils korrespondierende Seite verweist.

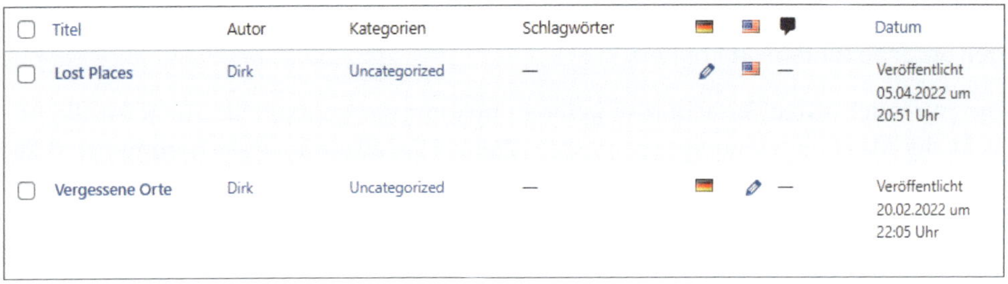

Weitere Sprachversionen einer Seite

Übrigens sehen Sie diese Info auch direkt in der Bearbeitungsansicht einer Seite in der rechten Menüspalte.

Existierende Sprachversionen

Lassen Sie sich diese Seiten jetzt im Browser anzeigen, werden Sie sehen, dass sich auch der Pfad entsprechend geändert hat. Während die deutsche Seite zum Beispiel unter *https://fotoauslese.de/vergessene-orte* erreichbar ist, hat die englische Seite eine Pfadangabe mit dem Sprachkürzel bekommen: *https://fotoauslese.de/en/lost-places.*

Aber wie kann der Betrachter nun die Sprachen umschalten? Dazu müssen Sie noch einen Sprachumschalter ins Menü aufnehmen. Gehen Sie unter *Design/Menüs* zu den Einstellungen des Menüs und Sie sehen gleich, dass sich die bisherigen Positionen verdoppelt haben. Für jede deutsche Menü-Position gibt es nun noch eine englische Entsprechung.

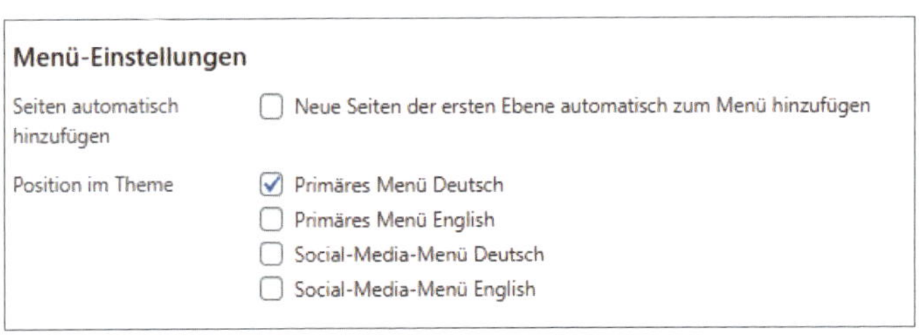

Änderungen bei den Menüs

Logisch, Sie müssen ja auch jedes Menü noch übersetzen. Durch diese Doppelung haben Sie die Möglichkeit, in jeder Sprache landesspezifische Menüs anzubieten. So müssen Sie auch nicht alle Seiten übersetzen, sondern nur die, die Sie in der jeweiligen Sprache für relevant halten.

Um nun auch einen Sprachumschalter zu bekommen, müssen Sie zunächst die Ansicht der Menü-Einstellungen anpassen. Ziehen Sie also die Leiste herunter und klicken Sie die Checkbox bei *Sprachumschalter* an.

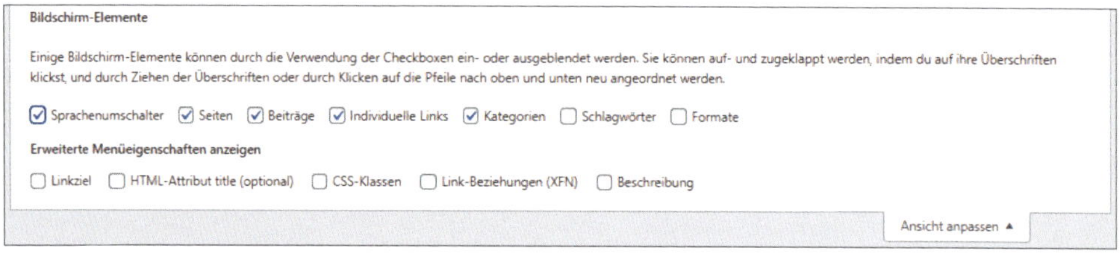

Sprachumschalter einblenden

Dadurch bekommen Sie bei den möglichen Menüeinträgen den Eintrag *Sprachumschalter*.

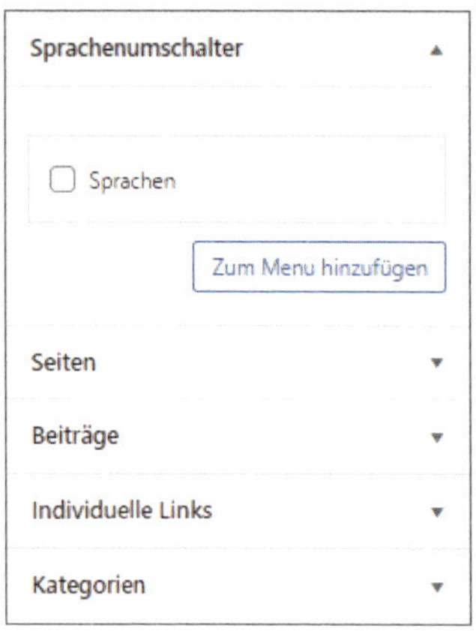

Sprachumschalter auswählen

Klicken Sie die *Sprachen*-Checkbox an und fügen Sie diese zum Menü hinzu. Sie taucht nun beim ausgewählten Menü auf. Sie können noch auswählen, wie die Sprachauswahl angezeigt werden soll. Die Darstellung mit Flaggen hat sich bewährt.

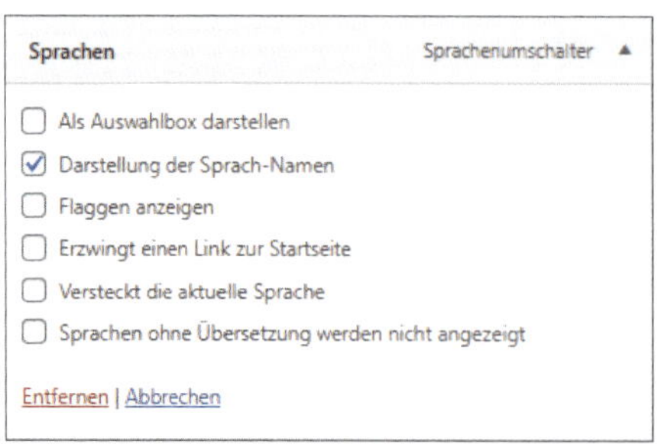

Wie sollen andere Sprachen dargestellt werden?

Sobald Sie das Menü speichern, sehen Sie auf Ihrer Seite im Menü eine entsprechende Auswahlmöglichkeit der Sprache. Vergessen Sie nicht, diesen Sprachumschalter auch in dem Menü der entsprechenden Sprache anzulegen, sonst kommt der Betrachter nie wieder zur Ursprungssprache zurück.

Sie werden sehen, dass auch die Systemtexte von WordPress entsprechend der Sprache angezeigt werden, zum Beispiel beim Kommentar-Formular.

Sollten Sie eine Sprache gewählt haben, für die noch nicht alle Systemtexte übersetzt wurden, gibt es als Ergänzung das Plug-in *Loco Translate*, das Ihnen hilft, fehlende Texte zu übersetzen.

11.1.6 Alte Links korrigieren: Redirection

Link: https://de.wordpress.org/plugins/redirection/

Mit *Redirection* können Sie alle möglichen Seiten Ihrer Internetpräsenz umleiten. Gründe für Umleitungen oder Weiterleitungen gibt es mehrere.

Die häufigsten dürften sein:

- **Tippfehler oder inkonsistente Seitenbezeichnung**
  Beim Beitragsnamen ist Ihnen ein Tippfehler unterlaufen, aber die falsche URL ist bereits veröffentlicht gewesen, sodass Suchmaschinen sie möglicherweise schon indexiert haben.
- **Restrukturierung**
  Häufig stellen Webmaster nach ein paar Jahren fest, dass die Seitenstruktur nicht mehr so optimal ist, wie sie mal gedacht war, und die Seiten werden umbenannt, aber User, die die alten URLs in den Bookmarks haben, sollen nicht ins Leere laufen.
- **Ein Artikel mit zeitlichem Bezug wird aktualisiert**
  Beispiel: Sie aktualisieren den Beitrag *.../Reiseziele_2021* und nennen ihn nun *.../Reiseziele_2022*.
- **Eingängige stabile Landingpages für wechselnde Inhalte**
  Beispiel: Sie haben eine URL *.../aktuelles_Wordpress*, die immer gleich bleibt, aber leiten dann entsprechend auf die aktuelle Version um: *.../wordpress_59*, *.../wordpress_60*.
- **Technische Gründe**
  Alle unverschlüsselten Links sollen auf ihre HTTPS-Entsprechung umgeleitet werden oder Ihre Seite soll nur mit/ohne *www* erreichbar sein.

Nachdem Sie *Redirection* installiert haben, sehen Sie unter dem Menüpunkt *Werkzeuge* den Punkt *Redirection*. Hier finden Sie alle Einstellungen sowie die Redirects, sofern vorhanden.

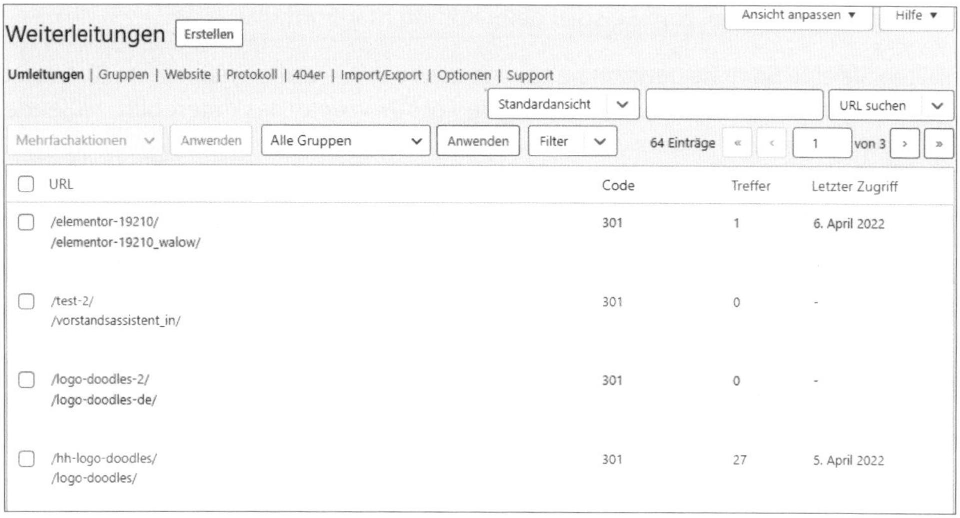

Eingetragene Weiterleitungen

Die gute Nachricht gleich vorweg: Sie brauchen nicht jedes Mal, wenn Sie eine Seite umbenennen, einen Eintrag hinzuzufügen. Dies geschieht in der Regel automatisch. Der Code sagt aus, welche Art der Umleitung das ist (siehe unten). Praktisch ist die Spalte *Letzter Zugriff*, damit sehen Sie, ob und wann das letzte Mal die alte URL aufgerufen wurde.

Wollen Sie nun manuell eine Weiterleitung erstellen, so haben Sie eine Reihe von Optionen.

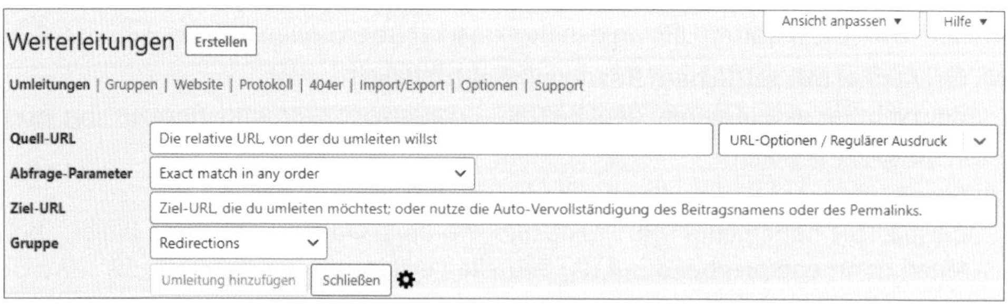

Eine Weiterleitung erstellen

Quell-URL und *Ziel-URL* sind relativ selbsterklärend. Mit *URL-Optionen / Regulärer Ausdruck* können Sie weitere Optionen festlegen, beispielsweise ob auch Groß- und

Kleinschreibung berücksichtigt werden soll. Mithilfe von *Regulärer Ausdruck* oder Regular Expression (RegEx) können ganze Gruppen von Seiten umgeleitet werden. RegEx haben eine so mächtige Syntax, dass eine komplette Erläuterung hier zu viel wäre.

Die Abfrage-Parameter lassen Sie im Zweifelsfall bei *Exact match in any order*. Damit werden etwaige URL-Parameter bei einer Umleitung berücksichtigt, unabhängig von deren Reihenfolge.

Mit der Option *Gruppe* haben Sie die Möglichkeit, Ihre Umleitungen zu gruppieren. Das ergibt vor allem dann Sinn, wenn Sie eine größere Anzahl von Umleitungen manuell, zum Beispiel aufgrund eines Relaunchs, haben. Die Zuordnung zu Gruppen ermöglicht es später, eine Operation wie Deaktivieren gleichzeitig für die ganze Gruppe auszuführen.

Mit diesen Einstellungsmöglichkeiten sind viele Einsatzzwecke abgedeckt. Die ganze Mächtigkeit offenbart das Plug-in aber erst, wenn Sie auf das Zahnrad neben dem *Schließen*-Button drücken. Dadurch erscheinen drei weitere Parameter.

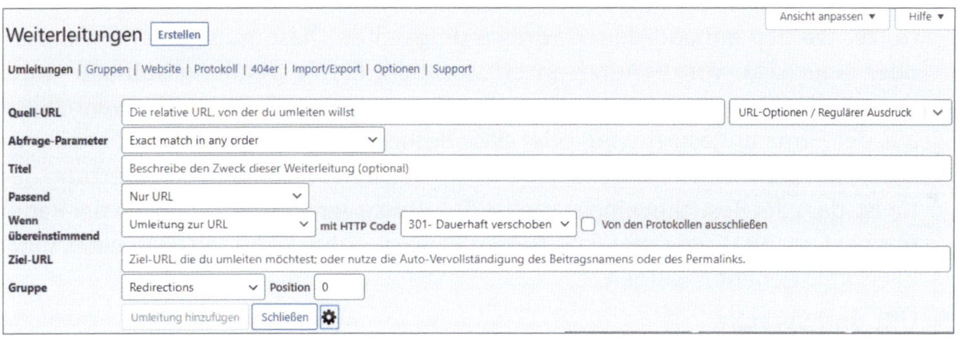

Erweiterte Einstellungen

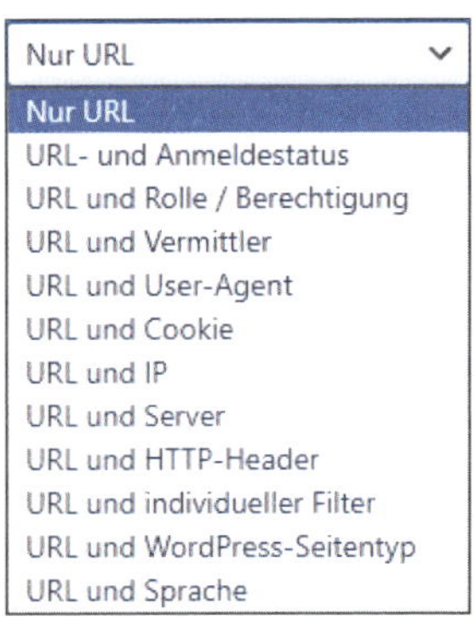

Ein Titel, wenn er angegeben wird, erscheint dann auch in Ihrer Umleitungsübersicht. Praktisch, wenn Sie nicht sicher sind, dass Sie später noch wissen, warum Sie diese Umleitung angelegt haben.

Die Einstellungen unter *Passend* haben es in sich:

Auslöser der Umleitung

Hier können Sie die Umleitung anhand zusätzlicher Parameter definieren.

Es würde zu lange dauern, alle durchzugehen, deswegen nur ein paar konkrete Anwendungsbeispiele:

- **URL und User-Agent**
  Im User-Agent stehen der verwendete Browser und das genutzte Betriebssystem des Seitenbesuchers. Denkbar wäre zum Beispiel, dass Nutzer, die mit einem Apple-Gerät surfen, eine andere Seite angezeigt bekommen als Nutzer, die mit Windows surfen. Oder, dass Nutzer von Mobilgeräten eine andere (für kleine Anzeigen optimierte) Seite angezeigt bekommen als die Nutzer eines Desktop-Computers. Auch Suchmaschinen geben sich manchmal(!) mithilfe eines eigenen User-Agent zu erkennen. Aber Achtung: Der User-Agent ist vom Nutzer mit geringem Aufwand zu manipulieren, Sie haben also keine absolute Sicherheit, dass kein Nutzer eine Seite zu sehen bekommt, die nicht für ihn gedacht war.
- **URL und Cookie**
  Anhand eines bestimmten Cookies wird die Umleitung aktiv. Denkbar wäre, dass wiederkehrende Besucher der Webseite eine andere Seite angezeigt bekommen als Erstbenutzer (sofern sie der Speicherung von Cookies zugestimmt haben).
- **URL und IP**
  Nutzer werden anhand der IP-Adresse umgeleitet. Diese muss einer IP-Adresse oder einer Liste von IP-Adressen entsprechen. Ein Anwendungsszenario wäre, dass die Weiterleitung zu einer speziellen Seite nur dann funktioniert, wenn diese aus der Firma angesurft wird, oder dass Besucher, die von der Konkurrenz kommen, eine andere Seite angezeigt bekommen als alle anderen. Voraussetzung dafür ist, dass der Besucher eine statische IP-Adresse verwendet. Dies ist in der Regel nur bei Organisationen der Fall. Zudem kann dies durch die Nutzung eines VPN-Clients ausgehebelt werden.
- **URL und Sprache**
  Je nach der übermittelten Lokalisierungseinstellung des Browsers wird der Surfer umgeleitet. So steht nicht nur die Sprache, sondern auch das Land in diesem Parameter drin. So könnte man Benutzern aus der deutschsprachigen Schweiz (Sprachcode: *de-CH*) eine andere Seite anzeigen als Benutzern aus Deutschland (Sprachcode: *de-DE*). Auch dieser Parameter ist nur bedingt zuverlässig, da er manipulierbar ist.

Zu guter Letzt können Sie unter *Wenn übereinstimmend* noch festlegen, was genau passieren soll, wenn die Umleitungsbedingungen ausgelöst werden.

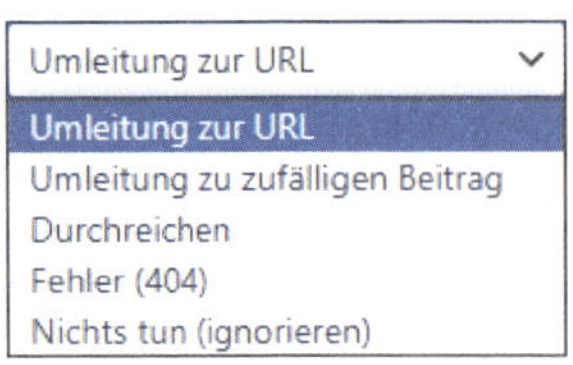

Was soll passieren?

Wie Sie sehen, ist es so auch möglich, eine nicht existierende Seite (Fehlercode 404) vorzugaukeln, wenn der Besucher die entsprechenden Kriterien erfüllt.

Schließlich kann noch ganz genau angegeben werden, welcher HTTP-Code dem Browser (oder der Suchmaschine) zurückgesendet werden soll.

HTTP-Codes

> **Fehlercodes**
> Der Code 418 *Ich bin eine Teekanne* stammt von einem Aprilscherz aus dem Jahre 1998. Zu weiteren Erklärung siehe https://developer.mozilla.org/de/docs/Web/HTTP/Status/418.

11.1.7 Avatare lokal speichern: Simple Local Avatars

Link: https://de.wordpress.org/plugins/simple-local-avatars/

Je nach Theme und Einstellungen werden in WordPress die Profilbilder der Beitragsautoren angezeigt. In WordPress werden diese Bilder Avatar genannt. Das Problem dabei: Das Profilbild liegt nicht lokal vor, sondern wird von Gravatar geladen. Was wie eine nette Idee klingt (der Benutzer hat überall das gleiche Profilbild und kann dies zentral verwalten), ist datenschutzrechtlich heikel.

Deshalb gibt es mit diesem Tool eine Möglichkeit, die Profilbilder nun doch lokal in der Mediathek zu speichern. Das Plug-in *Simple Local Avatars* hat keine eigenen Einstellungsoptionen, sondern ergänzt die Bearbeitungsseite für die Benutzer um einen neuen Abschnitt.

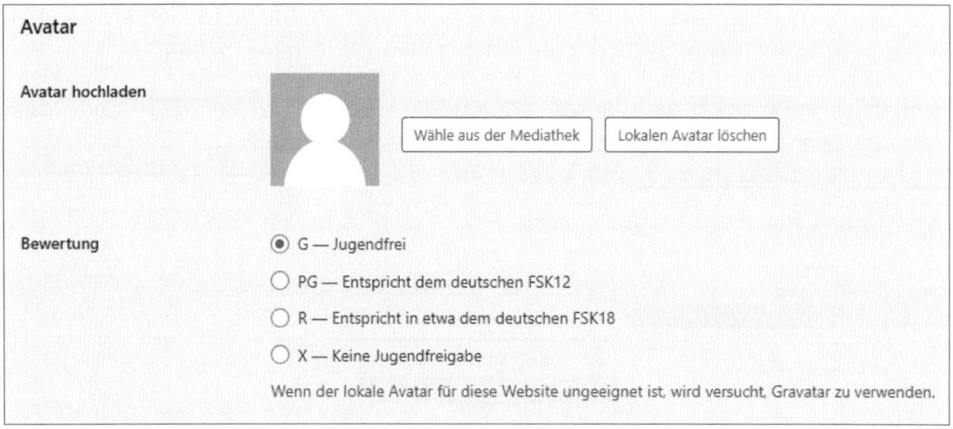

Avatar hochladen

Sie finden diesen ganz unten in Ihrer Benutzerverwaltung: Unter dem neuen Punkt *Avatar* können nun bestehende Bilder aus der Mediathek ausgewählt werden. Das Hochladen eines Profilbildes funktioniert ganz regulär über die Mediathek von WordPress.

11.1.8 Browserwarnungen beheben: SSL Insecure Content Fixer

Link: https://de.wordpress.org/plugins/ssl-insecure-content-fixer/

Ein Plug-in, das man hoffentlich bei einer sauber aufgesetzten WordPress-Seite nicht braucht, aber manchmal ist es leider nicht zu vermeiden. Mittlerweile ist es Usus, die Webseiten über verschlüsselte (HTTPS-)Verbindungen auszuliefern. Auch Suchmaschinen strafen unverschlüsselte Webseiten ab.

Das Problem: Häufig ist zwar die URL der Webseite korrekt, aber einzelne Ressourcen, wie zum Beispiel Bilder, werden trotzdem noch per HTTP über eine unverschlüsselte Verbindung angefordert. Je nach Browser bekommt der Surfer dann kein grünes Schloss in der Adresszeile seines Browsers angezeigt oder sogar eine eindringliche Warnung, dass Teile dieser Webseite über unsichere Verbindungen geladen werden.

Am besten wäre es, diese fehlerhaften Verbindungen zu korrigieren, aber manchmal ist es ein unverhältnismäßiger Aufwand oder einfach nicht möglich. Hier kommt *SSL Insecure Content Fixer* ins Spiel.

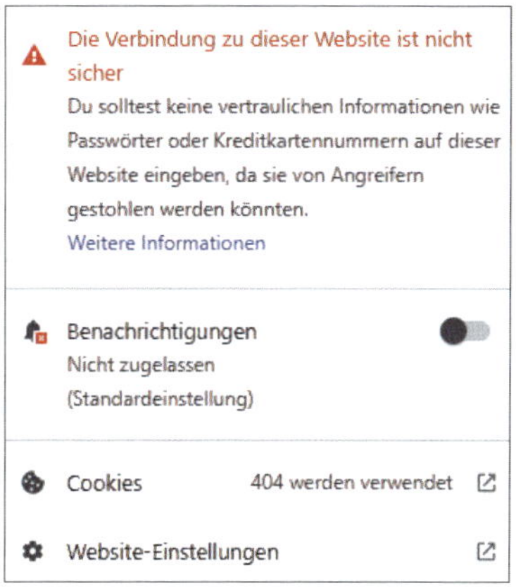

Warnung vor einer unverschlüsselten Verbindung

Das Plug-in biegt alle Links von HTTP auf HTTPS um. Dabei gibt es mehrere Stufen.

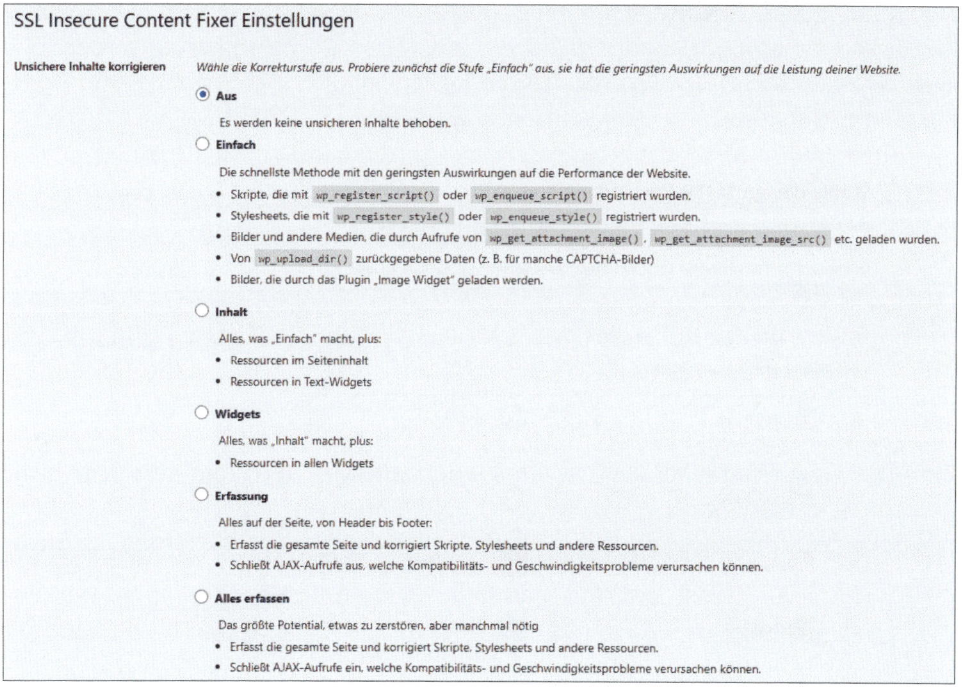

Stufen der SSL-Korrekturen

Je nach Stufe versucht das Plug-in zunehmend aggressiver, alle unsicheren Links zu korrigieren. Nicht nur, dass die Performance durch die Stufen beeinflusst wird, jede höhere Stufe hat auch mehr Potenzial, die Funktionsweise der Webseite zu stören. Falls Sie das Plug-in benötigen, fangen Sie zuerst bei der einfachsten Stufe *Einfach* an und hangeln sich langsam hoch, bevor Sie mit *Alles erfassen* die große Bazooka herausholen.

11.1.9 Mailserver anbinden: WP Mail SMTP

Link: https://de.wordpress.org/plugins/wp-mail-smtp/

WordPress hat bereits eine einfache Möglichkeit an Bord, um E-Mails zu verschicken. Häufig reicht das aber nicht aus. Gerade im professionellen Bereich läuft der E-Mail-Versand meist über einen dedizierten Server, oder es wird eine komplette Softwaresuite eingesetzt, in der alle Kundenkontakte vermerkt und protokolliert werden.

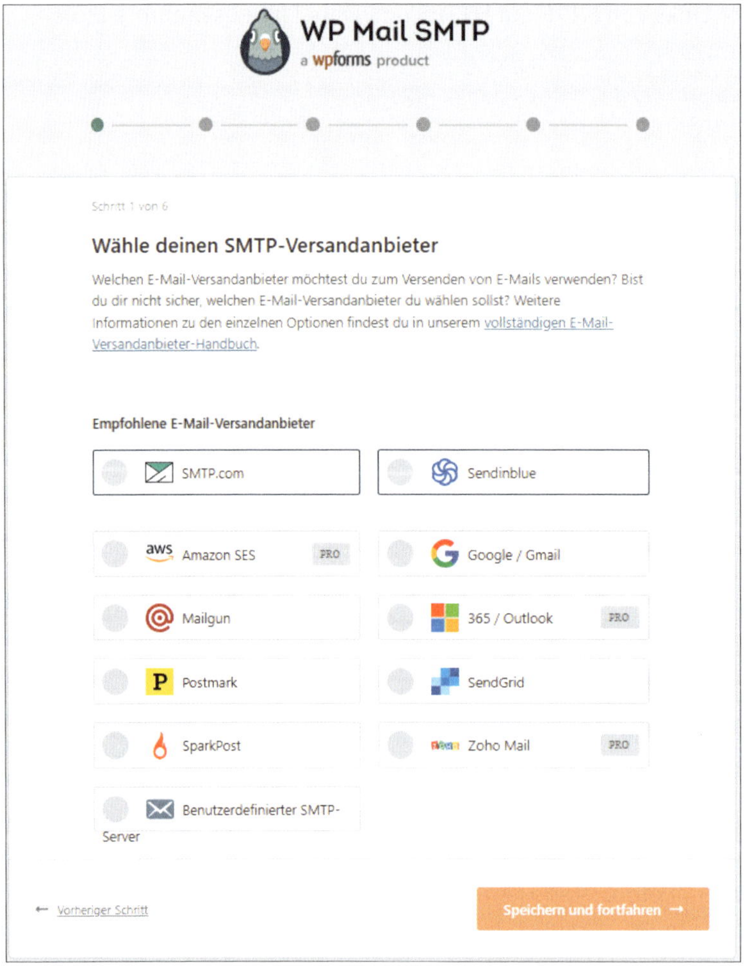

Der Setup-Assistent von WP Mail SMTP

Auch im privaten Bereich gibt es Szenarien, bei denen die WordPress-Mails über den GMX-, Google- oder Outlook-Account gesendet werden sollen. Die Server dieser Anbieter haben eine entsprechende Reputation, und somit landen Mails bei korrekter Konfiguration nicht so schnell im Spamordner des Empfängers.

Apropos Spam: Falls Sie vorhaben, viele E-Mails zum Beispiel im Rahmen eines Newsletters zu versenden, sollten Sie sich auf jeden Fall nach einem externen Anbieter umsehen, da Ihre Seite sonst relativ schnell auf einer Blacklist landen wird.

WP Mail SMTP ist ein Plug-in, das über die standardisierte SMTP-Schnittstelle solche Mailserver ansprechen kann. Die Grundversion ist kostenlos und absolut ausreichend. Braucht man besondere Funktionen, kann man zur kostenpflichtigen Version greifen. Nach der Installation wird sofort der Setup-Assistent gestartet, der Sie durch alle Schritte führt.

Dabei sind manche Anbieter schon vorkonfiguriert, einige aber auch nur in der kostenpflichtigen Version. Aber keine Angst, deswegen brauchen Sie noch kein Geld auszugeben. Solange Ihr Mailanbieter über eine SMTP-Schnittstelle verfügt, kann er über *Benutzerdefinierter SMTP-Server* auch in der freien Version eingestellt werden.

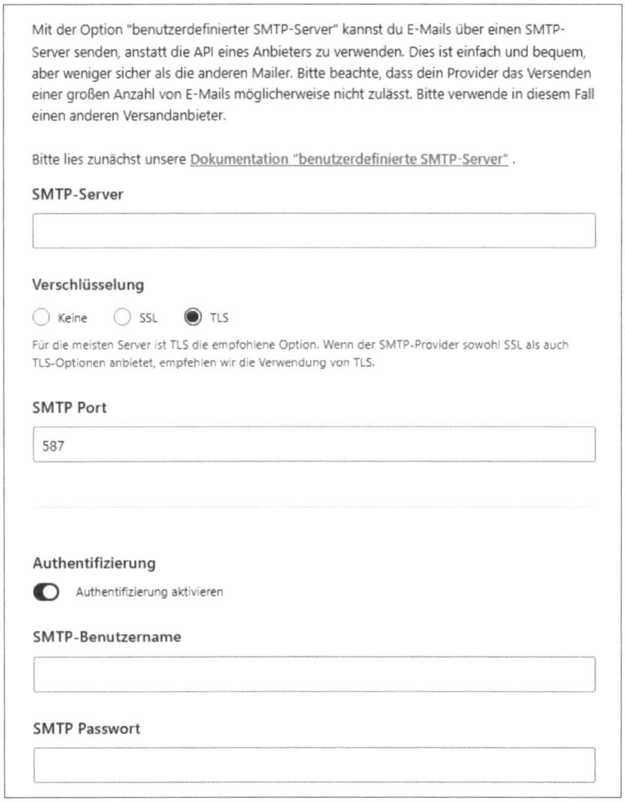

SMTP-Verbindung konfigurieren

Die Einstellungen sind dabei die gleichen, die Sie womöglich auch schon mal in Ihrem E-Mail-Programm angegeben haben, um Ihre E-Mails von Ihrem Provider abzuholen. Die Daten, die Sie hier eintragen müssen, bekommen Sie von Ihrem Anbieter.

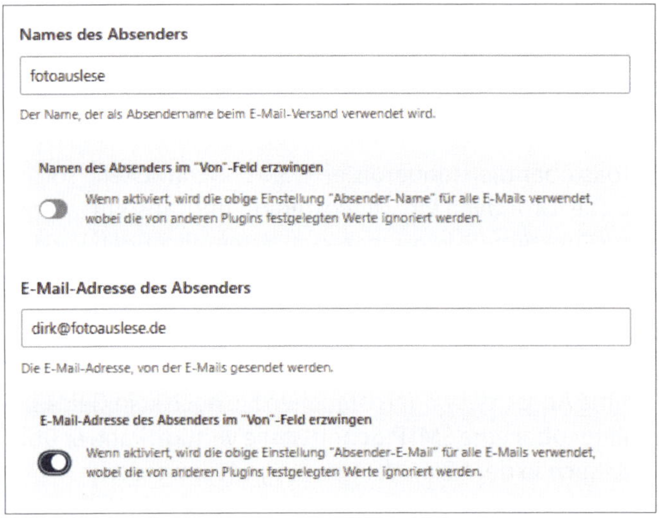

SMTP-Verbindung einrichten

Geben Sie nun noch an, welcher Name und welche Absenderadresse angezeigt werden sollen. Selbstredend sollten Sie hier einen sprechenden Namen wählen, damit der Empfänger Ihre Mails zuordnen kann. Die E-Mail-Adresse muss natürlich auch zu Ihrem Account gehören. Andernfalls ist kein Versand möglich oder landet im Spam.

Die restlichen Punkte des Assistenten beziehen sich vor allem auf die Pro-Version, sodass man hier keine Einstellungen vorzunehmen braucht bzw. kann. Nach erfolgreichem Setup wird direkt versucht, eine Testmail über den angegebenen Provider zu schicken, und Sie bekommen eine entsprechende Rückmeldung, ob es geklappt hat.

11.1.10 PHP-Code ausführen: Insert PHP Code Snippet

Link: https://de.wordpress.org/plugins/insert-php-code-snippet/

Oftmals reichen die angebotenen WordPress-Funktionalitäten nicht aus und man möchte es erweitern, aber nur in einem so kleinen Umfang, dass es sich nicht lohnt, dafür extra ein Plug-in zu schreiben. Mithilfe von *Insert PHP Code Snippet* ist es möglich, an allen Stellen, an denen Sie redaktionelle Texte einpflegen können, über einen Shortcode eigene PHP-Skripte auszuführen. Die Grundversion ist kostenlos, aber die 19 US-Dollar für die kostenpflichtige Version sind das Geld wert. In der kostenpflichtigen Version haben Sie dann eine bessere Parameterverwaltung und können die Snippets vom Land oder Gerät des Benutzers abhängig steuern sowie zeitgesteuert starten.

Leider sind die Autoren bei der Namensgebung ihres Tools nicht ganz konsequent, da sich das Tool manchmal als *XYZ PHP Code* bezeichnet und manchmal als *XYZ Snippet*.

Wenn Sie ein neues Snippet anlegen wollen, brauchen Sie bloß den gewünschten Aufrufnamen und den auszuführenden Code anzugeben. Dabei ist zu beachten, dass der Name keinen Unterstrich oder andere Sonderzeichen enthalten darf.

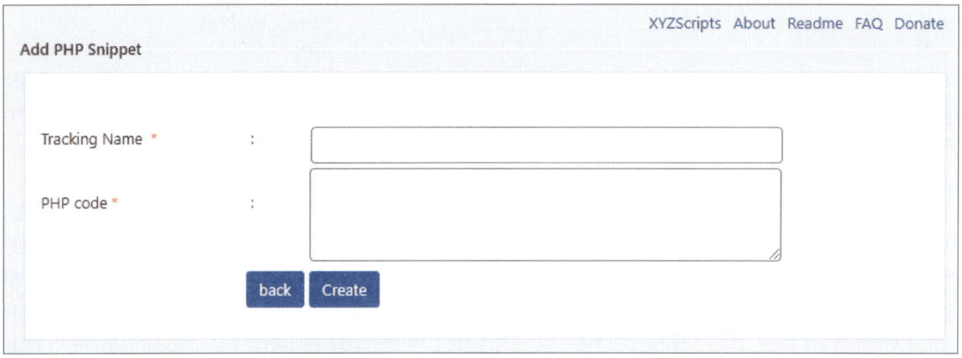

Neues Snippet anlegen

Beachten Sie, dass PHP-Code mit *<?php* eingeleitet wird. Es ist nicht zwingend notwendig, hier den kompletten Code reinzuschreiben, da auch Includes unterstützt werden. So ist es möglich, ein komplexeres Programm an anderer Stelle zu schreiben, es auf dem Webserver abzulegen und im PHP-Code lediglich den Aufruf einzubauen. Beachten Sie dabei aber, dass die Pfadangabe absolut sein muss. Eine relative Pfadangabe könnte zu Problemen führen.

Um die Funktionalität dieses Plug-ins zu demonstrieren, hier ein kleines Beispiel. Folgender Code gibt das heutige Datum aus:

Ein Beispiel-Snippet

Eingebunden wird er an einer beliebigen Stelle im Editor:

> Welcome to WordPress. This is your first post. Edit or delete it, then start writing!
>
> Tippe /, um einen Block auszuwählen
>
> [xyz-ips snippet="Mein-PHP-Snippet"]

Einbindung ...

Was auf der fertigen Seite zu folgendem Ergebnis führt:

> Welcome to WordPress. This is your first post. Edit or delete it, then start writing!
>
> Heute ist der: 10-04-2022

... und Ergebnis

Interessant ist die Möglichkeit, die Snippets über Parameter zu steuern. Parameter werden im Code durch geschweifte Klammern kenntlich gemacht und müssen beim Aufruf entsprechend übergeben werden. Damit kann erreicht werden, dass das gleiche Snippet auf unterschiedlichen Seiten unterschiedliche Eigenschaften hat.

Mit Snippets ist es sehr einfach möglich, sich die Seite zu zerschießen. Dabei genügt es, einen kleinen Tippfehler im Programmcode oder den Parametern zu haben, und schon können Sie die betroffenen Seiten nicht mehr ansehen, nicht mal mehr im Editor. Dann hilft nur, das entsprechende Snippet in der Übersicht über das Pause-Symbol zu deaktivieren und den Fehler zu beheben.

	Tracking Name	Snippet Short Code	Type	Created By	Status	Action
	CONTACT-FORM-VACANCY	[xyz-ics snippet="CONTACT-FORM-VACANCY"]	PHP	user	Active	
	estateHouseConfigurator	[xyz-ics snippet="estateHouseConfigurator"]	PHP	user	Active	
	estateImageMap	[xyz-ics snippet="estateImageMap"]	PHP	user	Active	
	360-MainRoom	[xyz-ics snippet="360-MainRoom"]	PHP	user	Active	

Übersicht mit Pause-Möglichkeit

11.1.11 Bewertungen erhalten: YARS – Yet Another Stars Rating

Link: https://de.wordpress.org/plugins/yet-another-stars-rating

Mit YASR können Sie dem Betrachter die Möglichkeit geben, die Beiträge der Webseiten zu bewerten. Dies geschieht im einfachsten Fall mittels fünf Sternchen, die der User anklicken kann.

Wenn gewünscht, können natürlich auch die Durchschnittsbewertungen angezeigt werden. Dieses Plug-in ist leider noch nicht vollständig übersetzt, sodass die Einstellungen in einer Mischung aus Englisch und Deutsch sind.

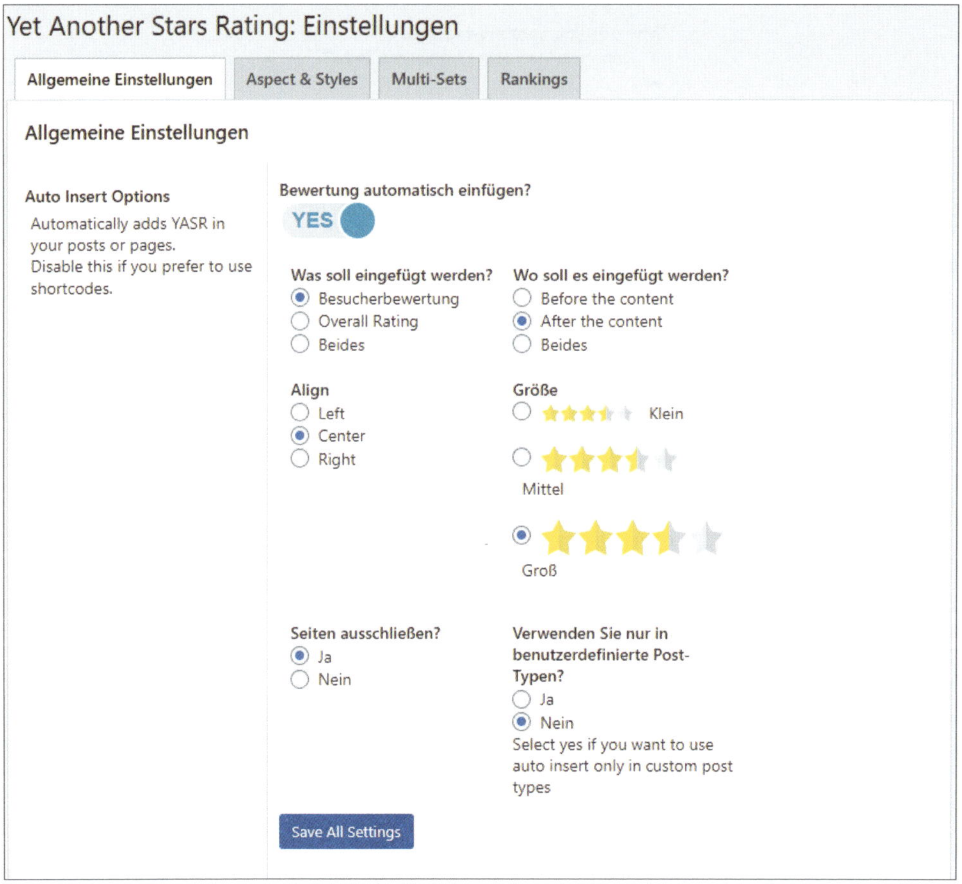

Grundlegende Einstellungen von YASR

Zunächst einmal können Sie auswählen, ob der Bewertungsblock auf jeder Beitragsseite angezeigt werden soll. Daneben haben Sie die Wahl, ob auch der Bewertungsdurchschnitt angezeigt werden soll, wie die Bewertungen ausgerichtet sein sollen und in welcher Größe die Sternchen angezeigt werden sollen.

Um mehr Aufmerksamkeit zu bekommen, können die Sternchen auch direkt neben dem Titel des jeweiligen Beitrags angezeigt werden.

Sollen Bewertungssternchen direkt neben dem Titel angezeigt werden?

Gerade wenn Ihre Seite viele Bewertungen bekommt, ist es für Besucher interessant, die Statistik der Bewertungen ansehen zu können. Haben Ihre Beiträge nur wenige Bewertungen, wollen Sie das vermutlich dem Besucher nicht gerade auf die Nase binden. Eine einzelne Bewertung mit fünf Sternen ist meist vom Autor selbst.

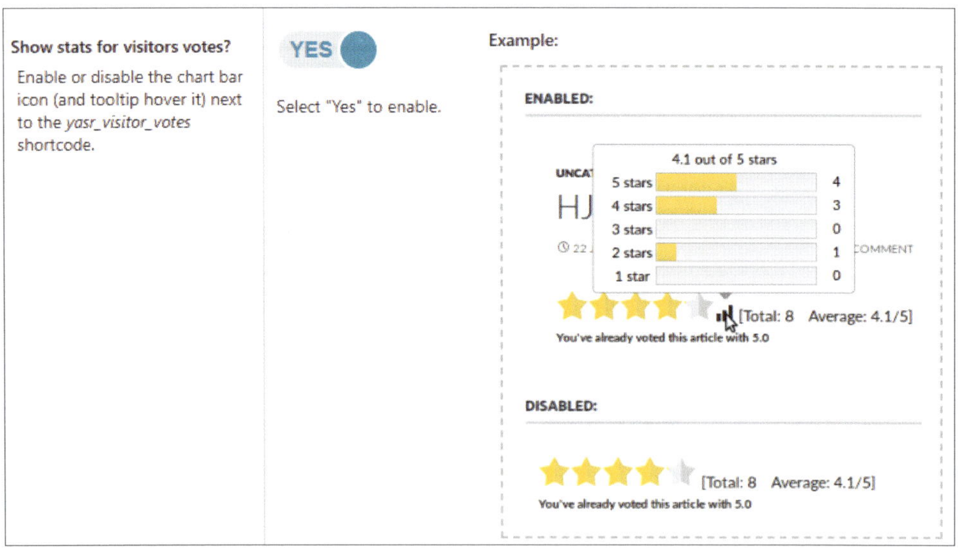

Soll eine Statistik angezeigt werden?

Wichtig sind zwei Punkte unter den erweiterten Einstellungen. Haben Sie Optimierungstools im Einsatz, kann es sein, dass das Plug-in nicht richtig funktioniert. Per AJAX werden die Bewertungen asynchron per JavaScript geladen und sind somit gegen Caching unempfindlich.

Um Doppelbewertungen zu unterbinden, speichert YASR ein Cookie auf dem Rechner. Dieses kann einfach gelöscht oder durch den Inkognito-Modus des Browsers unterlaufen werden. Etwas besser wäre es, dies über die IP-Adresse zu prüfen, aber die Speicherung der IP-Adresse ist inzwischen nicht mehr so einfach ohne Erlaubnis oder konkreten Anlass erlaubt.

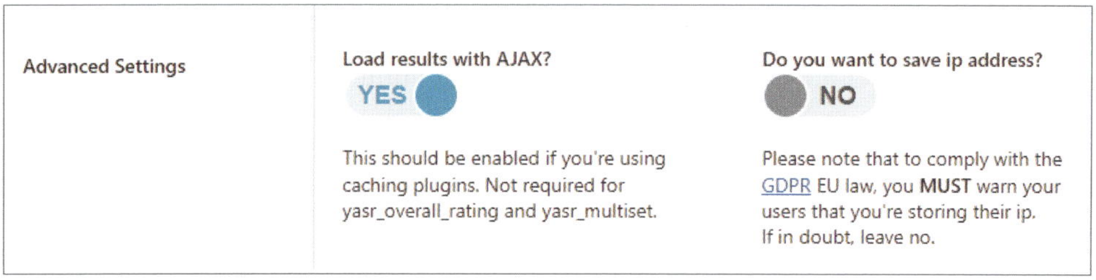

Erweiterte Einstellungen

Wollen Sie die Darstellung der Sterne noch weiter verändern, haben Sie unter *Aspects & Styles* unendliche Möglichkeiten. Die meisten davon sind aber der kostenpflichtigen Premium-Version vorbehalten.

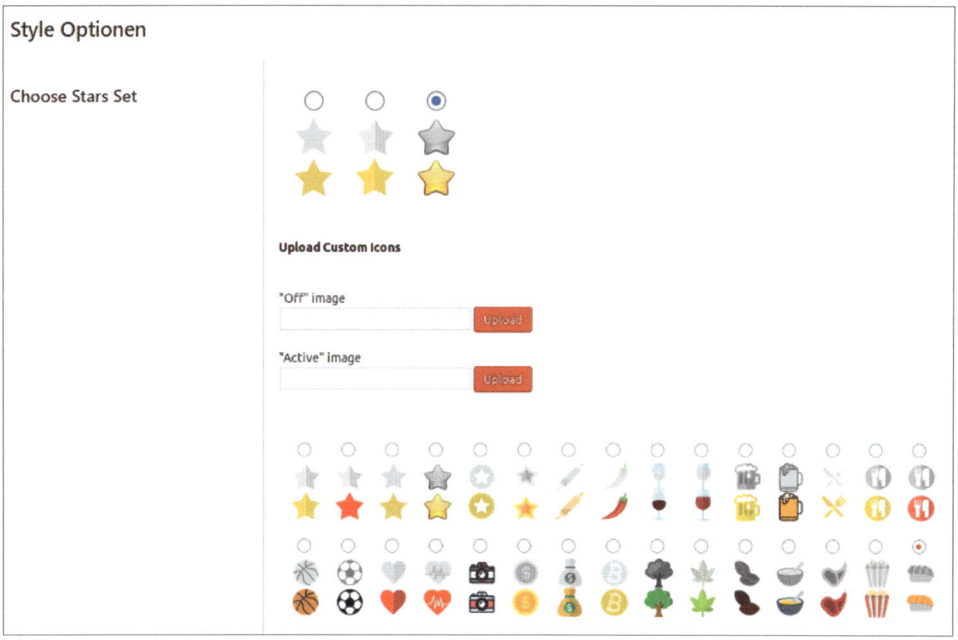

Optionen für Bewertungssternchen

Wollen Sie nicht nur eine Gesamtbewertung, sondern verschiedene Kriterien bewerten lassen (wie es beispielsweise bei Buchungsportalen üblich ist), so nutzen Sie den Reiter *Multi-Sets*.

Die Möglichkeit von Rangfolgen gibt es im Reiter *Rankings*, aber auch diese Option setzt einen kostenpflichtigen Account voraus.

11.2 Plug-ins für Rechtliches und Sicherheit

Plug-ins für die Cookie-Banner, wie von Teilen in der EU gefordert, gibt es viele, deswegen werden hier nur zwei populäre, aber ziemlich unterschiedliche vorgestellt.

Eines davon ist kostenpflichtig, das andere bietet auch in der kostenlosen Version viele Features. Die Hoffnung ist natürlich, dass eine kostenpflichtige Lösung besser gepflegt wird und weniger die Gefahr einer Abmahnung droht. Tatsächlich wird jedoch kein Anbieter eine Garantie geben und kann das auch nicht, da die Gesetzeslage immer noch umstritten ist.

11.2.1 Cookie-Banner: Borlabs Cookie Opt-in

Link: https://de.borlabs.io/borlabs-cookie/

Borlabs Cookie ist eine professionelle Cookie-Lösung, die aber nur im Rahmen eines Abomodells vertrieben wird. Mit aktuell 39 Euro pro Jahr für die Personal-Version ist der Preis vergleichsweise überschaubar. Außerdem: Statt eines limitierten Probezeitraums wie bei anderen Tools kann man *Borlabs Cookie* mit der Einstellung *Testumgebung* unbegrenzt ausprobieren. Auf der Webseite erscheint dann allerdings ein kleiner Hinweis.

Borlabs Cookie bietet keine Möglichkeit, die genutzten Cookies automatisch zu erfassen, wartet aber mit vielen Einstellungsmöglichkeiten und jeweils entsprechenden Hilfetexten auf.

Sie können genau festlegen wie lange die Cookie-Einwilligung gültig sein soll, bis der Benutzer erneut gefragt wird. Es besteht auch die Möglichkeit, in einem kürzeren Abstand nachzufragen, falls der Nutzer nur den essenziellen Cookies zugestimmt hat.

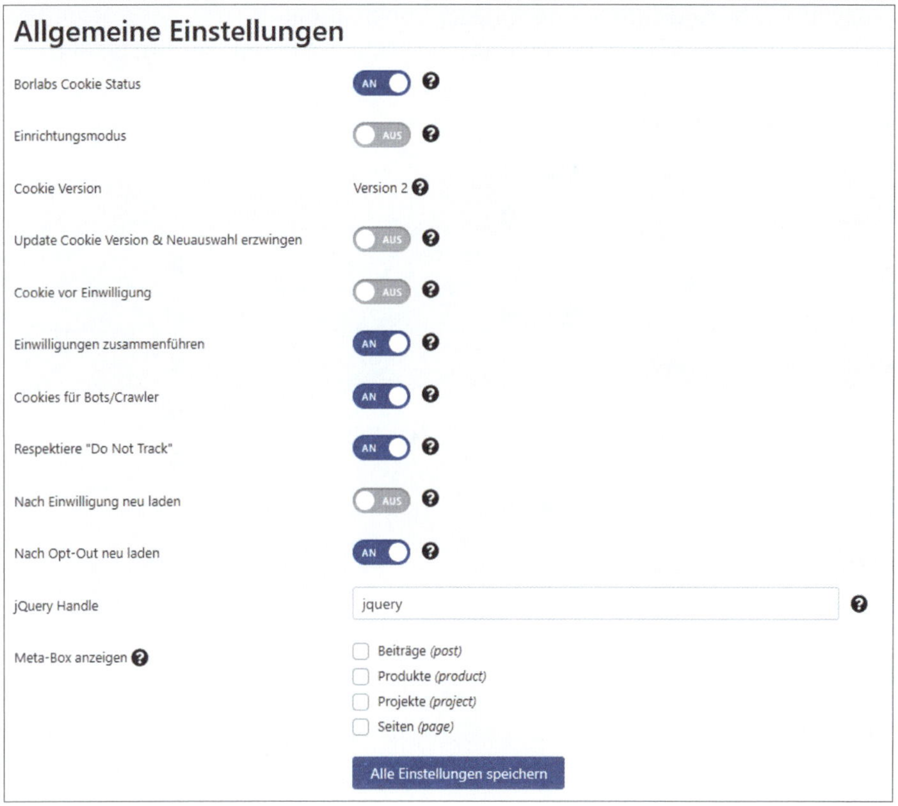

Einstellungen für Cookies

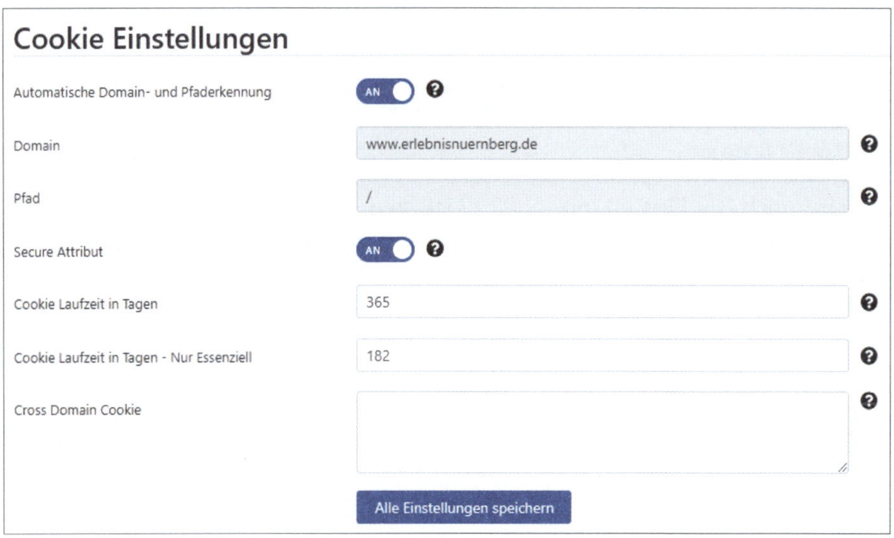

Weitere Einstellungen für Cookies

Die Einstellungen bezüglich der Anzeige des Cookie-Banners bzw. der Cookie-Box sind schier endlos, sodass hier jeder eine Cookie-Meldung findet, die ihm gefällt.

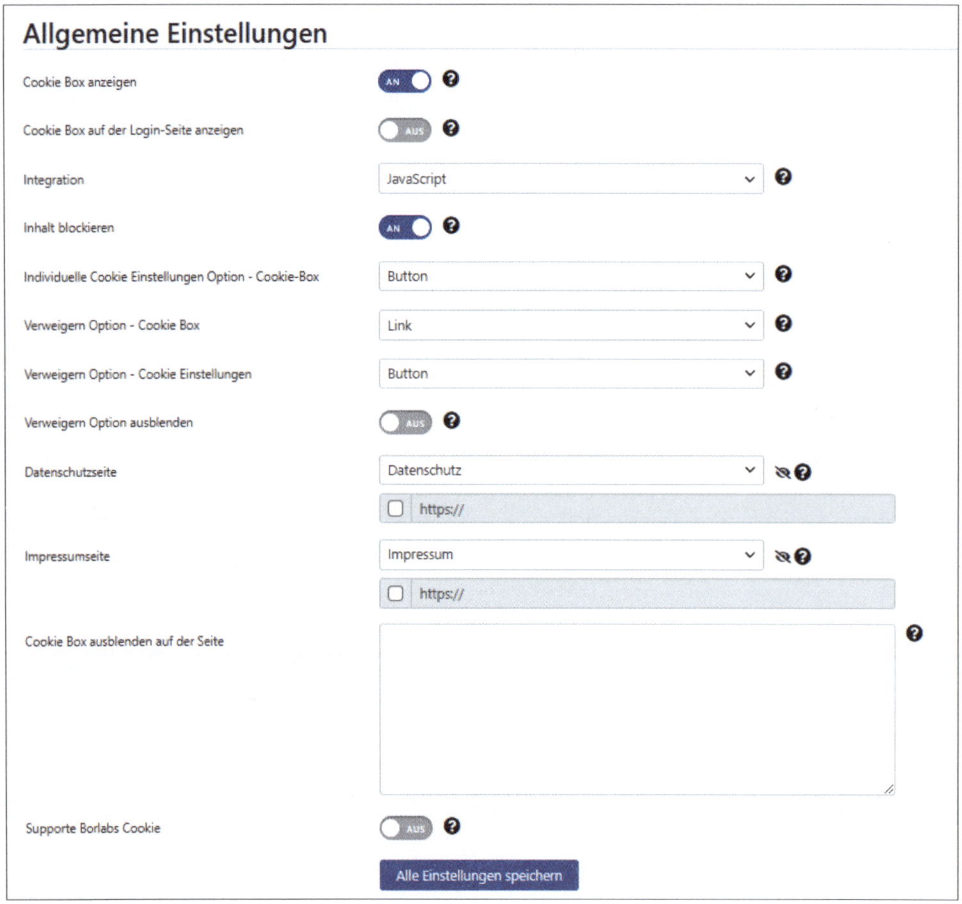

Anzeige des Cookie-Banners

Wichtig wäre noch die Einstellung *Inhalt blockieren*. Diese Option wird oft auch als Cookiewall bezeichnet. Sie bewirkt, dass der Benutzer auf der Webseite nichts machen kann, solange er sich nicht zwingend für eine Cookie-Option entschieden hat. Nach Auffassung einiger Juristen ist das der korrekte Weg.

Im weiteren Verlauf können Sie sämtliche Texte des Cookie-Banners anpassen. Praktisch, wenn Sie sich von den 08/15-Bannern der anderen Webseiten abheben wollen. Mit einem lustigen Spruch kann man eher Leute dazu bringen, auf *Alle Cookies akzeptieren* zu klicken.

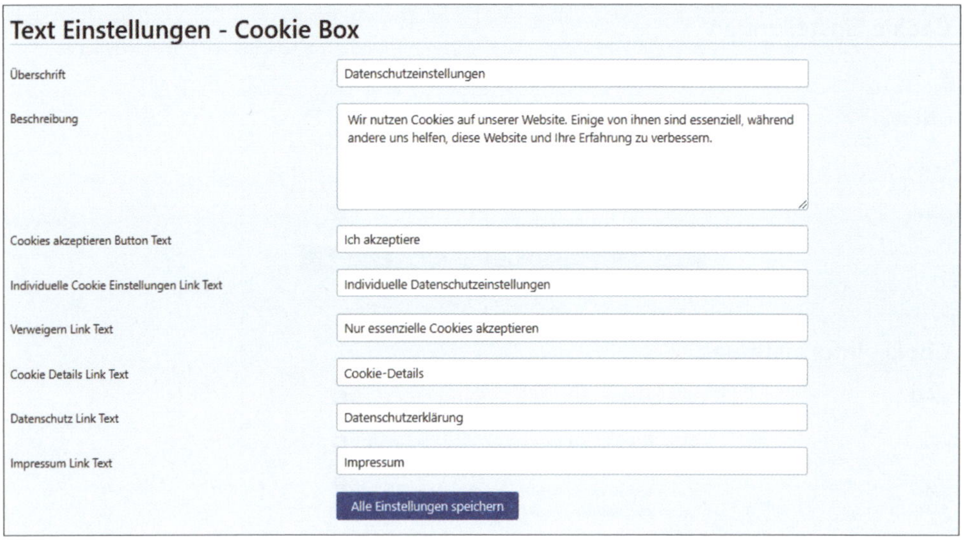

Texte definieren

Die Cookies, die Ihre Webseite hat, können in verschiedene Gruppen einsortiert werden, sodass der Besucher aussuchen kann, welcher Gruppe von Cookies er zustimmen will. Die häufigsten Gruppen sind bereits angelegt. Die Gruppen werden aber nur dann angezeigt, wenn sich auch wirklich mindestens ein aktives Cookie darin befindet.

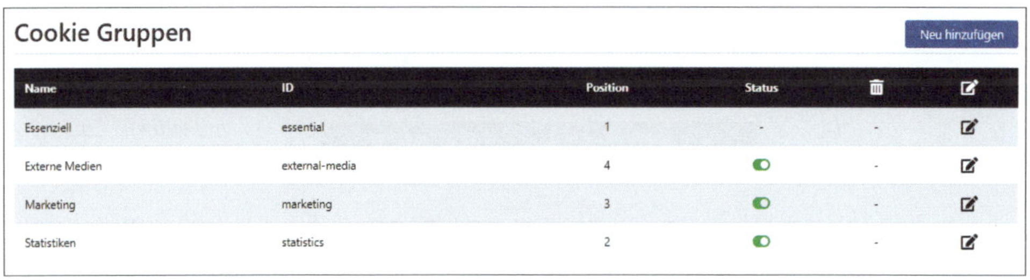

Gruppen der Cookies

Unter dem Reiter *Cookies* müssen nun endlich alle Cookies deklariert werden. Wie schon erwähnt, muss das manuell erfolgen, *Borlabs Cookie* bietet keine Möglichkeit, die Cookies automatisch zu scannen. Zumindest sind einige der häufigsten Anbieter wie Google oder Hotjar schon vorkonfiguriert. In allen anderen Fällen müssen die Cookie-Informationen selbst eingepflegt werden.

Alles in allem ist *Borlabs Cookie* ein Tool, das über sehr viele Einstellungsmöglichkeiten verfügt, aber bei dem man um Handarbeit nicht herumkommt.

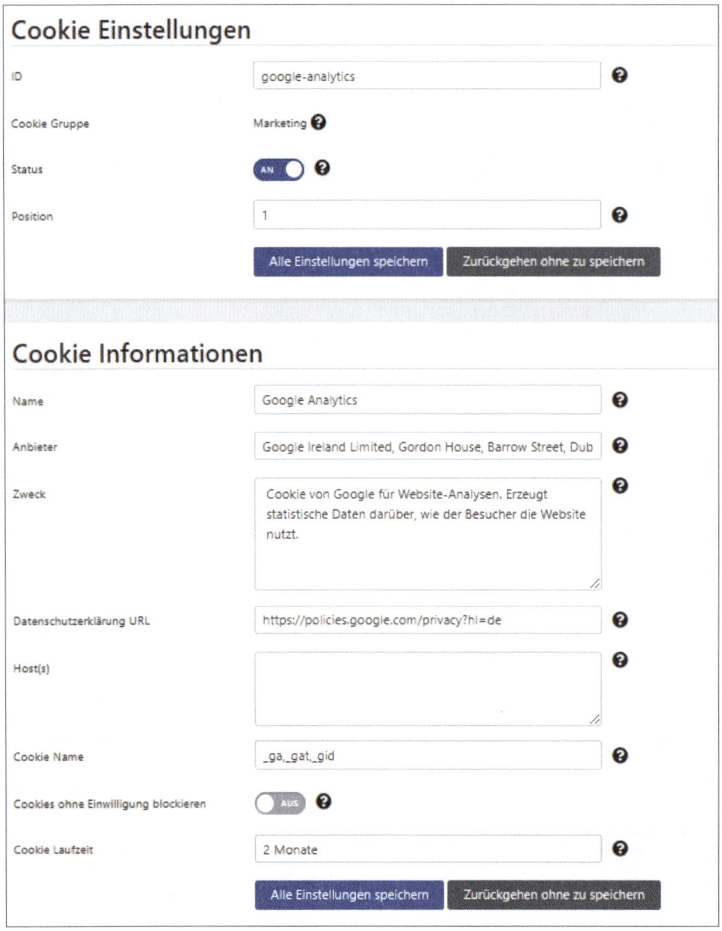

Individuelle Cookie-Informationen

11.2.2 Cookie-Banner: Complianz | GDPR/CCPA Cookie-Einwilligung

Link: https://de.wordpress.org/plugins/complianz-gdpr/

Complianz ist in der Grundversion kostenlos und dafür überraschend komfortabel. Direkt nach der Installation begrüßt Sie das Dashboard mit allen Hinweisen, was noch zu tun ist.

Am besten ist es, zuerst einmal den Assistenten zu starten. Der führt Sie dann durch den kompletten Einrichtungsprozess. Als Erstes wird die wichtigste Frage gestellt: Welche Datenschutzverordnung gilt für diese Website überhaupt. Wenn Sie eine Webseite außerhalb der EU betreiben, fallen Sie möglicherweise gar nicht unter die DSGVO.

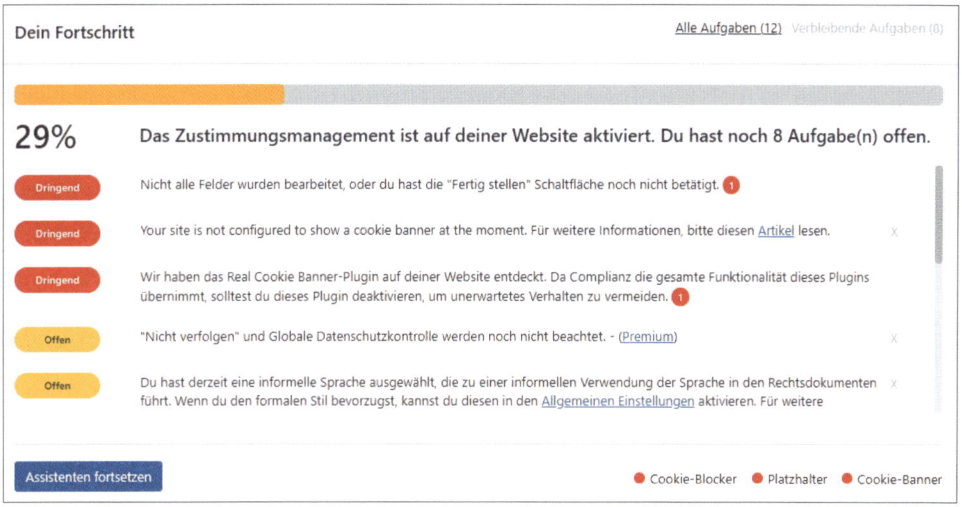

Der Assistent führt Sie durch die Einrichtung

Als Nächstes bietet Ihnen *Complianz* an, benötigte Dokumente automatisch zu erstellen. In der kostenlosen Version kann nur die Cookie-Richtlinie erstellt werden. Für Impressum und Datenschutzerklärungen brauchen Sie die Bezahlversion des Plug-ins. Andererseits gibt es dafür auch gute Vorlagen im Netz.

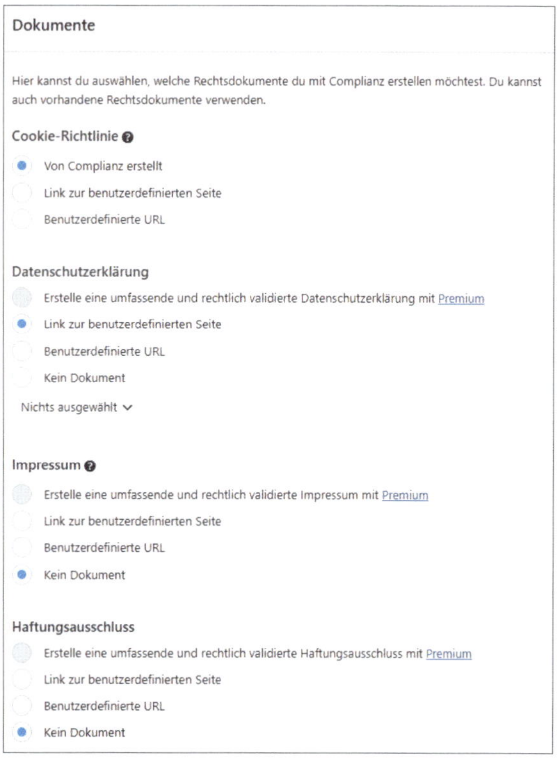

Erstellung der entsprechenden Dokumente

Im nächsten Schritt fragt der Assistent Ihre Kontaktinformationen ab. Dabei wird eine ladungsfähige Adresse benötigt und eine E-Mail für Datenschutzfragen. Ich empfehle, hierzu eine neue E-Mail-Adresse anzulegen (beispielsweise *datenschutz@meine-domain.de*), da öffentlich einsehbare E-Mail-Adressen schnell zugespammt werden. Ob zwingend auch eine Telefonnummer benötigt wird oder es ausreicht, wenn die E-Mail-Adresse zeitnah abgefragt und bearbeitet wird, ist strittig. Im Zweifelsfall also besser auch eine Telefonnummer angeben.

Im nächsten Schritt wird mit der Einverständniserklärung und der globalen Datenschutzkontrolle versucht, die Premium-Version schmackhaft zu machen, aber diese benötigt man nicht unbedingt.

Danach kommen Sie zum Cookie-Scan. Hier versucht *Complianz*, alle verwendeten Cookies zu erkennen und einzuordnen. Das könnte für einige Überraschungen sorgen, wenn man plötzlich sieht, welche Cookies tatsächlich alle von den diversen Plug-ins gesetzt werden.

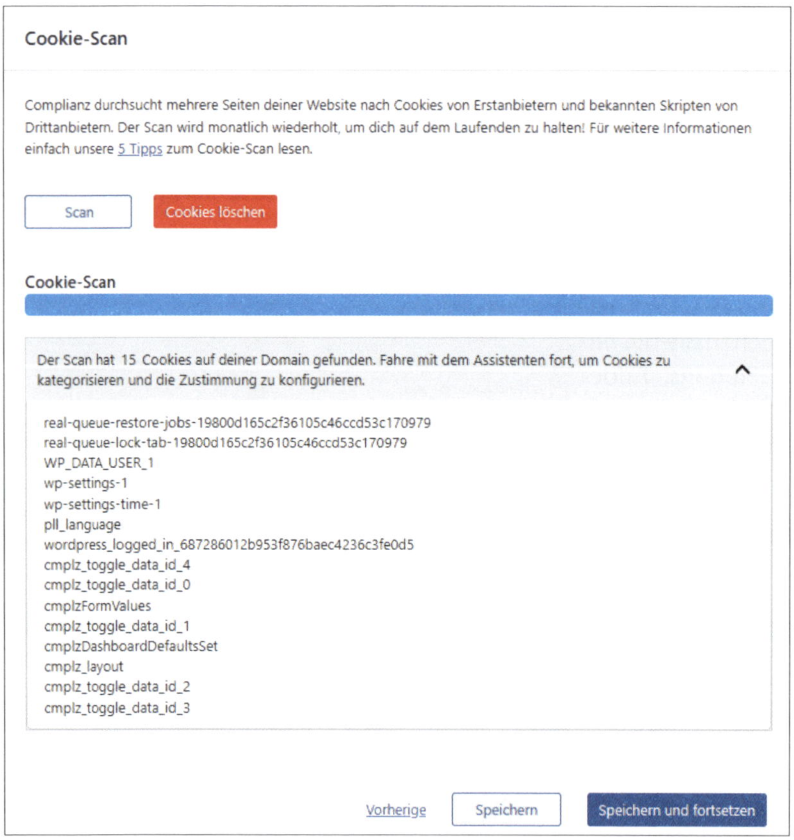

Nach Cookies suchen

In den nächsten Schritten wird die Verwendung diverser Tools und Services abgefragt, zum Beispiel Google Analytics zu Auswertungszwecken. Je weniger Sie davon nutzen, desto besser. Aber selbst, wenn Sie oder ein Theme Google Fonts nutzt, ist das ausreichend, dass Google Daten über Ihre Besucher mitbekommt. Einfach alles anzukreuzen, in der Hoffnung, damit garantiert auf der sicheren Seite zu sein, ist übrigens auch wieder falsch.

Problematische Plug-ins werden automatisch erkannt. Danach kommt möglicherweise wieder ein aufwendigerer Teil: die Beschreibung der Cookies.

Zum Glück versucht *Complianz* auch hier, Ihnen möglichst viel Arbeit abzunehmen. Durch die Synchronisation mit einer Cookie-Datenbank können die meisten Infos schon vorausgefüllt werden.

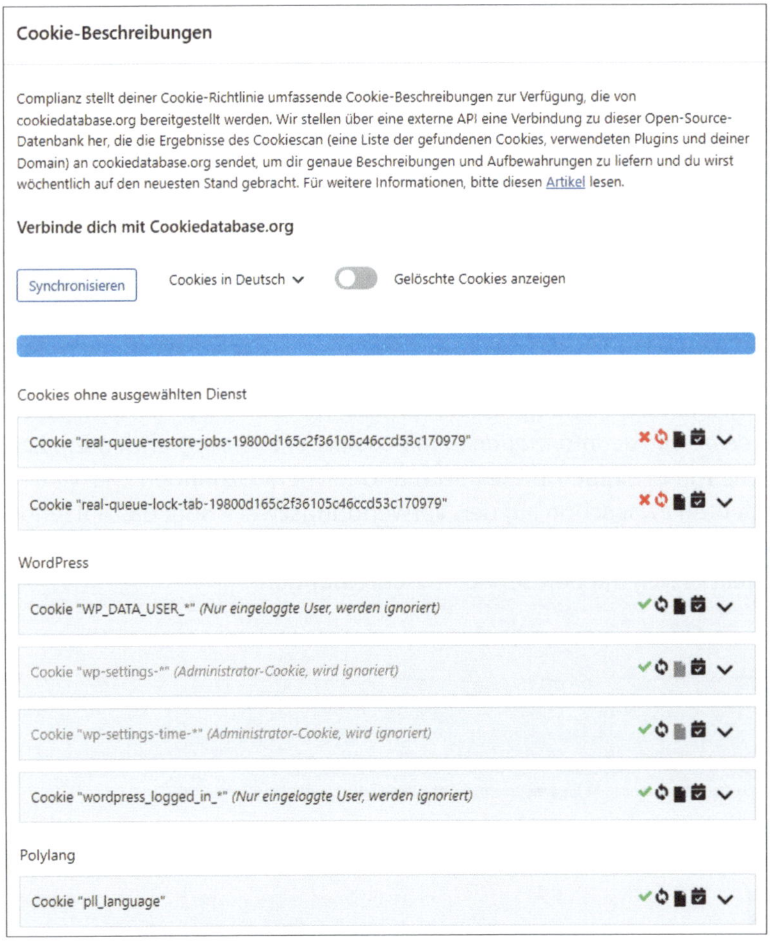

Cookie-Beschreibungen eintragen

Alle Einträge mit einem grünen Häkchen sind bekannt, Sie müssen noch bei den rot markierten tätig werden. Klicken Sie die einzelnen Einträge durch, öffnet sich jeweils das Detailfenster.

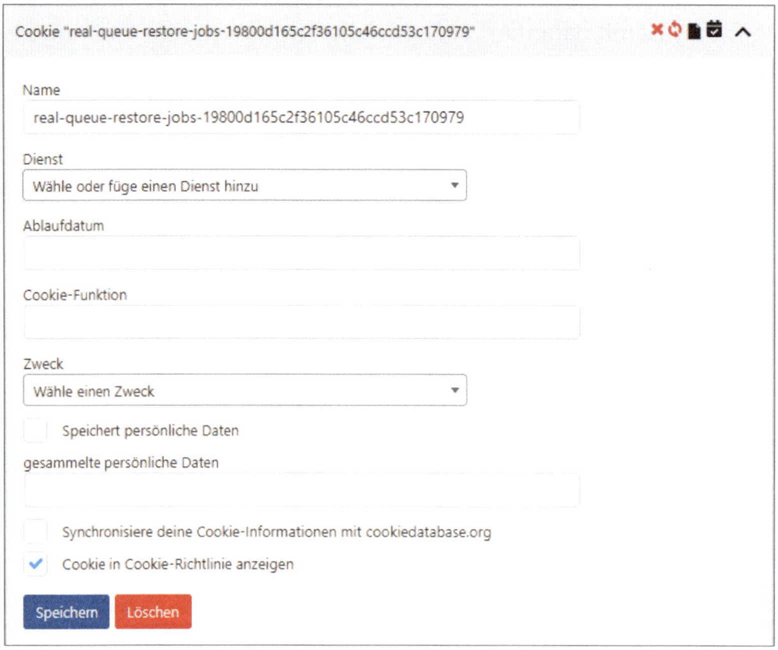

Cookie-Informationen definieren

Bevor Sie etwas eintragen oder ändern können, müssen Sie aber vorher den Haken bei *Synchronisiere deine Cookie-Informationen mit cookiedatabase.org* entfernen. Leider ist es häufig nicht immer einfach, diese Informationen herauszufinden. Die Namen mancher Cookies deuten zwar schon auf den Verwendungszweck oder das nutzende Plug-in hin, aber leider nicht alle. Im Zweifelsfall hilft wohl nur, eine Suchmaschine zu fragen. Analog verhält es sich mit den Service-Beschreibungen.

Nun sind Sie durch und müssen nur noch das gewünschte Dokument erstellen.

Die fehlenden Dokumente erstellen

Es gibt mehrere Möglichkeiten, die Cookie-Richtlinien einzubinden. Die einfachste ist es, sie im nächsten Schritt einem bestehenden Menü zuzuordnen.

Die Cookie-Richtlinien einem Menü hinzufügen

Haben Sie noch nicht das passende Menü oder wollen Sie die Cookie-Richtlinien anders einbinden, dann können Sie dies auch überspringen. Alternative Einbindungsmöglichkeiten wären entweder über einen Shortcode oder direkt die eben erstellte Seite zu verlinken. Die Seite finden Sie übrigens ganz regulär unter Ihren WordPress-Seiten.

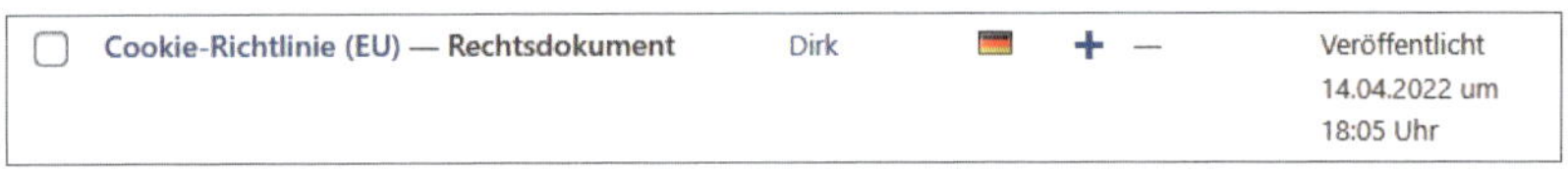

Cookie-Richtlinien in der Seitenübersicht

Nachdem Sie Ihre Cookie-Richtlinie fertig haben, führt Sie das Plug-in direkt zur Erstellung des Cookie-Banners. Hier haben Sie eine Vielzahl von Gestaltungsmöglichkeiten. Dabei wird das Cookie-Banner als Vorschau immer eingeblendet, sodass Sie die Änderungen direkt sehen können. Falls Ihnen die Anpassungsmöglichkeiten noch nicht ausreichen, besteht die Möglichkeit, ein eigenes Stylesheet zu verwenden.

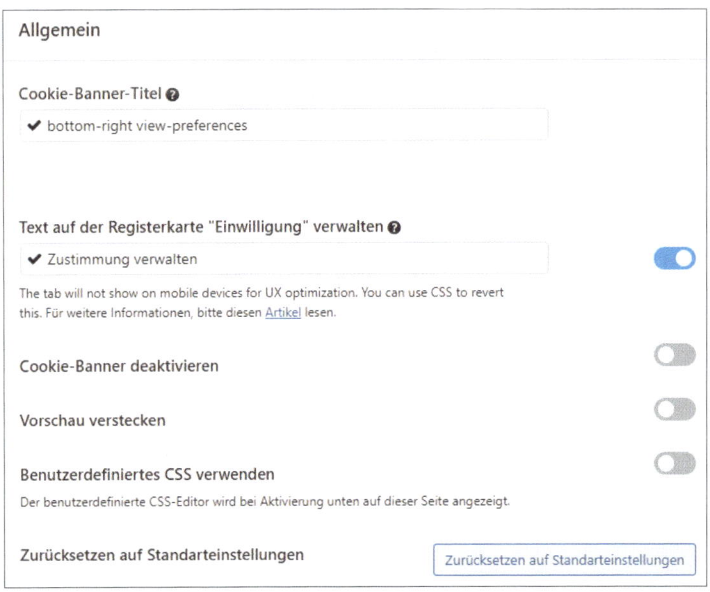

Cookie-Banner erstellen

Wenn Sie alles komplett durchgegangen sind, sehen Sie ab sofort das Cookie-Banner so oder ähnlich auf Ihrer Seite.

Beispiel eines Cookie-Banners

Meist nach Updates wird Sie *Complianz* auffordern, den Assistenten noch mal zu starten, um entsprechende Anpassungen vorzunehmen. Das kann auch der Fall sein, wenn sich die Rechtsauffassung wieder geändert hat.

11.2.3 Plug-in-Probleme finden: Health Check & Troubleshooting

Link: https://wordpress.org/plugins/health-check/

Dies ist ein kleines, aber sehr nützliches Tool, um Problemen mit Plug-ins oder zwischen Plug-ins auf die Spur zu kommen, indem es einen *Problembehandlungsmodus* zu WordPress hinzufügt. Sobald Sie das Plug-in aktiviert haben, finden Sie in Ihrer Plug-in-Übersicht neben jedem Plug-in einen neuen Menüpunkt *Probleme behandeln*.

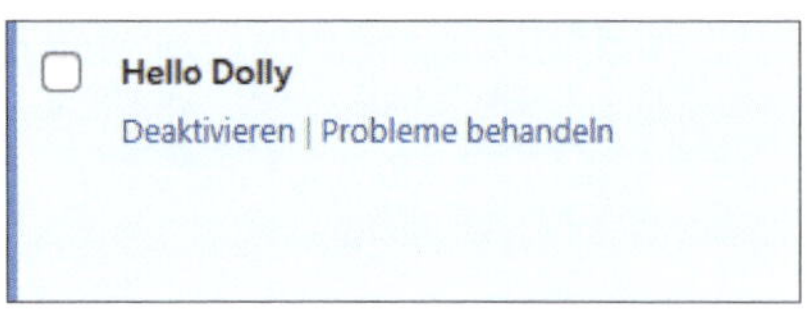

Neuer Menüpunkt

Damit ist es möglich, alle Plug-ins separat zu testen. Sobald Sie das auslösen, ist im Backend nur noch dieses Plug-in aktiviert und alle anderen sind deaktiviert. Allerdings gilt das nur für Sie im eingeloggten Zustand, Ihre Benutzer sehen die Seite ganz normal.

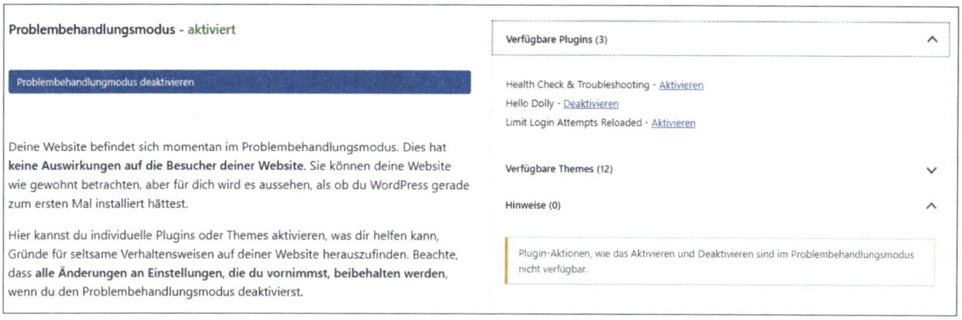

Problembehandlungsmodus aktiviert

Nun können Sie die anderen Plug-ins nach und nach wieder aktivieren und dadurch prüfen, welches Plug-in unter Umständen Probleme macht. Wenn Sie fertig sind, beenden Sie den *Problembehandlungsmodus* einfach wieder.

Zusätzlich bekommen Sie auf der Seite *Website-Zustand* noch ein paar Werkzeuge an die Hand. So können Sie mit *Datei-Integrität* prüfen, ob die WordPress-Dateien alle korrekt sind. Dabei wird jeweils eine Prüfsumme der Dateien erstellt und mit der offiziellen Prüfsumme verglichen. Sind irgendwelche Dateien durch eine fehlerhafte Festplatte oder ein Plug-in beschädigt oder mutwillig manipuliert worden, bekommen Sie das auf diese Weise heraus.

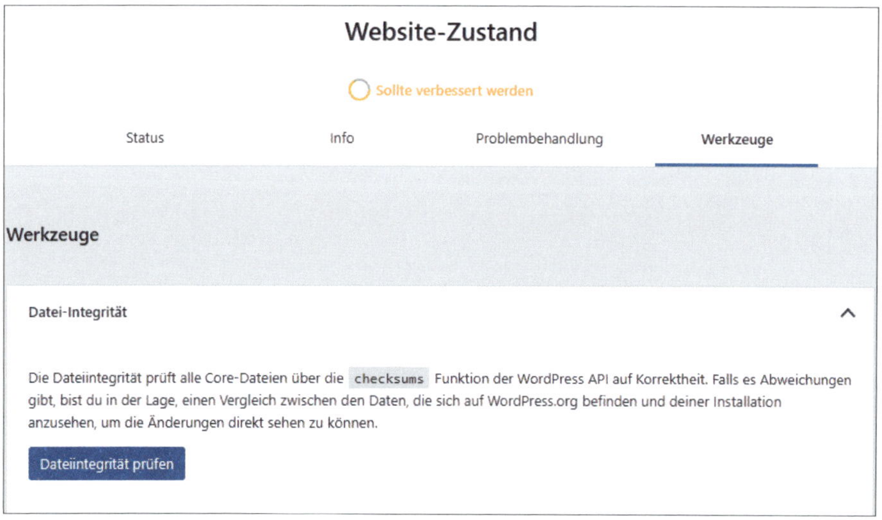

Integrität prüfen

Bei der *E-Mail-Prüfung* können Sie eine Testmail an eine beliebige E-Mail-Adresse senden und mit der *Plugin-Kompatibilität* soll sich feststellen lassen, ob die Plug-ins mit Ihrer installierten Version der Programmiersprache PHP kompatibel sind.

E-Mail-Prüfung

Plugin-Kompatibilität

Versuche die Kompatibilität deiner Plugins vor dem Upgrade von PHP zu identifizieren und beachte, dass eine Kompatibilitätsprüfung nicht immer zuverlässig ist. Zudem möchtest dich vielleicht auch an den Autor eines Plugins wenden, um sicher zu gehen, dass sie alle danach weiterhin funktionieren werden.
Der Kompatibilitätstest sendet Anfragen an das WPTide-Projekt, damit entsprechende Testergebnisse für jedes deiner Plugins eingeholt werden können.

Plugin	Version	Mindestens erforderliche PHP-Version	Höchste unterstütze PHP-Version
Akismet Anti-Spam	4.2.2	—	Konnte nicht bestimmt werden
Health Check & Troubleshooting	1.4.5	—	5.6
Hello Dolly	1.7.2	—	Konnte nicht bestimmt werden
Limit Login Attempts Reloaded	2.25.0	—	7.3

Plugins prüfen

E-Mail-Prüfung und Plugin-Kompatibilität

Da dies keine echte Prüfung ist, sondern die Plug-ins lediglich gegen eine externe Datenbank geprüft werden, ist das Ergebnis mit Vorsicht zu genießen, könnte aber eventuell Hinweise auf den Verursacher von Problemen geben.

11.2.4 Angriffe abwehren: Limit Login Attempts Reloaded

Link: https://de.wordpress.org/plugins/limit-login-attempts-reloaded/

Ein Nachteil von WordPress besteht darin, dass die Log-in-Seite ziemlich offen herumliegt. Sie wären überrascht, wie oft man auch bei großen professionellen Webseiten durch Anhängen von */wp-admin* an die Domain direkt auf die Log-in-Seite kommt.

Selbst wenn Ihre Seite noch nicht groß bekannt ist, werden relativ schnell Möchtegernhacker versuchen, den Log-in zu knacken. Ist eine WordPress-Seite dann schlecht geschützt, zum Beispiel durch gängige Usernamen und ein einfaches Passwort, ist es kein allzu großer Aufwand, per Brute Force das Log-in herauszubekommen. »Brute Force« heißt einfach »rohe Gewalt«. Dabei versucht der Angreifer, mittels Computer in kürzester Zeit alle möglichen Passwort-Kombinationen durchzuprobieren.

Die einfachste Methode, dies zu verhindern, ist, nach mehreren Fehlversuchen, die von der gleichen IP-Adresse kommen, den Angreifer für eine bestimmte Zeit zu blockieren. Genau das macht das Plug-in *Limit Login Attempts Reloaded*. Schauen wir uns mal kurz die Einstellungen an:

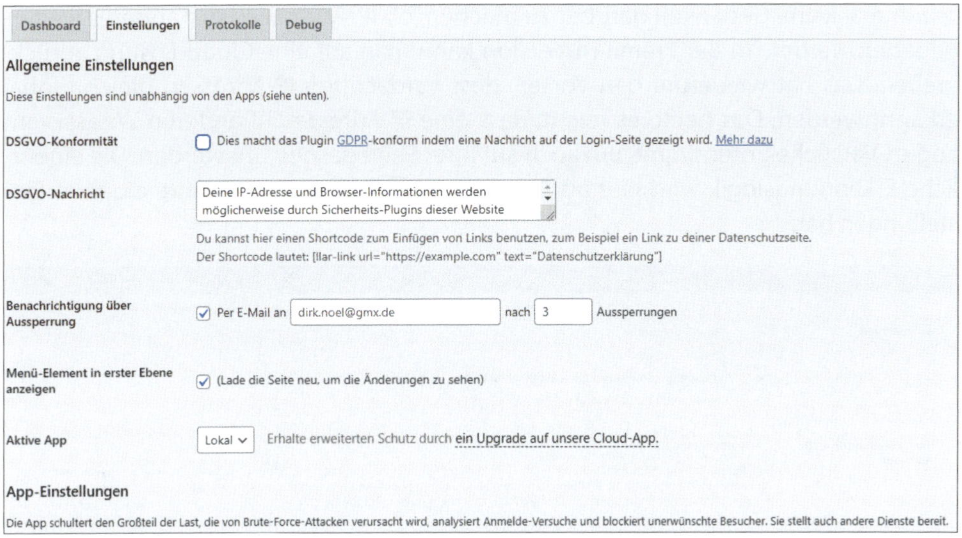

Basiseinstellungen des Plug-ins

Wählen Sie die *DSGVO-Konformität* aus, was empfohlen wird, so erscheint auf dem Log-in-Screen ein entsprechender Hinweis darauf, dass die IP-Adresse mit protokolliert wird. Es entbehrt nicht einer gewissen Komik, dass man Leute, die einem Böses wollen, vorher noch über ihre Rechte aufklären muss.

Der Hinweis kann angepasst und mit einem entsprechenden Link zur Datenschutzerklärung ausgestattet werden.

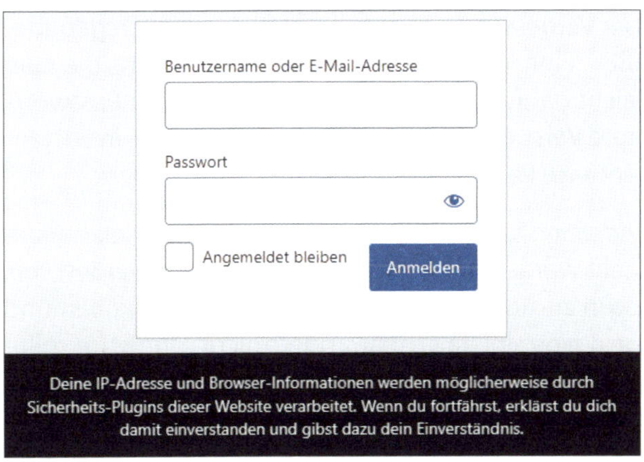

Hinweis auf der Log-in-Seite

Zusätzlich können Sie sich eine E-Mail über jede Sperrung zusenden lassen. Klingt zwar interessant, aber spätestens, wenn Ihre Webseite bekannter wird, werden Sie dies sehr schnell wieder ausschalten, glauben Sie mir.

Die Gratis-Version dieses Plug-ins läuft nur lokal, damit brauchen Sie sich zumindest schon mal keine Gedanken darüber zu machen, ob IP-Adressen oder anderes weitergegeben werden. In der Premium-Version kann man auf eine Cloud-Lösung zurückgreifen. Das hat wiederum den Vorteil, dass verdächtige IP-Adressen gleich global erkannt werden. Das heißt, es reicht, dass eine IP-Adresse auf anderen Webservern Log-in-Versuche unternimmt, um auch auf Ihrer Seite gesperrt zu werden. Die eigentliche Erkennungslogik wird hier als App bezeichnet, die noch mal ihre eigenen Einstellungen hat.

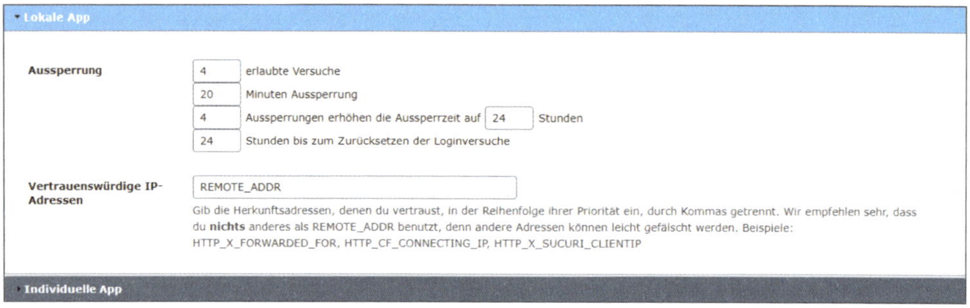

Einstellungen

Unter *Aussperrung* stellen Sie ein, wie scharf Sie die Regeln handhaben wollen. Das obige Beispiel besagt, dass ein Angreifer nach vier erfolglosen Log-in-Versuchen innerhalb von 24 Stunden für 20 Minuten geblockt wird. Das kann er insgesamt viermal machen (also 16 Versuche), danach wird er für 24 Stunden geblockt.

Nun könnte man darauf verfallen, das besonders scharf einzustellen und Benutzer schon nach zwei erfolglosen Versuchen für längere Zeit zu blocken. Die Idee ist zwar gut und erhöht die Sicherheit, aber vergessen Sie nicht, dass Sie damit auch gegebenenfalls mal sich selbst ausschließen. Eine versehentlich aktivierte ⇩-Taste, die man erst beim dritten Mal bemerkt, reicht dann schon. Oder ein automatischer Passwortmanager, der selbstständig mehrere Versuche unternimmt, wenn kein Log-in zustande kam, und in dem man das geänderte Passwort vergessen hat einzutragen.

Der Punkt *Vertrauenswürdige IP-Adressen* sagt lediglich aus, welcher der vielen Parameter, die vom Server bereitgestellt werden, als IP-Adresse genommen werden soll. Der Server gibt mehrere IP-Adressen zurück, die von verschiedenen Protokollen und Komponenten herkommen. Einige davon sind fälschbar, andere nicht. Ohne Not sollte die Standardeinstellung nicht geändert werden. Es gibt aber Fälle, zum Beispiel wenn die Webseiten hinter einem Load Balancer (ein zusätzlicher Server zur Lastverteilung) liegen, in denen diese Einstellung angepasst werden muss. Ich kenne Firmen, die es geschafft haben, wochenlang fröhlich ihre eigene IP-Adresse mit zu protokollieren. Wenn Sie mehr über die verschiedenen Arten, die IP-Adresse zu ermitteln, erfahren möchten, empfehle ich Ihnen einen Blick in die Dokumentation der PHP-$_SERVER-Variablen: https://www.php.net/manual/de/reserved.variables.server.php

> **Hinweis, wenn Sie sich aussperren**
>
> Falls Sie sich doch einmal mit diesem Plug-in selbst ausgesperrt haben, reicht ein Wechsel der IP-Adresse. Entweder, indem Sie einen VPN-Client nutzen, oder noch einfacher, indem Sie das DSL-Modem kurz aus- und wieder einschalten.

Das Ergebnis Ihrer Konfiguration können Sie dann zukünftig im Dashboard sehen:

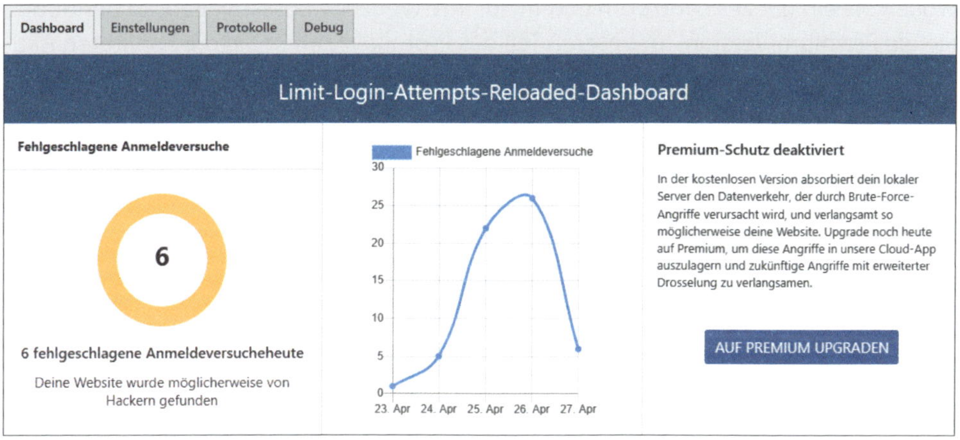

Dashboard von Limit Login Attempts Reloaded

Im unteren Bereich des Dashboards sehen Sie den zeitlichen Verlauf der Angriffe und die Länder, von denen die meisten Versuche ausgehen. Das heißt nicht zwingend, dass die Leute in diesen Ländern sitzen, denn sie können auch mittels VPN ein anderes Land vortäuschen.

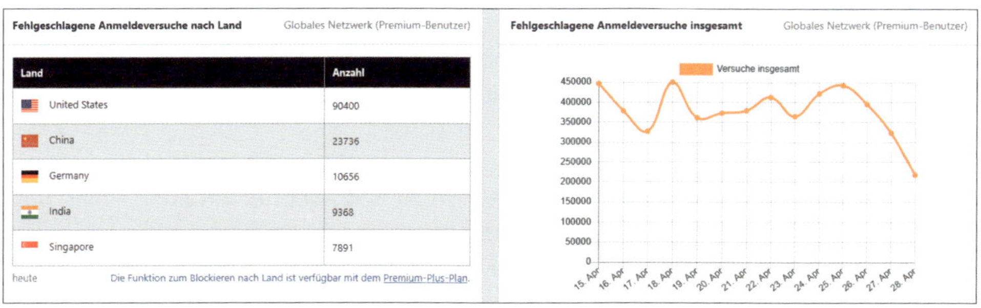

Globale Bedrohung nach Land und Tag

Im Reiter *Protokolle* haben Sie eine White- und Blacklist zur Verfügung. Hier können Sie alle IP-Adressen eintragen, die auf keinen Fall gesperrt werden sollen, und alle, die grundsätzlich gesperrt werden sollen. Hier können Sie zum Beispiel Ihre eigene IP-Adresse eintragen, um sicherzugehen, dass Sie selbst nie gesperrt werden. Das würde allerdings voraussetzen, dass Sie eine fixe IP haben, das haben meist vor allem Firmen. Umgekehrt können Sie IP-Adressen aussperren, die sich keinesfalls einloggen sollen. Allerdings können Leute unter dieser IP-Adresse weiterhin Ihre Webseite und auch das Log-in-Formular aufrufen, sie bekommen lediglich beim Log-in-Versuch eine Fehlermeldung.

ERROR: Too many failed login attempts.

Wollen Sie ein ganzes Land vom Log-in auf Ihre Webseite ausschließen, so benötigen Sie die Premium-Version. Im unteren Teil des Protokolls sehen Sie die konkreten Aktionen, die das System in letzter Zeit gegen verschiedene IP-Adressen vorgenommen hat.

Aussperrungsprotokoll

Protokolle leeren   Erhalte erweiterte Protokolle und visuelle Metriken durch ein Upgrade auf unsere Cloud-App

Datum	IP	Loginversuch als	Gateway	
April 26, 2022 04:13	206.189.86.187	admin (1 lockouts)	wp_xmlrpc	Unlocked
April 26, 2022 00:15	54.187.9.23	admin (1 lockouts)	wp_login	Unlocked
April 25, 2022 11:20	167.172.79.222	admin (1 lockouts)	wp_xmlrpc	Unlocked
April 13, 2022 16:13	18.169.163.109	homenownevada_lvsc66 (1 lockouts)	wp_xmlrpc	Unlocked
April 13, 2022 10:25	137.184.155.195	admin (1 lockouts)	wp_xmlrpc	Unlocked

Protokoll der Aktivitäten

Auf eine Besonderheit des Plug-ins möchte ich Sie noch aufmerksam machen:

Das WordPress-Log-in ist standardmäßig leider ziemlich geschwätzig. Es plaudert nämlich bei einem fehlerhaften Log-in recht naiv aus, ob der Benutzername falsch war oder das Passwort.

Das hilft einem potenziellen Angreifer schon mal herauszufinden, welcher Benutzername gültig ist, und reduziert die notwendigen Versuche bis zu einem Erfolg erheblich.

Fehler: Das Passwort, das du für den Benutzernamen **dirk** eingegeben hast, ist nicht korrekt. Passwort vergessen?

Fehler: Der Benutzername **dirk2** ist auf dieser Website nicht registriert. Falls du dir über deinen Benutzernamen unsicher bist, versuche es stattdessen mit deiner E-Mail-Adresse.

Dagegen ändert das Plug-in die Fehlermeldung, sodass der Angreifer nicht mehr erfährt, was falsch ist.

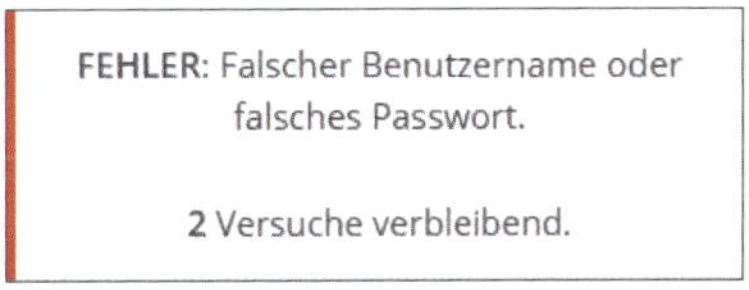

11.3 Plug-ins für Layout

11.3.1 Auffällige Aktionsboxen einbinden: Boxzilla

Link: https://de.wordpress.org/plugins/boxzilla/

Kennen Sie diese zum Teil recht nervigen Blöcke, die auf einer Webseite aufploppen oder von der Seite reinfahren, einige Zeit, nachdem die Seite geladen wurde? Solche Boxen können Sie mit *Boxzilla* erstellen, und zwar auch so, dass sie Ihre User nicht zu sehr nerven.

Zunächst einmal müssen Sie Ihre Box über einen relativ komfortablen Editor bearbeiten. Dabei können auch Bilder, Formulare und Links eingebunden werden.

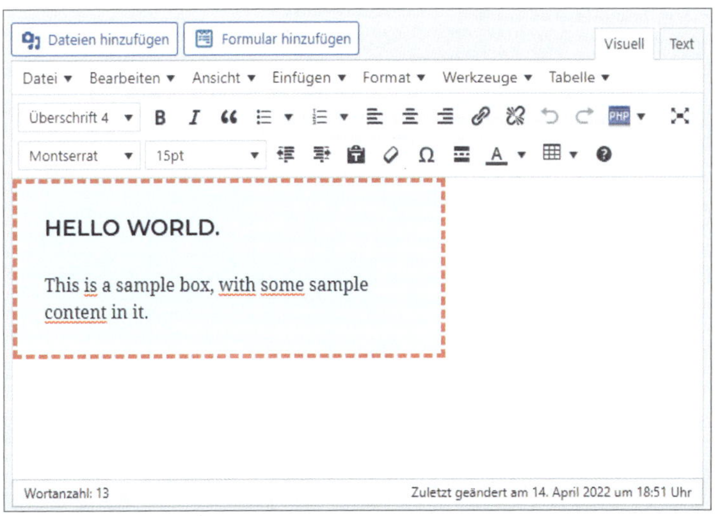

Box definieren

Die Farben für Vorder- und Hintergrund, die Boxgröße sowie die Rahmenart werden in einer extra Auswahl festgelegt. Ein Wort noch zur Boxbreite: Testen Sie Ihre Box auf verschiedenen Geräten. Gerade auch auf Smartphones oder Tablets. Häufig sieht sie hier ganz anders aus als gewünscht, und es muss ein guter Kompromiss zwischen allen Anzeigegrößen gefunden werden.

Viel wichtiger sind allerdings die Boxoptionen. Wie schon eingangs erwähnt, können diese Boxen ziemlich nervig werden. Sie können nun festlegen, wie aufdringlich Ihre Boxen sein sollen. Zunächst einmal können Sie Regeln definieren, auf welcher Seite Ihre Box erscheinen soll, hier sind sowohl ODER- als auch UND-Verknüpfungen möglich: beispielsweise nur auf der Startseite und nur, falls der Besucher nicht eingeloggt ist.

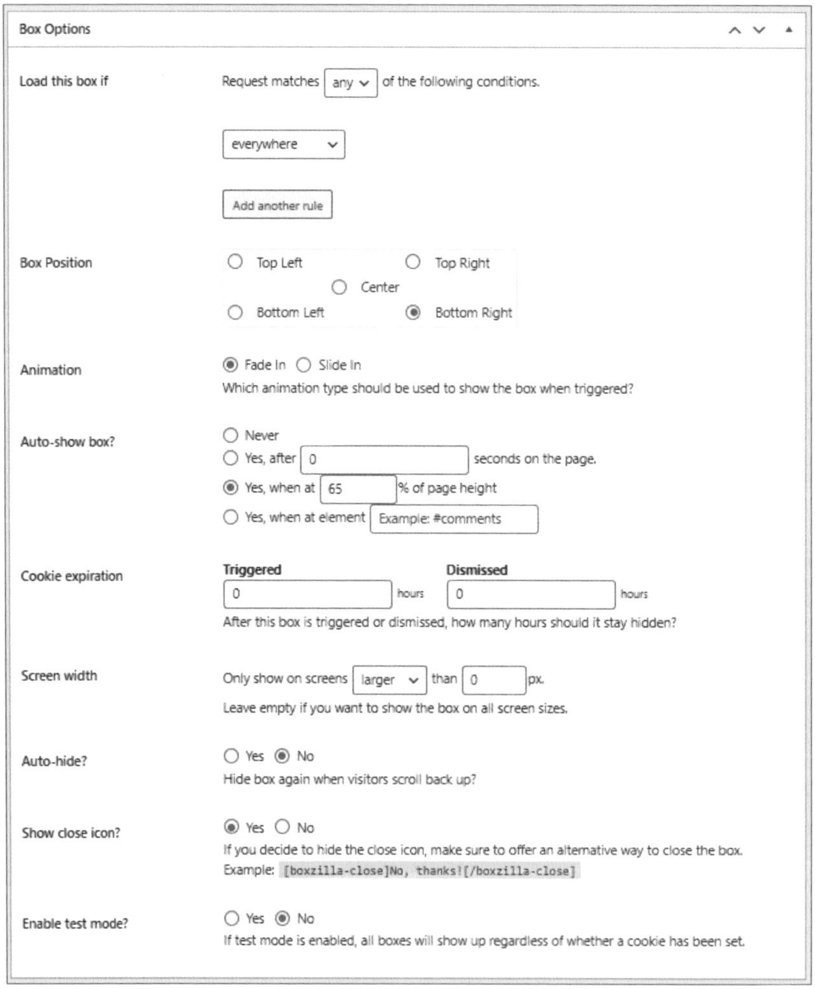

Einstellungen der Boxen

Die Box-Position sollte mit Bedacht gewählt werden. Ein dezentes Hereinfahren von der Seite ist meist angenehmer, als dem Besucher die Box in die Mitte des Bildschirms zu klatschen, am besten dann, wenn er gerade den Seitentext liest. Mit dem Cookie-Ablauf können Sie festlegen, wie lange demselben Benutzer keine Box mehr angezeigt werden soll, wenn er a) darauf geklickt hat und die erwünschte Aktion ausgelöst hat oder b) die Box ignoriert oder geschlossen hat.

Falls Ihre Box für Smartphones gar nicht geeignet ist oder sich kein Kompromiss zwischen großer und kleiner Bildschirmgröße finden lässt, besteht die Möglichkeit, die Box abhängig von einer Mindest- oder Maximalbreite anzuzeigen. Natürlich ist es auch möglich, einfach zwei Boxen zu kreieren, von denen die eine nur bei kleinen, die andere nur bei großen Geräten verwendet wird.

Ganz zum Schluss gibt es noch einen Testmodus. Da es keine Vorschau gibt, können Sie so Ihre Box ausprobieren, ohne jedes Mal die Cookies löschen zu müssen. Vergessen Sie aber nicht, den Testmodus wieder auszuschalten, sobald Sie fertig sind!

11.3.2 Besseren Editor verwenden: Elementor

Link: https://de.wordpress.org/plugins/elementor/

Elementor Website Builder ist ein kompletter eigener Editor mit sehr vielen Funktionen, um tolle Webseiten zu erstellen. Das Tool ist so mächtig, dass es hier nur kurz angerissen werden kann, andernfalls würde es das Kapitel sprengen. Wie meist gibt es neben der kostenlosen Basisversion eine kostenpflichtige Version, die ab 49 US-Dollar pro Jahr und Webseite kostet.

Direkt nach der Aktivierung werden Sie aufgefordert, einen Account zu erstellen und ein auf *Elementor* optimiertes Theme zu installieren. Beides ist nicht unbedingt notwendig und kann mit dem unscheinbaren Link *Überspringen* auf der rechten Seite übersprungen werden.

Mit *Elementor* können Sie Ihre Seiten pixelperfekt mit direkter Vorschau gestalten. Auf der linken Seite haben Sie die ganzen Widgets, die zur Verfügung stehen, und rechts haben Sie direkt die zu bearbeitende Seite. Wie Sie sofort sehen, stehen in der kostenpflichtigen Pro-Version wesentlich mehr Widgets zur Verfügung. Um Ihrer Webseite ein weiteres Element hinzuzufügen, ziehen Sie es einfach vom linken Menü in die Seite.

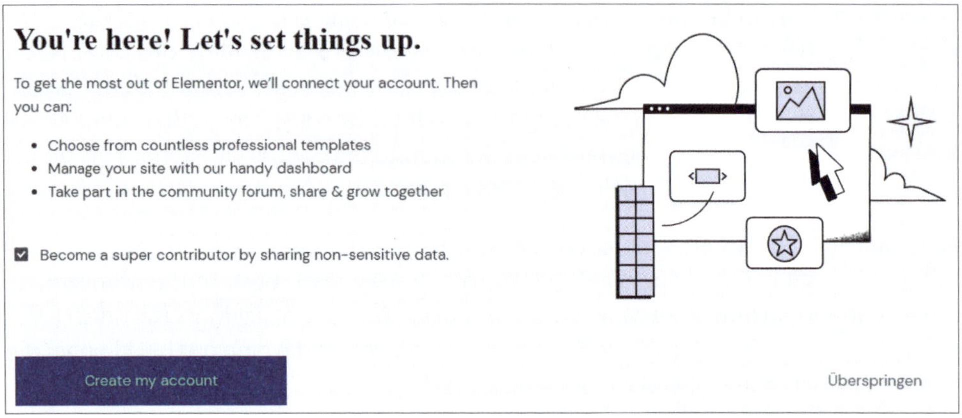

Willkommen bei Elementor

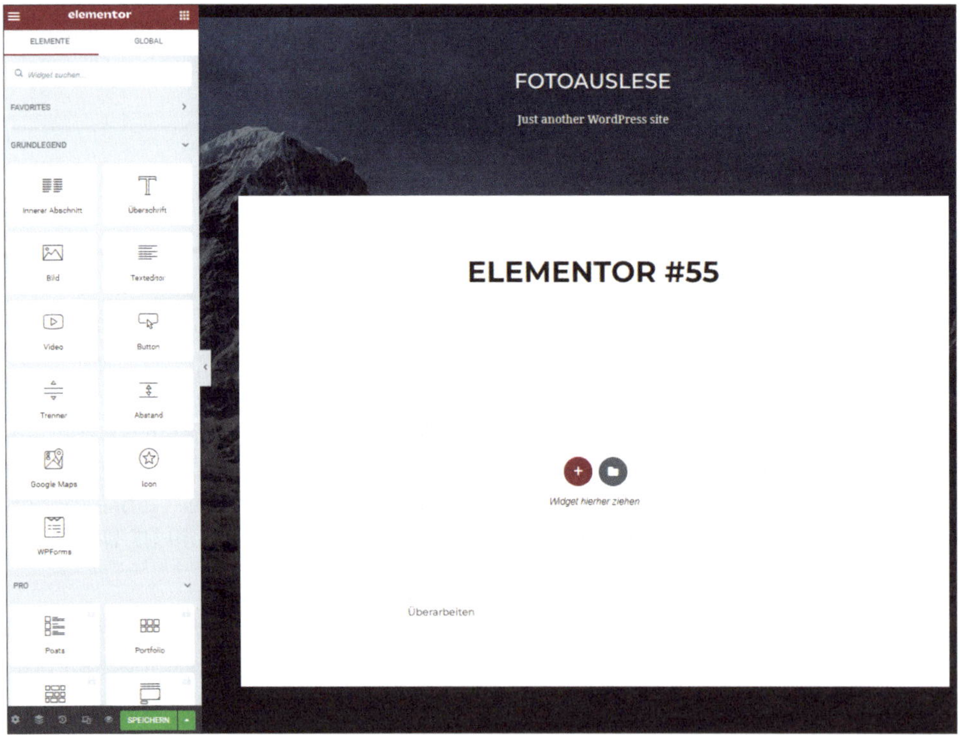

Der Elementor-Editor

Klicken Sie dagegen auf den roten Kreis mit dem Pluszeichen, haben Sie zuerst einmal die Möglichkeit, dem Abschnitt eine andere Spaltenstruktur zu verpassen. Jede einzelne Spalte kann nun wieder mit einem anderen Widget befüllt werden.

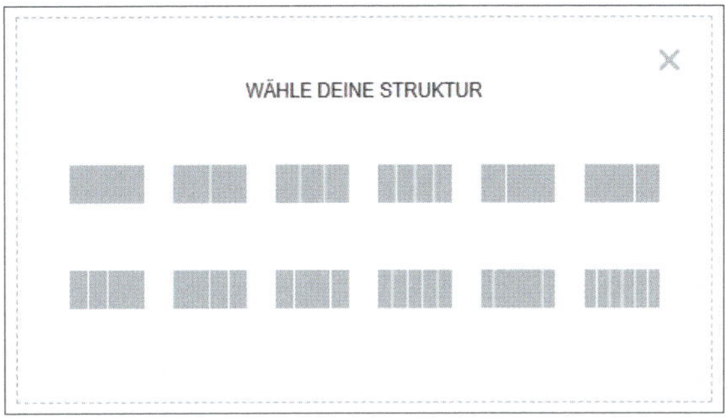

Spaltenstruktur bestimmen

Mit einem Klick auf das Ordner-Symbol gelangen Sie zu einer Bibliothek mit vielen vordefinierten Blöcken und ganzen Seiten. Dazu müssen Sie allerdings mindestens ein kostenloses Benutzerkonto erstellen. Hier finden Sie auch selbst erstellte Templates. Haben Sie Blöcke, die sich auf Ihrer Webseite wiederholen, zum Beispiel einen Kontakthinweis, so können Sie sie als Template abspeichern und ab sofort direkt aus der Bibliothek einfügen.

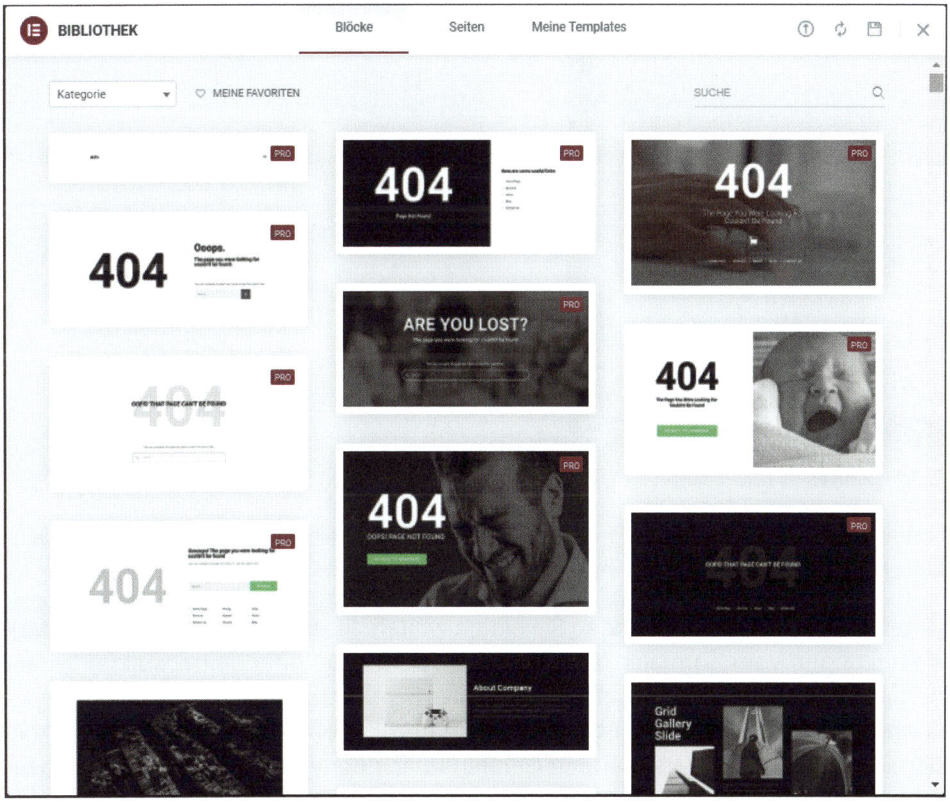

Bibliothek in Elementor

Wenn Sie ein Widget auf die Webseite ziehen, zum Beispiel Text, ändert sich links das Menü mit den passenden Einstellungen zum Element und in der Mitte sehen Sie direkt das Element.

Sie können den Text sowohl im linken Menü als auch direkt innerhalb der Webseite bearbeiten. Allerdings würde ich Ihnen sehr empfehlen, Inhalte über das Menü zu ändern, das erspart Ihnen das eine oder andere Problem.

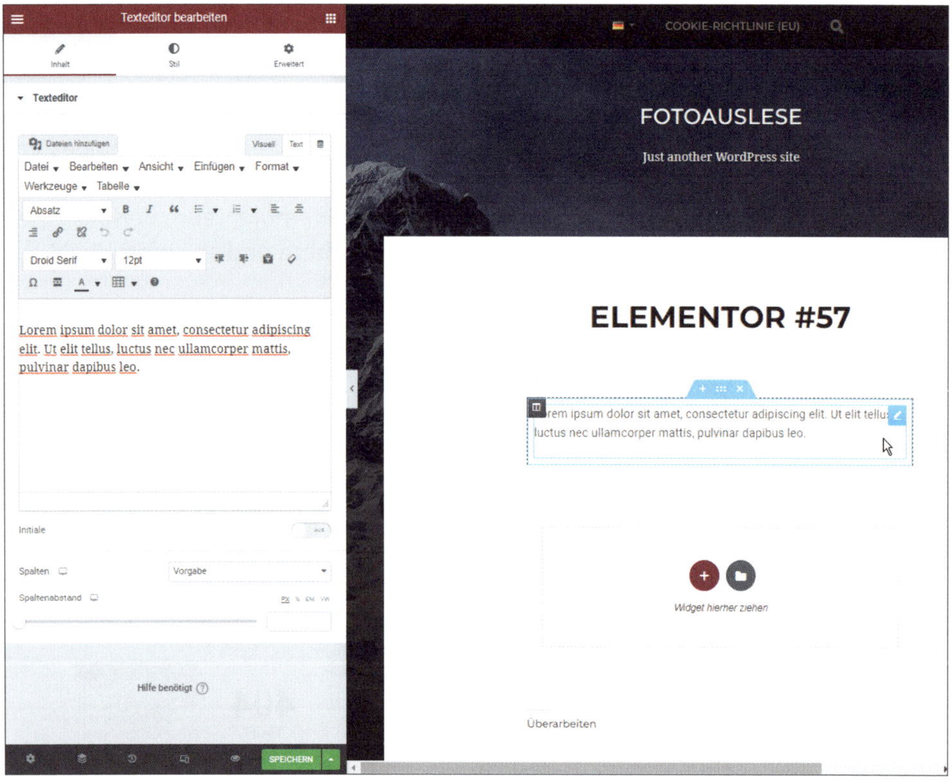

Bearbeitung eines Text-Blocks

Unter den Rubriken *Stil* und *Erweitert* kommen Sie zu weiteren Einstellungsmöglichkeiten, etwa um Abstände, Rahmen, Animationen und vieles mehr festzulegen.

Unten in der linken Spalte finden Sie einige weitere Icons, mit denen Sie die Seiteneinstellungen vom normalen WordPress, wie Seitentitel oder Beitragsbilder, verändern können. Sie können sich den Verlauf Ihrer Bearbeitungen ansehen und gegebenenfalls zu einem früheren Zustand zurückkehren. Zudem haben Sie die Möglichkeit, sich die Vorschau für verschiedene Geräte (Smartphone, Tablet, Desktop-PC) anzusehen.

Weitere Aktionen

Vorsicht vor dem Button *Speichern*! Anders als zu erwarten wäre, speichert er die Seite nicht nur, sondern veröffentlicht sie sofort. Möchte man sie als Entwurf speichern, so findet man den entsprechenden Punkt unter dem Menü neben dem Button. Hier findet sich ebenso die Möglichkeit, das eben Entworfene als Template in der Bibliothek zu speichern.

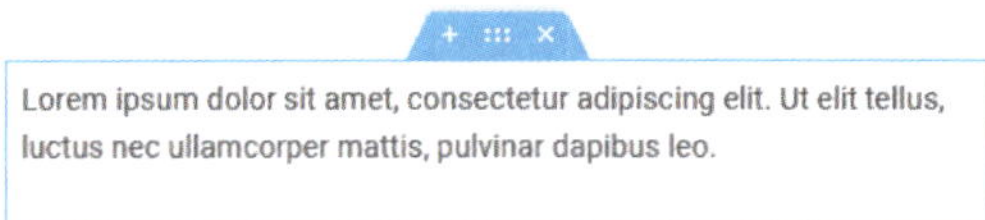

Einstellungen des Blocks

Fahren Sie mit der Maus über einen Abschnitt im Hauptfenster, so bekommen Sie weitere Aktionen. Halten Sie das Icon mit den sechs Punkten gedrückt, so können Sie diesen Abschnitt innerhalb der Seite verschieben und anders anordnen. Klicken Sie nur darauf, haben Sie die Möglichkeit, Einstellungen für den ganzen Block zu ändern. Auch hier kann man Abstände einstellen, Animationen einfügen und vieles mehr.

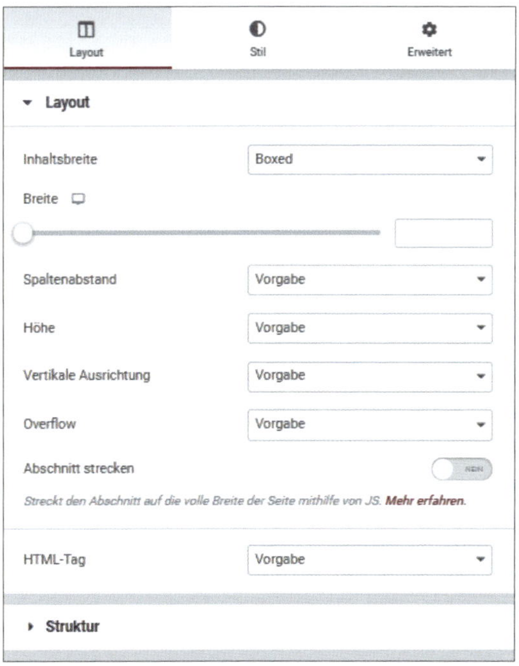

Einstellungen für Blöcke

Alles in allem ist *Elementor* trotz ein paar kleinerer Mankos ein schönes Tool, um einfach ansprechende Webseiten zu erstellen.

11.3.3 Attraktive Bildergalerie einbinden: Responsive Lightbox & Gallery

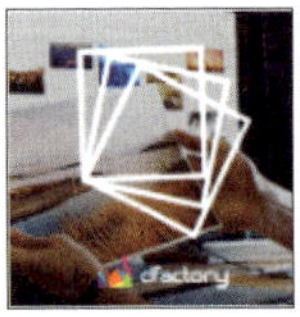

Link: https://de.wordpress.org/plugins/responsive-lightbox/

In Kapitel 9 über verschiedene Blocktypen haben Sie schon eine einfache Galerie-Funktion kennengelernt. Diese war aber nicht sonderlich ästhetisch. Schöner ist da eine sogenannte Lightbox, wie der Webdesigner sie nennt. *Responsive Lightbox & Gallery* ist ein solches Plug-in dafür.

Nach der Installation finden Sie im WordPress-Menü zwei weitere Oberpunkte: *Galerie* und *Lightbox*. Unter *Galerie* können Sie eine neue Galerie anlegen. Im einfachsten Fall wählen Sie die gewünschten Bilder aus der Mediathek aus.

Die Galerie-Übersicht mit einer angelegten Galerie

Im Lightbox-Menüpunkt können Sie vielfältige Einstellungen vornehmen, bis hin zu externen Bildergalerien oder einer Rechteverwaltung. Die interessanteste Einstellung für den Anfang dürfte mit *Standard-Lightbox* die Art sein, wie die Galerien dargestellt werden.

Um die erstellte Galerie einzubinden, haben Sie zwei Möglichkeiten. Entweder Sie benutzen den erstellten Shortcode zum Beispiel *[rl_gallery id="541"]*, damit kann die Lightbox fast überall eingebunden werden, oder Sie verwenden im Block-Editor den neuen Blocktyp *Galerie*.

Einbindung mit Shortcode

Je nach den Einstellungen hat die fertige Lightbox dann bequeme Vor- und Zurück-Buttons und eine Vorschau.

Fertige Lightbox-Galerie

12. Ein eigener Newsletter

Viele kommerzielle Webseiten, aber auch viele Blogs, haben einen eigenen Newsletter. Die Intention ist klar: Man will den Nutzer auf dem Laufenden halten, sobald sich etwas Neues auf der Webseite getan hat, oder das Anbieten von Produkten und Aktionen unterstützen. Für WordPress gibt es dazu eine Vielzahl verschiedener Plug-ins, von denen wir uns ein populäres genauer ansehen wollen.

12.1 Grundsätzliches

Bevor Sie jetzt blind das nächstbeste Newsletter-Plug-in installieren, weil alle anderen das auch machen, sollten Sie sich erst einmal ein paar Gedanken darüber machen, was und wen Sie damit erreichen wollen.

Mögliche Ziele von Newslettern:

- **Neue Kunden/Leser gewinnen**
  Sie haben irgendwie die E-Mail-Adresse von potenziellen Interessenten erhalten, zum Beispiel im Austausch gegen ein Gratis-E-Book, und wollen diese nun aktivieren und an Ihre Seite heranführen. Hier redet man im Marketing auch gern von Funnels. Die neuen Abonnenten bekommen in bestimmten Abständen abgestimmte automatische Mails und sollen so zu Kunden oder Stammlesern werden.
- **Alte Kunden/Leser halten oder reaktivieren**
  Sie wollen Ihre Zielgruppe motivieren, wieder auf Ihre Seite zu klicken. Geeignet dazu sind Informationshäppchen oder Textauszüge aus Ihren Beiträgen, um den Nutzer »anzufüttern«.
- **Bestehende Nutzer informieren**
  Vielleicht dient Ihr Newsletter auch nur der Information, und es ist Ihnen gleich, ob Ihr Nutzerkreis diese über die Webseite oder ausschließlich über den Newsletter bekommt. Zum Beispiel ein automatisierter Newsletter mit allen neuen Artikeln der letzten Zeit.

Newsletter können manuell versendet werden, es können aber auch zu festgelegten Zeiten automatische Newsletter mit vordefinierten oder automatisch generierten Inhalten versendet werden. Moderne Newsletter-Systeme bieten beide Optionen und gehen schon in den Bereich der Marketing Automation Tools.

Ein Newsletter-Versand kann sich, falsch gemacht, auch schnell kontraproduktiv oder als Bumerang erweisen. Deshalb möchte ich an dieser Stelle auf einige Gefahren beim Newsletter-Versand hinweisen:

- **Newsletter wird zu häufig gesendet**
  Manche Seiten sind so von sich überzeugt, dass sie ihre Interessenten mehrfach pro Woche anschreiben. Klar, Sie haben einen neuen Beitrag veröffentlicht und möchten ihn mit allen teilen. Aber vergessen Sie nicht, dass Ihre Leser höchstwahrscheinlich auch noch andere Newsletter abonniert haben und auch nicht immer Lust und Zeit haben. Da wird dann schon mal schnell auf *Abbestellen* gedrückt.
- **Newsletter wird zu selten gesendet**
  Zugegeben, das kommt zwar seltener vor, aber auch das erlebt man: Man meldet sich für einen Newsletter an, weil man sich in dem Moment für dieses Thema interessiert, und ein halbes Jahr später bekommt man den ersten Newsletter und ärgert sich über die Zusendung, weil man schon längst vergessen hatte, dass man sich selbst mal angemeldet hatte.
- **Schlafende Hunde wecken**
  Haben Sie auf Ihrer Webseite ein kostenpflichtiges Abomodell für ein Produkt, so ist es vielleicht gar nicht umsatzfördernd, die Kunden zu häufig daran zu erinnern. Ich hatte einen Betreiber, der den Newsletter-Versand einstellte, nachdem man bei Auswertungen festgestellt hatte, dass nach jedem Newsletter die Kündigungen von Abos stark anstiegen.

12.2 Arten von Tools

Bei den Plug-ins für Newsletter kann man ganz allgemein zwischen drei Arten von Tools unterscheiden:

- **Plug-ins, die auf dem eigenen Server liegen und das lokale E-Mail-System nutzen**
  Der Vorteil hierbei ist, dass Sie alles bei sich haben und keinerlei Daten über Ihre Newsletter-Empfänger an andere geben müssen. Der große Nachteil ist, dass die Mailserver, die Ihr Provider anbietet, nicht dafür gedacht sind und relativ schnell blockieren, wenn Sie zu viele Mails in zu kurzer Zeit senden. Darüber hinaus kann es passieren, dass Sie schnell bei den diversen Mailservern der Empfänger auf einer Blacklist landen und Sie dann den jeweiligen Betreiber erst überzeugen müssen, dass es ein legitimer Versand ist. Zudem haben Sie lokal in der Regel nicht die Möglichkeit, Bounces (also Mails, die aus irgendeinem Grund wieder zurückkommen) zu erkennen und entsprechend zu bearbeiten. Somit sind diese Tools eher für einen sehr überschaubaren Empfängerkreis geeignet.
- **Plug-ins, die auf dem eigenen Server liegen, aber den Versand über ein fremdes E-Mail-System machen**
  Dabei liegt das eigentliche Newsletter-Programm auf Ihrer eigenen Webseite und Sie sind weiterhin Herr über Ihre Kundendaten, aber zum Versand wird eine Verbindung zu einem speziellen Mailserver aufgenommen, der die Mails dann für Sie

verschickt. Somit unterliegen Sie keinerlei Beschränkungen durch Ihren Provider, und der Anbieter eines solchen Mailservers hat diesen bereits für den Versand von großen Massensendungen ausgelegt. Ein großer Anbieter hat eine bessere Reputation und es damit einfacher, wieder von einer Blacklist entfernt zu werden, da er viele Kunden repräsentiert. Nachteile: Dadurch, dass so ein spezieller Anbieter die Newsletter einer Vielzahl von Kunden betreut, kann es passieren, dass er (und damit auch Sie) auf einer Blacklist landen, obwohl Sie gar nicht schuld sind, sondern weil ein anderer Spam verschickt hat. Zudem verlangen diese Anbieter spätestens, wenn der Umfang größer wird, natürlich Geld für ihre Dienstleistung.

- **Plug-ins, die lediglich als Schnittstelle zu einem fremden System fungieren**
  Die dritte Art von Plug-ins dient lediglich noch als Schnittstelle zwischen Ihrem WordPress und einem externen System und übernimmt nur noch die Datenübermittlung an das externe System. Daten, Auswertungen und natürlich auch die Mailsysteme liegen komplett bei diesem Anbieter. Vorteil: Dabei handelt es sich um hochspezialisierte Anbieter mit entsprechendem Know-how und IT-Infrastruktur. Nachteil: Sie müssen Ihre Daten aus der Hand geben und spätestens ab einer gewissen Größe Ihres Empfängerkreises werden entsprechende Kosten fällig.

Für einen Vertreter vom Typ 1 und 2 wird im Folgenden *MailPoet* ausgewählt und beschrieben, als ein Vertreter vom Typ 3 kommt zum Beispiel *MailChimp* infrage. Beides sind gängige, populäre Plug-ins, die auch von namhaften Firmen eingesetzt werden. Natürlich gibt es auch noch eine Vielzahl weiterer Plug-ins für diesen Zweck.

12.3 Eigenes Newsletter-System mit MailPoet

Das Plug-in MailPoet

Wenn Sie *MailPoet* direkt aus dem WordPress-Menü starten, führt Sie ein Assistent zunächst durch die Grundeinstellungen. Anfangs sollten Sie festlegen, unter welchem Absendernamen Sie Ihre Mails verschicken wollen. Wählen Sie am besten einen, der auch wirklich klar macht, was es mit dieser Mail auf sich hat. Zum Beispiel »Neuigkeiten von Reise-deinen-Traum« oder »Weltreise-Newsletter«. Schlechte Beispiele wären, einfach nur Wörter wie »Wichtig« oder »Newsletter« als Absendernamen zu nehmen.

Die E-Mail-Adresse wird bereits vorausgefüllt, dabei sollten Sie erst einmal bleiben, das ist die Standard-Adresse, unter der Sie den Blog aufgesetzt haben, somit können Sie schon mal sicher sein, dass diese nutzbar ist.

Grundeinstellungen

Bei den Nutzungsdaten und dem Laden externer Bibliotheken empfehle ich beide Male, dies abzulehnen. Gerade das Laden von externen Bibliotheken ist datenschutzrechtlich kritisch, da dabei die IP-Adresse Ihres Besuchers weitergegeben werden könnte.

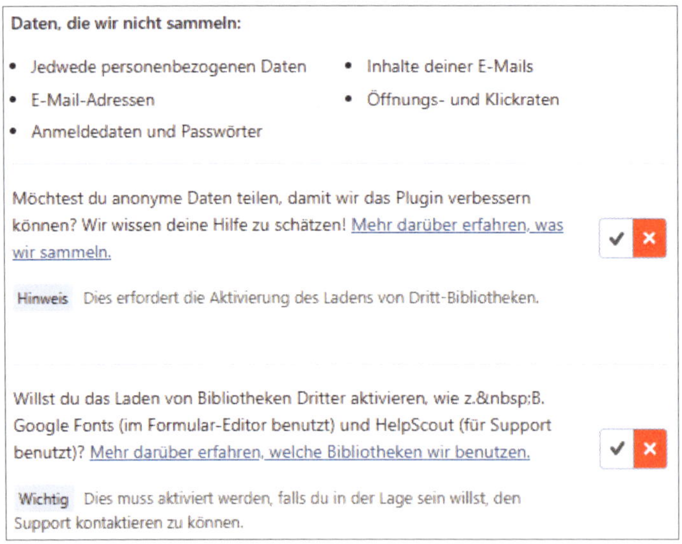

Datenweitergabe und Nutzung externer Bibliotheken

Im letzten Schritt haben Sie die Möglichkeit, sich zu entscheiden, ob Sie den Mailserver von *MailPoet* nutzen wollen oder die Newsletter lieber über Ihr eigenes System verschicken.

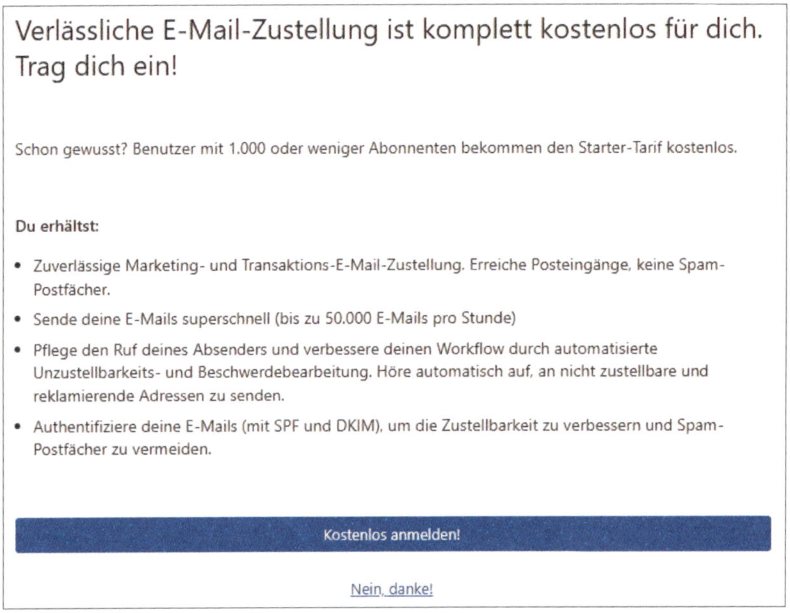

Externen oder internen Mail-Server nutzen?

Eigentlich gibt es keinen Grund, nicht das Angebot von *MailPoet* zu nutzen, da die Bedingungen absolut fair sind: Für bis zu 1.000 Empfänger und bis zu 5.000 E-Mails im Monat ist das Angebot nämlich kostenlos, es ist lediglich eine Registrierung und das Ausfüllen eines Fragebogens notwendig.

Um Missbrauch vorzubeugen, werden Ihre Angaben und Ihre Webseite kurz geprüft, bevor Sie freigegeben werden. Das kann bis zu 24 Stunden dauern, aber in der Regel bekommen Sie bereits nach wenigen Minuten Ihren Schlüssel zum Aktivieren des Mail-Poet-Servers. Den Schlüssel, den Sie erhalten haben (eine kryptische Zeichenfolge), geben Sie einfach ein, sobald Sie danach gefragt werden, und schon können Sie kostenlos einen professionellen Mailserver für Ihren Newsletter nutzen.

Eingabe des Aktivierungsschlüssels

Wollen Sie den Server für den Versand später noch ändern, so können Sie das jederzeit über die Einstellungen im Reiter *Senden mit* tun.

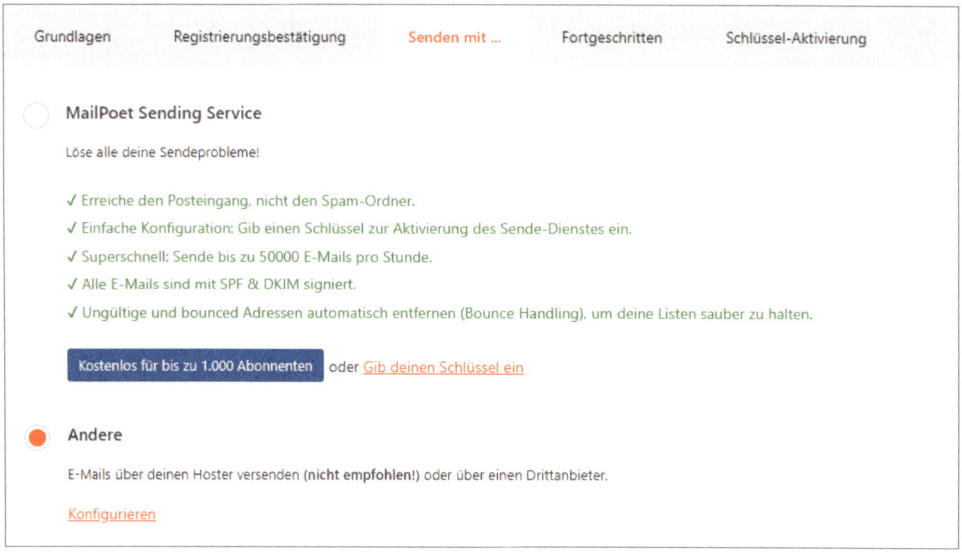

Mailserver nachträglich ändern

Übrigens können Sie unter *Andere* auch einen anderen SMTP-Server oder einen anderen Versandanbieter auswählen, falls Sie die E-Mails zwar extern, aber nicht über den MailPoet-Server schicken wollen.

12.3.1 Das Formular

Bevor Sie einen Newsletter versenden können, benötigen Sie natürlich eine Liste der Empfänger. Diese sammeln Sie am besten über ein entsprechendes Formular ein, das Sie im Unterpunkt *Formulare* im MailPoet-Register aufrufen können.

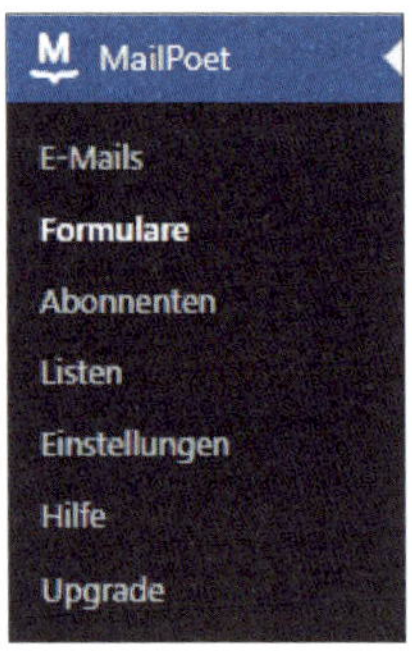

MailPoet-Menüstruktur

Wenn Sie ein neues Formular erstellen, können Sie entweder ein vorgefertigtes Formular aus einer Vielzahl von Templates verwenden oder ein neues Formular anlegen. Fangen wir einmal mit einem nackten Formular an. Die Optionen bei den vorgefertigten Templates sind die gleichen, nur ist dort schon gestylter Inhalt hinterlegt.

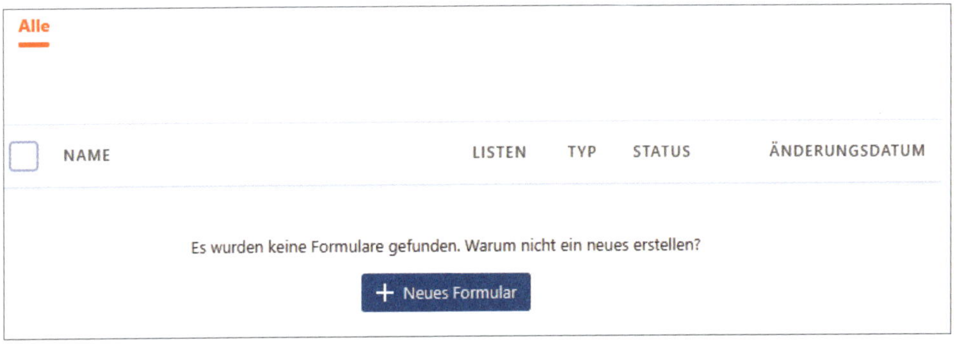

Neues Formular erstellen

Der Editor für das Formular wird Ihnen vermutlich bekannt vorkommen. Dabei handelt es sich nämlich wieder um den Block-Editor von WordPress.

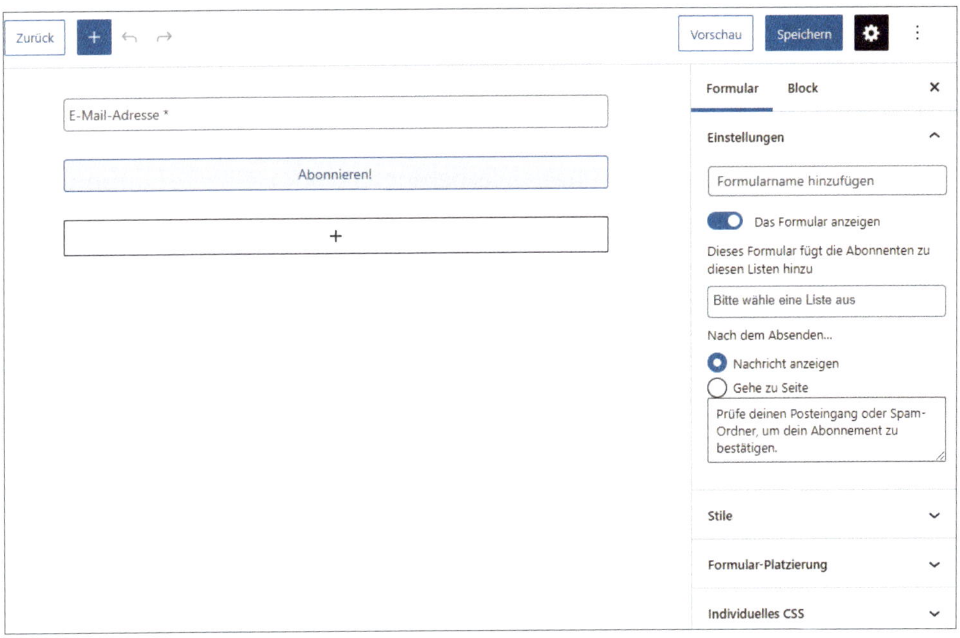

Ein neues Formular anlegen

Auch wenn Sie kein Template verwenden wollen, sondern komplett frisch anfangen, werden Ihnen die allerwichtigsten Komponenten bereits vorab angelegt und können auch nicht entfernt werden, und zwar das Eingabefeld für die E-Mail-Adresse und der *Abonnieren*-Button.

Das Formular mit diesen beiden Elementen kommt erst einmal betont nüchtern daher, kann aber im vertrauten Menü für die Block-Einstellungen auf der rechten Seite angepasst werden. Bevor Sie jedoch alle Optionen sehen, müssen Sie zuerst einmal unter *Stile* den Schalter *Stil von Theme übernehmen* deaktivieren.

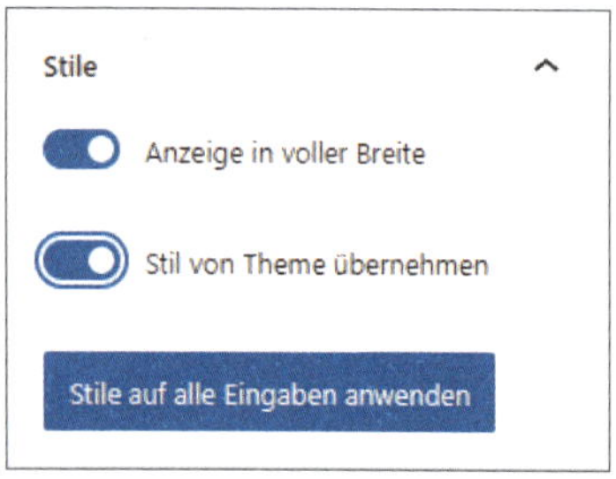

Diesen Schalter gibt es sowohl beim Formularmenü als auch bei den Blockmenüs für die einzelnen Elemente.

Stil übernehmen

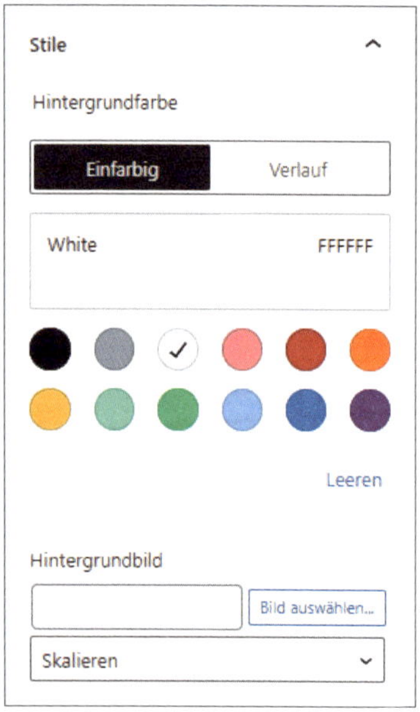

Danach können Sie Ihr Formular beliebig anpassen. Suchen Sie sich Farben aus, die optimal zu Ihrer Webseite passen. Bilder sagen mehr als Worte – mit einem Hintergrundbild wird Ihr Formular noch attraktiver und lädt mehr Leute ein, ihre E-Mail-Adresse zu hinterlassen.

Selbstverständlich können Sie auch eine ganze Reihe bereits bekannter Block-Elemente nutzen, um Ihr Formular aufzupeppen. Als kleine Anregung: Fügen Sie einen Spalten-Block ein, ziehen Sie die bestehenden Elemente in diesen hinein und ergänzen Sie den Columns-Block noch mit einem Bild und einer Überschrift.

Bilder und Hintergrundbild festlegen

Newsletter-Formular mit abgerundeten Ecken und zusätzlichem Bild

Bislang haben Sie nur die technisch minimal notwendigen Formular-Elemente, aber Sie können auch weitere Eingabefelder hinzufügen. Bereits vorbereitet sind Blöcke für Vor- und Nachname sowie eine Listenauswahl.

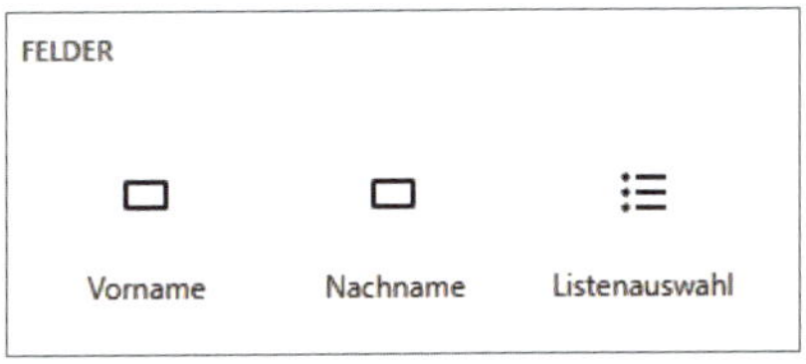

Weitere vordefinierte Eingabefelder

Möchten Sie weitere Felder hinzufügen, so können Sie diese mit dem Blocktyp *Individuelles Feld* erstellen, und das sollten Sie auch gleich tun, da das bisherige Formular zwar die minimalen technischen, aber nicht die rechtlichen Anforderungen erfüllt. Fügen wir also beispielhaft die Zustimmung zur Datenspeicherung hinzu.

Die Zustimmung zur Datenspeicherung ist ein einfacher Haken. Dafür ist der Feldtyp *Auswahlbox* vorhanden. Geben Sie einen Feldnamen an, der dann auch in dem Formular erscheint. Die Anmeldung zum Newsletter ist natürlich unmöglich ohne diese Einwilligung, deswegen schalten Sie *Erforderliches Feld* ein. In dem letzten leeren Feld muss der Text, der neben der Checkbox stehen soll, eingetragen werden. Der Haken davor ist die Default-Einstellung, sie darf bei einer Einwilligung nicht vorab gesetzt sein.

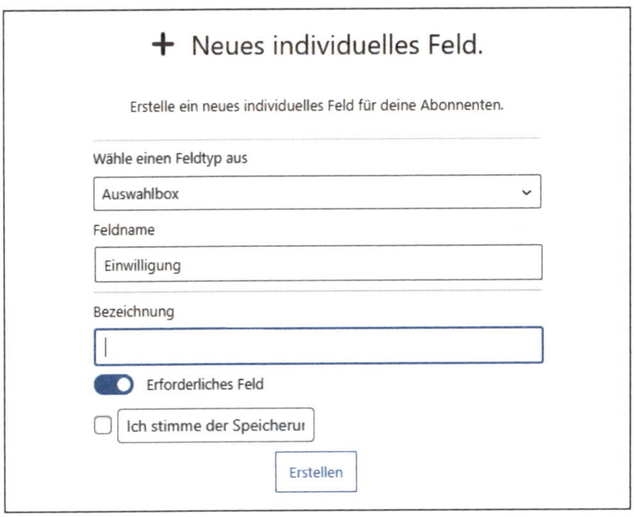

Feld für eine Einwilligungs-Checkbox

Auf diesem Wege können Sie auch weitere Daten von Ihren Besuchern abfragen, zum Beispiel das Geburtsdatum. Die hier eingegebenen Daten finden Sie später in der Liste Ihrer Abonnenten und können zur Individualisierung des Newsletters genutzt werden. Für den Fall, dass Sie später Newsletter für den Vater- oder Muttertag planen, wollen Sie jetzt noch das Geschlecht der Abonnenten wissen. Fügen Sie dafür ein neues individuelles Feld hinzu, diesmal mit dem Feldtyp *Auswählen*, und tragen Sie die entsprechenden Optionen ein. Ab sofort können Ihre Subscriber nun ihr Geschlecht eintragen, wenn sie wollen.

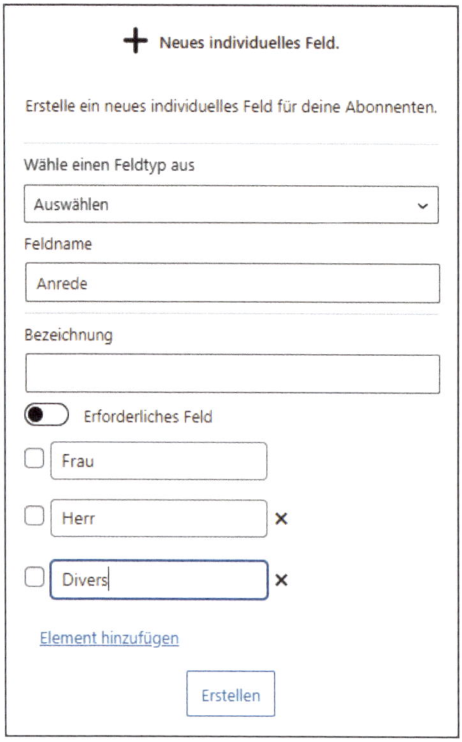

Individuelles Feld mit Auswahlfeldern

Das fertige Formular mit Anrede und Einwilligung

Bevor Sie das Formular nun nutzen können, um Abonnenten einzusammeln, sind noch ein paar letzte Einstellungen nötig, denn Ihr Formular weiß ja noch gar nicht, was es machen soll.

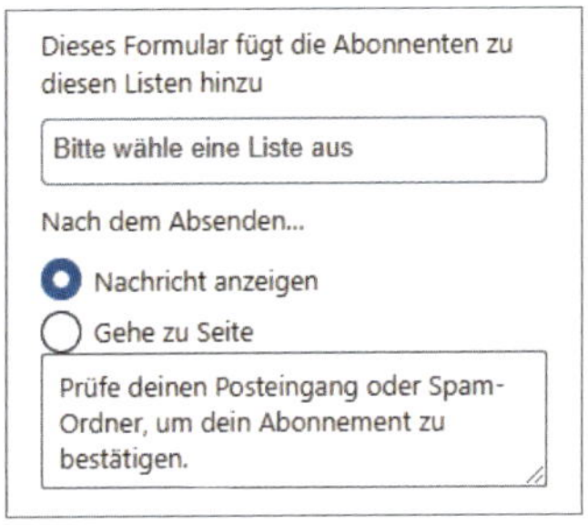

Da Sie problemlos mehrere Formulare für unterschiedliche Zwecke auf Ihrer Webseite unterbringen können, muss jedes Formular wissen, was es mit den erhaltenen E-Mail-Adressen machen soll. Wählen Sie hierzu eine Liste aus, in die die Abonnenten eingefügt werden sollen. Vermutlich wird sich am Anfang nur eine einzige Liste auswählen lassen.

Was soll nach dem Abschicken des Formulars passieren?

Nach dem Absenden des Formulars haben Sie als Rückmeldung für den Nutzer zwei Alternativen:

- **Nachricht anzeigen**
  Dem Nutzer wird eine kurze, frei wählbare Nachricht angezeigt.
- **Gehe zu Seite**
  Der Benutzer wird auf eine frei anpassbare WordPress-Seite (kein Beitrag) geschickt, die Sie aber vorher erst anlegen müssen. Dies ist die schönere Lösung.

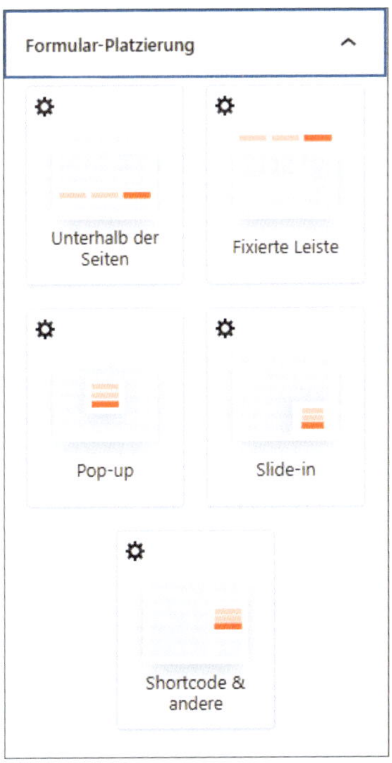

Nun müssen Sie nur noch festlegen, wo Ihr Formular platziert werden soll. Die Einstellungen dazu finden Sie ganz unten bei den Formular-Einstellungen.

Die ersten vier Optionen sind einfache Einblendungen, die leicht umzusetzen sind, die Option *Shortcode & andere* ist dagegen eine Sonderform. Die Optionen müssen nicht isoliert ausgewählt werden, sondern sind auch kombinierbar, so wäre es denkbar, das Newsletter-Formular auf der Startseite als Pop-up zu bringen und auf allen Unterseiten statisch am Seitenende.

Wo soll das Formular platziert werden?

Wenn Sie eine der Optionen auswählen, so müssen Sie diese zunächst aktivieren, danach können Sie festlegen, auf welchen Ihrer WordPress-Seiten dieses Formular erscheinen soll.

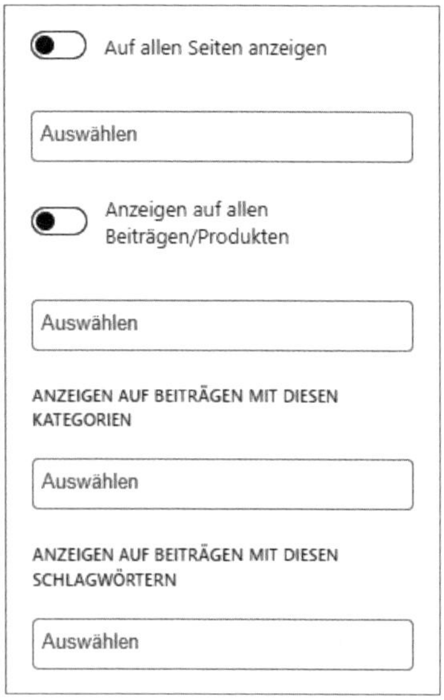

Wo soll das Formular erscheinen?

Das Formular kann auf allen Seiten bzw. Beiträgen angezeigt werden, auf bestimmte Kategorien oder Stichwörter beschränkt werden oder nur auf ausgewählten Seiten eingeblendet werden.

Zum Schluss haben Sie noch die Wahl, nach welcher Verweildauer dem Nutzer das Formular eingeblendet werden soll, und, wenn er es wegklickt, wann es ihm das nächste Mal angezeigt wird.

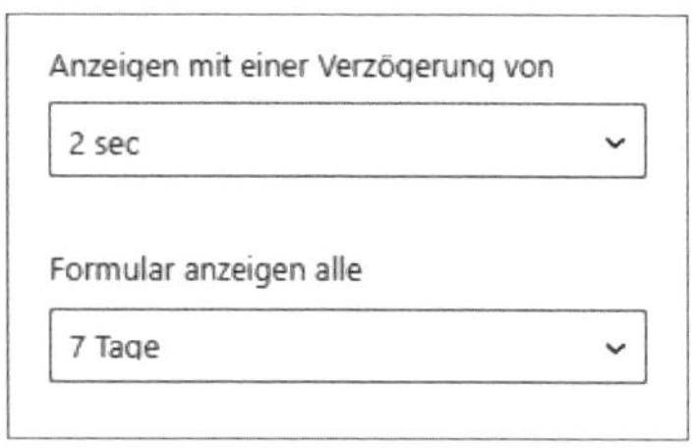

Anzeigezeit

Vergessen Sie aber nicht, je mehr Sie Ihre Leser nerven, desto höher ist die Wahrscheinlichkeit, dass sie Ihre Webseite schnell wieder verlassen. Eine Webseite, die einem jedes Mal, sobald man anfängt, einen Beitrag zu lesen, ein Newsletter-Formular vor die Nase klatscht, wird nicht viele Freunde haben.

Die letzte Anzeigeoption ist schließlich der Shortcode. Sie erhalten einen kurzen Code, den Sie einfach kopieren und überall in Ihren Beiträgen einfügen können.

> Du kannst dieses Formular einem Widget-Bereich deines Themes hinzufügen (Neuer Tab).
>
> Oder auf einer beliebigen Seite oder Block, oder mit diesem Shortcode, falls du es bevorzugst `[mailpoet_form id="1"]`
>
> Benutze PHP oder iFrame.

Shortcode abrufen

Sieht der Betrachter die fertige Webseite, so wird der Shortcode automatisch durch das Formular ersetzt.

> Meine erste unerwartete Herausforderung stand an: mit dem Taxi in die Stadt fahren. Ich hatte mir zwar extra eines der teuren Airporttaxis herausgesucht, musste aber dann doch feststellen, dass es ohne Spanisch schwer ist. Selbst mit der aufgeschriebenen Adresse konnte er nur bedingt was anfangen, so dass es damit endete, dass ich den Taxifahrer mittels Karte auf dem Smartphone zum Ziel lotste.[mailpoet_form id="1"]

Shortcode im Fließtext

> Meine erste unerwartete Herausforderung stand an: mit dem Taxi in die Stadt fahren. Ich hatte mir zwar extra eines der teuren Airporttaxis herausgesucht, musste aber dann doch feststellen, dass es ohne Spanisch schwer ist. Selbst mit der aufgeschriebenen Adresse konnte er nur bedingt was anfangen, so dass es damit endete, dass ich den Taxifahrer mittels Karte auf dem Smartphone zum Ziel lotste.

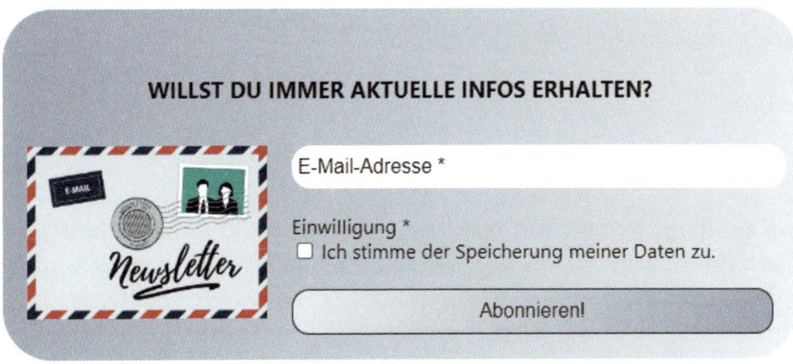

Das Ergebnis auf der Webseite

Diese letzte Anzeigeoption hat den Vorteil, dass sie dezent eingebunden wird und nicht mit irgendwelchen Einblendungen oder Animationen nervt.

Wenn ein Nutzer sich nun in die Newsletter-Liste einträgt, bekommt er automatisch die E-Mail mit dem Bestätigungscode für den Double-Opt-in, sodass Sie sich da nicht weiter drum kümmern müssen und auf der rechtlich sicheren Seite sind.

12.3.2 Listen und Segmente

Bevor wir uns um die Abonnenten kümmern, schauen wir uns erst mal die Listen an. Listen beinhalten alle Abonnenten eines Newsletter-Formulars. Als Sie zuvor Ihr Eintragsformular angelegt haben, mussten Sie bereits eine Liste auswählen, in der die Daten landen sollen.

Wenn Sie die Listen aus der linken Menüleiste aufrufen, kommen Sie direkt zu einer Übersicht mit zwei vorangelegten Listen. In der einen finden Sie alle WordPress-Benutzer, sofern Sie weitere angelegt haben, in der zweiten Liste finden Sie die Nutzer, die sich über Ihr Formular eingetragen haben. In der Listenübersicht finden Sie direkt die aggregierten Zahlen der Empfänger, der nicht bestätigten E-Mails, der Kündigungen und der zurückgesendeten E-Mails.

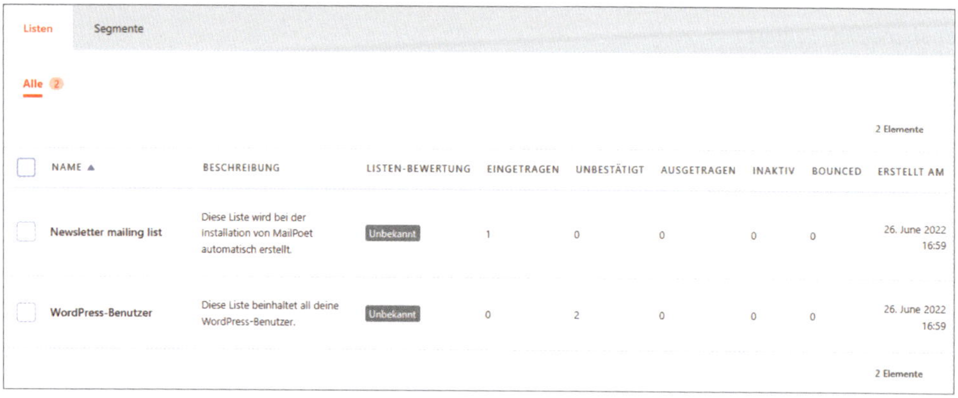

Listen Segmente

Alle 2

2 Elemente

NAME ▲	BESCHREIBUNG	LISTEN-BEWERTUNG	EINGETRAGEN	UNBESTÄTIGT	AUSGETRAGEN	INAKTIV	BOUNCED	ERSTELLT AM
Newsletter mailing list	Diese Liste wird bei der Installation von MailPoet automatisch erstellt.	Unbekannt	1	0	0	0	0	26. June 2022 16:59
WordPress-Benutzer	Diese Liste beinhaltet all deine WordPress-Benutzer.	Unbekannt	0	2	0	0	0	26. June 2022 16:59

2 Elemente

Die vorangelegten Listen

> **Tipp**
> Haben Sie ein größeres Projekt mit mehreren Usern, so können Sie die WordPress-Benutzer-Liste einsetzen, um bequem alle Kollegen über Änderungen zu informieren.

Wollen Sie eine neue Liste für einen weiteren Newsletter anlegen, brauchen Sie bloß einen passenden Listennamen und gegebenenfalls eine Beschreibung einzutragen.

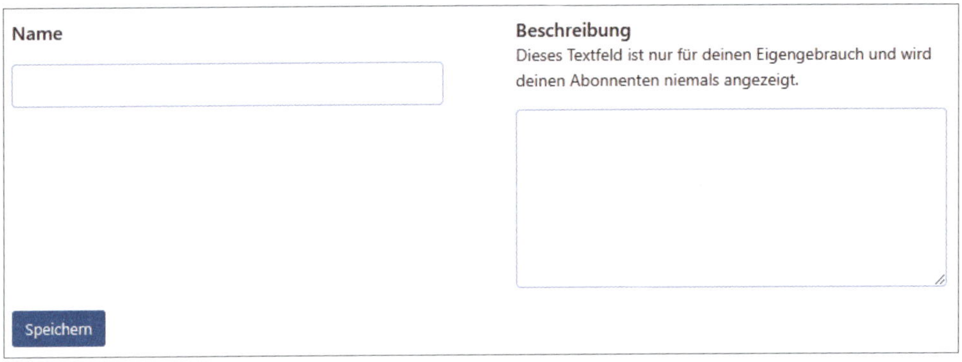

Neue Liste anlegen

Wichtiger Hinweis

Bei Newsletter-Listen sollten Sie immer einen Namen wählen, den der Kunde auch sehen darf, denn manchmal ist dieser auch nach außen hin sichtbar. Also keine Listennamen wie »Spam« oder Ähnliches wählen.

Neben den Listen finden Sie noch den Reiter *Segmente*, in dem bislang noch kein Eintrag vorhanden ist. Segmente sind eine Untergliederung der Listen. Sie sind dann nützlich, wenn Sie Ihren Newsletter nicht an alle Empfänger, sondern nur an einen bestimmten Teil senden wollen. Beispielsweise haben Sie eine Muttertagsaktion geplant und möchten nur Ihren weiblichen Newsletter-Abonnenten eine Nachricht schicken.

Ein neues Segment definieren

Im Unterschied zu einer neuen Liste haben Sie die Möglichkeit, Bedingungen hinzuzufügen.

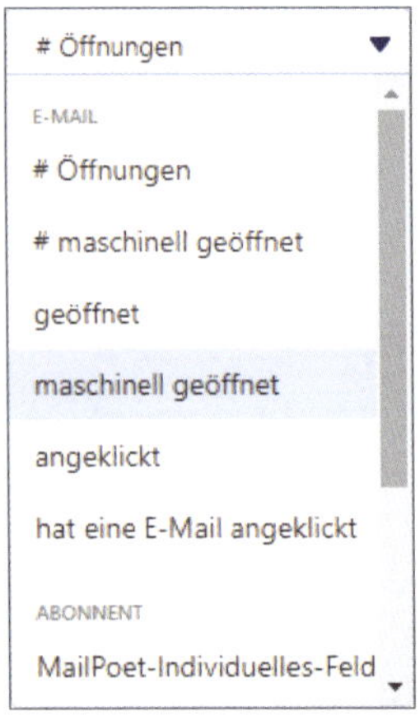

Segment-Bedingungen

Die Anzahl der vordefinierten Bedingungen von *MailPoet* ist bereits ziemlich beachtlich. Beispielsweise können Sie gezielt Leute anschreiben, die auf einen bestimmten Newsletter nicht reagiert haben, oder nur die, die eine bestimmte Anzahl Ihrer Newsletter bereits geöffnet haben oder erst seit einem bestimmten Tag Abonnenten sind.

Um bei unserem obigen Beispiel mit dem Muttertag zu bleiben: Um alle, die beim Abonnieren die Anrede *Frau* ausgewählt haben, zu filtern, nehmen Sie die Bedingung *MailPoet-Individuelles-Feld* und wählen das gewünschte Feld sowie die Ausprägung:

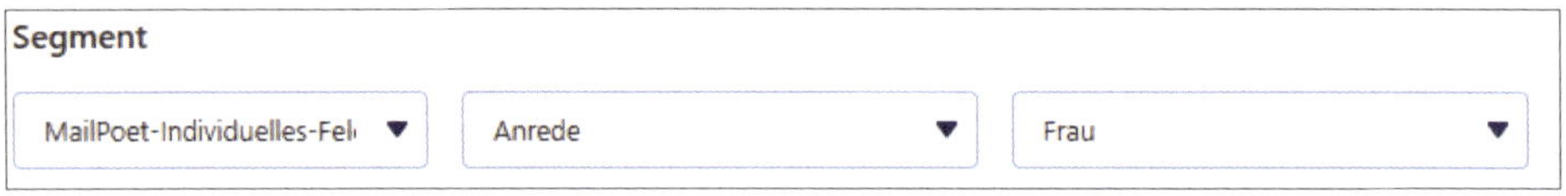

Segment mit Frauen definieren

Beachten Sie, dass bei *MailPoet* ein Segment immer über **alle** Listen geht. Das ist bei anderen Newsletter-Programmen teilweise anders. Wenn Sie also nur bestimmte Nutzer einer einzigen Liste filtern wollen, so benötigen Sie eine weitere Bedingung, die leider nur in der Premium-Version von *MailPoet* freigegeben ist.

12.3.3 Abonnenten

Über die Listen oder den entsprechenden Menüpunkt kommen Sie zu einer Komplettliste Ihrer Abonnenten.

Die Komplettliste kann nach verschiedenen Kriterien gefiltert werden, sodass Sie hier auch den Überblick haben, wie viele Personen den Newsletter-Eintrag nicht bestätigt oder sich wieder ausgetragen haben. Für jeden einzelnen können Sie die Daten einsehen und ändern, auch alle individuellen Felder.

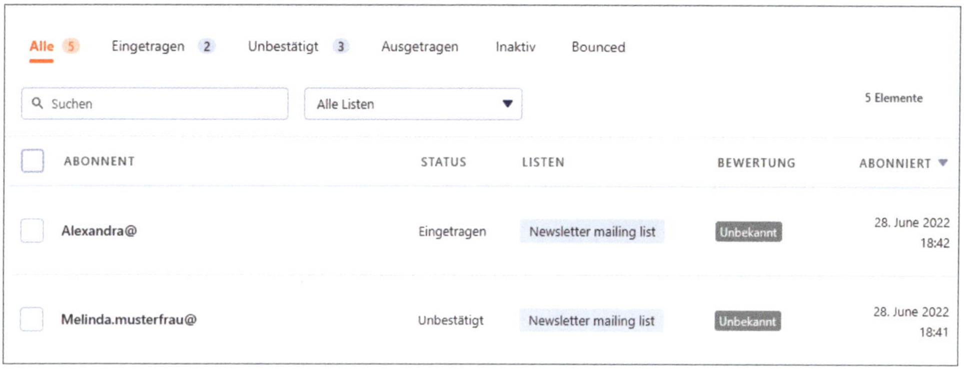

Ansicht aller Abonnenten

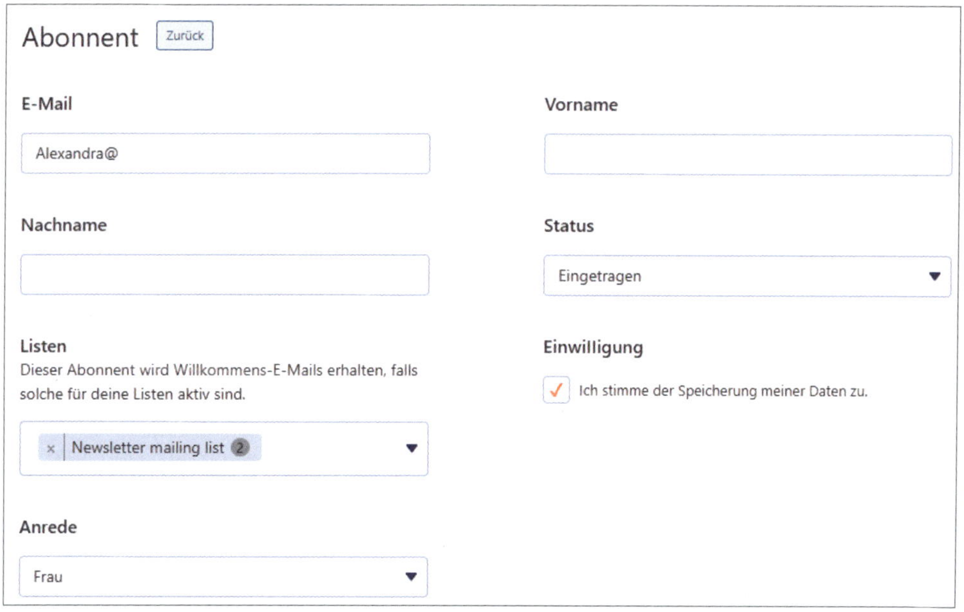

Details eines Abonnenten

Für jeden einzelnen Abonnenten wird eine detaillierte Statistik über dessen Aktivitäten erfasst. So können Sie genau nachverfolgen, wie viele Ihrer Newsletter auch tatsächlich geöffnet wurden.

Übrigens: *Bewertung* bedeutet nicht etwa, dass Ihre Leser Ihren Newsletter bewerten können, sondern meint eine interne Bewertung der Benutzeraktivitäten.

Statistik eines Benutzers

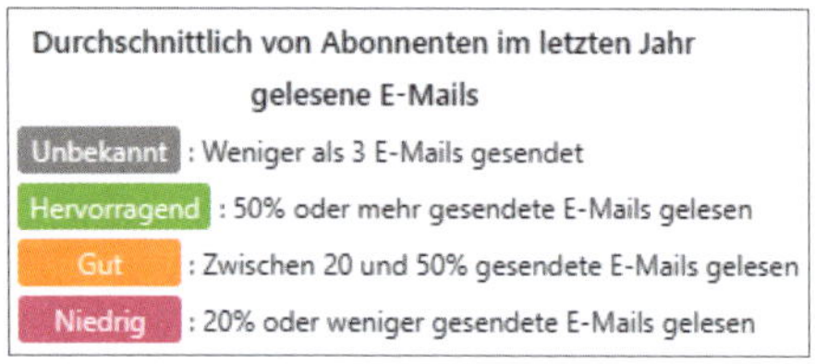

Bewertung des Lesers

12.3.4 Newsletter schreiben

Nach den ganzen Vorbereitungen können Sie nun endlich den ersten Newsletter schreiben. Unter *E-Mails* finden Sie alles Nötige dazu.

Wenn Sie den Punkt öffnen, sehen Sie gleich vier Rubriken mit verschiedenen Mail-Arten, und da offenbart sich auch gleich die ganze Funktionsvielfalt von *MailPoet*. Sie können bereits im Standardumfang eine manuelle und drei automatische Newsletter-Mails verwenden.

- **Newsletter**
  Das ist der typische Newsletter, der manuell in mehr oder weniger regelmäßigen Abständen an die Leser geschickt wird.
- **Willkommens-E-Mail**
  Diese Mail wird jedem neuen Abonnenten geschickt, wenn er die Bestätigungsmail gesendet hat. Die Mail kann entweder sofort oder zeitversetzt gesendet werden, zum Beispiel, um nach ein paar Wochen noch einmal nachzufragen, wie der Abonnent den Newsletter findet.
- **Benachrichtigung über neueste Beiträge**
  Hiermit können Sie Ihre Leser automatisch informieren, sobald ein oder mehrere Artikel vorliegen. Die Empfänger bekommen dabei einen kurzen Anriss des Beitrags, der sie verleiten soll, die Seite aufzurufen. Das Intervall und der Zeitpunkt können dabei individuell angepasst werden. Auch Kombinationen – wie zum Beispiel jeden dritten Sonntag im Monat – sind dabei möglich.
- **Wiederaufnahme-E-Mails**
  Haben Nutzer eine definierte Anzahl von Wochen oder Monaten nicht auf Ihren Newsletter reagiert, kann diese Mail automatisch verschickt werden. Typischerweise wird hier nachgefragt, ob der Nutzer den Newsletter weiterhin beziehen möchte. Das hilft, die Empfängerliste sauber zu halten.

Über den Button + *Neue E-Mail* können Sie eine der vier Newsletter-Arten anlegen, zu jeder gibt es auch ein kleines englischsprachiges Video-Tutorial.

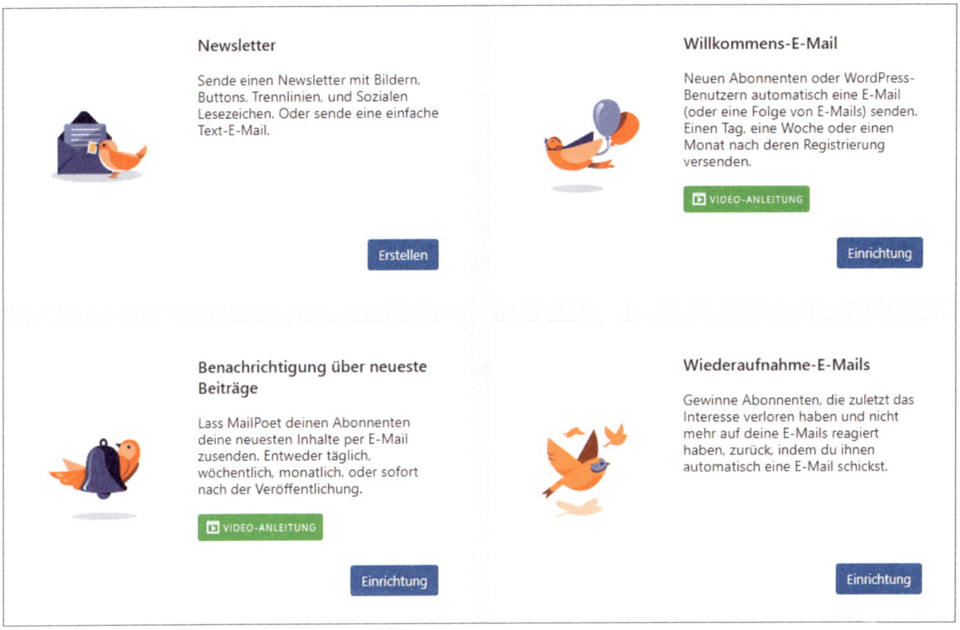

Eine neue Newsletter-Mail anlegen

Wir werden uns hier vor allem auf den Standard-Newsletter beschränken, die anderen Arten funktionieren ziemlich ähnlich, und es würde zu sehr ins Detail gehen, alle in Gänze vorzustellen. Das Erstellen eines professionell aussehenden Newsletters wird Ihnen mit knapp 50 vorgefertigten Templates sehr einfach gemacht. Für jeden der vier Typen gibt es eigene Templates.

Auswahl eines passenden Templates

Um zu starten, nehmen Sie eines der fünf leeren Templates oder eines der fertig gestylten. Hier im Beispiel wird ein leeres mit einer 1:3-Spaltenaufteilung genommen.

Leider wird beim Erstellen des Newsletters nicht der Block-Editor genutzt, sondern ein eigener Editor, der dem Block-Editor von WordPress aber sehr ähnlich ist. Auch hier ist der ganze Bearbeitungsbereich in Blöcke aufgeteilt, die per Drag-and-drop verschoben werden können.

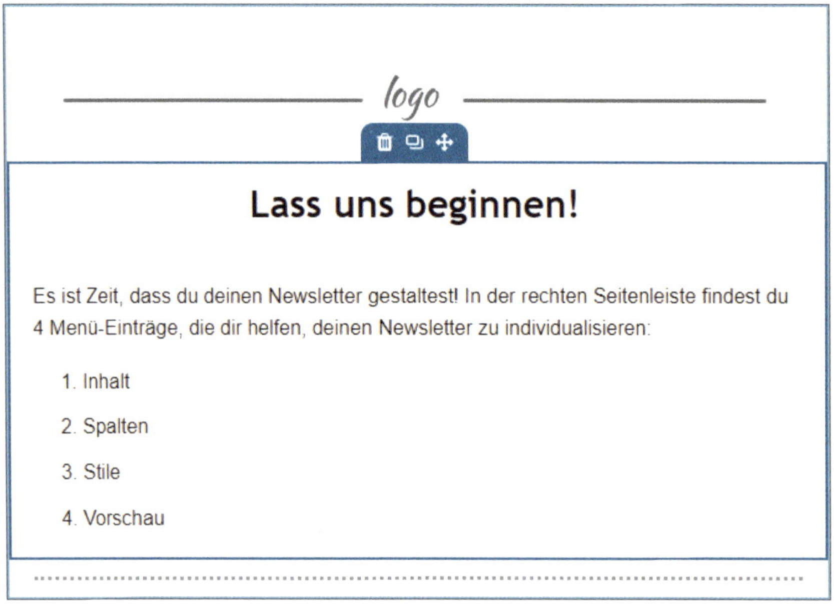

Block in der Newsletter-Mail

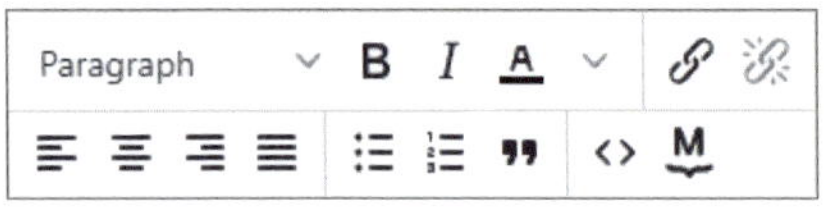

Top-Menü

Sobald Sie einen Block anklicken, können Sie ihn bearbeiten und erhalten ein Top-Menü für das Layout.

Die meisten der Layout-Optionen kennen Sie in ähnlicher Form bereits vom Block-Editor, neu ist lediglich der letzte Punkt. Mit diesem ist es möglich, Platzhalter für dynamische Werte und Links in die E-Mail einzufügen. Das einfachste Beispiel für so einen dynamischen Wert wäre die persönliche Anrede.

Beachten Sie aber, dass hier immer alle Variablen stehen, die generell in *MailPoet* angelegt wurden, selbst wenn sie in dieser speziellen Liste überhaupt nicht gefüllt werden. (Wer von uns hat nicht schon einmal Newsletter erhalten, die mit *[Anrede]* anfingen.)

Neben den Variablen für Abonnenten gibt es unter anderem auch solche für den aktuellen Beitrag, Datumsvariablen und Links, zum Beispiel zum Abbestellen.

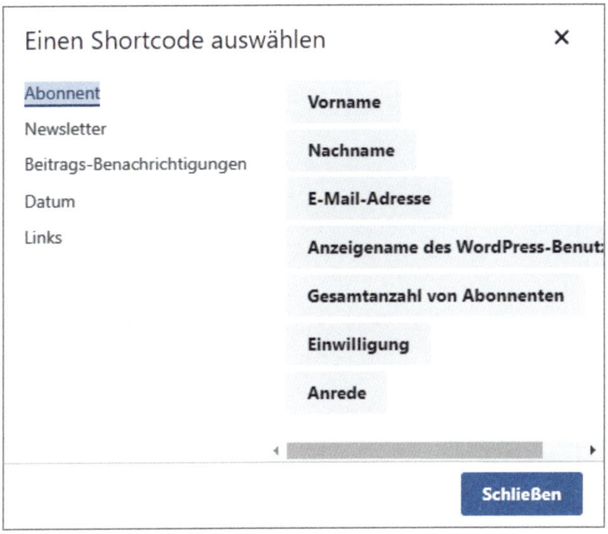

Dynamische Werte einfügen

Die Einleitung könnte damit beispielsweise so aussehen:

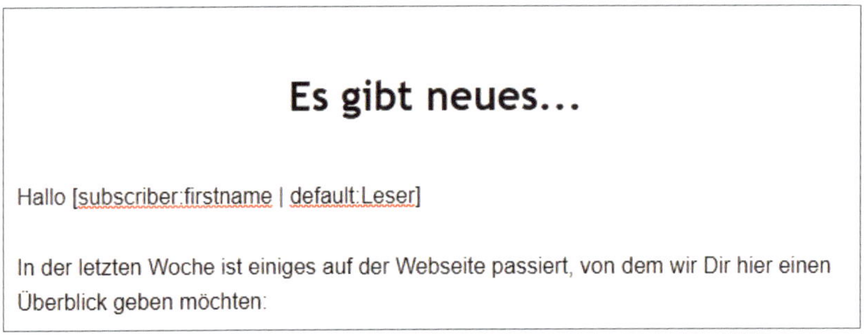

Kurzer individueller Einleitungstext

Auf der rechten Seite finden Sie eine Liste mit weiteren Inhalten, die Sie Ihrem Newsletter hinzufügen können, auch hier ist vieles bereits bekannt.

Um einen Block zu ergänzen, müssen Sie ihn einfach an die gewünschte Stelle ziehen.

Ein paar interessante Blöcke wollen wir noch etwas näher beleuchten. Mit dem Element *Beiträge* können Sie einen oder mehrere Inhalte einfügen. Die Benennung *Beiträge* ist etwas irreführend, da hiermit auch Seiten und Medien eingefügt werden können. In der Auswahl sind Sie vollkommen frei, die gewünschten Artikel werden einfach markiert.

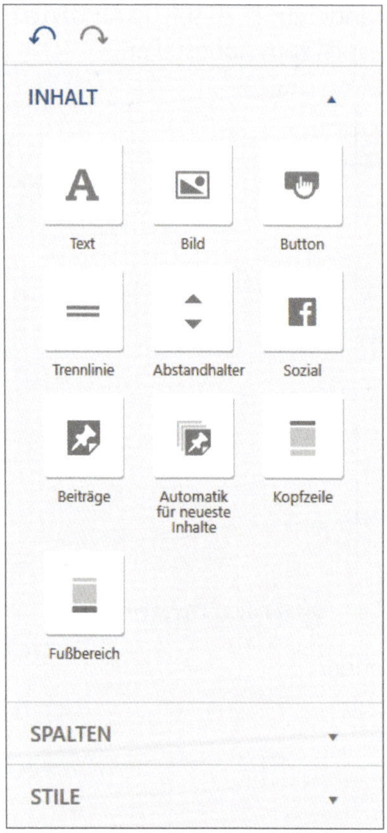

Weitere Blöcke

Auch Beiträge, die privat sind oder noch gar nicht veröffentlich wurden, können genutzt werden, auch wenn dies nicht immer Sinn ergibt. Um bei vielen veröffentlichten Inhalten den Überblick zu behalten, gibt es einige Filterfunktionen.

Die Auswahl wird direkt in der Vorschau angezeigt, sodass Sie gleich einen Eindruck haben, wie der fertige Newsletter aussieht. Wie und was genau von den einzelnen Beiträgen dargestellt werden soll, können Sie genauer unter den Anzeigeoptionen festlegen.

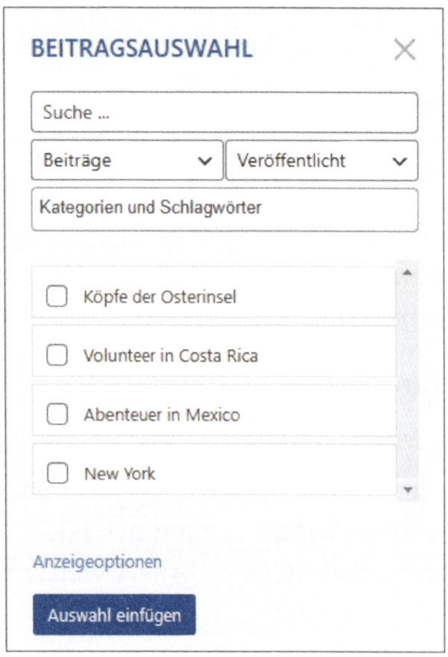

Beiträge für den Newsletter auswählen

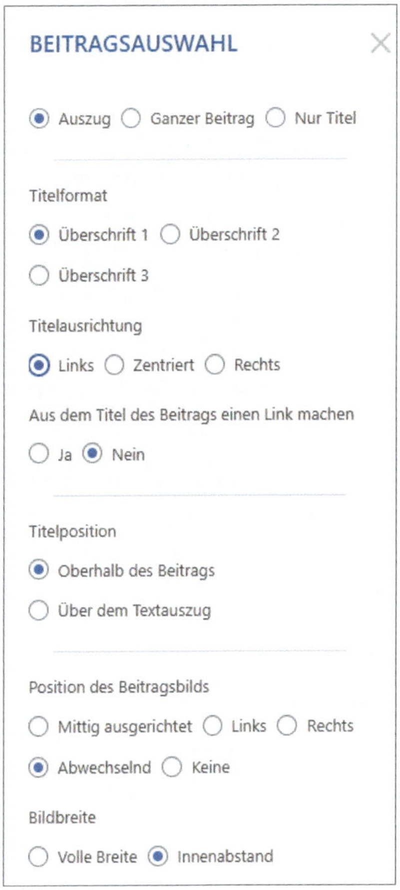

Ein Auszug der Anzeigeoptionen

Leider ist das Layout nicht beeinflussbar, die Beiträge erscheinen immer untereinander. Es ist zwar möglich, Spalten zu definieren, aber *Beiträge* und *Automatik für neueste Inhalte* können immer nur in eine komplette Zeile eingefügt werden.

Mit dem Element *Beiträge* können die Beiträge nur statisch eingefügt werden. Das bedeutet, dass Sie jedes Mal den Newsletter verändern müssen, wenn andere Beiträge beworben werden sollen. Wollen Sie dagegen immer die letzten Beiträge oder Seiten im Newsletter erwähnen, so ist dafür die *Automatik für neueste Inhalte* da. Bei der Beitragswahl können Sie bestimmte Kategorien ein- oder ausschließen.

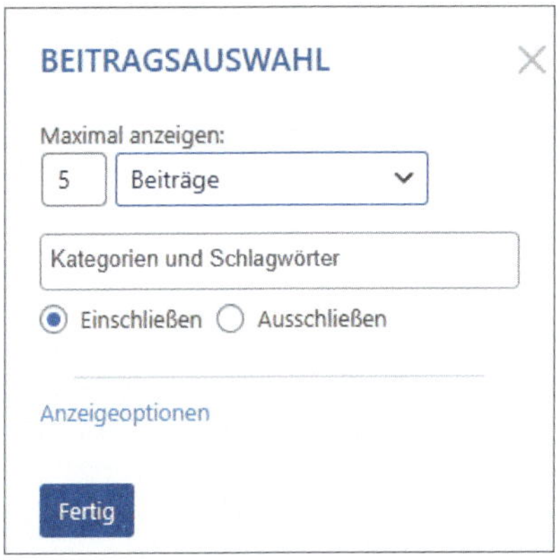

Automatik für neueste Beiträge

Ein Anwendungsfall dafür wäre, wenn Sie auf Ihrer Seite verschiedene Newsletter anbieten, zum Beispiel einen Newsletter nur für Neuigkeiten über Amerika und einen für alle anderen Reiseberichte.

Bevor Sie jetzt zum nächsten Schritt gehen, prüfen Sie noch einmal, ob Sie einen Betreff für den Newsletter angegeben haben sowie den rechtlich notwendigen Link zum Wiederaustragen.

12.3.5 Newsletter senden

Im letzten Schritt versenden Sie Ihren Newsletter oder terminieren den Versand. Dies muss nicht zwingend direkt nach der Erstellung erfolgen, Sie können den Newsletter auch schreiben, als Entwurf speichern und später versenden.

Wählen Sie jetzt noch aus, an welche Liste(n) Ihr Newsletter gehen soll, ob er sofort oder zu einem bestimmten Zeitpunkt verschickt werden soll und unter welcher Adresse er verschickt werden soll. Wollen Sie Ihre Newsletter speziell mit Google Analytics tracken, so können Sie noch eine Kampagne a}nlegen, das würde aber jetzt zu weit führen.

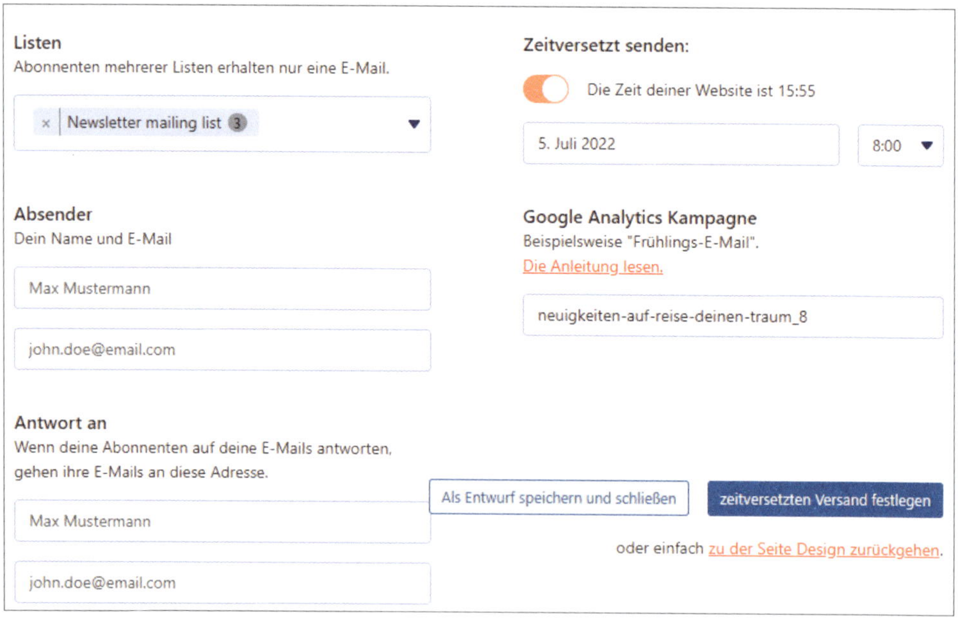

Senden vorbereiten

Testliste

Machen Sie sich eine Testliste mit ein paar eigenen E-Mail-Adressen und versenden Sie den Newsletter zuerst an diese Testliste, um zu prüfen, ob der Newsletter in verschiedenen Mailprogrammen und bei Freemailern (zum Beispiel GMX, Web.de) wie gewünscht aussieht. Erst danach sollten Sie ihn an den finalen Empfängerkreis schicken.

In der Übersicht erscheint nun der fertige Newsletter, und Sie können den Fortschritt beobachten. Bei größeren Listen wird der Newsletter nicht sofort an alle gesendet, sondern der Versand kann sich zum Teil über Stunden hinziehen.

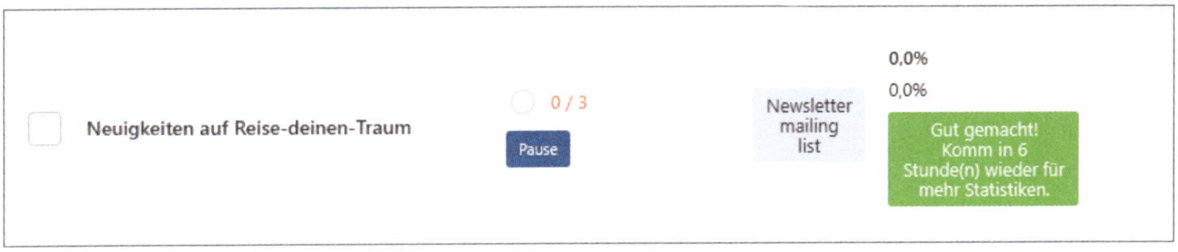

Fortschritt des Versands

Solange noch nicht alle E-Mails abgesendet wurden, können Sie den Versand mit dem Klicken auf *Pause* anhalten. Praktisch, wenn plötzlich ein Fehler auffällt oder wenn Sie merken, dass die Reaktion auf Ihren Newsletter Ihre Webseite unter unvorhergesehene Last setzt.

Falls Sie Ihren Newsletter nicht über den eigenen Mailserver verschicken, sondern über den von *MailPoet*, kann es nach dem Versand auch noch eine Weile dauern, bis er vom Mailserver verarbeitet und tatsächlich zugestellt wird.

Das war es, Glückwunsch, Sie haben Ihren ersten Newsletter verschickt!

In der Spalte *Geklickt, Geöffnet* sehen Sie die Reaktion auf Ihren Newsletter. Noch ein Wort zu den beiden Zahlen:

- *Geklickt* bedeutet, dass der Nutzer auf einen Link in dem Newsletter geklickt hat. Das kann aber auch der Link zum Abbestellen sein.
- *Geöffnet* bedeutet, dass der Empfänger Bilder nachgeladen hat. Die meisten Mailprogramme machen dies aus Datenschutzgründen nicht mehr automatisch, sondern nur noch auf Zuruf, sodass die Anzahl der Leute, die Ihren Newsletter offen hatten, tatsächlich wesentlich höher sein dürfte.

13. Der Shop mit WooCommerce

Eine häufige Methode, mit der eigenen WordPress-Seite Geld zu verdienen, ist der eigene Shop. Auch hier gibt es wieder verschiedene Plug-ins, aber das gängigste und am meisten genutzte ist *WooCommerce*.

WooCommerce (https://woocommerce.com/) selbst ist Open Source und damit kostenlos und darf auch für eigene Zwecke verändert werden. Um *WooCommerce* hat sich mittlerweile ein eigenes Biotop von Plug-ins und Anwendungen gebildet, die teilweise Geld kosten. Spätestens, wenn Sie nicht nur Rechnung oder Vorkasse anbieten wollen, sondern ein Online-Bezahlsystem einbinden wollen, werden Transaktionsgebühren an den jeweiligen Anbieter fällig.

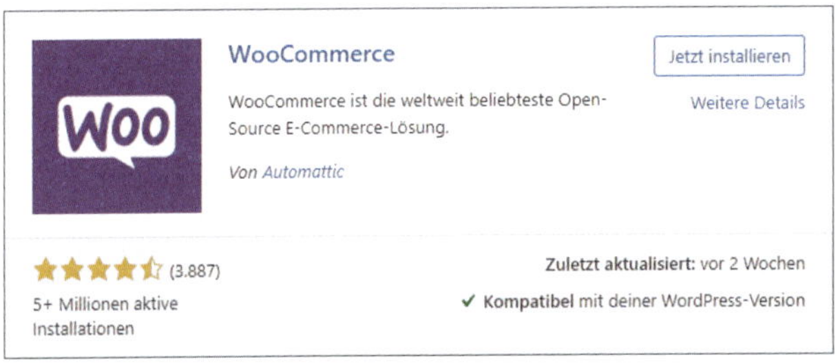

Das WooCommerce-Plug-in

Direkt nach der Aktivierung des Plug-ins startet ein Assistent, der Sie durch die erste Einrichtung des Shops führt.

Diese Daten dienen zur Konfiguration mit den landestypischen Versandregeln. Sollte in dem Feld *Land / Region* keine Auswahl möglich sein, dann laden Sie die Seite bitte einmal neu.

Je nachdem, welche Produkte Sie anbieten wollen, sind unterschiedliche Funktionalitäten nötig. Wählen Sie die aus, die Sie zum Start beabsichtigen, dass kann auch später noch geändert werden. Möchten Sie beispielsweise ein E-Book anbieten, so wird *Downloads* die Wahl sein.

Der WooCommerce-Assistent

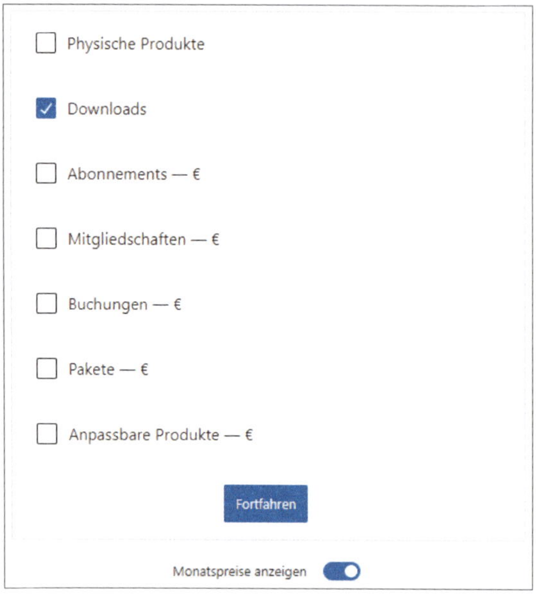

Produktarten in Ihrem Shop

Im nächsten Schritt werden Ihnen einige Zusätze vorgeschlagen, diese können Sie annehmen, müssen es aber nicht. Die Installation dieser Zusätze ist zwar bei allen kostenlos, aber um sie dann auch nutzen zu können, benötigen Sie ein unter Umständen kostenpflichtiges Konto bei diesen Services. Ich empfehle, erst einmal alle abzuwählen und dann später nur benötigte Plug-ins bei Bedarf nachzuinstallieren.

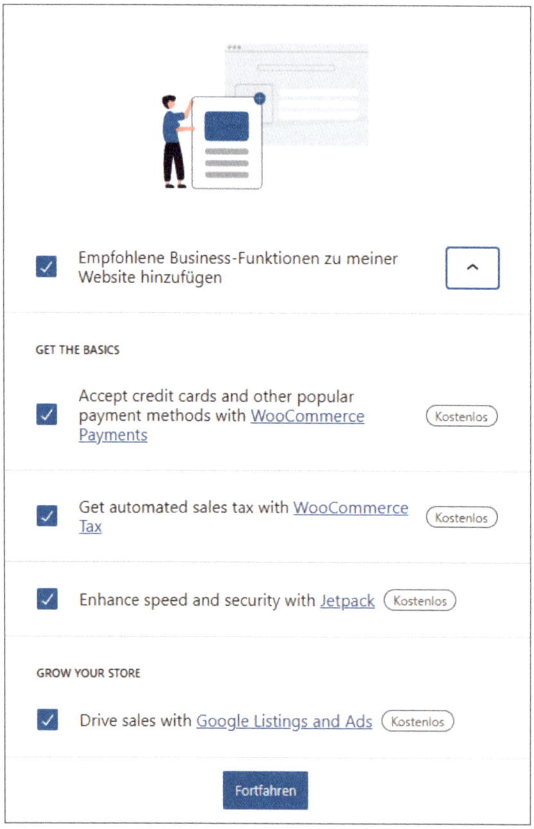

Zusatzfeatures

Danach dauert es eine Weile, bis alles eingerichtet wird. Ist alles fertig, können Sie ein Theme für den Shop auswählen. Das kann das gleiche Theme wie für die Webseite sein, muss aber nicht. Um den User mit Designbrüchen nicht zu verwirren, sollte es aber zumindest sehr ähnlich sein. Wir nehmen erst einmal das aktive Theme auch für den Shop.

Anschließend wird Ihnen eine noch offene To-do-Liste angezeigt, die Sie weiter durch alle Phasen begleitet. Darunter – im Posteingang – finden Sie noch eine ganze Reihe von Quellen und Hilfen, zum Teil aber in Englisch.

To-do-Liste

13.1 Ein Produkt hinzufügen

Fügen Sie als Erstes ein Produkt hinzu, das Sie verkaufen wollen, das geht über eine Vorlage oder manuell. Der Unterschied besteht darin, dass bei einer Vorlage je nach Produktart das Produkt bereits mit Beispieldaten gefüllt ist. Haben Sie beispielsweise ein variables Produkt ausgewählt, so werden die Eigenschaften Größe und Farbe etwa für ein T-Shirt bereits vorbelegt.

Es bietet sich also an, sich – gerade am Anfang mit den ersten Produkten – durch die Vorlagen anleiten zu lassen. Als exemplarisches Beispiel wird hier ein E-Book als Produkt angelegt.

Das Formular zum Anlegen eines neuen Produkts sieht dem Beitragsformular nicht unähnlich. Sie müssen diverse Informationen wie Titel, Beschreibung (leider noch ohne Block-Editor) und ein Produktbild angeben.

Ähnlich wie ein neuer Beitrag ist auch jedes Produkt unter einer eigenen individuellen Adresse aufrufbar. Überlegen Sie sich also einen schönen Permalink für Ihr Produkt.

Titel und Link

Jedes Produkt muss mindestens einer Produktkategorie zugeordnet sein, selbst wenn es das einzige Produkt ist. Die Kategorie-Seite ist direkt aufrufbar, legen Sie also eine passende an und nehmen Sie nicht einfach *Unkategorisiert*.

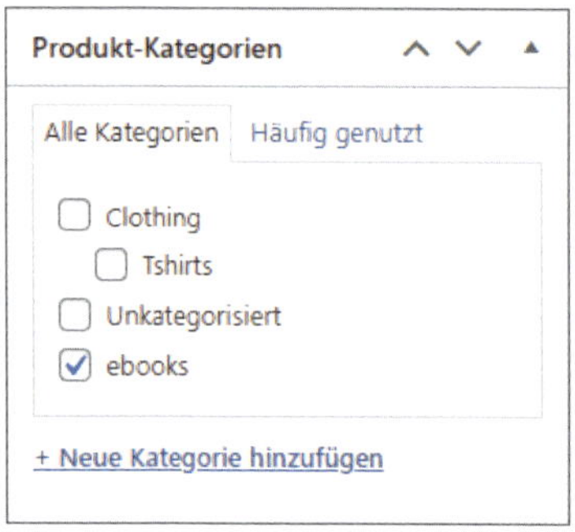

Kategorien

Im Gegensatz zu einem Beitrag kann Ihr Produkt mehrere Bilder haben. Nutzen Sie dies. Je mehr Bilder, desto aussagekräftiger. Bei einem E-Book könnte man zum Beispiel noch ein Bild vom Inhaltsverzeichnis machen.

Produktbilder

Im mittleren Teil geben Sie nun alle Informationen zu Ihrem Artikel an.

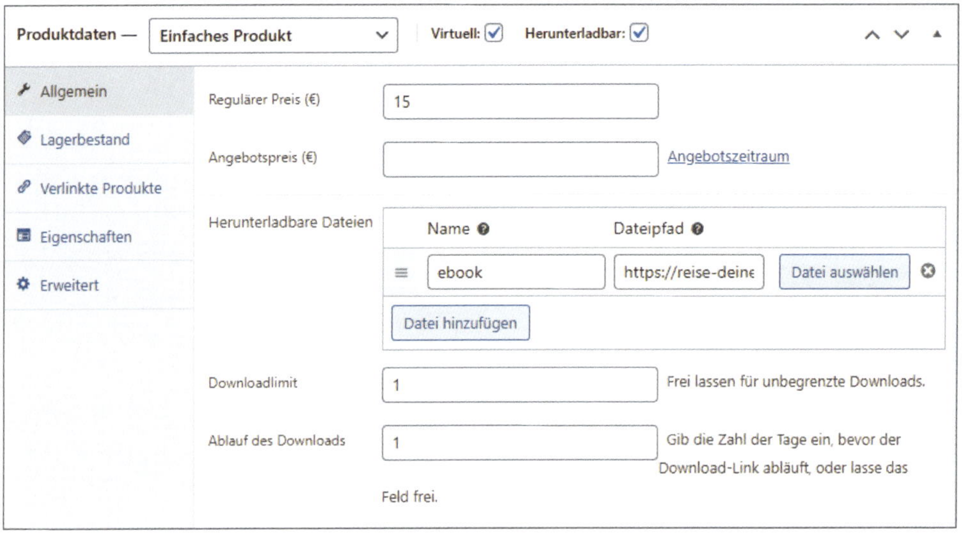

Produktdaten

Zunächst einmal haben Sie ein *Einfaches Produkt*. Andere Alternativen wären:

- **Gruppiertes Produkt**
  Ein gruppiertes Produkt besteht aus mehreren Einzelprodukten. Beispielsweise haben Sie die Einzelprodukte Kugelschreiber und Notizblock, verkaufen dies aber auch zusammen als »Schreibset«.
- **Externes/Affiliate-Produkt**
  Das Produkt liegt nicht auf Ihrer Webseite, sondern auf einem fremden Server, beispielsweise bei einem Provisionsmodell.
- **Variables Produkt**
  Es gibt verschiedene Ausprägungen des Produktes, zum Beispiel verschiedene Farben und Größen.

Da Sie nun ein E-Book verkaufen wollen, setzen Sie die Haken bei *Virtuell* und *Herunterladbar*. Das hat zur Folge, dass der Reiter *Versand* entfällt und ein Link für das herunterladbare Produkt eingefügt werden kann.

Haben Sie ein physisches Produkt oder wollen Sie das Angebot verknappen (»Die ersten hundert Besteller bekommen mein E-Book zum Sonderpreis«), so können Sie noch einen Lagerbestand definieren, der automatisch heruntergezählt wird.

In der Produkt-Kurzbeschreibung kommt ein kurzer Text zum Artikel, dieser erscheint im oberen Artikelbereich neben dem Preis.

Veröffentlichen Sie nun das Produkt, dann können Sie es auf der Webseite bereits sehen, und Ihrem WordPress-Menü wurde zusätzlich ein Warenkorb hinzugefügt.

Bestellen können Sie das Buch aber noch nicht, da ja noch keine Zahlungsmethoden hinterlegt sind.

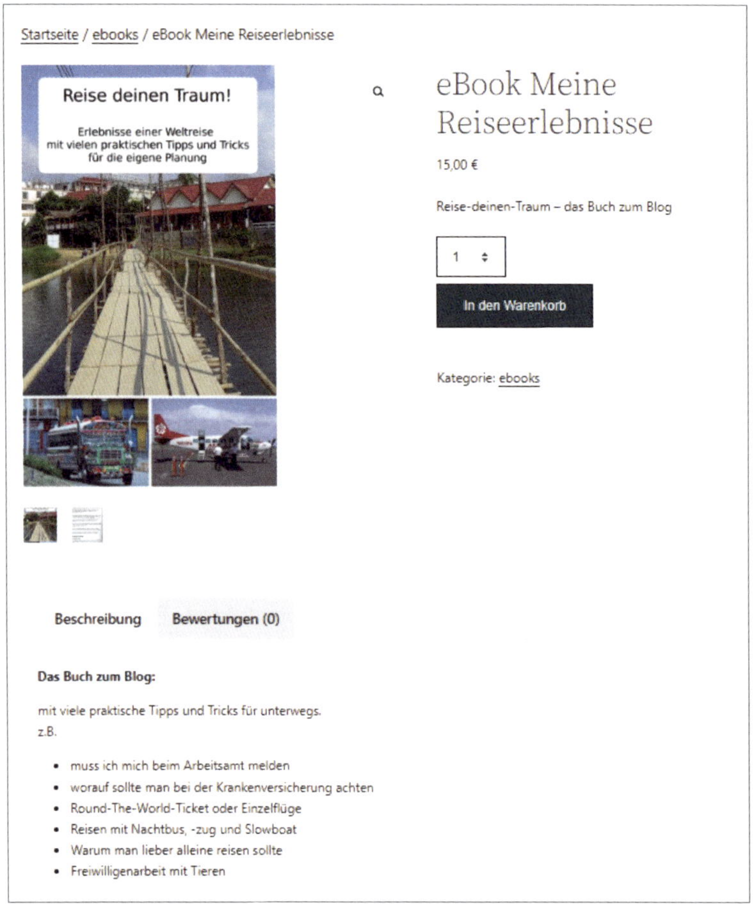

Fertige Produktseite

13.2 Zahlungen einrichten

Im nächsten Schritt müssen Sie das Zahlungssystem einrichten. Für Onlinezahlungen wird Ihnen das hauseigene WooCommerce Payments angeboten, wenn Sie auf *Weitere Zahlungsmethoden* klicken, haben Sie noch mehr Auswahl, unter anderem Stripe, PayPal und weitere.

Alle diese Anbieter erfordern einen separaten Account und natürlich auch Transaktionsgebühren und/oder Monatsgebühren. Zudem wird Ihr Shop vor Freischaltung der Onlinezahlung erst einmal geprüft, um Missbrauch zu vermeiden. Die verschiedenen

Anbieter haben alle ihre eigenen Vor- und Nachteile, die Sie prüfen sollten bevor Sie sich für einen entscheiden.

Für die Beispieleinrichtung nehmen Sie *Direct bank transfer*, was ganz unten steht. Diese Option würde man für Kauf auf Rechnung oder Vorkasse nutzen. Für ein E-Book ist das zwar eher unüblich, soll uns aber an dieser Stelle ausreichen, um den Rahmen nicht zu sprengen.

Banktransfer hinzufügen

Natürlich müssen Sie Ihre Bankdaten angeben, da diese dem Käufer direkt in der Kaufbestätigung mitgeteilt werden. Achten Sie darauf, dass Sie sich bei den Daten nicht vertippen, denn eine Prüfung wenigstens auf Plausibilität findet erstaunlicherweise nicht statt.

Danach kommen Sie wieder zur Zahlungsauswahl, müssen wieder die weiteren Zahlungsmethoden öffnen und können dann die *Direkte Banküberweisung* managen.

Details der Banküberweisung bearbeiten

Unter *Bezeichnung*, *Beschreibung* und *Anweisungen* können Sie definieren, wie die Zahlungsart dem Kunden angezeigt werden soll und in der Bestätigungsmail beschrieben wird.

13.3 Steuer einrichten

Als Nächstes müssen Sie die Steuerformalitäten eintragen. Hier haben Sie zwei verschiedene Add-ons zur Auswahl, können das Ganze manuell einrichten oder, falls Sie Kleinunternehmer sind und keine Umsatzsteuer zahlen, überspringen Sie dies einfach.

Steuer einrichten

13.4 Versandkosten einrichten

Definieren Sie, was der Versand in das eigene Land und in den Rest der Welt kosten soll. Für ein E-Book wäre das natürlich einfach nur 0 Euro.

Die Versandkosten sind in der Ersteinrichtung sehr überschaubar. In den WooCommerce-Einstellungen können Sie noch weitere Versandzonen mit unterschiedlichen Kosten eintragen oder verschiedene Versandklassen für unterschiedliche Produkte definieren.

Einrichtung der Versandkosten

Möchten Sie die Versandkosten auch noch nach Bestellwert oder -menge staffeln, so empfehle ich das Plug-in *Flexible Shipping*.

13.5 Bestellung bearbeiten

Alle Bestellungen für Ihr Produkt finden Sie im WooCommerce-Bereich unter *Bestellungen*. Hier sehen Sie alle Informationen zu den Bestellern und den aktuellen Status der Bestellung.

Ihre erhaltenen Bestellungen

Diese Ansicht sollten Sie als zentrale Übersicht nutzen, auch bei Bestellungen, die über anderem Weg, zum Beispiel per E-Mail, reinkommen. Über den Button *Bestellung hinzufügen* können diese ergänzt werden. Mit einem Klick auf den Namen des Bestellers sehen Sie alle Details wie Lieferadresse und Ähnliches.

Die Bestellung kann noch nachträglich von Ihnen geändert werden, falls der Kunde plötzlich doch eine andere Anzahl wünscht oder das Einlösen eines Gutscheins vergessen hat.

In der Spalte *Status* sehen Sie den genauen aktuellen Zustand der Bestellung, ob Sie noch auf eine Zahlung warten, welche Artikel Sie noch versenden müssen etc.

Da Sie jetzt nur ein E-Book zum Herunterladen eingestellt haben, reicht es, die Bestellung bei Zahlungseingang auf *Abgeschlossen* zu setzen. Haben Sie *Herunterladbar* beim Produkt angekreuzt, ist es besonders einfach: Dann wird dem Kunden automatisch der Link zum Herunterladen des Produkts zugeschickt.

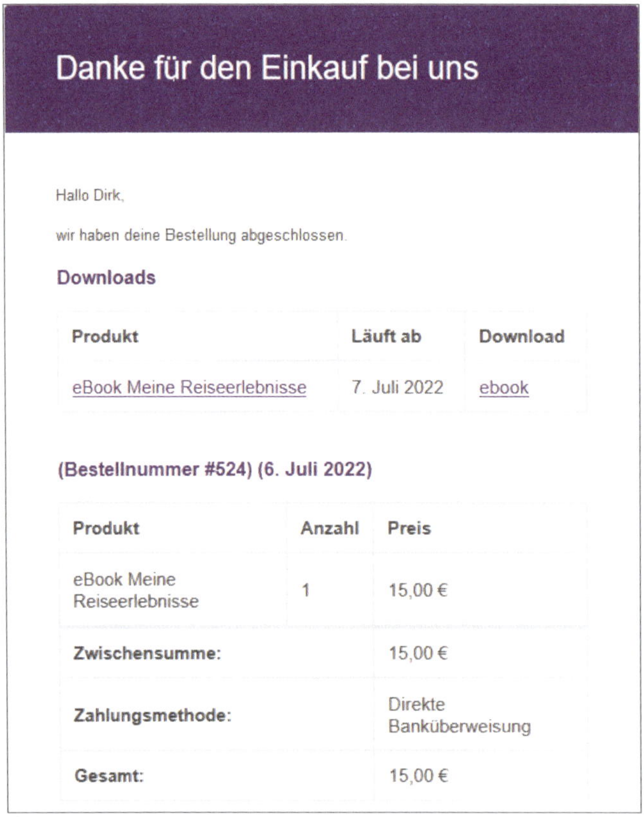

Bestätigung nach Zahlungseingang

Der Link, der zum Download gesendet wird, ist zwar einmalig und funktioniert nur so oft, wie Sie im Produkt angegeben haben, trotzdem könnte jemand, wenn er den originalen Dateinamen errät, das E-Book auch direkt unter Umgehung der Bestellung herunterladen. Wenn Sie also herunterladbare Produkte anbieten, sollten Sie einen nicht zu offensichtlichen Dateinamen verwenden.

13.6 Weitere Anpasssungen

Es gibt noch einige weitere Einstellungen, die Sie zumindest kennen sollten.

Im Bereich *Konten und Datenschutz* können Sie festlegen, ob der Kunde auch als Gast bestellen darf oder zwingend ein Kundenkonto angelegt werden soll. Selbstverständlich wollen alle Seiten möglichst viele Informationen über ihre Kunden wissen, aber ich persönlich finde es inzwischen extrem nervig, wenn ich mir für eine Einmalbestellung schon wieder ein neues Passwort ausdenken muss. (Wer auf derselben Seite öfter bestellt, wird sich schon aus lauter Bequemlichkeit irgendwann für ein Konto entscheiden.)

In diesem Bereich können Sie auch alle weiteren datenschutzrelevanten Einstellungen vornehmen, zum Beispiel was bei einer Anfrage zur Datenlöschung passieren soll und wie lange die einzelnen Daten aufgehoben werden müssen.

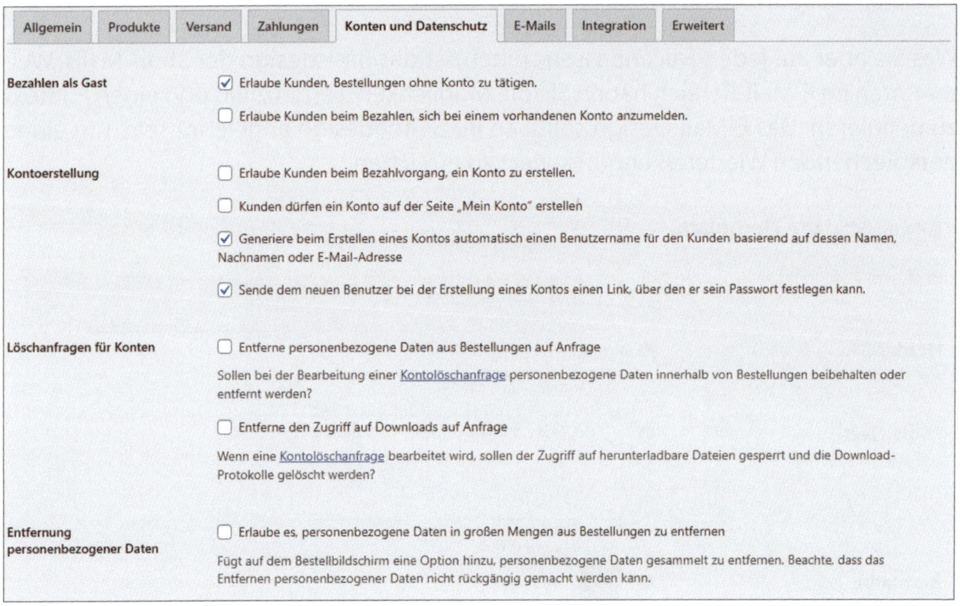

Konten und Datenschutz

Einen Tab weiter können Sie die E-Mails, die in den unterschiedlichen Phasen des Kaufprozesses an den Kunden gehen, konfigurieren. Wobei »konfigurieren« etwas zu weit gegriffen ist. Tatsächlich kann man für die E-Mails lediglich festlegen, ob sie überhaupt versendet werden sollen, und maximal noch den Betreff und die Fußzeile anpassen und gegebenenfalls einen weiteren Text hinzufügen. Der Haupttext ist dagegen fest verdrahtet und die Änderung nicht ohne Weiteres möglich.

In den E-Mails können einzelne Variablen genutzt werden, wie zum Beispiel das Bestelldatum oder die Bestellnummer.

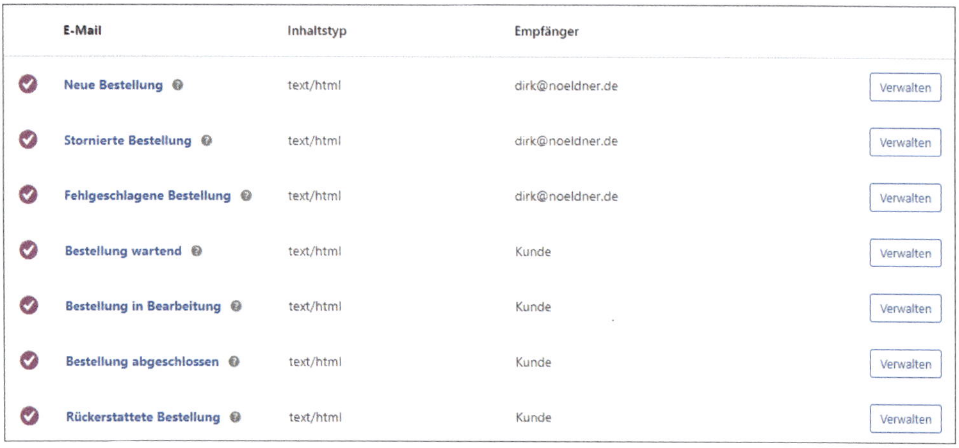

	E-Mail	Inhaltstyp	Empfänger	
✓	Neue Bestellung	text/html	dirk@noeldner.de	Verwalten
✓	Stornierte Bestellung	text/html	dirk@noeldner.de	Verwalten
✓	Fehlgeschlagene Bestellung	text/html	dirk@noeldner.de	Verwalten
✓	Bestellung wartend	text/html	Kunde	Verwalten
✓	Bestellung in Bearbeitung	text/html	Kunde	Verwalten
✓	Bestellung abgeschlossen	text/html	Kunde	Verwalten
✓	Rückerstattete Bestellung	text/html	Kunde	Verwalten

E-Mails, die während des Bestellvorgangs gesendet werden

Was Sie aber auf jeden Fall anpassen sollten, ist das Basisdesign der Shop-Mails. Weiter unten im E-Mail-Bereich haben Sie die Möglichkeit, Farben, Bild und einen Fußtext zu definieren. Das E-Mail-Design sollte an Ihr Seitendesign angelehnt sein, um einen entsprechenden Wiedererkennungswert zu erreichen.

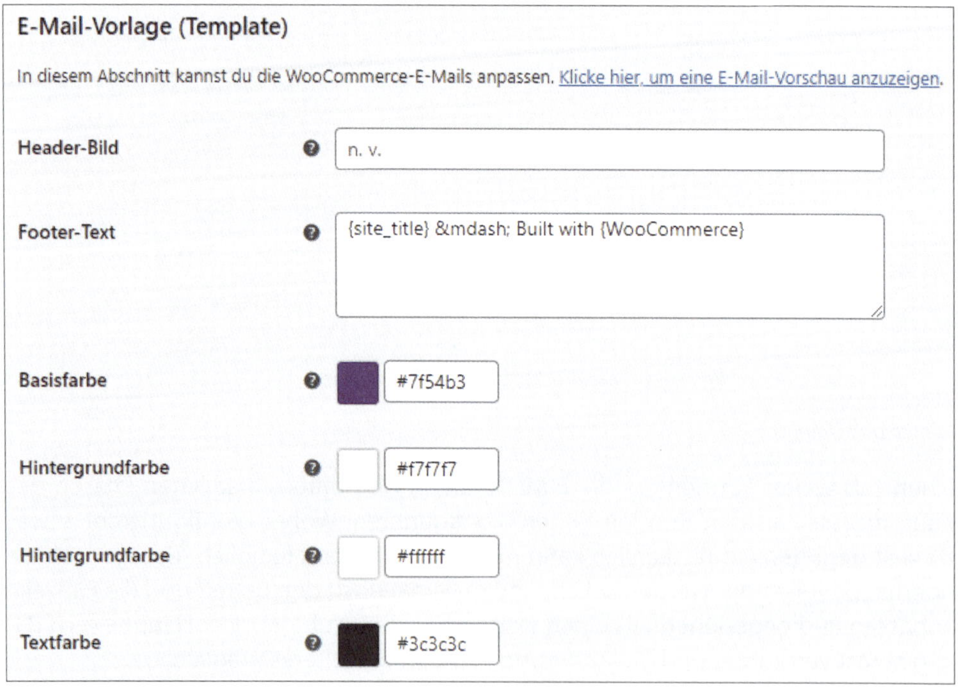

Design der Shop-Mails

14. Wartung

Nun ist es nicht etwa so, dass Sie einmal WordPress installieren und dann brauchen Sie sich nicht mehr darum zu kümmern. Ganz im Gegenteil, Ihr WordPress braucht auch regelmäßige Pflege, damit es kontinuierlich gut funktioniert.

14.1 Updates

Fangen wir mit dem Wichtigsten an, den Updates: WordPress benötigt immer mal wieder Aktualisierungen.

Das hat verschiedene Gründe:

- **Fehlerbehebung**
  Immer wieder fallen Bugs auf, die dann in der nächsten Version behoben werden. Bei den unendlichen Kombinationen von Plug-ins und Installationsmöglichkeiten ist es gar nicht möglich, jeden Fehler von vornherein auszuschließen.
- **Sicherheitslücken**
  Es tauchen immer wieder Sicherheitslücken in WordPress und den dazugehörigen Plug-ins auf. Die Ursachen sind vielfältig, es kann Schlamperei beim Programmieren gewesen sein, eine unsichere Bibliothek, die verwendet wurde, oder alte Programmfeatures, an die keiner mehr denkt.
- **Neue Features**
  In regelmäßigen Abständen kommt eine neue WordPress-Version mit neuen Funktionalitäten heraus, und auch die Plug-ins werden immer wieder mit neuen Funktionen versehen, insbesondere bei Bezahl- oder Freemium-Versionen.
- **Kompatibilität**
  Plug-ins müssen jeweils an die aktuelle WordPress-Version angepasst werden, und Plug-ins und WordPress müssen an die aktuelle PHP-Version angepasst werden.

Gerade das Thema Sicherheitslücken sollten Sie nicht auf die leichte Schulter nehmen und wenigstens alle paar Wochen einen Blick auf die aktuellen Updates werfen. Bei existenziellen Webseiten sollte das auch häufiger erfolgen.

Bei Updates gibt es durchaus auch ein paar Gefahren, die erwähnt werden sollten. Es kam schon vor, dass nach dem Update eines Plug-ins eine wichtige Funktion plötzlich kostenpflichtig wurde, und natürlich kann jedes Update auch wieder neue Fehler enthalten. Deshalb sollten Sie vor jedem größeren Update ein Backup machen und bei den Hauptupdates von WordPress auch erst mal ein bis zwei Wochen warten, ob sich eventuell Probleme abzeichnen und kurzfristig eine neue Version nachgeliefert wird.

Manche Webhoster bieten einen sogenannten Managed Service an, das bedeutet, dass die Updates automatisch eingespielt werden und Sie sich im Idealfall um nichts kümmern müssen. Dafür kostet dieser Dienst natürlich etwas mehr, und Sie haben dann keinen Einfluss mehr darauf, wann und was aktualisiert wird. Wollen Sie die volle Kontrolle behalten, müssen Sie sich selbst damit auseinandersetzen. Selbst wenn Sie keinen Managed Service gebucht haben, können Sie in WordPress für einzelne oder alle Plug-ins eine automatische Aktualisierung einschalten.

WordPress macht es Ihnen leicht, direkt im Dashboard auf der Menüleiste im Backend finden Sie den Link zu sämtlichen Aktualisierungen.

Updates gibt es für den WordPress-Kern, die Plug-ins und die installierten Themes.

Übersicht über die Aktualisierungen

Zusätzlich finden Sie im Plug-in-Bereich alle Updates, die nur Plug-ins betreffen, und damit sollten Sie auch anfangen.

Die Reihenfolge, die Sie beim Aktualisieren idealerweise einhalten sollten, ist:

1. Plug-ins
2. Themes
3. WordPress

Begründung: Plug-ins sind in den allermeisten Fällen zumindest eine gewisse Zeitspanne rückwärtskompatibel. Das heißt, ein aktuelles Plug-in wird höchstwahrscheinlich auch noch mit der Vorgängerversion von WordPress funktionieren, aber umgekehrt kann es eher Probleme geben.

Generell kann man es nicht oft genug wiederholen: Vor jedem größeren Update sollten Sie ein Backup (siehe Kapitel 14.3) machen.

14.1.1 Plug-ins updaten

Für jedes Plug-in bekommen Sie die Information über die neue Version und können sich zusätzliche Details dazu abrufen. Mit dem Klick auf den Link *jetzt aktualisieren* wird der Update-Prozess gestartet.

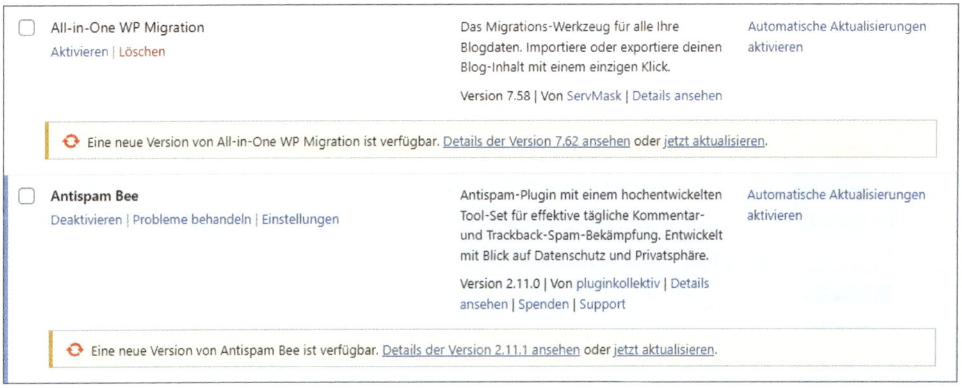

Updatehinweise der Plug-ins

Der Prozess wird entsprechend angezeigt

und endet hoffentlich mit der Erfolgsmeldung:

Danach können Sie mit dem nächsten Plug-in fortfahren. Keinesfalls sollten Sie mehrere Plug-ins gleichzeitig aktualisieren, ohne die Erfolgsmeldung abzuwarten. Es könnte sonst passieren, dass sich die Aktualisierungen gegenseitig ins Gehege kommen.

Natürlich kann man dies auch einfacher machen: Wenn Sie alle Plug-ins auswählen und bei den Mehrfachaktionen *Aktualisieren* auswählen, wird automatisch ein Plug-in nach dem anderen aktualisiert.

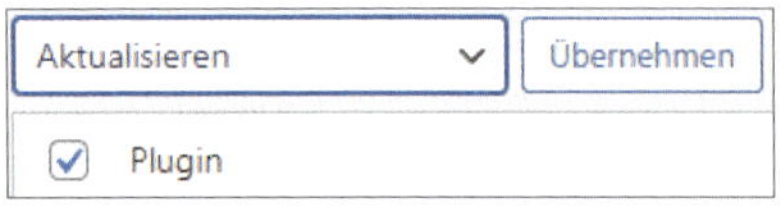

Alle Plug-ins nacheinander aktualisieren

Bei größeren, komplexeren Systemen empfehle ich, nicht alle Aktualisierungen auf einmal zu machen, sondern entweder händisch nacheinander oder in Tranchen und zwischendurch immer mal wieder die Webseite auf Korrektheit zu prüfen. Das vereinfacht gegebenenfalls schon mal die spätere Fehlersuche, wenn man das verursachende Plug-in bereits einkreisen kann.

14.1.2 Themes updaten

Das Aktualisieren der Themes ist am harmlosesten, dabei kann nicht viel schiefgehen. Zumal Sie hoffentlich nur eine überschaubare Anzahl von Themes installiert haben sollten. Einmal *Alle auswählen* und *Aktualisieren* anwählen, dann ist es geschehen.

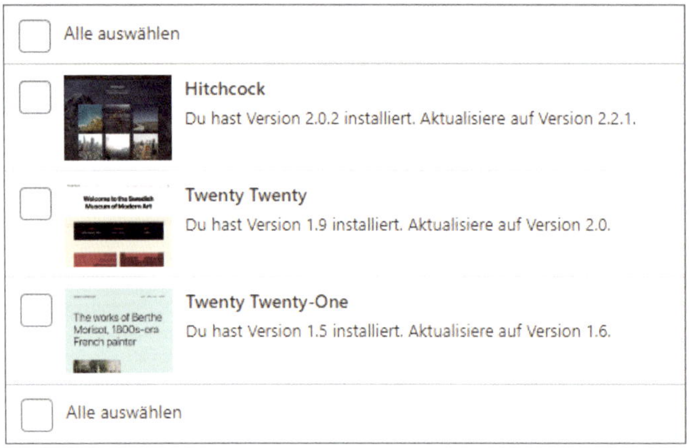

Themes aktualisieren

14.1.3 WordPress-Kern updaten

Von Zeit zu Zeit gibt es Aktualisierungen von WordPress. Im Schnitt zweimal im Jahr kommt ein neues Hauptrelease heraus. Aktuelle Informationen findet man auf der offiziellen Seite: https://make.wordpress.org/core/.

Die Versionen des Major Release sind immer durch die ersten beiden Zahlen gekennzeichnet. Die aktuelle Version ist 6.1.1, das nächste Haupt-Release sollte somit Version 6.2 sein.

Daneben gibt es gelegentlich Minor Releases, diese werden in unregelmäßigen Abständen veröffentlicht, falls eine akute Sicherheitslücke oder Programmfehler bekannt geworden sind. Die Nummer nach dem zweiten Punkt gibt die Nummer des Minor Release an. Die nächste Version für ein Minor Release, falls es eines gibt, wäre somit Version 6.1.2.

Minor Releases werden automatisch installiert, Sie bekommen lediglich eine Info per E-Mail. Die Haupt-Releases müssen dagegen explizit installiert werden.

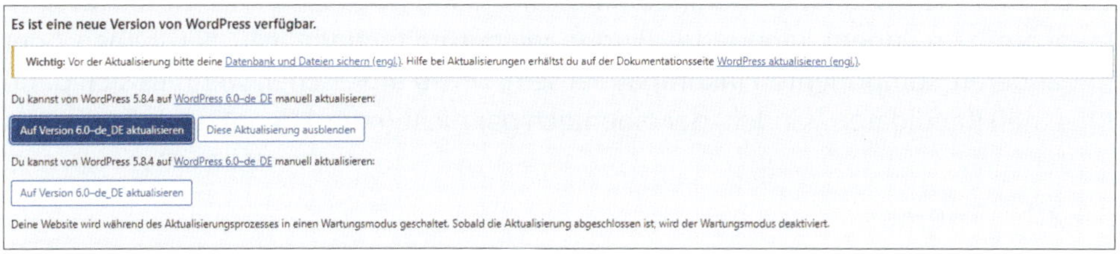

Hinweis zur Aktualisierung auf eine neue Version

Dabei haben Sie die Möglichkeit, die automatische Installation zu nutzen (was empfohlen wird) oder die neue Version manuell herunterzuladen und zu installieren.

Während der Aktualisierung wird auf Ihrer Webseite eine Wartungsmeldung angezeigt. Dies dauert aber nur wenige Minuten.

Wartungsmeldung während des Updates

Damit eine erfolgte Aktualisierung wirklich aktiv ist, müssen Sie meistens noch die Datenbank updaten. Dies lösen Sie manuell per Knopfdruck aus. Bei Webseiten mit sehr viel Inhalt ist auch die Datenbank entsprechend groß, da kann das Datenbank-Update schon mal etwas länger dauern. Bei einer Webseite mit wenigen Beiträgen ist das aber in Minutenschnelle geschehen.

Es wird ein Datenbank-Update benötigt

14.2 Aufräumen

WordPress verleitet dazu, mal eben schnell irgendwelche Plug-ins oder neue Themes auszuprobieren. Hinzu kommen dann noch Seiten und Beiträge, die das Entwurfsstadium nie verlassen, und nach einiger Zeit sieht Ihre WordPress-Installation aus wie bei Hempels unterm Bett. Abgesehen von der Ordnung braucht dies alles Speicherplatz, zwar nicht viel, aber in der Summe kann dann doch ein bisschen was zusammenkommen. Zudem kann jedes Plug-in wiederum Sicherheitslücken haben oder mit anderen Komponenten inkompatibel sein. Umso ärgerlicher, wenn es sich dann um einen Kandidaten handelt, der eigentlich gar nicht (mehr) benutzt wird.

14.2.1 Themes

Am Anfang probiert man viele verschiedene Themes aus, bis man sich dann für eines entscheidet und darauf weiter aufbaut. Neben dem genutzten Theme sollten Sie aber auf jeden Fall auch das aktuelle Standard-Theme von WordPress behalten. Dies dient immer als Fallback, falls mit dem aktuellen Theme ein schwerwiegendes Problem auftritt. Die Standard-Themes haben alle den Titel Twenty Twenty-xxx. Aktuell *Twenty Twenty-Two*.

Die Übersicht aller installierten Themes finden Sie unter dem Punkt *Design*. Nun müssen Sie für jedes Theme, das Sie löschen wollen, einzeln auf die Theme-Details-Seite gehen und rechts unten den Link *Löschen* anklicken.

Detailansicht des Themes

14.2.2 Plug-ins

Gerade bei älteren Plug-ins ist es schwer, sich daran zu erinnern, warum man dies oder jenes mal installiert hat und ob es nicht doch irgendwo vielleicht noch genutzt wird.

An der Stelle stellt WordPress ein zweistufiges Konzept zur Verfügung, das es ermöglicht, Plug-ins erst einmal zu deaktivieren und dabei alle Daten und Einstellungen zu behalten, bevor man es endgültig löscht.

Wenn Sie sich also nicht absolut sicher sind, dass ein bestimmtes Plug-in garantiert nicht (mehr) benutzt wird, sollten Sie die mutmaßlich ungenutzten Plug-ins erst einmal nur deaktivieren und die Webseite ausgiebig testen und vielleicht noch eine Woche warten, ob nicht doch irgendwo ein Fehler auftaucht, und erst dann das Plug-in final löschen.

Deaktivieren von Plug-ins

14.2.3 Seiten und Beiträge

Technisch ist es zwar kein Problem, viele unveröffentlichte Seiten und Beiträge herumliegen zu haben, aber es macht die Übersicht schwieriger, insbesondere wenn Sie einen bestimmten Beitrag in der Beitragsübersicht wiederfinden wollen. Tun Sie sich also selbst einen Gefallen und verschieben Sie alles, was schon ewig auf *Entwurf* steht, einfach mal in den Papierkorb.

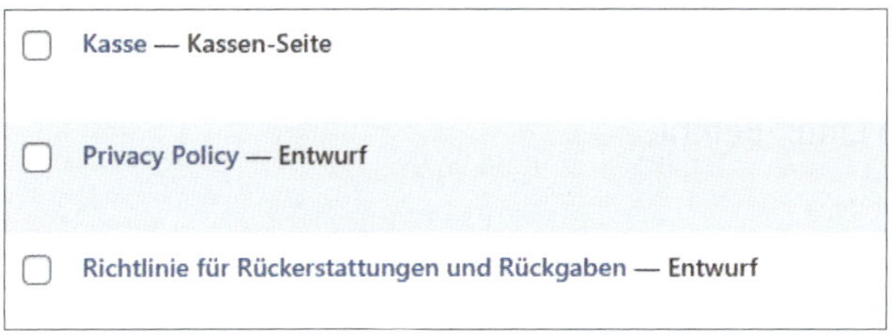

Seiten, die noch im Entwurfszustand sind

14.2.4 Medien

Spätestens wenn Ihnen der Plattenplatz auf Ihrem Webspace langsam ausgeht, müssen Sie darüber nachdenken, die Medien aufzuräumen. Wurden hier viele Bilder in Originalgröße hochgeladen, ohne sie vorher entsprechend zu skalieren, so kann da schon einiges an Gigabyte zusammenkommen.

Leider gibt es in WordPress keine zuverlässige Möglichkeit herauszubekommen, welches Bild tatsächlich noch genutzt wird. Hier hilft nur eiserne Disziplin. Haben Sie die Bilder immer über die jeweilige einbindende Seite hochgeladen, so wird eine Verknüpfung angelegt. Leider sagt dies aber nichts darüber aus, ob das Bild nicht vielleicht noch woanders eingebunden ist oder die Verknüpfung fehlt, da das Bild über die Mediathek hochgeladen wurde.

Unverknüpfte und verknüpfte Bilder in der Mediathek

Es bleibt also nur die Strategie, im Zweifelsfall nicht zu löschen oder vorher ein Backup zu ziehen.

Einen Trick gibt es noch für den erfahrenen Anwender:

Das Betriebssystem Linux, das in der Regel für Server genutzt wird, speichert meist den letzten Lesezugriff auf eine Datei. Wenn Sie also auf Ihrem Server Konsolenzugriff haben, können Sie sich mit dem Linux-Befehl

sudo find . '.*' -atime +45*

alle Dateien anzeigen lassen, die in den letzten 45 Tagen nicht abgerufen wurden. Achten Sie aber darauf, dass Sie sich auch in dem richtigen Verzeichnis befinden, beispielsweise

wp-content/uploads/2023/04

für alle Medien aus dem April 2023.

14.3 Backup

Leider immer wieder vernachlässigt, sei es beim heimischen Rechner oder auch beim Server oder einer WordPress-Installation, ist das Thema Sicherungen.

Egal, ob eine schiefgegangene WordPress-Aktualisierung, ein Einbruch in die Webseite oder das versehentliche Löschen von Inhalten – es gibt viele gute Gründe, im Notfall ein halbwegs aktuelles Backup zur Hand zur haben. Auch die Rechenzentren sind nicht vor Problemen gefeit. Dank Virtualisierung und Redundanzen sind solche Vorfälle seltener als noch vor vielen Jahren, aber wie es bei Ihrem Hoster wirklich aussieht, wissen Sie auch nicht. Es ist gerade einmal ein Jahr her, als in Straßburg ein Großrechenzentrum in Flammen aufging und danach eklatante Mängel beim Brandschutz bekannt wurden.

Es gibt mehrere Möglichkeiten, eine WordPress-Seite zu sichern. Bei Anbietern für den Profibereich, wie zum Beispiel AWS, kann man einfach ein Abbild des kompletten Servers ziehen, das ist vergleichsweise komfortabel. Im semiprofessionellen Bereich kann man entweder ein Backup manuell machen oder eines von vielen Plug-ins, die dafür angeboten werden, nutzen. Die letzten beiden Möglichkeiten wollen wir uns genauer ansehen. Egal, welche Möglichkeit Sie nutzen, Sie sollten ein Backup nicht (nur) auf demselben Server oder Rechenzentrum speichern, sondern an mindestens einem zweiten Ort. Das kann die eigene Festplatte sein, ein Cloud-Speicher wie zum Beispiel Dropbox oder ein anderer Rechenzentrum-Standort, falls Ihr Betreiber dies anbietet.

Wie oft Sie ein Backup machen, hängt ganz davon ab, wie viel sich auf Ihrer Webseite ändert und wie essenziell es ist, dass keine Informationen verloren gehen. Haben Sie einen Shop mit mehreren Verkäufen am Tag, sollten Sie dies natürlich wesentlich häufiger sichern als einen Blog, auf dem alle paar Wochen mal ein neuer Beitrag erscheint und Sie im schlimmsten Fall auch damit leben können, wenn Sie die letzten Beiträge neu schreiben müssen.

Wichtig ist nicht nur, regelmäßig Sicherungen anzufertigen, sondern wirklich auch den Ernstfall zu proben und zu versuchen, eine Ersatz-Webseite mithilfe des Backups wieder hochzuziehen. Dann merken Sie gleich, ob wirklich alle relevanten Daten gesichert wurden. Bei einer Website, deren Wartung ich übernommen hatte, musste ich feststellen, dass mein Vorgänger zwar brav regelmäßige Backups angefertigt hatte, aber ein Großteil der relevanten Daten im Backup gar nicht enthalten war.

Auf diesem Wege werden Sie dann gleich mit dem Prozedere, das je nach Plug-in oder Backup-Art anders ist, vertraut und merken, ob sich das Backup so einfach einspielen lässt. Es gibt tatsächlich Plug-ins, bei denen zwar das Anfertigen von Sicherungen kostenlos ist, aber das Einspielen eines Backups nur mit der kostenpflichtigen Version ermöglicht wird.

Fertigen Sie dabei am besten eine Checkliste an, dann müssen Sie diese im Notfall nur noch abarbeiten und nicht bei jeder Option erst überlegen, welche Auswirkungen das haben könnte.

14.3.1 Backup mit dem Plug-in UpdraftPlus

Es gibt eine ganze Reihe von Plug-ins für diese Aufgabe. Eines der mächtigsten ist *UpdraftPlus*, das schon in der kostenlosen Version einen guten Funktionsumfang bietet.

Link: https://wordpress.org/plugins/updraftplus/

Das Plug-in UpdraftPlus

Nach der Installation und Aktivierung ist das Plug-in direkt bereit für die erste Sicherung.

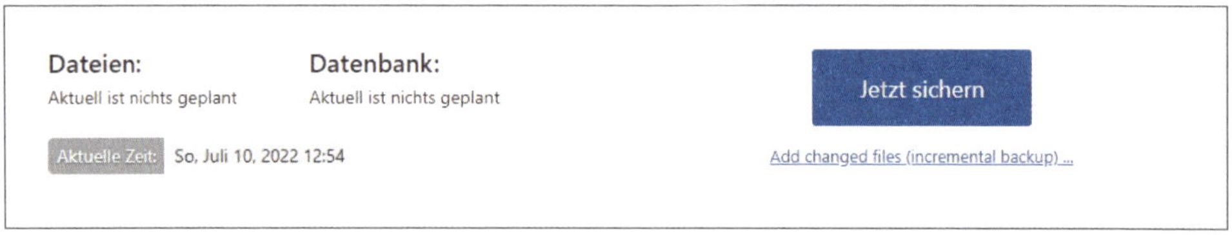

Sicherung durchführen

Sie haben die Möglichkeit auszuwählen, was Sie sichern möchten. Die Datenbank sollte immer gesichert werden. Bei den Dateien haben Sie die Auswahl, was Sie speichern wollen. Der WordPress-Kern wird allerdings nicht mit gesichert. Bevor Sie die Sicherung wieder einspielen können, benötigen Sie ohnehin eine funktionierende WordPress-Installation mit mindestens dem UpdraftPlus-Plug-in, und das kann aus den offiziellen Quellen installiert werden.

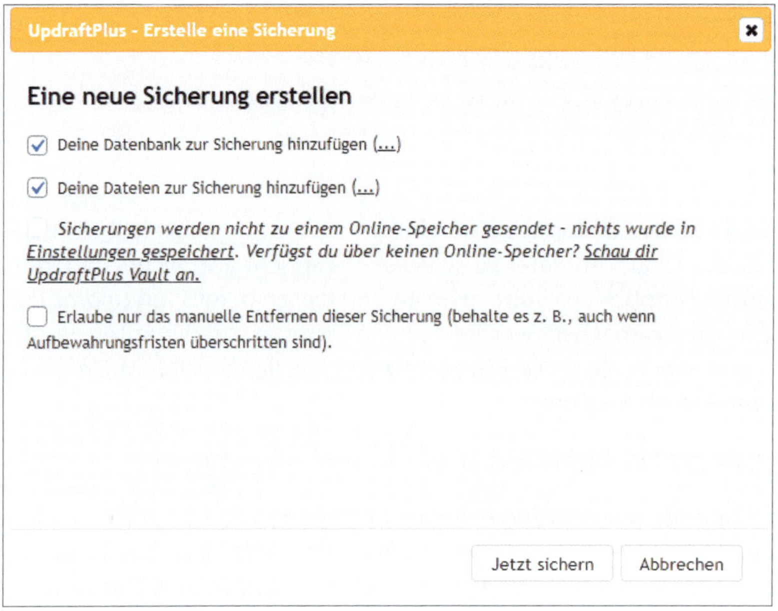

Auswahl der zu sichernden Daten

Vorsicht, wenn Sie irgendwelche Dateien außerhalb der WordPress-Verzeichnisse oder eigene Tabellen in der Datenbank angelegt haben. Um diese mit zu sichern, benötigen Sie die Premium-Version des Plug-ins.

Ist das Backup initiiert worden, dauert es eine Weile, bis Sie die Erfolgsmeldung erhalten.

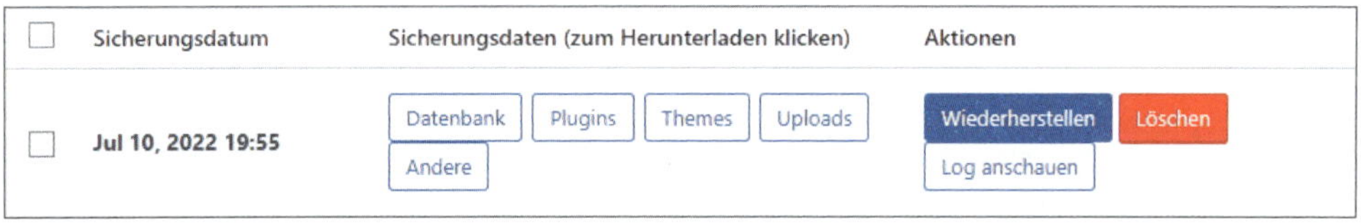

Backup erfolgreich abgeschlossen

Das Backup ist zunächst einmal auf dem Server gespeichert, aber die einzelnen Sicherungsdateien können ganz einfach heruntergeladen werden. Sehr vorbildlich: Alle Sicherungsdateien sind einfache ZIP-Archive und kein proprietäres Format, sodass sie einfach entpackt und angesehen werden können.

In den Einstellungen können Sie einen Sicherungsplan festlegen und definieren, wie oft Sicherungen erstellt werden sollen und wie viele immer gleichzeitig zur Verfügung stehen sollen.

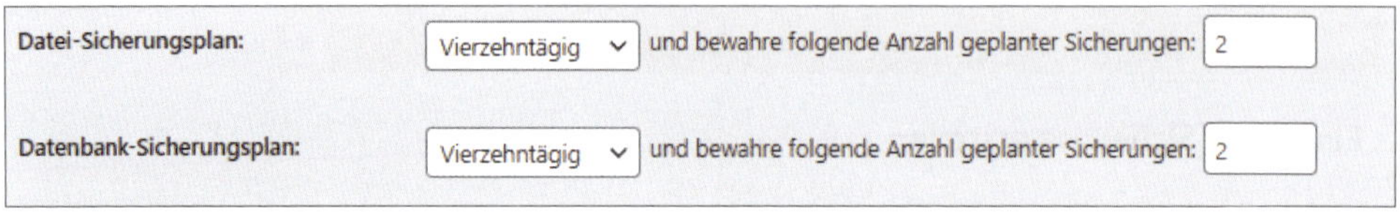

Sicherungsplan festlegen

Auch schön: Bereits in der kostenlosen Version haben Sie die Möglichkeit, Ihre Sicherungen direkt zu einem Cloud-Anbieter zu schicken. Es spricht also nichts dagegen, sich einen kostenlosen Dropbox-Account zu holen und diesen bereits mit *UpdraftPlus* zu verbinden. Wenn Sie das machen, werden Sie von Dropbox um die Autorisierung gebeten und das war schon alles. Die Dateien finden Sie dann in Ihrem Dropbox-Account unter *Apps/UpdraftPlus.Com*.

Möchten Sie ein Backup wiederherstellen, so gibt es zwei Möglichkeiten:

Haben Sie das Backup noch auf dem Server liegen und können dies auch verwenden, dann klicken Sie einfach im entsprechenden Backup auf *Wiederherstellen*. Anschließend können Sie auswählen, welche Teile Sie wiederherstellen wollen. Das ist praktisch, wenn Sie zum Beispiel bloß die Medien wiederherstellen möchten. Sie können sogar definieren, dass Sie nur bestimmte Tabellen aus der Datenbank wiederherstellen möchten, allerdings setzt das eine gewisse Kenntnis vom Inhalt und Zweck der einzelnen Tabellen voraus.

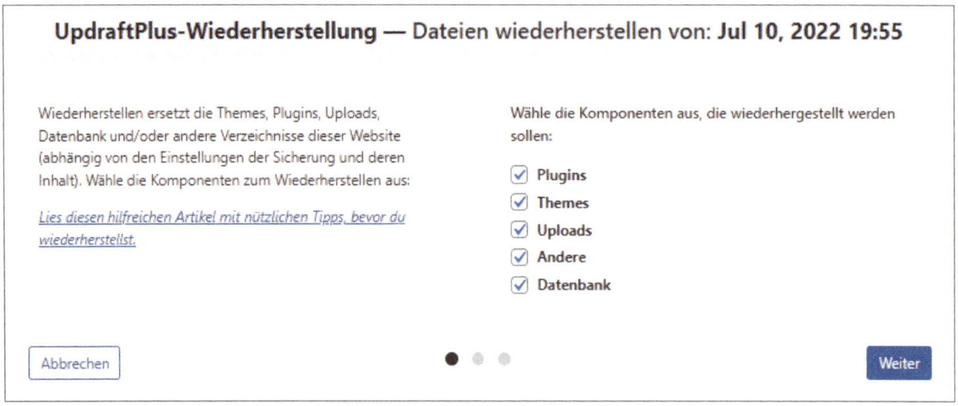

Auswählen, was wiederhergestellt werden soll

Während des Wiederherstellungsprozesses kann es passieren, dass plötzlich ein Login-Screen erscheint oder andere Merkwürdigkeiten auftreten. Am Ende erscheinen die Erfolgsmeldung sowie ein Protokoll der Aktivitäten.

Ein kleines bisschen schwieriger wird es, wenn Sie das Backup von Ihrer lokalen Festplatte oder einem Cloud-Speicher einspielen müssen.

Erfolgreicher Restore

Unter *Bestehende Sicherungen* finden Sie bei den weiteren Aufgaben die Möglichkeit, Sicherungsdateien hochzuladen. Da das Plug-in einen eigenen Uploader mitbringt, ist es auch nicht an die normalen Größenbeschränkungen für Uploads gebunden.

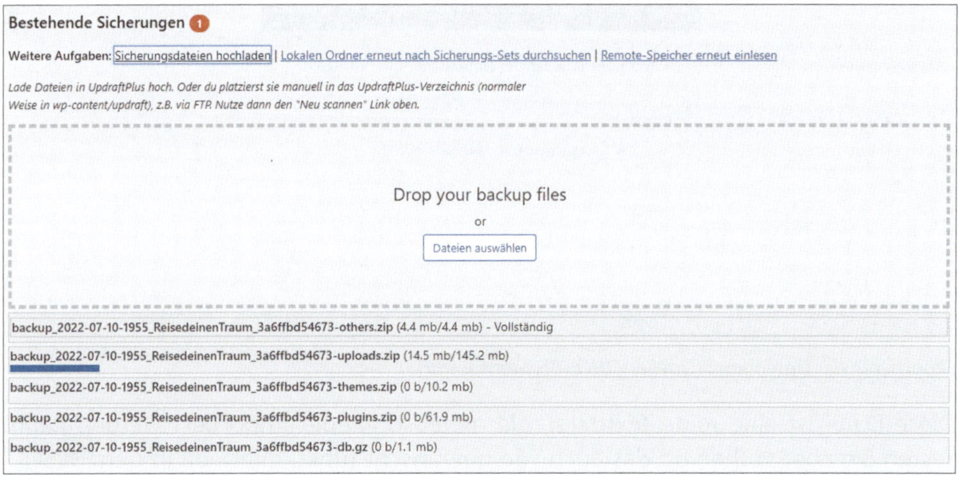

Fortschritt des Uploads

Anschließend können Sie genau wie oben die Wiederherstellung starten.

Sie können diese Sicherung sogar auf eine andere WordPress-Seite migrieren, dann benötigen Sie ein passendes Add-on von *UpdraftPlus*. Eine entsprechende Warnung erscheint. Sie können diese Warnung aber auch übergehen und die notwendige Änderung manuell in der Datenbank vornehmen. Suchen Sie bei Ihrem Anbieter den

Datenbankzugang und in der Datenbank die Tabelle, die auf *options* endet. Hier muss bei den beiden Schlüsseln *siteurl* und *home* die korrekte URL eingetragen werden.

option_id	option_name	option_value	autoload
1	siteurl	https://reise-deinen-traum.de	yes
2	home	https://reise-deinen-traum.de	yes

Optionen in der Datenbank

14.3.2 Händisches Backup

Wenn Sie etwas versierter sind und entsprechende Zugänge bei Ihrem Hoster haben, gibt es die Möglichkeit, ein Backup komplett manuell zu machen. Das Backup besteht immer aus zwei Komponenten: Dateien und Datenbank. Wobei sich die Dateien bloß bei einem Update oder beim Hinzufügen von Medien ändern.

Um die Datenbank zu sichern, suchen Sie im Backend Ihres Anbieters den Datenbankzugang und die richtige Datenbank. Danach können Sie im Reiter *Exportieren* eine Kopie Ihrer WordPress-Datenbank herunterladen.

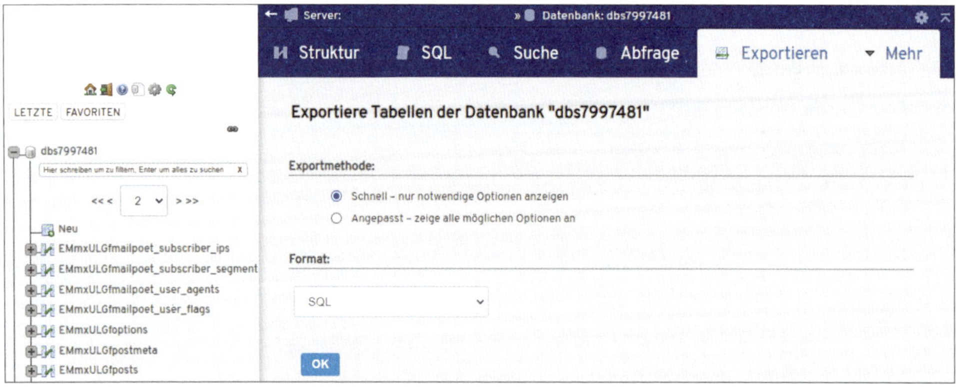

Exportieren der Datenbank (Quelle: IONOS SE, Montabaur)

Diese Datei ist eine reine Textdatei, die genauso wieder importiert werden kann. Testen Sie aber vorher, ob das auch wie gewünscht funktioniert, da in den MySQL-Default-Einstellungen die Größe beschränkt ist und es zu einem Abbruch kommen kann. Dann gibt es immer noch die Notlösung, die Datei in einem Editor wie Notepad++ zu öffnen und häppchenweise als SQL ausführen zu lassen.

Die Dateien sichern Sie mit einem FTP-Programm. Das kostenlose Tool FileZilla bietet sich dazu an, um Daten direkt zwischen Ihrem lokalen Rechner und Ihrer WordPress-Installation zu kopieren. Die Zugangsdaten sollte Ihnen Ihr Webanbieter mitgeteilt haben, sofern er einen FTP- oder SFTP-Zugang bereitstellt.

15. Performance

Performance ist immer ein Thema, und eine Webseite, bei der man mehrere Sekunden oder sogar Minuten warten muss, bis sich die Webseite richtig aufgebaut hat, ist nie schön für den Benutzer. Aber nicht nur der Leser stört sich daran, sondern mittlerweile auch Suchmaschinen. Seiten mit einem zu langsamen Seitenaufbau werden abgewertet.

Nun ist es so, dass gerade bei den kleinsten Angeboten der Webhoster nicht gerade übermäßig Rechner- und Netzwerkgeschwindigkeit bereitgestellt wird. Logisch, man will ja auch bessere Angebote verkaufen. Trotzdem gibt es einige Punkte, die man auch bei einem kleinen Server und möglichst von Anfang an beherzigen kann.

15.1 Komplexität der Seiten

Manche toben sich ganz gern hemmungslos aus und holen alles raus, was grafisch möglich ist. Da ist die Seite gespickt mit Medien, Blöcken und Texten, die beim Scrollen animiert sind und mehr. Aber je komplexer die Seitenstruktur und umso mehr Elemente auf der Seite, desto mehr Daten werden auch übertragen und desto länger dauert das Rendering beim Zielgerät. Das werden Sie zu Hause mit einem schnellen Rechner und einer 50-Mbit-Leitung nicht unbedingt merken, aber wer gerade mit einem älteren Smartphone und vielleicht noch im EDGE-Bereich unterwegs ist, freut sich nicht, wenn er beim Seitenaufbau zusehen kann.

Für manche Design- oder UX-Funktionalitäten (**U**ser E**x**perience) benötigt man weitere Plug-ins, aber auch hier ist die Gefahr, dass mit jedem Plug-in die Anzahl eingebundener JavaScript- und anderer Bibliotheksdateien steigt. Ich habe Seiten erlebt, die drei verschiedene Plug-ins für Slider eingebunden hatten.

Versuchen Sie also, den Seitenaufbau nicht übermäßig komplex zu gestalten, und haben Sie immer die Frage nach dem Mehrwert für den Kunden im Hinterkopf. Nebenbei: Je mehr grafische Spielereien eingebunden sind, desto mehr wird vom eigentlichen Inhalt der Seite abgelenkt.

15.2 Mediengrößen und -formate

Eigentlich ein ganz einfaches Thema, das aber manchmal mit einer an Ignoranz grenzenden Sturheit falsch gemacht wird. Bilder werden in der größtmöglichen Auflösung und bestmöglichen Qualität hochgeladen, und dann wird auf der Webseite eine 5 MB große Bilddatei eingebunden, obwohl die tatsächlich sichtbare Bildgröße nur 500 x 500 Pixel beträgt. Achten Sie also darauf, wie und wo das Bild im Ergebnis eingebunden werden soll, und laden Sie dann das Bild nur in der benötigten Größe hoch. Näheres zum Konvertieren finden Sie in Kapitel 21 »Nützliche Tools«. Gleiches gilt für das Format: Eine JPEG-Datei ist in der Regel nur 10 % so groß wie eine PNG-Datei. PNG-Dateien sind eigentlich nur nötig, wenn bewusst eine gute Qualität benötigt wird oder das Bild transparente Teile aufweist.

Gleiches gilt für Videos. Erst kürzlich hatte ich eine Webseite, bei der 50 % der gesamten Netzwerklast durch zwei Videos mit einer Gesamtlänge von gerade mal sieben Sekunden verursacht wurden. Hier hatte man eine HD-Auflösung gewählt, obwohl das Video dann tatsächlich in einem Block mit einer Größe von 550 x 320 Pixeln abgespielt wurde. Nebenbei brachte das Video auch keinerlei Mehrwert und konnte durch ein simples Bild ersetzt werden.

Falls das Kind schon in den Brunnen gefallen ist: Es gibt Plug-ins wie *PNG to JPG*, die das Konvertieren von Bildern automatisch erledigen. Bei diesem Tool besteht aber immer die Gefahr, dass sie über das Ziel hinausschießen. Es von Anfang an richtig zu machen, ist definitiv die bessere Wahl.

15.3 Content Delivery Network

Ein **C**ontent **D**elivery **N**etwork oder kurz CDN ist ein Verbund von Servern, die hoch optimiert für die schnelle Auslieferung von statischen Inhalten wie Bildern sind. Die großen Anbieter haben ihre Server weltweit verstreut, um von jedem Punkt eine Auslieferung mit möglichst kurzer Netzwerklatenz zu ermöglichen. Diese Infrastruktur kostet natürlich, sodass für die Nutzung eines CDN eine eigene Anmeldung nötig ist und relativ schnell Gebühren fällig werden. Um CDNs zu nutzen, gibt es spezielle Plug-ins, viele Optimierungs- oder Caching-Plug-ins bringen aber auch einen eigenen CDN-Dienst mit, der kostenpflichtig hinzugebucht werden kann.

15.4 Caching

Unter Caching versteht man, fertig generierte Seiten oder Seitenfragmente in einem Zwischenspeicher abzulegen, um diese dann bei erneuter Anforderung einfach direkt aus dem Zwischenspeicher abrufen zu können, ohne sie komplett neu aufbauen zu müssen.

Innerhalb von WordPress gibt es verschiedene Plug-ins, die ein eigenes Caching anbieten. Diese Tools greifen häufig tief in das System ein und haben damit auch Potenzial, die Webseite für den Leser nicht mehr benutzbar zu machen. Machen Sie also vorher ein Backup der Seite.

Keinesfalls sollten Sie mehr als ein Caching-Tool gleichzeitig aktiviert haben, da dies zu unerwünschten Wechselwirkungen führen kann.

15.4.1 Autoptimize

Link: https://de.wordpress.org/plugins/autoptimize/

Fangen wir gleich mit einem komplett kostenlosen Plug-in an. Der Autor dieses Plug-ins möchte ganz explizit kein Geld – auch nicht auf freiwilliger Basis – mit diesem Plug-in verdienen, sondern bittet stattdessen um eine karitative Spende. Und das, obwohl das Plug-in ausgesprochen nützlich und mächtig ist.

Das Plug-in selbst macht, was sein Name verspricht: Es versucht, die Webseite zu optimieren, damit sie schneller geladen wird und damit auch bei Google und Co. ein besseres Rating erzielt wird.

Seien Sie aber gewarnt: *Autoptimize* ist kein Selbstläufer, mit entsprechenden Einstellungen kann man das Layout oder die Funktionalität seiner Webseite komplett zerschießen oder die Platte volllaufen lassen.

Sobald Sie das Plug-in installiert haben, finden Sie in der oberen Zeile im Backend-Bereich den neuen Punkt *Autoptimize* mit einem hoffentlich grünen Kringel.

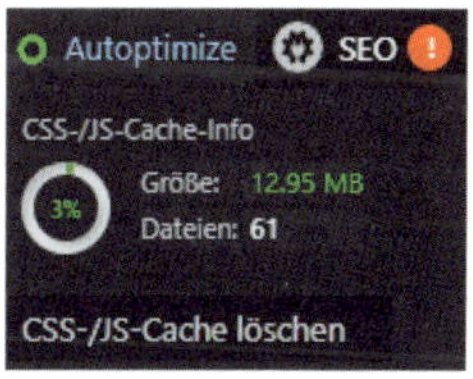

Cache-Anzeige

Hier zeigt Ihnen *Autoptimize* seinen Zustand an, wie viele Dateien gerade gecacht sind, wie viel Festplattenspeicher dies benötigt und wie viel Prozent Ihres Speichers das ausmacht. Wird der Kringel gelb oder gar rot, dann läuft Ihr Speicher gerade mit gecachten Dateien voll und Sie sollten dringend den Speicher mittels *CSS-/JS-Cache löschen* freigeben und anschließend versuchen, die Ursache zu finden.

Sehr verkürzt gesagt arbeitet der Optimierer so, dass er zum einen versucht, Dateien zu komprimieren und zusammenzufassen, und zum anderen, indem er die Dateien, die WordPress dynamisch bei jedem Webseitenaufruf zusammenbaut, fertig abspeichert und dem Benutzer erst mal die statische HTML-Seite präsentiert, die natürlich wesentlich schneller ist.

Für jede der Dateiarten JavaScript, CSS (Stylesheets), HTML lässt sich der Optimierer einzeln zuschalten und konfigurieren.

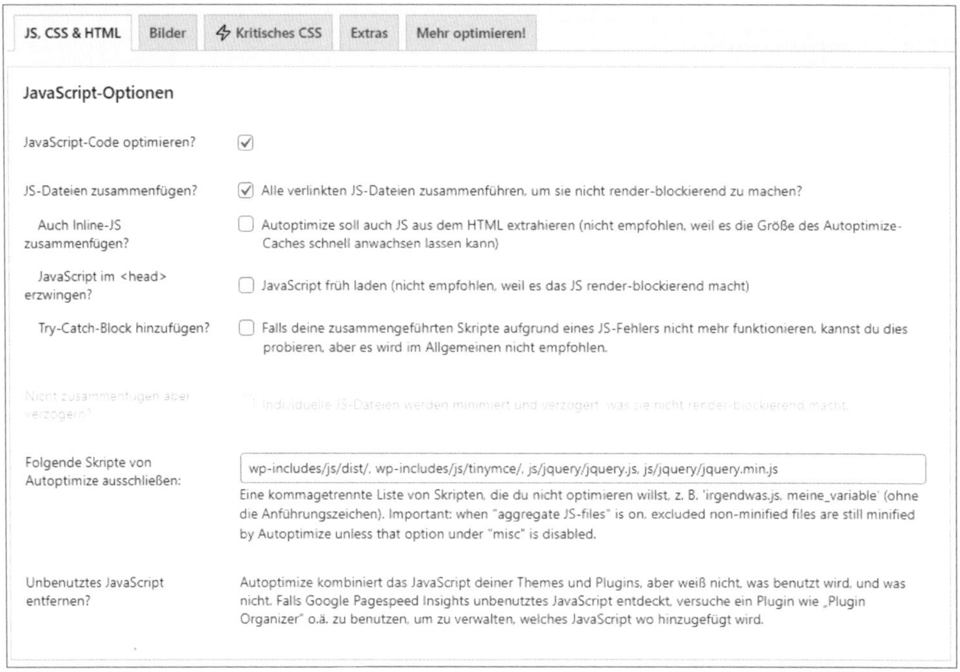

Optionen in Autoptimize

Gerade JavaScript reagiert manchmal zickig, wenn die Ressourcen verändert wurden oder wenn Skripte, die aufeinander beruhen, in der falschen Reihenfolge geladen werden. Deswegen gibt es auch einen Punkt, um einzelne Skripte explizit von der Optimierung auszunehmen.

Nachdem Sie Autoptimize eingeschaltet und konfiguriert haben, sollten Sie unbedingt die Funktionalität Ihrer Webseite komplett durchtesten. Nicht, dass erst nach ein paar Wochen plötzlich auffällt, dass zum Beispiel ein Formular nicht mehr funktioniert, da es jetzt einen JavaScript-Fehler bringt.

Unter *Bilder* können Sie einen kostenpflichtigen CDN-Dienst einbinden, um Mediendateien performanter auszuliefern.

Zwei sehr wichtige Punkte befinden sich unter *Extras*, die Sie aus Datenschutzsicht auch möglichst direkt anpassen sollten: Deaktivieren Sie Google Fonts und entfernen Sie WordPress-Emojis. Beides würde sonst aus externer Quelle nachgeladen, was nach gängiger DSGVO-Auslegung erst der Einwilligung des Besuchers bedürfte.

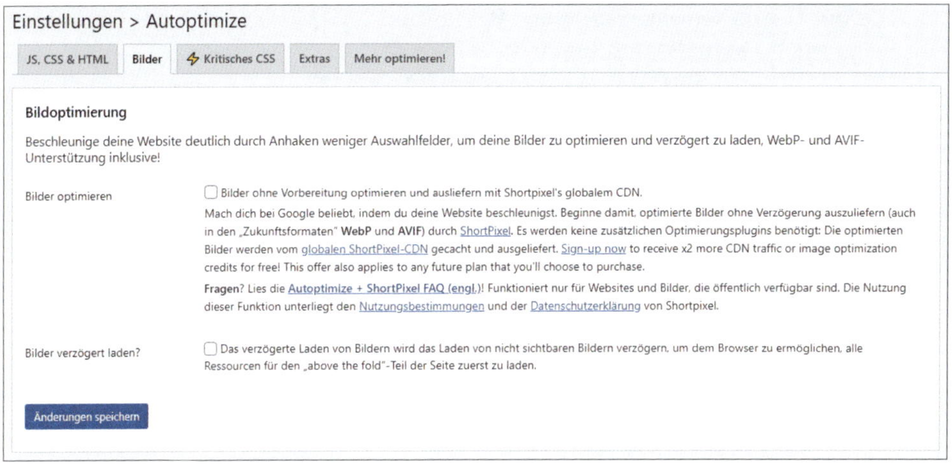

Optionen für Bilder

15.4.2 WP Fastest Cache

Link: https://wordpress.org/plugins/wp-fastest-cache/

WP Fastest Cache ist ein weiteres populäres Tool für das Caching. In der kostenlosen Version sind nur die Optionen im ersten Reiter nutzbar. Generell ist es eine gute Idee, CSS und HTML zu minimieren. Die Dateien per *gzip* zu komprimieren, kann gut sein, kann aber auch zu Fehlern führen, das müssen Sie einfach austesten.

Generell empfehle ich, den Cache für angemeldete Besucher nicht zu nutzen. Sollte Ihnen der Cache die Seite zerschießen, so können Sie sich trotzdem noch einloggen und den Fehler beheben.

Mit dem Browsercaching wird der Webbrowser des Besuchers angewiesen, die Seite bei sich lokal zu speichern und (teilweise) zu verwenden, wenn der Besucher die Seite erneut aufruft. Wenn sich auf Ihrer Webseite im Minutentakt etwas ändert, ist das eher nicht zu empfehlen.

Optionen von WP Fastest Cache

15.5 Performance Monitoring mit Google Tools

Nun haben Sie zwar viel über Performance geredet, aber wie kann man das messen? Ein sehr gutes und kostenloses Tool dazu gibt es von Google, PageSpeed Insights.

Unter der Webadresse https://pagespeed.web.dev/ können Sie die Performance der Seite aus der Sicht von Google sehen.

Der Report ist in zwei Bereiche aufgeteilt, einen für Mobilgeräte und einen für Desktop-Computer. Google räumt der mobilen Performance mittlerweile einen höheren Stellenwert ein als der bei Desktops. Sie bekommen eine Gesamtbewertung und darunter eine Aufschlüsselung, wie sich diese zusammensetzt. Dazu zählt zum Beispiel, ab wann der Basisinhalt der Webseite für die Betrachter sichtbar ist (FCP), ab wann die Webseite Reaktionen des Benutzers verarbeiten kann (TTI) und weitere.

Eine relativ neue Metrik ist der *Cumulative Layout Shift* (CLS), das sind plötzliche Layoutverschiebungen. Diese können auftreten, wenn beispielsweise ein Bild zu groß dimensioniert ist und durch die benachbarten Inhalte zwangsweise wieder verkleinert wird.

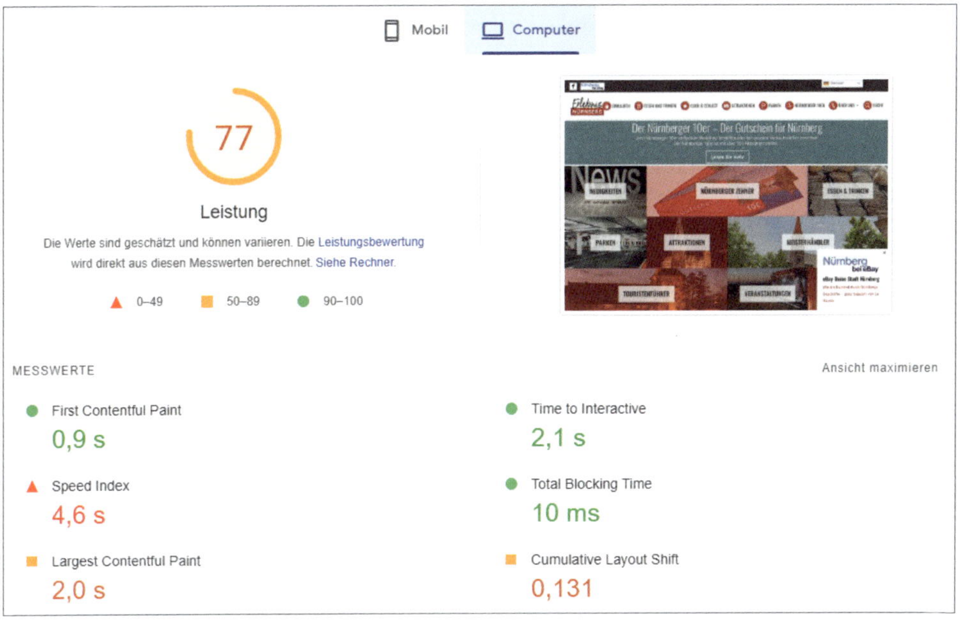

Performance-Report

Um unnötigen Frust zu vermeiden: Mit einer WordPress-Seite bei einem der üblichen Billigangebote eine Leistung über 90 zu bekommen, ist schon schwer. Für den Anfang sollten Sie versuchen, in den oberen gelben Bereich zu kommen und zu bleiben!

Die einzigen Webseiten, mit denen ich sowohl mobil als auf dem Computer die vollen 100 Punkte erreiche, sind komplett selbst programmierte Seiten ohne irgendwelche Bibliotheken oder Frameworks.

Bei den Google Tools finden Sie einige Tipps, wie Sie die Performance verbessern können. Nicht auf alles, was vorgeschlagen wird, haben Sie bei einem Standardhoster auch direkt Einfluss, und manche Vorschläge widersprechen sich sogar.

Ein Blick lohnt sich immer auf die Hinweise zu Bildern. Hier finden Sie die Verursacher, die meistens relativ einfach zu komprimieren oder konvertieren sind.

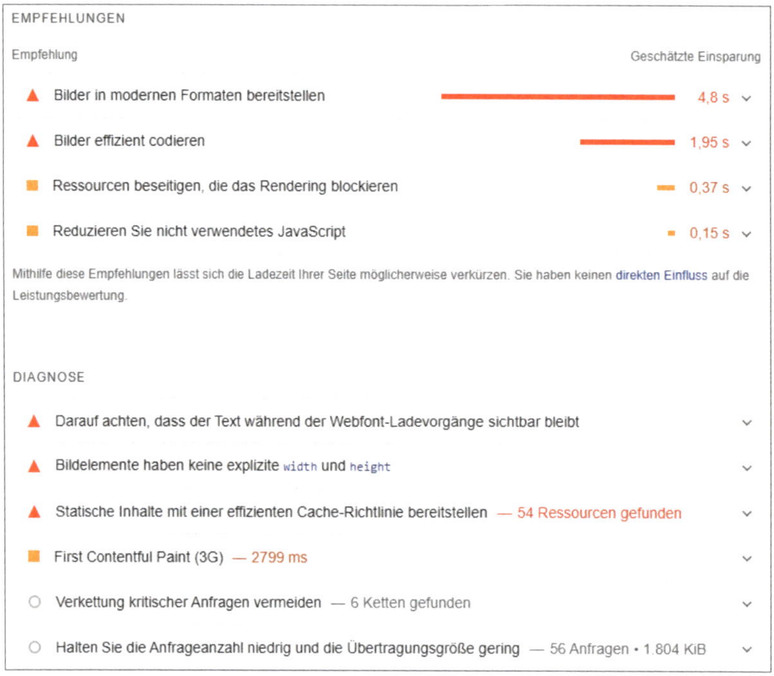

Optimierungsvorschläge

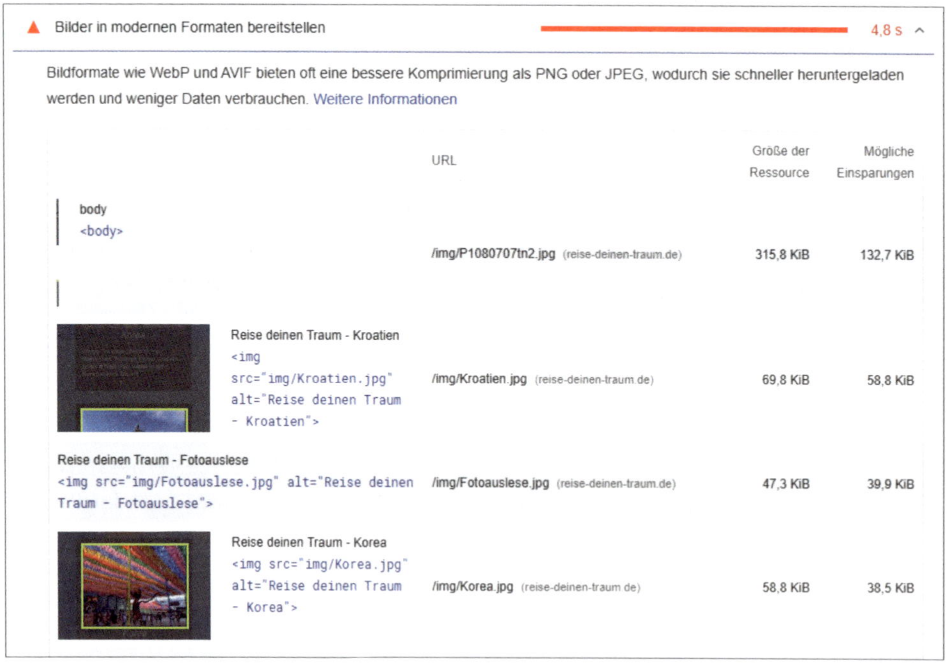

Mögliche Optimierungen bei den Bildern

16. SEO

16.1 Was ist SEO?

SEO heißt einfach **S**earch **E**ngine **O**ptimization und umfasst alle Maßnahmen, um die Webseite bei Google höher in den Listen zu bekommen.

Das Thema SEO ist ein sehr weites Feld, bei dem sich auch viele Halbwahrheiten und längst überholte Informationen hartnäckig halten. Zudem verändert Google die Algorithmen und Kriterien in regelmäßigen Abständen. Es sind auch schon große Firmen wie zum Beispiel 2006 BMW komplett abgerutscht oder sogar aus dem Google-Index verbannt worden, da die SEO-Maßnahmen, die einst noch funktionierten, dann zu einer Abstrafung führten.

Während früher noch einzelne Seiten mit Linkwüsten nur für Suchmaschinen angelegt wurden, hat Google dazu gelernt und versucht, die Seite aus Sicht des Benutzers und seines Nutzens daraus zu sehen. Wir können dieses Thema hier nur kurz anreißen und einige Grundlagen behandeln. Falls Sie sich tiefer in das Thema einarbeiten wollen, gibt es spezielle Bücher zu dem Thema.

Eine Warnung gleich vorweg: SEO ist leider nichts, was sich sofort in einem sichtbaren Ergebnis bemerkbar macht. Zum einen dauert es immer eine Weile, bis die Bots der Suchmaschinen wieder über Ihre Seite drübergehen, zum anderen dauert es auch, bis sich die Verbesserung oder Verschlimmerung dann wirklich in den Suchergebnissen zeigt. Das kann meist zwischen ein paar Wochen und einigen Monaten sein.

16.2 Grundlegendes zu SEO

Fangen wir mit einigen grundlegenden Sachen an, die aber erstaunlicherweise immer noch häufig nicht beachtet werden. Einige davon können Sie in WordPress nur mithilfe eines geeigneten Plug-ins ändern.

16.2.1 Seitenname

Der Seitenname in der URL sollte möglichst sprechend sein und einen Hinweis auf die Seite geben. Am besten kann er sogar mit dem Seitentitel identisch sein.

https://reise-deinen-traum.de/abenteuer-in-mexiko

ist besser als

https://reise-deinen-traum.de/?p=1245

16.2.2 Metainformationen

Metainformationen sind im Browser nicht sichtbar, aber über diese können dem Browser oder Suchmaschinen Zusatzinformationen zur Webseite übermittelt werden. Die wichtigste ist die Description (Beschreibung). Sie sollte kurz (ca. 160 Zeichen) den Inhalt der jeweiligen Seite beschreiben. Dabei sollten auch wichtige Schlagwörter, sogenannte Keywords, aus dem Artikel vorkommen. Diese Beschreibung kann(!) bei der Anzeige in der Ergebnisliste bei Google erscheinen. Ob Google dann allerdings tatsächlich diesen Text nimmt oder sich lieber etwas aus der Seite herauspickt, ist Glückssache.

Ein Beispiel für eine Meta-Description, wie sie im HTML-Code erscheint:

<meta name="description" content="Die besten Tipps und Tricks für Backpacker in Mexiko City.">

Die Metainformation *keywords* wird in diesem Zusammenhang zwar noch gern erwähnt, wird aber von Google nicht mehr verwendet.

16.2.3 Überschriften

Jede Seite sollte genau eine Hauptüberschrift (H1) haben. Diese sollte zum Inhalt der Seite passen, beispielsweise »Meine Abenteuer in Mexiko«. Weitere Unterüberschriften werden dann über mehrere H2-Überschriften bzw. H3 bis H6, wenn die Seite noch stärker untergliedert werden soll, gesetzt. Das Setzen der korrekten Überschrift funktioniert sehr gut mit dem Block-Editor in WordPress. Das war nicht immer so.

16.2.4 Externe Links

Externe Links sollten immer in einem neuen Fenster oder Tab geöffnet werden. Dies ist allerdings vor allem für die Usability wichtig. Ist Ihr Betrachter erst einmal auf einer fremden Seite, ist es zweifelhaft, ob er zurückkommt.

Zudem sollten Suchmaschinen möglichst angewiesen werden, fremden Links nicht zu folgen, da dann SEO-Kraft von Ihrer Seite zu den externen Seiten »abfließt«. Bewerkstelligt wird dies durch ein zusätzliches Attribut *rel="nofollow"* im HTML-Code beim Link. Leider wird das bei WordPress noch etwas stiefmütterlich behandelt, sodass man dann im Editor meist den Quellcode bearbeiten müsste.

Ein korrekter externer Link sieht beispielsweise so aus:

<a href="https://www.auswaertiges-amt.de/de" target="_blank" rel="nofollow">

16.2.5 Canonicals

Eine Sache, die Suchmaschinen gar nicht mögen, sind redundante Seiten (sogenannter Duplicate Content), weder innerhalb einer Domain noch domainübergreifend. Das liegt daran, dass früher häufig eine gut laufende Seite einfach mit anderen Schlüsselwörtern dupliziert wurde.

Sollten Sie nun das Problem haben, dass Sie trotzdem (fast) doppelte Seiten brauchen, beispielsweise, weil Sie eine angepasste Form Ihrer Webseite für den österreichischen Markt mit einer AT-Top-Level-Domain launchen, so können Sie mit Canonicals redundante Seiten für Google explizit zusammenfassen und angeben, welche der Seiten als Hauptseite zählen soll. Dies wird durch eine Metainformation mit dem Namen Canonical bewerkstelligt. Das kann über Plug-ins nachgerüstet werden.

16.2.6 Sitemap.xml

Um sicherzugehen, dass Suchmaschinen alle Seiten Ihrer Website auch wirklich finden, kann eine *Sitemap.xml* angelegt werden. Dabei handelt es sich um eine Liste aller Webseiten Ihrer Domain. Das Erstellen dieser Datei können SEO-Plug-ins übernehmen. Allerding muss man aufpassen, dass man nicht Gefahr läuft, hier auch Seiten zu listen, die zwar online, aber noch nicht verlinkt sind, weil sie sich noch im Entwurfsstadium befinden.

16.2.7 Keywords

Keywords sind für den Beitrag relevante Begriffe, über die Sie möglichst bei Suchen gefunden werden wollen. Keywords für unsere Mexiko-Seite könnten zum Beispiel »Backpacking«, »Individualreisen«, »Mexiko«, »Mittelamerika« sein. Es ist natürlich wichtig, dass diese Keywords dann auch mehrmals im Beitrag vorkommen. Andererseits dürfen die Schlüsselwörter auch nicht zu auffällig oft vorkommen, das könnte sonst wiederum zur Abstrafung führen. Eine häufig genannte Faustformel sind 3–5 % an Keywörtern im Beitrag. Um passende Keywörter und Synonyme zu finden, gibt es etliche Tools und Datenbanken im Internet, zum Beispiel https://www.keyword.io/.

16.2.8 Textlänge und -komplexität

Durch SEO-Foren geistert häufig die Faustformel, dass ein Beitrag mit ungefähr 2.000 Wörtern gut rankt. Dies könnte zumindest mal als Bezugspunkt genommen werden. Viel wichtiger ist es inzwischen, informative und einzigartige Texte zu haben, die gut zu lesen sind. Ein Text mit 2.000 Wörtern, der nur dem SEO dient, aber keinerlei echten Informationsgehalt hat, wird vermutlich schlechter bewertet als ein kürzerer, aber sehr informativer, spannender Bericht. Reine »SEO-Texte« sind ein Relikt aus alter Zeit, ein Text soll spannend und informativ für den Leser sein, dann ist er auch für Google gut. Schreiben Sie also gute Texte.

16.2.9 Verweildauer des Benutzers

Stark mit der Textkomplexität verwandt ist die Verweildauer des Benutzers auf der Webseite. Google misst, wie lange es dauert, bis ein Benutzer die Seite wieder verlässt. Eine Seite, die den Betrachter durch übermäßige Banner und anderes schnell wieder vergrault, wird schlechter bewertet als eine, auf der der Benutzer länger bleibt, um sich die Texte durchzulesen.

16.2.10 Darstellung auf Mobilgeräten

Google hat dem Umstand Rechnung getragen, dass inzwischen über 50 % des Internetverkehr von Smartphones und Tablets ausgehen. Deshalb wird auch bewertet, wie Ihre Seiten auf dem Smartphone aussehen. Liegen die Buttons zu nah beieinander oder passt der Inhalt gar nicht auf den schmalen Bildschirm des Smartphones, sodass der Benutzer horizontal scrollen muss oder der Inhalt gar abgeschnitten wird, führt das zur Abwertung.

Wie Sie Ihre Webseite auf diversen Geräten ansehen können, erfahren Sie in Kapitel 21.2 zu den Chrome Developer Tools.

16.3 Google Search Console

Google wäre nicht Google, wenn es nicht nur abstrafen, sondern auch ein nützliches Tool an die Hand geben würde, um es besser zu machen. Dieses Tool nennt sich Google Search Console und ist unter folgender Adresse erreichbar:
https://search.google.com/search-console

Bevor Sie es nutzen können, müssen Sie sich allerdings anmelden und sich als Inhaber der Webseite authentifizieren.

In der Search Console bekommen Sie eine ausführliche Übersicht über Ihre Webseite, wie viele Seiten gültig sind und wie viele Fehler aufweisen. Mit einem Klick in die Details wird Ihnen mitgeteilt, welche Seiten und welche Art von Fehlern das sind.

Zusätzlich werden Ihnen akute Probleme, zum Beispiel aufgrund der Benutzerfreundlichkeit angezeigt. Diese Informationen finden Sie rechts oben in den Nachrichten.

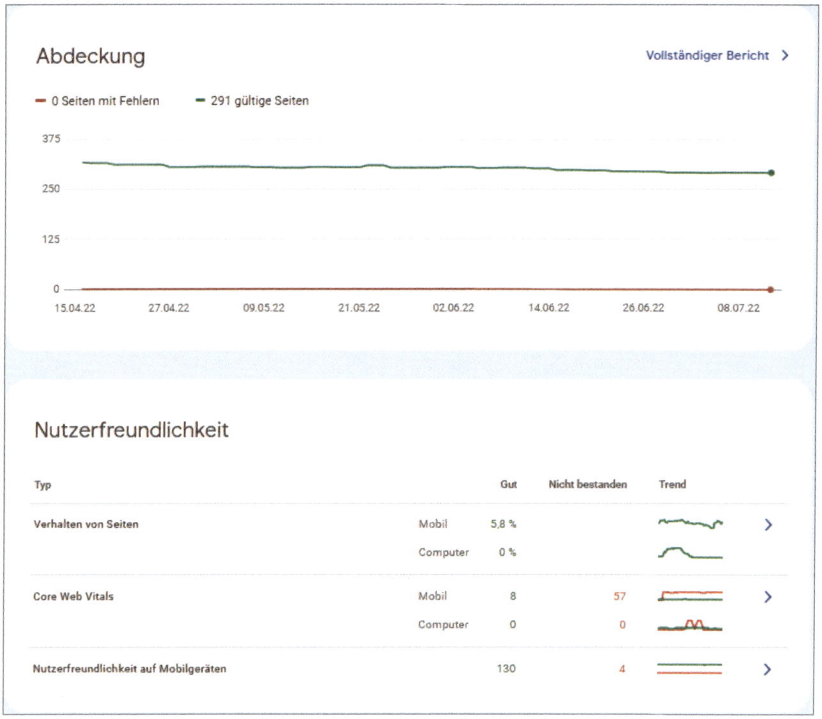

Übersicht der Search Console (Quelle: Google)

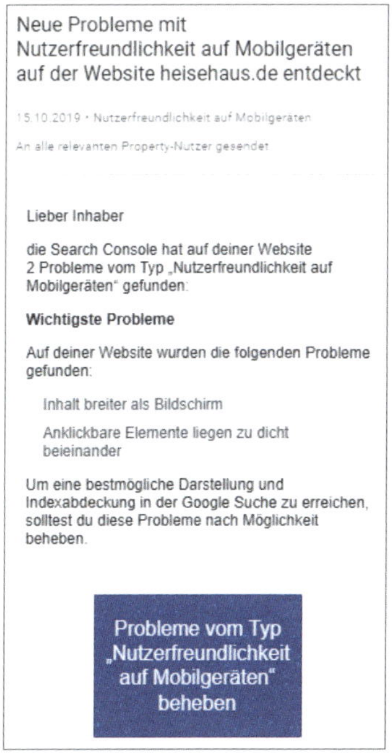

Benachrichtigung über Probleme (Quelle: Google)

16.4 SEO mit dem Yoast-Plug-in

Das Yoast Plugin

Link: https://de.wordpress.org/plugins/wordpress-seo/

Das Yoast-Plug-in ist nur eine der vielen Alternativen, ähnlich gut ist das Konkurrenzprodukt AIOSEO (All in One SEO).

Link: https://de.wordpress.org/plugins/all-in-one-seo-pack/

Beide bieten in der kostenlosen Version einen ähnlichen Versionsumfang, sodass wir hier nur Yoast exemplarisch herausgegriffen haben.

Nach der Installation gehen Sie einmal den Assistenten durch und nehmen die gewünschten Eingaben vor. Sie müssen nicht alles eingeben und können auch Teile überspringen. Anschließend will Yoast die SEO-Daten optimieren, dies sollten Sie auch durchführen. Wenn Sie nun das Dashboard aufrufen, sehen Sie gleich, ob Sie bereits gravierende Fehler gemacht haben.

Übersicht über SEO-Fehler

Die sonstigen Einstellungen im Yoast-SEO-Menü können für den Anfang erst einmal so bleiben, vieles bezieht sich auf die Premium-Version.

Viel interessanter wird es, wenn Sie jetzt einen Ihrer Beiträge oder eine Ihrer Seiten zum Bearbeiten öffnen. In der rechten Spalte bei den Beitrags- oder Seiteneinstellungen finden Sie nun einen neuen Block über die Bewertung Ihrer Seite aus SEO-Sicht.

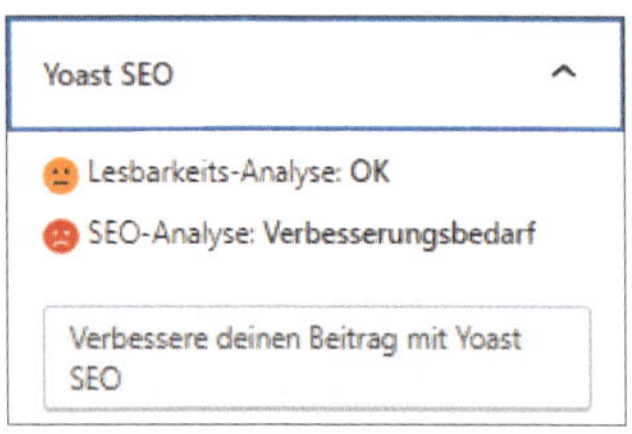

SEO-Zusammenfassung der Seite

Weitere Informationen bekommen Sie, wenn Sie auf den Button *Verbessere deinen Beitrag mit Yoast SEO* klicken. Sie bekommen dann eine weitere Seitenleiste mit allen SEO-relevanten Themen eingeblendet.

Die gleichen Einstellungen, aber etwas übersichtlicher, finden Sie, wenn Sie ganz runterscrollen.

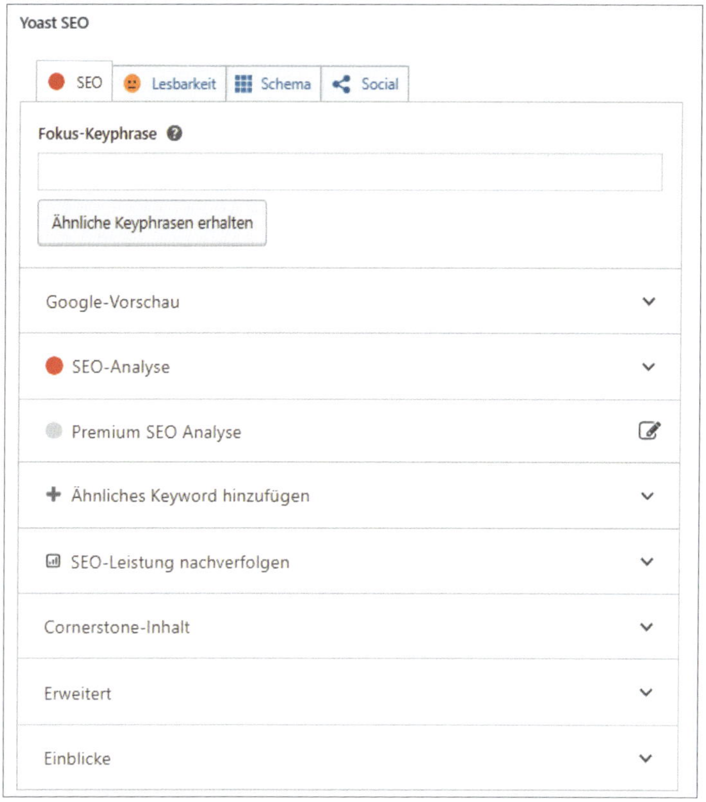

Sämtliche SEO-Einstellungen auf Seiten- oder Beitragsebene

Wir gehen jetzt nur einige der wichtigsten Funktionen, die auch im kostenlosen Umfang enthalten sind, durch.

In der *Google-Vorschau* sehen Sie, wie diese Seite mutmaßlich bei Google dargestellt wird. Hier können Sie auch die oben erwähnte *Meta-Beschreibung* eintragen.

Im Bereich *SEO-Analyse* bekommen Sie einen detaillierten Bericht, was in Ihrem Beitrag gut und was weniger gut gemacht wurde. Selbstredend, dass einiges davon nur in der Premium-Version lösbar ist.

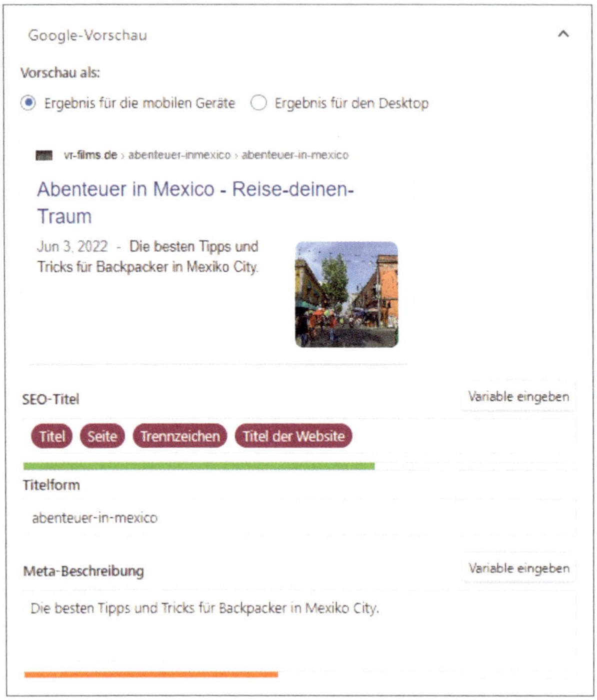

Google-Vorschau

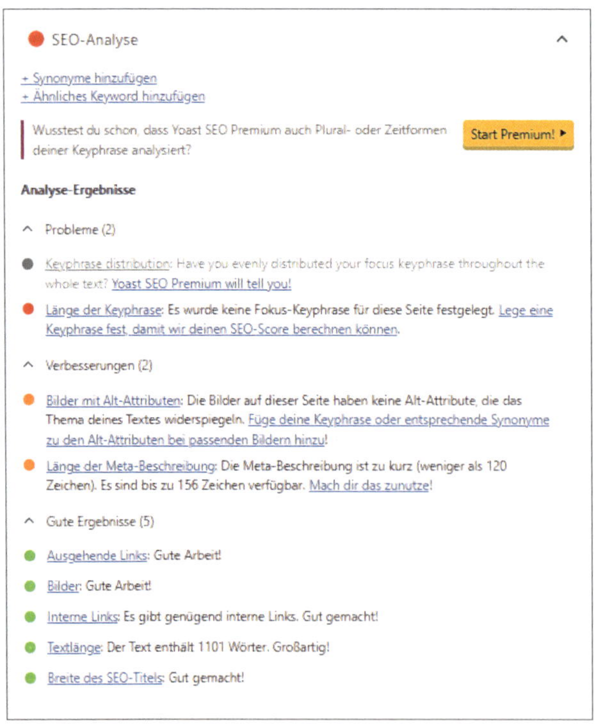

SEO-Analyse

Außerdem könnte der Bereich *Erweitert* interessant sein. Hier haben Sie die Möglichkeit, den oben erwähnten Canonical zu setzen. Der Canonical sollte die volle URL der Seite sein, die Sie im Index haben wollen.

Haben Sie zum Beispiel eine Webseite

https://reise-deinen-traum.**de**/mexiko

und eine sehr ähnliche für den österreichischen Markt mit

https://reise-deinen-traum.**at**/mexiko

dann setzen Sie bei **beiden** Seiten *https://reise-deinen-traum.de/mexiko* als Canonical (oder bei beiden die .at-Adresse, wenn Ihnen das besser gefällt).

Zudem können Sie hier eine Suchmaschine anweisen, diesen Beitrag nicht zu indizieren. Das ist dann hilfreich, wenn sich die Seite noch im Entwurfsstadium befindet oder es Informationen sind, die nicht unbedingt gleich bei Google erscheinen sollen, zum Beispiel die Seite mit dem Impressum.

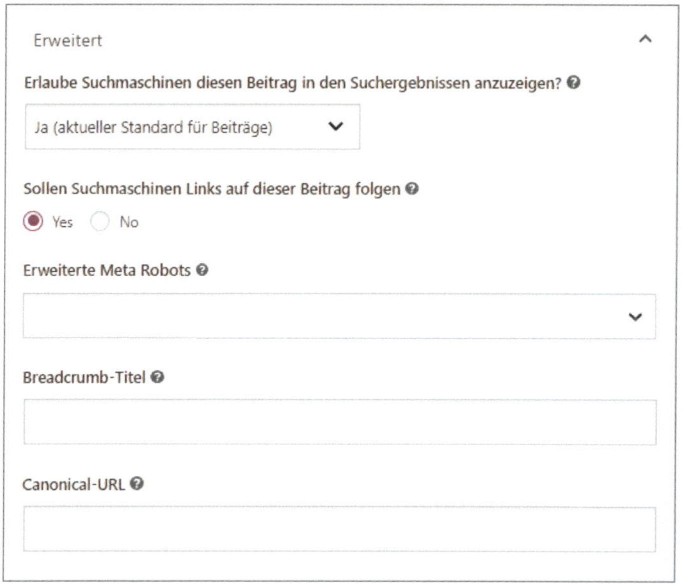

Erweiterte Einstellungen

Im nächsten Reiter finden Sie eine Bewertung Ihres Textes. Haben Sie genug Zwischenüberschriften? Ist er gut lesbar?

Sehr praktisch: Wenn Sie auf die Buttons mit dem Auge klicken, werden Ihnen direkt die angemerkten Textstellen markiert.

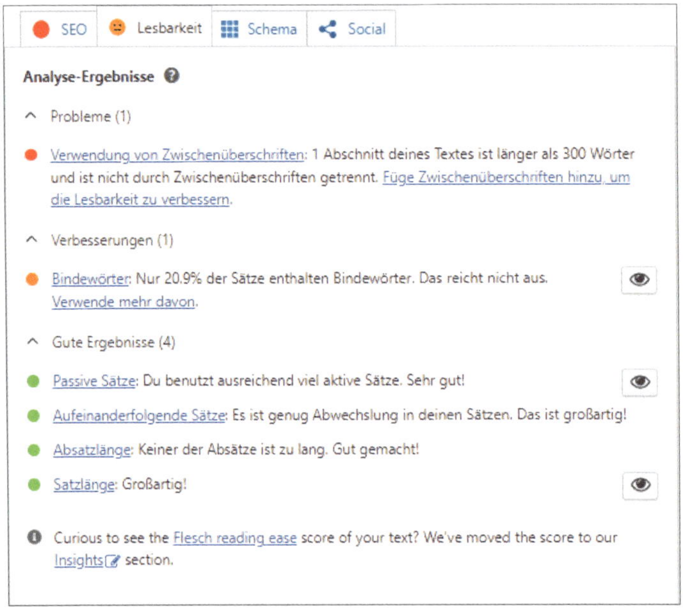

Erweiterte Einstellungen

17. Hilfe, mein WordPress funktioniert nicht mehr

Haben Sie ein größeres Problem, dann atmen Sie erst einmal durch und überlegen dann in Ruhe: »Wann hat es das letzte Mal noch funktioniert?« und »Was habe ich zuletzt bzw. seitdem gemacht?«

Die meisten Probleme sind auf Ursachen mit Updates, Plug-ins oder Inkompatibilitäten zwischen beiden zurückzuführen.

Aber fangen wir mit einem Standardproblem an.

17.1 Ich habe meinen Log-in vergessen

Der Klassiker unter den Problemen. Die Webseite funktioniert, und nach ein paar Wochen will man wieder was ändern und verflucht sich dafür, dass man noch gedacht hat: »Das Passwort ist ja klar, das brauch ich mir nicht zu notieren.«

Solange Sie Ihre verwendete Mailadresse noch wissen und noch an das Postfach kommen, ist das kein Problem. Wie bei fast jedem anderen vergessenen Log-in haben Sie direkt unter dem Log-in-Formular einen Link, um das Passwort zurückzusetzen.

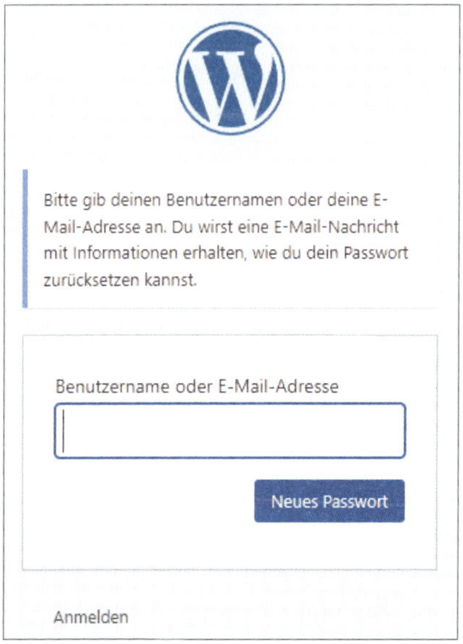

Neues Passwort anfordern

Dieser führt Sie zu einem weiteren Dialog, in dem Sie Ihren Benutzernamen oder, was vermutlich einfacher ist, die genutzte E-Mail-Adresse eingeben können.

Daraufhin bekommen Sie auf Ihre E-Mail-Adresse einen Link mit einem einmaligen Code, mit dessen Hilfe Sie Ihr Passwort zurücksetzen können. Geben Sie nun einfach ein neues Passwort ein oder übernehmen Sie das vorgeschlagene, automatisch generierte, und anschließend können Sie sich wieder regulär in Ihrer WordPress-Seite einloggen.

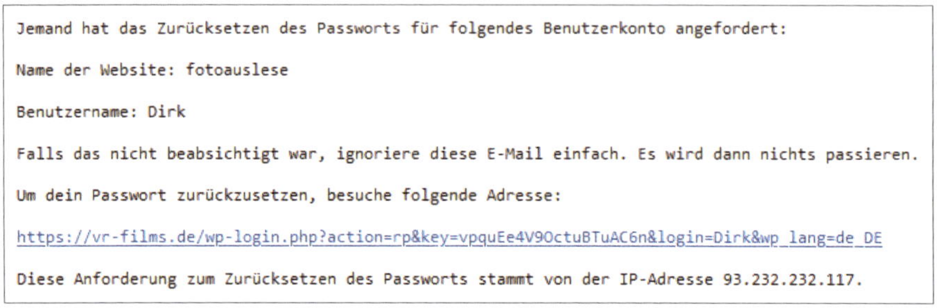

Jemand hat das Zurücksetzen des Passworts für folgendes Benutzerkonto angefordert:

Name der Website: fotoauslese

Benutzername: Dirk

Falls das nicht beabsichtigt war, ignoriere diese E-Mail einfach. Es wird dann nichts passieren.

Um dein Passwort zurückzusetzen, besuche folgende Adresse:

https://vr-films.de/wp-login.php?action=rp&key=vpquEe4V9OctuBTuAC6n&login=Dirk&wp_lang=de_DE

Diese Anforderung zum Zurücksetzen des Passworts stammt von der IP-Adresse 93.232.232.117.

E-Mail zur Passwortzurücksetzung

Problematisch wird es dann, wenn Sie an die Mail zum Zurücksetzen des Passworts nicht mehr herankommen oder wenn Ihre WordPress-Installation nicht mehr in der Lage ist, E-Mails zu versenden. Aber auch dann ist noch nicht zwingend alles verloren.

Sie können sich auch jetzt noch ein neues Passwort vergeben, sofern Sie den Datenbankzugang haben und an Ihre Datenbank noch herankommen. Ob Sie einen Zugang zur Datenbank Ihrer WordPress-Installation haben, hängt allerding von Ihrem Hoster und von dem gebuchten Paket ab. Gerade die einfachste Variante beinhaltet manchmal keinen Datenbankzugang. Um herauszufinden, ob Sie Zugang haben, melden Sie sich im Backend Ihres Hosters an. Hier sollten Sie einen Menüpunkt *Datenbank* oder Ähnliches finden.

Haben Sie den Datenbankzugang, so wird dieser in den allermeisten Fällen durch das browserbasierte Tool *phpMyAdmin* zur Datenbankverwaltung bereitgestellt, sodass wir uns nur darauf konzentrieren.

Sind Sie in Ihrer Datenbank, streng genommen ist es das Datenbank-Management-System, so sehen Sie in der linken Spalte alle auf Ihrem System genutzten Datenbanken.

Unter Umständen haben Sie mehrere Datenbanken, falls Sie mehrere Webseiten haben. Suchen Sie die richtige und öffnen Sie diese.

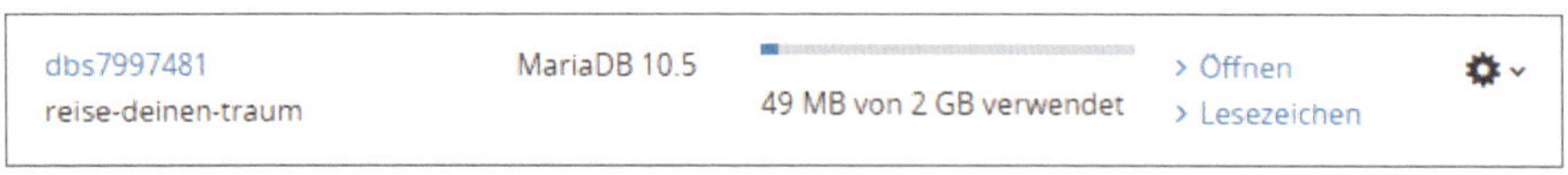

Auswahl der Datenbank (Quelle: IONOS SE, Montabaur)

Die Tabellen in einer WordPress-Datenbank sind mit einem Präfix versehen, damit verschiedene WordPress-Datenbanken nebeneinander installiert werden können. Bei einer Standardinstallation ist das einfach *wp_*, bei vielen Providern ist es ein kryptischer Zufallscode wie *EMmxULGf* oder *ken8_*. Je nachdem, wie viele Plug-ins Sie installiert haben, kann Ihre Datenbank sehr viele Tabellen enthalten.

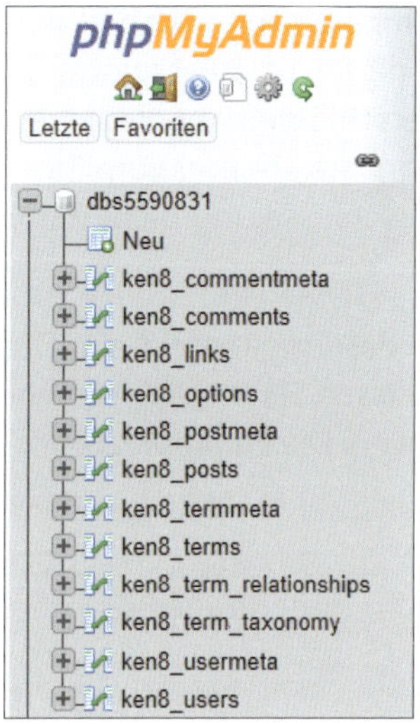

Datenbank einer jungfräulichen WordPress-Installation

Die Tabelle, die wir suchen, endet auf *users*. Also zum Beispiel *EMmxULGfusers* oder *ken8_users*. Hier sind alle Informationen über die Benutzer Ihrer Webseite abgelegt. Klicken Sie auf die Tabelle, so werden Ihnen die ersten Datensätze angezeigt.

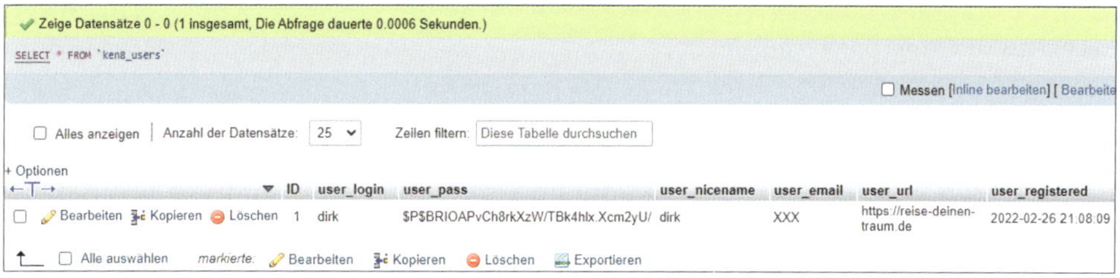

Die Benutzertabelle

In diesem Beispiel ist es lediglich ein Benutzer mit dem Benutzernamen *dirk*. Drücken Sie auf *Bearbeiten*, so bekommen Sie ein Eingabeformular mit allen Feldern dieses Datensatzes. Das Feld, das Sie benötigen, heißt *user_pass*.

Daten eines Users

Wahrscheinlich sehen Sie schon, dass statt Ihres Passworts nur eine kryptische, alphanumerische Zeichenkombination gespeichert ist. Das liegt daran, dass Passwörter in WordPress (und hoffentlich auch überall sonst) nur noch verschlüsselt abgelegt werden. Dabei handelt es sich um eine Einweg-Verschlüsselung. Sie können vom Passwort zwar die Verschlüsselung berechnen, aber aus der Verschlüsselung nicht mehr das Passwort errechnen.

Geben Sie nun Ihr neues Passwort im lesbaren Format in das Eingabefeld ein. Die Verschlüsselung übernimmt die Datenbank für Sie. Dazu müssen Sie im Drop-down-Feld neben dem Passwort die gewünschte Funktion auswählen. Die Funktion zur Verschlüsselung des Passwortes heißt *MD5*.

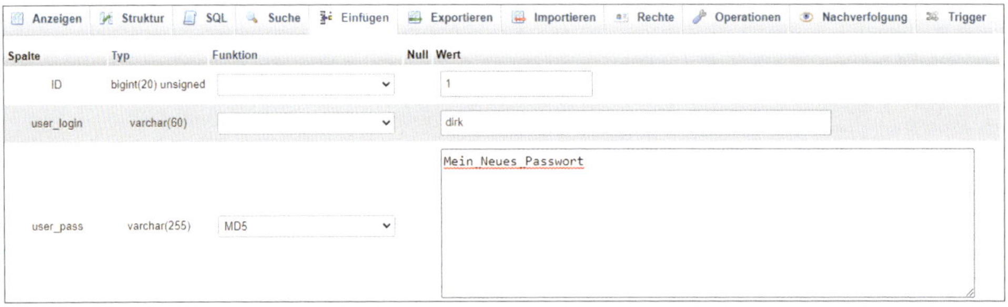

Neues Passwort in die Datenbank eintragen

Jetzt müssen Sie nur noch die Datenbank-Änderung mit einem Klick auf den *OK*-Button ganz unten auf der Seite bestätigen, und schon ist Ihr Passwort auf den gewünschten Wert gesetzt und Sie können sich ganz regulär in Ihrem WordPress-Backend anmelden.

17.2 Die Seite zeigt nicht den gewünschten Inhalt

Wenn eine Seite nicht mehr den richtigen Inhalt anzeigt oder das Layout zerstört aussieht, ohne dass Sie kürzlich was an der Seite gemacht haben, dann wäre der erste Schritt, die Webseite mal in einem anderen Browser oder auch mal im Privat- oder Inkognito-Modus anzusehen. Es kommt manchmal vor, dass der Browser eine fehlerhafte Version der Webseite oder der Stylesheets geladen und gecacht hat.

Eine eher seltene Ursache kann sein, dass der Browser unter der Haube aktualisiert wurde und Teile des Layouts jetzt anders interpretiert. Prüfen Sie also auch mal, ob der Browser eventuell kürzlich aktualisiert wurde.

Haben Sie kurz davor erst an der Seite gebastelt, lohnt es sich, einen Blick in die Revisionen der Seite zu werfen und die aktuelle mit einer älteren Revision zu vergleichen.

Die Revisionen finden Sie beim Editieren eines Beitrags oder einer Seite auf der rechten Seite in den Seiteneinstellungen.

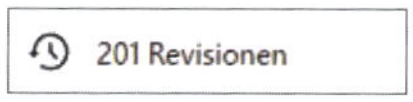

Über eine Zeitleiste können Sie alle Revisionen ansehen und gegebenenfalls eine bestimmte wiederherstellen. Der aktuelle Stand geht dabei nicht verloren, sondern wird wiederum als neue Revision gespeichert.

Revisionen eines Beitrags

Stellen Sie die letzte als funktionierend bekannte Revision wieder her und prüfen Sie, ob das Problem weiterbesteht.

Falls das der Fall ist, wäre der nächste Schritt, sich mal die Plug-ins genauer anzusehen. Wurden hier kürzlich Updates vorgenommen? Testhalber können Sie anfangen, einige Plug-ins zu deaktivieren (**nicht deinstallieren**!). Haben Sie kein spezielles Plug-in in Verdacht, dann fangen Sie bei denen an, die am meisten in das System eingreifen. Gute Kandidaten sind Plug-ins für das Caching oder die Performance. Haben Sie das verantwortliche Plug-in gefunden, dann helfen hoffentlich die üblichen Suchmaschinen weiter. Bei so vielen WordPress-Installationen ist es selten, dass nicht auch schon jemand anderes Ihr gerade aktuelles Problem hatte.

17.3 Leere Seite oder Fehlermeldung auf der Webseite oder per E-Mail

Bekommen Sie beim Aufruf einer Seite nur eine leere Seite ausgeliefert, dann ist in WordPress schon richtig was schiefgelaufen. Meistens gab es dann einen PHP-Fehler, durch den die Anzeige der Seite abgebrochen wurde. Für diesen Fall hat WordPress einen Recovery-Modus geschaffen. Prüfen Sie Ihr Postfach, ob Sie eine E-Mail bekommen haben wie diese:

```
Hallo!

Seit WordPress 5.2 gibt es eine eingebaute Funktion, die erkennt, wenn ein Plugin oder ein Theme einen fatalen Fehler auf
deiner Website verursacht, und dich deswegen mit dieser automatisierten E-Mail benachrichtigt.

In diesem Fall hat WordPress einen Fehler in einem deiner Plugins, Real Cookie Banner (Free), abgefangen.

Besuche zunächst deine Website (https://vr-films.de/) und überprüfe sie auf sichtbare Probleme. Besuche als nächstes die Seite,
auf der der Fehler aufgetreten ist (https://vr-films.de/wp-admin/admin-ajax.php) und prüfe, ob es sichtbare Probleme gibt.

Bitte kontaktiere dein Hosting-Unternehmen, um Unterstützung bei der weiteren Untersuchung dieses Problems zu erhalten.

Wenn deine Website fehlerhaft zu sein scheint und du nicht mehr wie gewohnt auf dein Dashboard zugreifen kannst, hat WordPress
jetzt einen speziellen „Wiederherstellungsmodus". Auf diese Weise kannst du dich sicher in deinem Dashboard anmelden und
weitere Untersuchungen durchführen.

https://vr-films.de/wp-login.php?action=enter_recovery_mode&rm_token=8Wm2QKYl6arikWPxC57X57&rm_key=fMV39os6cUtjxYzsTz0BRx

Um deine Website zu schützen, läuft dieser Link in 1 Tag ab. Aber keine Sorge: Ein neuer Link wird dir per E-Mail zugeschickt,
wenn der Fehler nach Ablauf der Frist erneut auftritt.

Wenn du Hilfe bei diesem Problem suchst, wirst du möglicherweise nach einigen der folgenden Informationen gefragt:
WordPress-Version 5.9.2
Aktives Theme: Hitchcock (Version 2.0.2)
Aktuelles Plugin: Real Cookie Banner (Free) (Version 2.15.0)
PHP-Version 8.0.17
```

Fehler-Mail von WordPress

Die Mail gibt uns schon einige wertvolle Informationen. In diesem Fall ist der Fehler im Plug-in *Real Cookie Banner* aufgetreten. Der erste Schritt wäre also, sich mal dieses Plug-in anzusehen. Gibt es dafür ein Update, das eventuell genau dieses Problem behebt? Ist das Problem behoben, wenn das Plug-in deaktiviert wird? In dem Fall könnte man nach einem Ersatz für das Plug-in suchen. Weiter unten in der Mail erhalten Sie noch detaillierte technische Informationen.

```
Fehler-Details
==============
Ein Fehler vom Typ E_ERROR wurde in der Zeile 70 der Datei /homepages/16/d       6/htdocs/clickandbuilds/fotoauslese/wp-
content/plugins/real-cookie-banner/vendor/devowl-wp/multilingual/src/PolyLang.php verursacht. Fehlermeldung: Uncaught Error:
Call to undefined function DevOwl\RealCookieBanner\Vendor\DevOwl\Multilingual\pll_default_language() in /homepages
/16/d336662426/htdocs/clickandbuilds/fotoauslese/wp-content/plugins/real-cookie-banner/vendor/devowl-wp/multilingual
/src/PolyLang.php:70
Stack trace:
#0 /homepages/16/d       6/htdocs/clickandbuilds/fotoauslese/wp-content/plugins/real-cookie-banner/vendor/devowl-
wp/multilingual/src/AbstractLanguagePlugin.php(253): DevOwl\RealCookieBanner\Vendor\DevOwl\Multilingual
\PolyLang->getDefaultLanguage()
```

Fehler-Details

Meistens steht hier eine ganze Reihe von Meldungen. Das liegt daran, dass Fehler oder Exceptions von einem Programm-Modul an die anderen weitergereicht werden. Das auslösende Ereignis steht ganz oben. Nehmen Sie die Fehlermeldung, in diesem Fall *Uncaught Error: Call to undefined function DevOwl\RealCookieBanner\Vendor\DevOwl\Multilingual\pll_default_language()* und suchen Sie im Internet danach. Eventuell gibt es bereits Lösungen dafür.

Hilft auch das nicht weiter, können Sie den Link zur Wiederherstellung in der E-Mail nutzen. Dabei müssen Sie sich neu einloggen. Im Wiederherstellungsmodus ist das fehlerhafte Plug-in temporär deaktiviert.

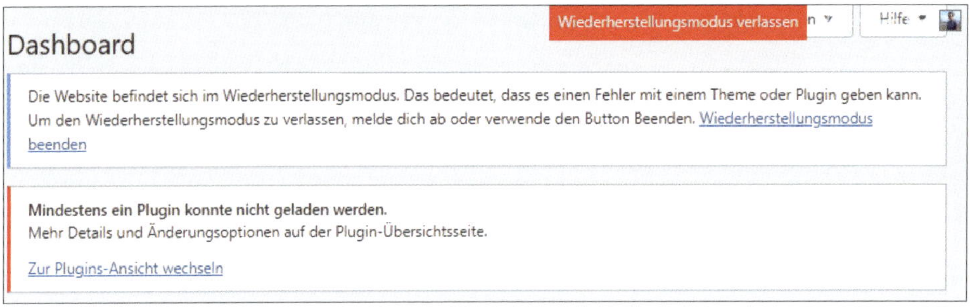

Dashboard im Wiederherstellungsmodus

Wechseln Sie zur Plug-in-Ansicht und deaktivieren Sie das fehlerhafte Plug-in komplett. Danach können Sie den Wiederherstellungsmodus wieder verlassen.

Fehlerhaftes Plug-in wurde angehalten

Nun können Sie versuchen, nach einer Lösung zu suchen, das Plug-in eventuell neu zu installieren oder zu aktualisieren oder dem Plug-in-Entwickler eine Supportanfrage zu schicken. Sollten Sie sich selbst im Wiederherstellungsmodus nicht mehr einloggen können, dann hilft leider nur noch, sich einen Entwickler zu suchen, der den Fehler dann auf Dateiebene finden kann, oder die WordPress-Installation aus dem letzten Backup neu aufzusetzen.

18. Rechtliches

Leider müssen inzwischen selbst bei einem einfachen Blog einige rechtliche Dinge beachtet werden, um kein potenzieller Abmahnkandidat zu werden. Die Gesetzgebung hat zu wenig getan, um wirklich Klarheit zu schaffen, sodass noch viel Interpretationsspielraum ist und manche juristische Einschätzung nachträglich wieder revidiert werden muss.

Hinweis

Da ich selbst auch kein Jurist bin, ist dieses Kapitel als grober Leitfaden zu verstehen und ersetzt keine juristische Beratung. Bei konkreten Fragen oder gar einer Abmahnung sollten Sie sich deshalb an einen Anwalt mit diesem Fachgebiet wenden.

18.1 Impressum

18.1.1 Wer benötigt ein Impressum?

Umgekehrt ist die Frage einfacher zu beantworten: Wer benötigt eigentlich (noch) kein Impressum? Falls die Webseite rein privat und nur für Freunde oder Familie gedacht ist, benötigen Sie streng genommen kein Impressum. Sobald die Webseite aber irgendwie auch nur eine mögliche Einnahmequelle aufweist, sind Sie zu einem Impressum verpflichtet. Für eine mögliche Einnahmequelle reicht schon ein Affiliate-Link oder eine Werbeanzeige. Dabei ist es vollkommen unerheblich, ob auch tatsächlich jemand auf den Link klickt oder nicht.

Haben Sie auf Ihrer Webseite redaktionelle Texte, zum Beispiel ein News-Portal über Ihr Heimatdorf, brauchen Sie ein Impressum, über das die verantwortliche Person kontaktiert werden kann. Sie können schon erkennen, dass es ziemliche Interpretationssache ist, was noch als privat zählt und was schon als redaktionell bewertet wird. Im Zweifelsfall würde ich deshalb inzwischen auf jeden Fall zu einem Impressum raten, um auf der sicheren Seite zu sein.

18.1.2 Was muss in einem Impressum stehen?

Bei natürlichen Personen, also keinen Firmen, ist das relativ einfach:

- der komplette Name,
- eine ladungsfähige Adresse, also kein Postfach, und
- eine Möglichkeit zur unmittelbaren Kommunikation.

Name und Adresse sind klar, aber mit der unmittelbaren Kommunikationsmöglichkeit fängt der Spaß schon an. Reicht eine E-Mail-Adresse oder ein Formular, das mehrmals täglich geprüft wird, oder muss es zwingend auch eine Telefonnummer sein? Am besten ist wohl beides. Meine Empfehlung dazu ist: Holen Sie sich eine zusätzliche E-Mail-Adresse, zum Beispiel *impressum@meineWebseite.de*, die Sie nur im Impressum verwenden. Auf diese Weise vermeiden Sie, dass Ihre Hauptadresse im schlimmsten Fall mit Spam zugemüllt wird.

Ähnlich sollten Sie auch mit Ihrer Telefonnummer verfahren, heutzutage können Sie sich oftmals bei Ihrem Festnetzanbieter eine weitere Telefonnummer holen oder Sie holen sich einfach eine VoIP-Nummer. Allerdings muss ich auch sagen, dass über meine Hauptnummer weitaus mehr Werbe- oder Betrugsanrufe kommen als über die einfach abzugreifende Telefonnummer, die ich im Impressum verwende.

Haben Sie für Ihre Webseite extra eine juristische Firma gegründet, so erweitern sich die Pflichtangaben. Dann kommen noch folgende Angaben hinzu: Unternehmensform (zum Beispiel OHG, GmbH), gegebenenfalls die Umsatzsteuernummer und, falls vorhanden, Registernummern.

Weitere Regelungen gibt es bei bestimmten Berufsgruppen. Sind Sie zum Beispiel Makler, Anwalt, Apotheker oder haben Sie einen Gastronomie-Betrieb, so müssen Sie noch die entsprechende Aufsichtsbehörde angeben. Manche Berufsgruppen müssen sogar ihre Berufshaftpflichtadresse im Impressum stehen haben.

18.1.3 Wo muss das Impressum stehen?

Kurz gesagt: Das Impressum muss leicht erreichbar sein.

Eine Zeit lang hielt sich die Meinung aufrecht, dass der Link zum Impressum direkt im unmittelbar sichtbaren Bereich der Webseite zu stehen hat, also in der Top-Navigation.

Diese Auffassung ist zum Glück inzwischen weitgehend revidiert, sodass Sie keinen kostbaren Platz in Ihrem Header für das Impressum verschwenden müssen. Ein Link im Footer reicht also auch aus und wird inzwischen auf den meisten Webseiten praktiziert.

Wichtig ist, dass der Link zum Impressum offensichtlich, also gut als solcher erkennbar ist, am besten mit dem Wort *Impressum*, und von jeder Seite aus erreichbar ist. Der Benutzer soll sich nicht erst durch mehrere Seiten wühlen müssen, um das Impressum zu finden. Durchaus kann das Impressum auch mit einem anderen Inhalt ähnlicher Natur kombiniert werden, zum Beispiel *Impressum und Datenschutz*.

Im Impressum selbst sollten Sie am besten auf irgendwelche Effekte wie zum Beispiel besondere Fantasieschriftarten verzichten, damit es gut lesbar ist.

18.2 DSGVO

Die Datenschutz-Grundverordnung hat vor einigen Jahren das Bundesdatenschutzgesetz abgelöst. Nur leider ist damit nichts einfacher geworden, sondern es wurden nur die Fragezeichen größer.

18.2.1 Gilt die DSGVO für Sie?

Die Datenschutz-Grundverordnung gilt, sobald Sie in irgendeiner Form persönliche Daten verarbeiten oder verarbeiten lassen. Zu den persönlichen Daten wird mittlerweile auch die IP-Adresse des Webseiten-Besuchers gezählt, da es möglich ist, über die IP-Adresse ein Nutzungsprofil eines Benutzers zu erstellen.

Also, wenn Sie keine persönlichen Daten sammeln, kein Webformular haben, keine Cookies setzen oder externe Skripte oder Fonts laden und auch die IP-Adressen der Nutzer nicht speichern, dann könnten Sie aus dem Thema rauskommen. In der Praxis ist es fast nicht möglich, da der Webserver defaultmäßig die Zugriffe in den Logs speichert und auch die Grundinstallation von WordPress einige wenige Cookies setzt.

18.2.2 Grundsätze der DSGVO

In der Datenschutz-Grundverordnung gibt es einige Grundsätze, die zum Teil aufeinander aufbauen. Die Kenntnis dieser Grundsätze hilft beim Verständnis dessen, was man ungefähr berücksichtigen sollte:

- **Verhältnismäßigkeit**
  Sie haben einen präzisen Zweck, für dessen Umsetzung Sie die Daten speichern. Sie sollten dann nur Daten speichern, die zur Erreichung dieses Zwecks notwendig sind. Beispielsweise ist es unnötig, das Geburtsdatum für die Anmeldung zu einem allgemein zugänglichen Newsletter abzufragen und zu speichern.
- **Datenvermeidung und Datensparsamkeit**
  Dieser Grundsatz schlägt in die gleiche Kerbe. Es sollen so wenige persönliche Daten wie möglich erhoben werden. Fragen Sie sich also bei allem, was Sie von Nutzern wissen wollen, ob Sie das auch wirklich wissen müssen. Je weniger Sie wissen, umso weniger kann Ihnen auch bei einem Hackerangriff abhandenkommen. Als kleiner Blog-Betreiber ist das noch nicht ganz so wild, aber einige größere Firmen mussten sich schon sehr unangenehme Fragen von den Aufsichtsbehörden gefallen lassen, nachdem sie einen Hackerangriff gemeldet hatten.
- **Verbotsprinzip mit Erlaubnisvorbehalt**
  Das ist der härteste Grundsatz der DSGVO. Sie dürfen keine persönlichen Daten speichern, es sei denn, dies wird durch eine Rechtsvorschrift erlaubt oder sogar gefordert oder wenn der Nutzer zugestimmt hat.

- **Zweckbindung**
  Persönliche Daten dürfen nur zu einem bestimmten Zweck gespeichert und verarbeitet werden. Der Zweck muss bereits bei der Speicherung bekannt sein. Eine Speicherung auf Vorrat nach dem Motto »der Benutzer könnte ja später ...« ist nicht zulässig. Die Daten dürfen auch später nur für diesen einen Zweck genutzt werden. Der Versand eines Newsletters an alle ehemaligen Käufer eines Produkts, ohne dass diese während des Kaufs einem Newsletter-Bezug ausdrücklich zugestimmt haben, ist also unzulässig.
- **Transparenz**
  Sie müssen den Nutzer über die Speicherung und Nutzung seiner Daten klar informieren. Darüber hinaus müssen Sie auch in der Lage sein, den Nutzer jederzeit auf Anfrage zu informieren, welche persönlichen Daten und zu welchem Zweck von ihm gespeichert und verarbeitet wurden.

18.2.3 Was bedeutet das jetzt konkret?

Kurz gesagt, Sie dürfen keine persönlichen Daten von Nutzern speichern, es sei denn, einer der folgenden Punkte trifft zu:

- Der Nutzer hat zugestimmt.
- Aufgrund eines Gesetzes oder einer Verordnung.

Sie müssen in der Lage sein:

- dem Nutzer Auskunft über seine gespeicherten Daten zu erteilen und
- diese auf Anfrage zu löschen, sofern dem keine Rechtsgrundlage (zum Beispiel buchhalterische Aufbewahrungspflicht) entgegensteht.

Schauen Sie sich also mal Ihre installierten Plug-ins daraufhin an: Wenn Daten abgefragt werden (zum Beispiel bei einem Formular oder Newsletter-Tool), ob sie Auskunft über diese Informationen geben und diese gegebenenfalls löschen können. Einige weitverbreitete Plug-ins setzen das vorbildlich um, aber man gerät auch immer wieder an Plug-ins, denen das vollkommen egal ist.

Ein Wort noch zur Einwilligung: Bei der Einwilligung ist wichtig, dass diese freiwillig erfolgen muss. Nun wird natürlich keiner mit vorgehaltener Waffe gezwungen, die Checkbox anzuhaken, aber ist eine Zustimmung noch freiwillig, wenn beispielsweise der Versand eines kostenlosen E-Books an die Zustimmung der Datenweitergabe geknüpft ist? Die Auffassungen sind da nicht ganz eindeutig, aber solche Angebote sind seit der Einführung der DSGVO weitaus weniger zu finden als davor.

18.2.4 Datenweitergabe

Gemäß den Grundsätzen ist auch eine Datenweitergabe an Dritte nur erlaubt, wenn der Betroffene ausdrücklich zugestimmt hat. Zudem muss dafür Sorge getragen werden, dass der Dritte die Daten nach denselben Grundsätzen speichert und verarbeitet.

Das Stichwort dazu lautet »Auftragsverarbeitung«. Streng genommen müssen Sie also mit jeder Firma, die die Daten für Sie verarbeitet, eine entsprechende Vereinbarung abschließen. Das fängt bereits an bei Google Analytics oder ähnlichen Tools, die Zugriffsstatistiken für Sie erstellen, oder einem Newsletter-Dienstleister, der über ein Plug-in angebunden wird. Aber auch ein Spamfilter, der Ihre Formulardaten zu sich übermittelt, um sie auf Spam zu untersuchen, ist ein Auftragsverarbeiter.

Besonders bei den großen bekannten Namen ist das heute vergleichsweise einfach. Musste man früher noch ein mehrseitiges Dokument ausdrucken, unterschreiben und in die USA schicken, so kann man die Auftragsverarbeitung beispielsweise bei Google online mit ein paar schnellen Klicks abschließen. Andere dagegen haben davon noch nie etwas gehört, und das Problem betrifft nicht nur kleine Blogger. Auch im Profibereich bei großen Unternehmen bin ich schon auf Firmen gestoßen, die auf die Frage nach einer Auftragsverarbeitungsvereinbarung nur verständnislos geschaut haben.

Nun ist bei der Weitergabe und Verarbeitung der Daten auch noch von entscheidender Bedeutung, wo diese stattfindet und wo die Daten letztendlich gespeichert sind. Übrigens betrifft das auch Ihren Webanbieter. Wenn Sie Ihre WordPress-Seite bei STRATO oder IONOS haben, können Sie sich sicher sein, dass die dazu genutzten Rechenzentren in Deutschland liegen. Beispielsweise bei AWS müssen Sie schon darauf achten, dass Sie den Server auf der Frankfurter Colocation anlegen. Haben Sie Ihre Webseite gar in Südamerika oder Asien, so haben Sie datenschutzrechtlich ein Problem, immer davon ausgehend, dass Ihre Webseite für den deutschen Markt ist. Generell ist alles in Europa okay, da dies durch die DSGVO abgedeckt ist.

Mit den USA gibt es mit dem Privacy-Shield zwar ein Abkommen, aber das ist so unverbindlich, dass es – für Insider wenig überraschend – inzwischen vom Europäischen Gerichtshof gekippt wurde.

Das bedeutet jetzt nicht zwingend, dass grundsätzlich keine Dienste aus den USA mehr genutzt werden können. Es reicht aber nicht mehr aus, wenn sich die Firmen auf das Privacy-Shield-Abkommen berufen. Es können aber individuelle Vertragsklauseln vereinbart werden, die ein entsprechendes Unternehmen aus den USA an DSGVO-kompatible Regelungen bindet. Das betrifft Plug-ins aus den USA nur dann, wenn Daten dorthin transferiert werden. Bleiben alle Daten auf Ihrem Webserver liegen, ist das kein Problem.

18.3 Google Analytics DSGVO-konform einbinden

Ob eine DSGVO-konforme Einbindung eines Analytics-Cookies überhaupt möglich ist, darüber streiten sich aktuell die Fachleute. Problematisch dabei ist nicht nur das gekippte Privacy-Shield-Abkommen. So haben österreichische Datenschützer bereits festgestellt, dass die von Google bereitgestellten Anonymisierungsfunktionen nicht ausreichend sind, da die Daten erst nach der Übertragung in die USA anonymisiert werden, wenn das Kind also schon in den Brunnen gefallen ist. Ähnliche Klagen von anderen europäischen Ländern werden noch erwartet.

Falls Sie also trotzdem Google Analytics einbinden wollen, weil »es doch alle machen«, sollten Sie Folgendes beachten, um zumindest so konform wie möglich zu sein:

- Schließen Sie eine Auftragsverarbeitung mit Google ab.
- Widersprechen Sie der weiteren Datennutzung.
- Anonymisieren Sie die übermittelten IP-Adressen.
- Fragen Sie den Benutzer nach seinem Einverständnis (Cookie-Banner).

18.3.1 Auftragsverarbeitung und weiterer Datennutzung widersprechen

Als Erstes müssen Sie eine Auftragsverarbeitung mit Google abschließen. Loggen Sie sich dazu in Ihren Analytics-Account ein und wählen Sie mit dem Zahnrad-Symbol links unten die Verwaltung aus.

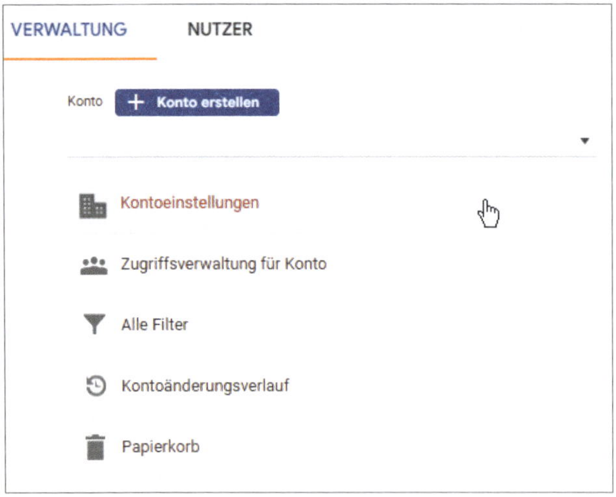

Kontoeinstellungen bei Google Analytics (Quelle: Google)

Unter den *Kontoeinstellungen* finden Sie alle wichtigen Informationen. Zunächst stehen da die *Datenfreigabeeinstellungen*. Google würde natürlich gern die Daten weiter nutzen, aber das ist heikel. Entfernen Sie also zunächst einmal den Haken, der es Google gestattet, Ihre Analytics-Daten für weitere Produkte und Dienste zu nutzen.

Datenfreigabeeinstellungen (Quelle: Google)

Eigentlich können Sie gleich die Häkchen bei allen Datenfreigabeeinstellungen entfernen. Sollte später mal der technische Support oder Account Manager darauf schauen müssen, so können Sie ihm immer noch den Zugriff gewähren.

Wenn Sie jetzt noch ein wenig weiter scrollen, finden Sie die *Datenverarbeitungsbedingungen*. Klicken Sie auf den Zusatz zur Datenvereinbarung. Unter Umständen müssen Sie dann noch die Daten der Kontaktperson, also von Ihnen, ergänzen. Anschließend können Sie die Vereinbarung bestätigen.

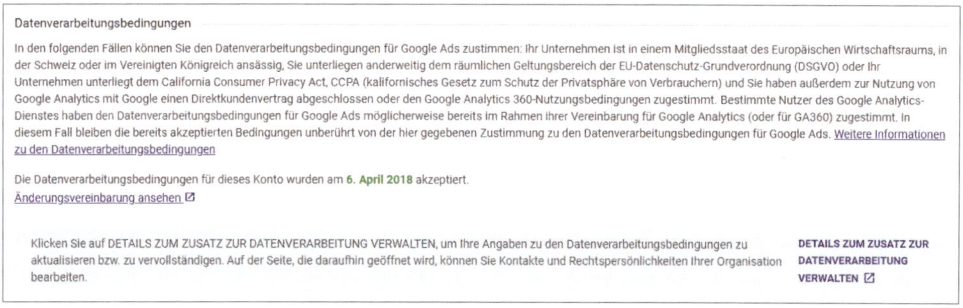

Bestätigte Auftragsverarbeitung (Quelle: Google)

18.3.2 Trackingcode anonymisieren

Bei der Anonymisierung wird die IP-Adresse um die letzten Stellen gekürzt, sodass keine Erhebung eines eindeutigen Benutzerprofils mehr möglich ist. Die Krux an der Sache: Die Anonymisierung erfolgt erst nach der Übermittlung der Daten an Google und durch Google, sodass es keine wirkliche Sicherheit gibt, ob und wann diese tatsächlich erfolgt.

Wie der Trackingcode oder das Google-Cookie anonymisiert wird, hängt ganz von der Art der Einbindung ab, deshalb kann ich dies hier auch nur sehr allgemein halten. Einige WordPress-Plug-ins, die die Einbindung übernehmen, achten sogar selbst darauf.

Binden Sie den Google-Code selbst ein und verwenden den älteren Universal Analytics Code, so bekommen Sie von Google einen solchen oder ähnlichen Code-Schnipsel zur Einbindung.

```
<!-- Global site tag (gtag.js) - Google Analytics -->
<script async src="https://www.googletagmanager.com/gtag/js?id=UA-332xxxxx-x"></script>
<script>
  window.dataLayer = window.dataLayer || [];
  function gtag(){dataLayer.push(arguments);}
  gtag('js', new Date());

  gtag('config', 'UA-332xxxxx-x');
</script>
```

Analytics-Code ohne Anonymisierung

Nun müssen Sie lediglich beim *gtag* einen zusätzlichen Parameter *'anonymize_ip': true* ergänzen.

```
<!-- Global site tag (gtag.js) - Google Analytics -->
<script async src="https://www.googletagmanager.com/gtag/js?id=UA-332xxxxx-x"></script>
<script>
  window.dataLayer = window.dataLayer || [];
  function gtag(){dataLayer.push(arguments);}
  gtag('js', new Date());

  gtag('config', 'UA-332xxxxx-x', {'anonymize_ip': true });
</script>
```

Analytics-Code mit Anonymisierung

Nutzen Sie dagegen bereits den GA4-Code, so müssen Sie nichts tun. Laut Google ist dieser bereits standardmäßig anonymisiert.

18.4 Newsletter

Versenden Sie einen Newsletter oder andere E-Mails, gibt es einiges, was inzwischen beachtet werden muss. Glücklicherweise sorgen die großen Newsletter-Tools und -Plug-ins schon selbst für die Einhaltung der meisten Regeln.

Keine Mails ohne Zustimmung! Bevor Sie einen Newsletter versenden, müssen Sie sicherstellen, dass der Empfänger diesen auch will und sich nicht jemand mit einer fremden Adresse registriert hat. Das gängige Verfahren dazu ist das Double-Opt-in-Verfahren, bei dem der Abonnent sein Interesse über das Anklicken eines Links in einer Bestätigungsmail noch mal bekunden muss. Die Information, dass und wann bestätigt wurde, sollte auch gespeichert werden, sodass Sie dies im Zweifelsfall nachweisen können.

Feste Regeln gibt es auch für das Abmelden. Der Leser muss das Newsletter-Abo durch den Klick auf einen simplen Link, der in jedem Newsletter stehen sollte, wieder verlassen können. Ein weiterer Log-in zum Abmelden oder eine verpflichtende Nachfrage nach den Gründen der Abmeldung ist unzulässig.

18.5 Einbindung von Facebook, YouTube und Co.

Früher befanden sich Widgets von Facebook und Co. häufig auf Webseiten, um den Benutzer direkt zu animieren, den Facebook-Auftritt des Unternehmens zu liken oder zu teilen. Nicht ohne Grund sind diese mittlerweile stark zurückgegangen.

Bereits durch die Einbindung dieses Codes erfahren Facebook und Co. die IP-Adressen Ihrer Seitenbesucher. Dabei ist es unerheblich, ob der Besucher überhaupt bei Facebook Mitglied und eingeloggt ist. Das gilt natürlich nur für die Einbindung der entsprechenden Snippets. Wenn Sie nur einen einfachen Link zu Ihrem Facebook-Auftritt setzen, ist das unproblematisch, da der User in dem Fall extra draufklicken muss, bevor Facebook Daten erhält.

Genauso verhält es sich, wenn irgendwelche YouTube-Videos auf der Webseite eingebunden werden. Bereits durch die einfache Einbindung erhält YouTube/Google Kenntnis über die IP-Adressen, auch wenn das Video nicht gestartet wurde.

Korrekt geblocktes YouTube-Video

Einige Cookie-Banner-Plug-ins, zum Beispiel *Complianz* (siehe Kapitel 11.2.2), versuchen dies zu erkennen und zu blockieren, sofern der Benutzer nicht sämtlichen Cookies zugestimmt hat.

Noch besser ist die sogenannte Shariff-Lösung, die vom Heise-Verlag erdacht wurde. Dabei wirkt das Shariff-Programm als eine Zwischeninstanz, die die Zugriffe verschleiert. Der Name Shariff setzt sich aus den Wörtern »Share« und »Sheriff« zusammen. Für WordPress gibt es mit dem *Shariff Wrapper* ein entsprechendes Plug-in: https://de.wordpress.org/plugins/shariff/.

Das Plug-in Shariff Wrapper

Die Einbindung ist denkbar einfach. Nach der Aktivierung des Plug-ins können Sie über die Basiseinstellungen festlegen, welche Dienste erwünscht sind. Sie können aus über 30 Alternativen wählen.

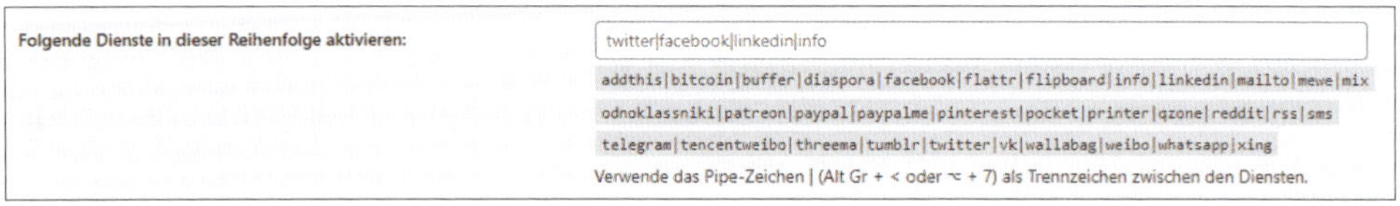

Mögliche Dienste

Bei manchen Einbindungen, etwa Twitter, müssen Sie zusätzliche Informationen zu Ihrem Account eingeben. Diese Daten können Sie unter den erweiterten Einstellungen eintragen.

Anschließend müssen Sie nur noch auswählen, wo die Leiste mit den Social-Media-Buttons erscheinen soll. Wenn Sie die Buttons nicht auf allen Beitragsseiten haben möchten, sondern dies ganz individuell festlegen wollen, können Sie auch den Shortcode *[shariff]* im Seiten- oder Beitragstext verwenden, um die Button-Leiste zu platzieren.

Nun können Sie gegebenenfalls noch das Design der Buttons anpassen, und schon haben Sie die Share-Buttons auf jeder gewünschten Seite rechtssicher eingebunden.

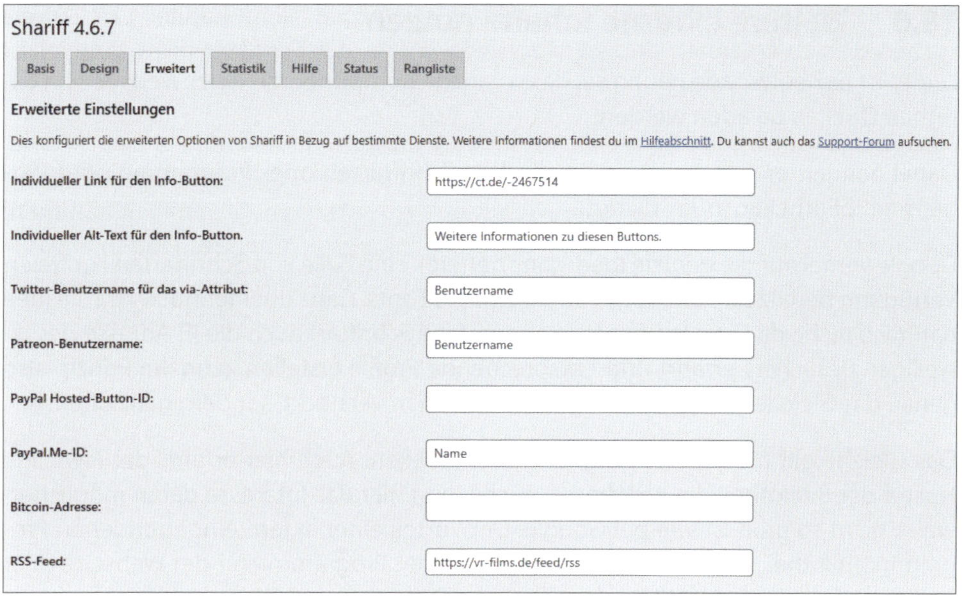

Account-Informationen unter den erweiterten Einstellungen

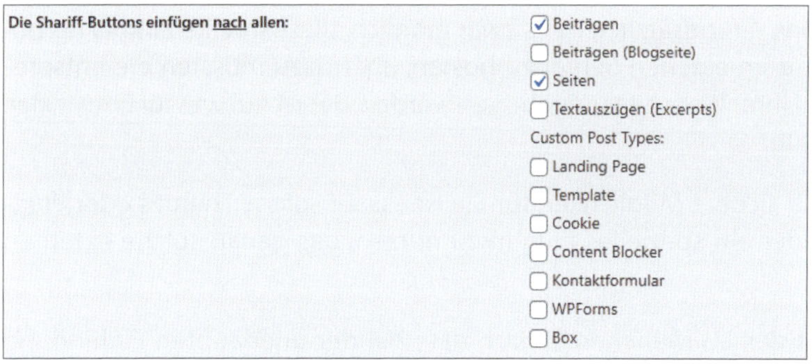

Wo soll die Button-Leiste erscheinen?

Fertige Einbindung auf einer Beitragsseite

18.6 Weitere externe Inhalte nutzen

Leider ist es heutzutage häufig so, dass manche Komponenten einer Website von externen Quellen geladen werden.

Dabei handelt es sich meist um besondere Schriftarten oder Programme oder Programmbibliotheken in JavaScript.

Google verfiel auf die geniale Idee, ganz generös eine Fülle von Schriftarten zur freien Verfügung bereitzustellen, sogenannte Google Fonts. Ganz uneigennützig ist die Idee natürlich nicht, da Google über jede abgerufene Schriftart auch die IP-Adresse des jeweiligen Besuchers erfährt und entsprechende Profile erstellen kann. Im Prinzip also genau das Gleiche wie ein Trackingpixel, aber nicht versteckt, sondern ganz offensiv.

Das Gleiche gilt für externe Programmbibliotheken. Auch hier erfährt der jeweilige Hoster der Bibliothek die IP-Adresse, auch wenn hier das Interesse daran möglicherweise nicht so groß ist wie bei Google. Der Vorteil einer extern eingebundenen Programmbibliothek liegt freilich darin, dass sich der Programmierer der Webseite oder in diesem Fall nicht um Aktualisierungen der Bibliothek zu kümmern braucht.

WordPress selbst benutzt in der Basisinstallation keines von beiden, wohl aber manche Themes oder Plug-ins. Grundsätzlich ist es zwar möglich, diese Inhalte einmal herunterzuladen und auf dem eigenen Server zu hosten, aber dazu müssten die entsprechenden Aufrufe auf Ihrer Webseite umgebogen werden, das ist nur was für Entwickler, die wissen, was sie tun.

Die einzige rechtlich sichere Möglichkeit für Sie ist es, auf solche Themes oder Plugins zu verzichten oder ein spezielles Plug-in zu nutzen, das genau solche externen Inhalte blockiert.

Im Januar 2022 hat das LG München erklärt, dass bei der unerlaubten Einbindung von Google Fonts 100 Euro Schadensersatz vom Benutzer geltend gemacht werden können (LG München, Urteil vom 20.01.2022, Az. 3 O 17493/20).

18.7 Zitate

Grundsätzlich dürfen keine fremden Inhalte ohne Einwilligung genutzt werden. Bei Zitaten gibt es da einige Ausnahmen. Sie müssen aber eindeutig als solche erkennbar und mit einer Quellenangabe versehen sein.

Ein Zitat muss auch immer einem bestimmten Zweck dienen, zum Beispiel zum Untermauern der eigenen Meinung. Unzulässig wäre es dagegen, ein einzeln stehendes Zitat auf ein T-Shirt zu drucken und zu verkaufen, selbst mit Quellenangabe.

18.8 Bilder

18.8.1 Die Nutzung fremder Bilder

Fast alles, was man an Inhalten und Medien findet, ist durch das Urheberrecht geschützt. Es versteht sich also von selbst, dass Sie nicht einfach Bilder von anderen Webseiten kopieren und auf Ihrer eigenen Webseite nutzen dürfen. Ebenso wenig ist es ohne ausdrückliche Genehmigung erlaubt, fremde Bilder direkt über eine Referenz auf das Original, sogenanntes Hotlinking, einzubinden.

Ein »ach, das merkt doch keiner« steht in Zeiten von Bildersuchen auf sehr dünnem Eis. Professionelle Fotografen haben teilweise sogar spezielle Dienste gebucht, die sich mit dem Aufspüren unrechtmäßig genutzter Fotos beschäftigen. Wollen Sie also ein fremdes Bild nutzen, sollten Sie immer den Urheber um Erlaubnis fragen sowie Art und Umfang der Nutzung (redaktionell oder kommerziell) und die Frage, ob eine Verpflichtung zur Nennung des Urhebers besteht, schriftlich festhalten.

Das gilt auch für kommerzielle oder kostenlose Bilddatenbanken, mit dem Unterschied, dass die Genehmigung hier klar über die entsprechenden Lizenzbedingungen geregelt ist und nicht für jedes Bild explizit angefragt werden muss. Die Lizenzbedingungen unterscheiden sich teilweise erheblich, selbst innerhalb mancher Bilddatenbanken gibt es unterschiedliche Lizenzen für die Bilder.

Achten Sie darauf, was Ihre Nutzungsrechte sind. Bezieht sich die Genehmigung nur auf redaktionelle Nutzung oder darf das Bild auch kommerziell genutzt werden? Darf das Bild verändert werden und in welchem Umfang?

Neben den Nutzungsrechten ist auch meist noch die Pflicht zur Nennung des Urhebers und der genutzten Bilddatenbank geregelt. Manche Datenbanken verzichten auch auf diese Verpflichtung.

18.8.2 Redaktionelle vs. kommerzielle Nutzung von Medien

Bei vielen Bildlizenzen liest man, dass nur eine redaktionelle, aber keine kommerzielle Nutzung erlaubt ist. Was ist genau der Unterschied? Von einer redaktionellen Nutzung spricht man im Allgemeinen, wenn das Bild in einem (Blog-)Beitrag genutzt wird. Wenn Sie zum Beispiel einen Beitrag über die Südsee geschrieben haben und nun das Ganze mit einem Bild einer Palmeninsel abrunden wollen. Selbst dann, wenn mit diesem Blog-Beitrag zum Beispiel über Einblendung von Werbung Geld verdient werden soll.

Eine kommerzielle Nutzung wäre es dagegen, wenn Sie das Bild der Palmeninsel nutzen, um direkt Werbung für ein Reisebüro zu machen oder es in einem Werbebanner einblenden.

18.8.3 Personen

Sind Personen auf Ihren Fotos zu sehen, ist immer Vorsicht angebracht, insbesondere, wenn es sich dabei um Kinder handelt. Personenbilder sind in Deutschland durch das Recht am eigenen Bild geschützt. Hier brauchen Sie die ausdrückliche Einwilligung der abgelichteten Person oder des gesetzlichen Vertreters.

Man spricht hier vom Modelvertrag oder auch Modelfreigabe bzw. Model Release. Diese kann zwar auch mündlich erfolgen, besser ist es jedoch, das zu Beweiszwecken schriftlich festzuhalten.

Dies betrifft unter Umständen auch Personenfotos, die aus Bilddatenbanken stammen. Gerade bei den kostenlosen Bilddatenbanken ist nicht immer klar ersichtlich, ob nur der Urheber (also der Fotograf) der kostenfreien Weitergabe zugestimmt hat oder auch die abgelichtete Person, hier müsste der Fotograf kontaktiert werden, um auf der sicheren Seite zu sein.

Aber es gibt auch Ausnahmen. Personen der Zeitgeschichte oder Personen öffentlichen Interesses müssen einer Veröffentlichung grundsätzlich nicht zustimmen. Allerdings muss das Foto auf öffentlichem Grund gemacht worden sein und es muss der Berichterstattung dienen. Aber Achtung! Das Urheberrecht bleibt davon unberührt. Selbst wenn Sie die abgelichtete Person nicht fragen müssen, so können Sie trotzdem nicht irgendwelche Bilder aus dem Internet nutzen, da ja immer noch der ursprüngliche Fotograf das Urheberrecht hat.

Ist die Person auf dem Foto nur »Beiwerk«, zum Beispiel zu einer Landschaft ,oder wird eine größere Menschenmenge fotografiert, wie bei einer Sportveranstaltung, so müssen die Personen einer Veröffentlichung nicht zustimmen. Vorausgesetzt, die einzelnen Personen sind nicht ohne Weiteres identifizierbar.

18.8.4 Persönliche Informationen

Achten Sie darauf, dass sich auf Ihren Bildern keine persönlichen Informationen befinden. Die häufigste Information, die sich auf Bildern befindet, sind Autokennzeichen. Diese müssen vor der Veröffentlichung unkenntlich gemacht werden, es sei denn, der Autobesitzer hat zugestimmt. Es kann aber auch ein Brief auf einem Tisch sein oder der Computermonitor, der mit aufgenommen wurde und bei Vergrößerung lesbar ist.

Übrigens ist die gängige Praxis des Verpixelns mittlerweile auch mit Vorsicht zu genießen. Mithilfe lernender Algorithmen ist es inzwischen möglich, von einer einfachen Verpixelung das Ursprungsbild annähernd wieder zu errechnen. Versuchen Sie also besser gleich das Foto zu retuschieren und die persönliche Information zu übermalen oder auszuradieren.

18.8.5 Property Release und Panoramafreiheit

Was für Personen gilt, gilt auch für fremden Grundbesitz. Bilder von Innenräumen oder auf einem fremden Grundstück dürfen Sie auch nicht ohne Weiteres veröffentlichen. Hier greift das Hausrecht. Die benötigte Genehmigung wird im Allgemeinen als Fotografiererlaubnis oder Property Release bezeichnet.

Dies betrifft übrigens auch Fotos im Museum oder Tierfotos im Zoo. Meist findet sich hier im Kassenbereich oder in der Hausordnung ein Passus, dass lediglich Fotografien zur privaten Nutzung gestattet sind.

Nach den ganzen Verboten kommen wir jetzt zu den erlaubten Sachen. In Deutschland gibt es den Grundsatz der Panoramafreiheit (§ 59 UrhG). Dieser besagt, dass grundsätzlich Dinge, die ohne Hilfsmittel von einem öffentlichen Raum aus zu sehen sind, abgelichtet werden können. Das betrifft Gebäude, aber zum Beispiel auch Skulpturen, sofern diese dauerhaft installiert sind. Bei künstlerischen Objekten muss trotzdem der Urheber genannt werden.

Dabei ist es nach aktueller Rechtsprechung unabhängig davon, ob sich das fotografierte Gebäude auf öffentlichem oder auf privatem Grund befindet. In anderen Ländern wird das unter Umständen anders gehandhabt.

Nicht erlaubt ist es zum Beispiel, auf einen Stuhl zu steigen, um über eine Hecke zu fotografieren, oder ein Haus von oben mit der Drohne zu fotografieren. Ebenso wenig sind Dinge erlaubt, die Sie nur von Ihrem Balkon aus sehen. Und letztlich ist es natürlich auch hier nicht erlaubt, in Fenster oder Türen hinein zu fotografieren.

Die Panoramafreiheit hebelt keine anderen Rechte aus: Selbst wenn Ihr Bild nach der Panoramafreiheit zulässig ist, so können noch Persönlichkeitsrechte oder Markenschutzrechte greifen.

18.8.6 Markenschutzrechte

Nicht zu vergessen sind zum Schluss noch Markenschutz- oder Geschmacksmusterrechte. Wenn Sie Logos oder Markennamen von irgendwelchen Firmen einbinden wollen, so müssen Sie darauf achten, welche Regeln dafür gelten. Dies kann sowohl den Kontext, in den das Logo eingebunden wird, betreffen, als auch das Design. Manche Firmen haben beispielsweise klare Mindestabstände definiert, die das Logo zum Seitenrand und zum umgebenden Text haben muss.

19. Geld verdienen mit WordPress

Viele wollen mit ihrer Webseite Geld verdienen. Gleich vorweg: Das wird nicht einfach sein und ist auch kein Selbstläufer. Einfach eine Webseite aufsetzen, ein paar Texte eintragen, Werbung einbinden und ein bisschen SEO-Optimierung wird nicht funktionieren. Eine Webseite braucht laufend neue und spannende Inhalte, damit sie dauerhaft auf Google präsent ist.

Egal, welche Möglichkeiten Sie nutzen: Sobald Sie Einnahmen erzielen könnten, ist Ihr Blog automatisch nicht mehr privat, sondern kommerziell.

19.1 Werbung einbinden

Die vergleichsweise einfachste Möglichkeit ist es, Werbung einzublenden: Es gibt eine Reihe von Anbietern, die Werbebanner bereitstellen, die Sie in Ihre Seite einbinden können. Meist erfolgt die Einbindung durch ein kleines Skript, das die Werbebanner dann direkt vom Vermittler holt. Manche Anbieter blenden nur stumpf irgendwelche Werbebanner ein, andere wiederum analysieren Ihre Webseite und blenden dann thematisch passende Werbung ein. Ein Erlös fällt an, wenn der Kunde auf das Banner klickt oder es dem Kunden angezeigt wird, je nach Anbieter und Erlösmodell. Selbstredend, dass Ihre Webseite dazu erst einmal eine entsprechende Reichweite braucht.

Rechtlich ist einiges zu beachten: Sie müssen Ihre Datenschutzerklärung anpassen, da durch das Werbebanner die IP-Adresse Ihrer Besucher an den Werbetreibenden abfließt.

Zudem muss Werbung eindeutig gekennzeichnet werden. Zu viel oder nicht gekennzeichnete Werbung auf einer Seite führt übrigens zur Abwertung in Suchmaschinen und kann natürlich auch den organischen Leser schnell wieder vergraulen.

Einfach ein Werbebanner zu installieren und dann selbst permanent darauf zu klicken, wird übrigens nicht funktionieren. Das bekommen die Werbetreibenden sehr schnell spitz.

Die Einbindung in WordPress kann durch entsprechende Plug-ins erfolgen. Es ist aber auch möglich, das Skript des Werbetreibenden über einen HTML-Block einzutragen. Eines der bekanntesten Werbesysteme ist Googles AdSense.

19.2 Affiliate

Eine andere Möglichkeit sind sogenannte Affiliate-Links. Diese bieten sich dann an, wenn Sie Produktempfehlungen in Ihrem Blog haben. Beispielsweise schreiben Sie in Ihrem Reiseblog über geeignete Rucksäcke und bieten dann Links zum Kauf dieses Backpacks an.

Ein Affiliate-Link kann ein einfacher Text-Link sein oder ein verlinktes Bild oder ein kleines Snippet, das zu einer Verkaufsseite für dieses Produkt führt. Durch einen speziellen Code im Link kann der Verkauf dann Ihnen zugerechnet werden und Sie erhalten eine festgelegte Provision. Häufig wird die Provision sogar auf den ganzen Warenkorb gerechnet. Das heißt, wenn der Leser zum Beispiel aufgrund Ihrer Rucksackempfehlung auf die Webseite des Outdoor-Händlers kommt und dort dann noch eine passende Regenhülle findet, bekommen Sie die Provision für beides.

Affiliate-Links sind Werbung und müssen entsprechend gekennzeichnet werden. Auch hier gilt wieder: Zu viel führt zu einer SEO-Abwertung.

Der Vorteil von Affiliates: Ein gewisses Grundinteresse des Benutzers ist bereits vorhanden, im Gegensatz zu der immergleichen Werbung.

Um an Affiliate-Programmen teilnehmen zu können, müssen Sie sich bei den entsprechenden Anbietern vorher registrieren. Viele Anbieter nehmen nicht mehr jeden in ihr Affiliate-Programm auf, sondern sehen sich die Inhalte und Reichweite der Webseiten vorher an, bevor die Teilnahme genehmigt wird.

Das Einbinden von Affiliates kann wieder über spezielle Plug-ins erfolgen oder über das entsprechende Snippet als HTML-Block. Handelt es sich um einen einfachen Link, kann er auch ganz einfach wie ein normaler Link eingebunden werden.

19.3 E-Books und PoD-Buch

Wenn Sie auf Ihrer Webseite bereits eine ganze Anzahl spannender Artikel zu einem Thema haben, warum diese nicht erneut verwerten und als Buch herausbringen? Entweder rein virtuell als herunterladbares E-Book oder sogar als physisches Print-on-Demand-Buch (PoD). Der Aufwandsunterscheid zwischen beiden variiert nur geringfügig, und für ein haptisches Buch kann man deutlich mehr verlangen als für ein E-Book.

Einfach nur die Texte kopieren, wird nicht ausreichen, aber Sie können die Texte als Grundlage nehmen und um neue Erfahrungen, Erkenntnisse oder Ähnliches erweitern. Eine andere Möglichkeit wäre es, spezielle Kapitel zu schreiben, die nur im Buch vorkommen, und dann auf diese Zusatzartikel von der Webseite aus zu verweisen.

Um ein Buch entweder elektronisch oder on demand erstellen zu lassen, gibt es mehrere Anbieter. Entweder Sie nehmen den Service eines dieser Anbieter selbst in Anspruch, dann erscheint Ihr Buch zwar nur auf dessen Plattformen, Sie bekommen aber unter Umständen bessere Konditionen. Bekannte Anbieter sind Tolino (http://www.tolino-media.de) und Kindle Direct Publishing (kdp.amazon.de). Wollen Sie sich nicht an einen einzelnen Anbieter binden, gibt es auch sogenannte Distributoren, die Ihr Buch dann auf mehreren Plattformen anbieten. Bekannte Anbieter sind zum Beispiel Books on Demand (https://www.bod.de/) und Neobooks (https://www.neobooks.com/).

19.4 Shop

Eine weitere Möglichkeit, seine Webseite zu monetarisieren, könnte sein, passende Produkte selbst über einen eigenen Shop zu verkaufen. Hierbei hilft das Plug-in *WooCommerce*, das in Kapitel 13 bereits vorgestellt wurde.

Der Aufwand im Vergleich zu den anderen beiden Methoden ist eher hoch, dafür haben Sie bei einem erfolgreichen Shop auch mehr Einnahmen.

Typische Produkte, die auch auf kleineren Seiten verkauft werden, sind zum Beispiel E-Books oder bedruckte T-Shirts. Wenn Sie physische Produkte verkaufen, dann denken Sie an die Haftungs- und Gewährleistungsregeln.

20. Kostenlose Bilddatenbanken

Wie Sie in Kapitel 18.8 zu den rechtlichen Fragen schon gesehen haben, kann man nicht einfach fremde Bilder für die eigene Webseite nutzen. Jedes Bild selbst zu schießen, kann ziemlich aufwendig werden. Stockfoto-Anbieter, wie zum Beispiel iStock, bieten unzählige Bilder in Profiqualität zur Nutzung an, kosten aber je nach Anbieter, Bild und Nutzungsart. Auch wenn das für das einzelne Bild meist nicht viel ist, läppert es sich doch schnell zusammen. Gerade, wenn man die Webseite nur als Hobby oder nebenbei betreibt, also eher ungeeignet.

Zum Glück gibt es auch noch einige kostenlose Bilddatenbanken, die sich über Werbung finanzieren. Diese bieten zwar bei Weitem nicht den Bildumfang der kommerziellen Angebote, aber auch hier kann man fündig werden. Lustigerweise werden viele dieser kostenlosen Angebote von ihren kommerziellen Geschwistern gesponsert, in der Hoffnung, dass der Kunde, sollte er kein adäquates kostenfreies Bild findet, doch zum kommerziellen Anbieter geht.

Der Nachteil kostenloser Bilddatenbanken sollte auch nicht unerwähnt bleiben. Bei den kommerziellen Anbietern sind nur Bilder zu finden, die eine vorherige Qualitätskontrolle durchlaufen haben, von Fotografen, die vorher ihre Fähigkeiten nachweisen mussten. (Versuchen Sie mal, als Neuling bei Shutterstock und Co. aufgenommen zu werden.) Dagegen gibt es bei den kostenlosen Anbietern meist ein »Grundrauschen«, das erst mal aussortiert werden muss. Zudem können Sie auch nie absolut sicher sein, ob die Person, die auf dem kostenfreien Bild zu sehen ist, auch tatsächlich der Veröffentlichung zugestimmt hat.

Auch wenn diese Bilddaten grundsätzlich kostenfrei sind, sollten Sie genauer hinschauen, um nicht in eine Abmahnfalle zu geraten. Kostenlose oder kostenfreie Lizenz bedeutet nicht, dass die Bilder lizenzfrei sind. Auch die kostenlosen Anbieter regeln in der Lizenz, was Sie dürfen und müssen.

Wichtig sind dabei zwei Punkte:

- **Was dürfen Sie mit dem Bild machen?**
  Ist die kostenlose Nutzung nur für den privaten Gebrauch gestattet oder ist ganz ausdrücklich auch eine kommerzielle Nutzung erlaubt? Darf das Bild nur elektronisch, also im Internet oder Newsletter, genutzt werden oder darf es sogar im Printmedium in Flyern oder Broschüren gedruckt werden? Sind Änderungen am Bild erlaubt oder nicht?

- **Welche Pflichten haben Sie bei Nutzung?**
  Oftmals muss der Fotograf erwähnt werden. Manchmal besteht auch die Webseite, von der das Foto stammt, darauf, als Quelle genannt zu werden, oder sie wollen sogar einen Backlink haben. Allerdings gibt es auch Stockfoto-Anbieter, die auf beides verzichten.

Zwei Tipps möchte ich Ihnen auf jeden Fall noch mit auf den Weg geben:

Wenn Sie ein passendes Bild gefunden haben, das Ihnen gefällt, so sind sie vermutlich nicht der Erste. Bemühen Sie also erst einmal kurz die Bildersuche einer der üblichen Suchmaschinen, um festzustellen, wo dieses Bild sonst noch verwendet wurde. Es haben schon Firmen geschafft, unwissentlich das gleiche Foto einer glücklichen Familie auf ihrer Webseite zu nutzen wie eine populistische Partei auf ihren Plakaten. Der Spott ließ nicht lange auf sich warten.

Wenn Sie ein Bild herunterladen, so vermerken Sie irgendwie, aus welcher Quelle Sie das Bild haben. Entweder, indem Sie den Anbieter einfach in den Dateinamen mitschreiben, oder, indem Sie entsprechende Verzeichnisse auf Ihrer Festplatte anlegen. Zum einen spart Ihnen das die Suche, wenn Sie später doch wissen wollen, woher Sie das Bild haben, zum anderen können Sie dann auch die Quelle belegen, sollte es doch zu Rechtsstreitigkeiten kommen.

20.1 MorgueFile

Link: https://morguefile.com/

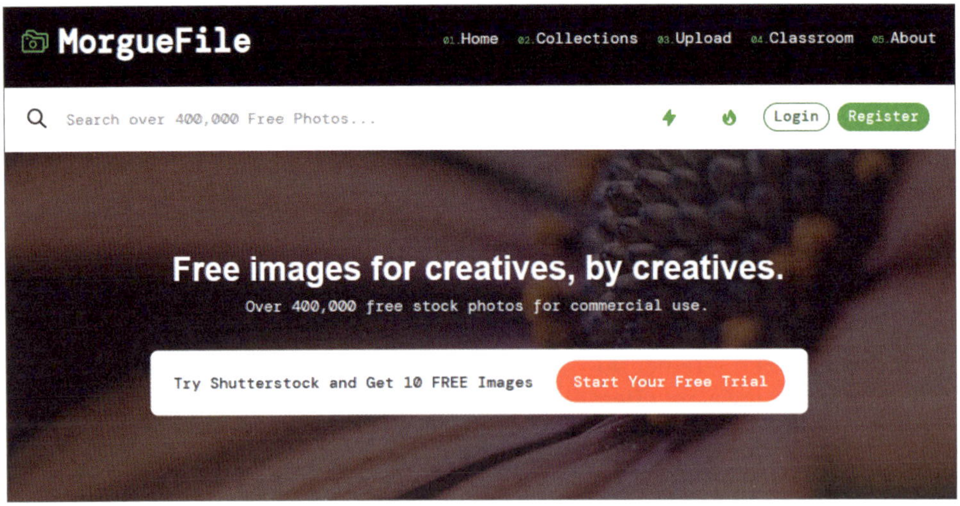

Obwohl MorgueFile schon seit 1996 existiert, ist der Bildbestand mit über 400.000 Bildern erstaunlich übersichtlich. Damit gehört sie eher zu den kleineren Anbietern. Trotzdem findet sich hier das eine oder andere nutzenswerte Foto.

Auch wenn die Top-Navigation suggeriert, es gäbe auch Videos und Vektorgrafiken, so sind diese nur Links zum Sponsor Shutterstock.

Um Bilder herunterladen zu können, ist eine Registrierung zwingend notwendig.

Die Lizenzinformationen stehen bei jedem Bild dabei. In der Regel ist eine kommerzielle Nutzung erlaubt. Ob der Urheber genannt werden muss, wird nicht direkt ersichtlich.

20.2 Pexels

Link: https://www.pexels.com/de-de/

Pexels wurde 2014 von drei Berlinern gegründet. Mit über drei Millionen Bildern ist es schon eine der größeren Sammlungen. Neben den Bildern verfügt Pexels über eine Sammlung von mehreren hunderttausend Videos, die genauso abgabefrei genutzt werden dürfen.

Besonders schön ist bei Pexels die Kategorisierung der Bilder in Sammlungen. So findet man schnell alle Bilder, die sich zum Beispiel mit dem Thema »Strand« beschäftigen.

Gerade wenn Sie auf das Look-and-feel Ihrer Webseite achten, werden Sie die Möglichkeit schätzen, Bilder anhand der Farbe zu filtern.

Bei Pexels gilt für alle Medien die gleiche Lizenz und die ist erfrischend einfach gehalten. Erlaubt ist die Verwendung und auch die Bearbeitung ohne verpflichtende Namensnennung. Nicht erlaubt ist selbstverständlich der Weiterverkauf und mögliche abgebildete Personen unangemessen oder anstößig darzustellen.

Eine Registrierung ist bei Pexels nicht notwendig, erlaubt aber die bessere Organisation der genutzten Bilder.

20.3 Pixabay

Link: https://pixabay.com/de

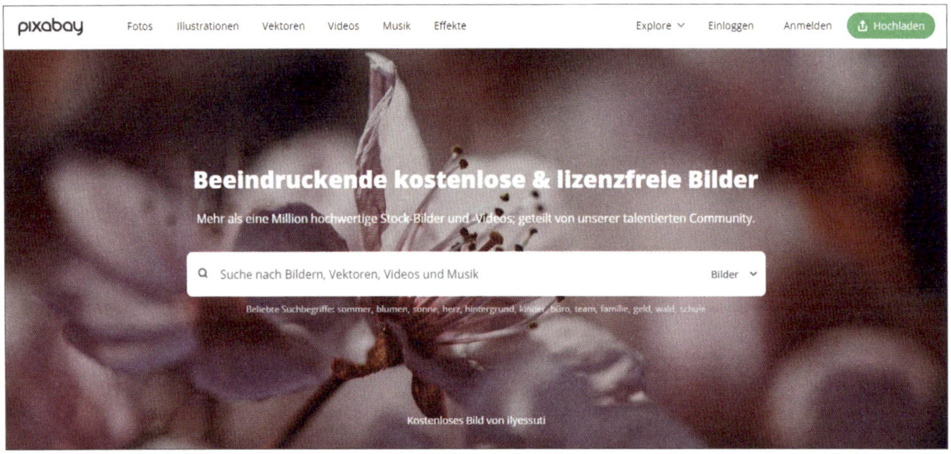

Pixabay ist der zweite große Anbieter aus Deutschland. Nach eigenen Angaben hat Pixabay über eine Million Bilder. Aber nicht nur Fotos! Daneben findet sich im Pixabay-Portfolio auch eine beeindruckende Anzahl von Zeichnungen, Vektorgrafiken, Videos, Soundeffekten und Musikstücken zur kostenfreien Nutzung.

Auch Pixabay hat sein Lizenzmodell sehr einfach gehalten. Erlaubt ist die kommerzielle Verwendung ohne verpflichtende Namensnennung sowie die Bearbeitung. Nicht erlaubt sind der Weiterverkauf und abgebildete Personen unangemessen oder anstößig darzustellen.

Die Bilder in der niedrigsten Auflösung sind problemlos ohne Anmeldung herunterzuladen. Bei mittlerer Auflösung zwar auch, aber dann müssen Sie jedes Mal durch Googles reCaptcha durch, sodass Sie sich es wahrscheinlich schnell überlegen werden. Für die höchste Auflösung ist eine Registrierung zwingend vorausgesetzt.

20.4 pixelio

Link: https://www.pixelio.de/

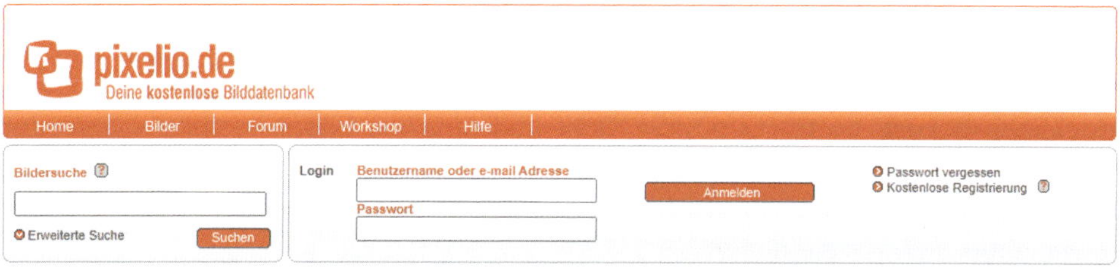

Der Webauftritt von Pixelio ist schon etwas in die Jahre gekommen, und Bilder können nur nach vorheriger Registrierung heruntergeladen werden. Dafür werden die Bilder nach eigenen Angaben einer Qualitätskontrolle unterworfen.

Bei Pixelio haben die Medien unterschiedliche Lizenzen, sodass Sie vor der Verwendung einen Blick in das Nutzungsrecht und die Bildbeschreibung des Urhebers werfen sollten, um sicherzugehen, dass Sie auf der sicheren Seite sind.

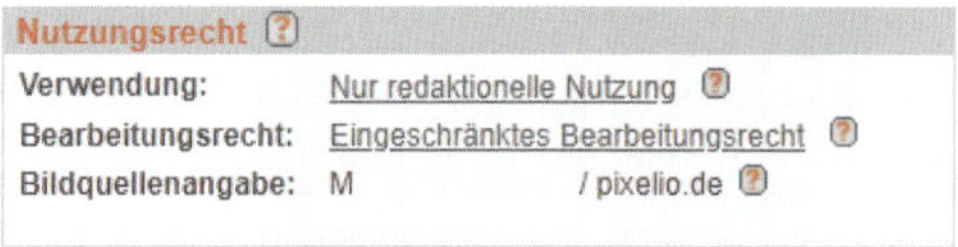

Nutzungsrechte (Quelle: pixelio.de)

Viele Bilder dürfen nur redaktionell genutzt und eingeschränkt bearbeitet werden. Zudem müssen Urheber und Webseite genannt werden.

20.5 StockSnap

Link: https://stocksnap.io/

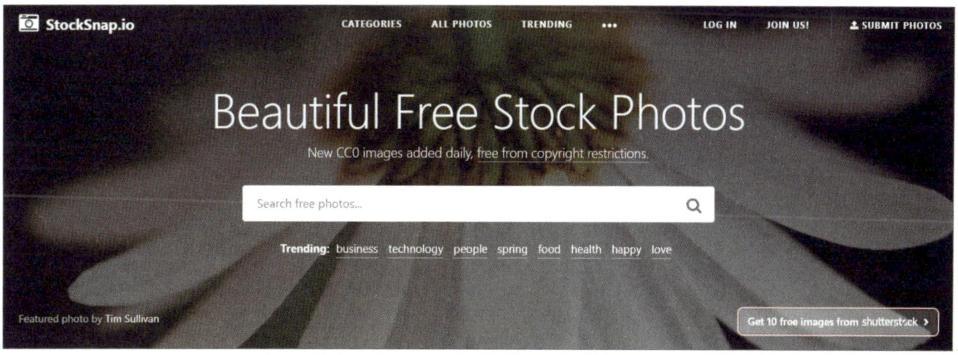

StockSnap ist eine kanadische Webseite mit einigen hunderttausend Bildern.

Die Bilder werden alle unter der Creative-Commons-Lizenz bereitgestellt. Somit sind auch die kommerzielle Nutzung, Weiterverbreitung und Bearbeitung der Bilder erlaubt. Der Urheber braucht nicht genannt zu werden. Eine Registrierung ist nicht erforderlich.

StockSnap hat ein nettes Gimmick: Nicht nur, dass die Bilder kostenfrei heruntergeladen werden können, sie können auch direkt auf der Webseite bearbeitet werden. Es gibt vielfältige Editiermöglichkeiten, um das Bild mit Texten oder anderen Effekten zu versehen, zu beschneiden etc.

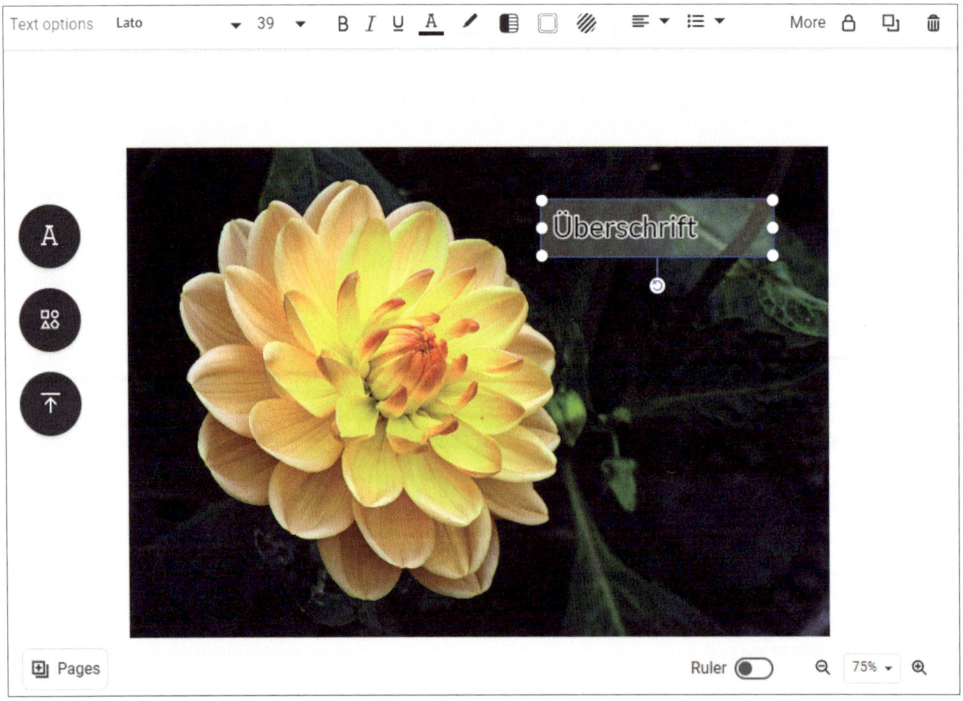

Bilder bearbeiten (Quelle: stocksnap.io)

20.6 Unsplash

Link: https://unsplash.com/de

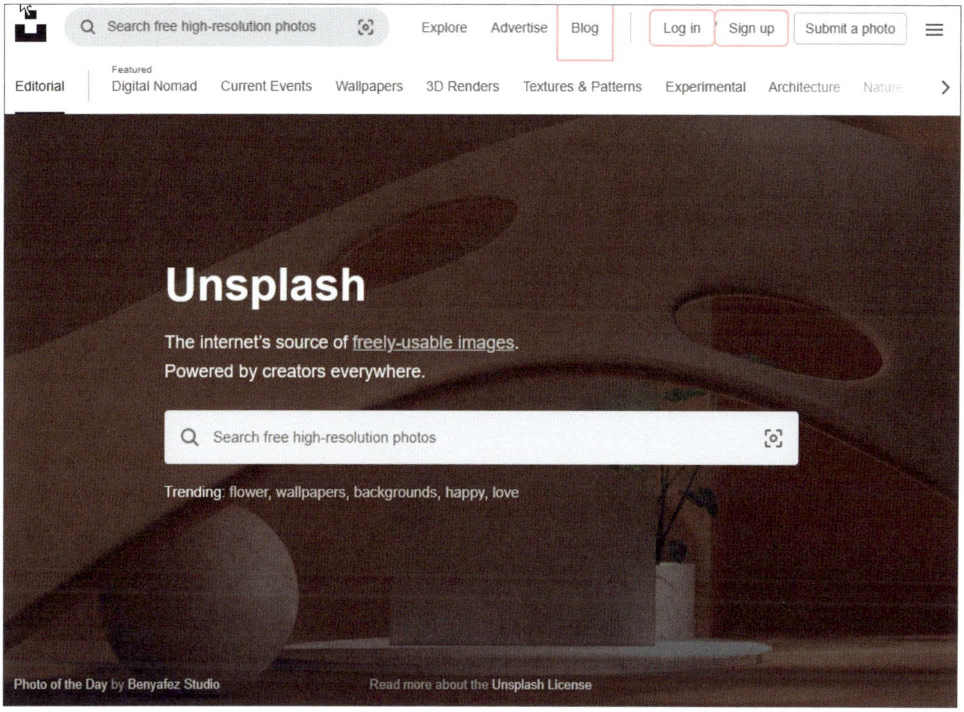

Unsplash hat wieder eine eigene Lizenz. Danach ist die kommerzielle Nutzung auch ohne Nennung des Urhebers erlaubt. Ein Weiterverkauf der Bilder ist selbstverständlich untersagt.

Auf Unsplash finden sich fast vier Millionen Bilder und die Zahl wächst stetig. Die Webseite ist so populär, dass sie sogar eine Kooperation mit Apple hat und inzwischen an Getty Images verkauft wurde. Bei Unsplash werden Sie fast immer fündig werden.

Eine Registrierung für den Download ist nicht notwendig, nicht mal für Bilder in maximaler Auflösung.

21. Nützliche Tools

In diesem abschließenden Kapitel möchte ich Ihnen noch einige nützliche Tools vorstellen, die Ihnen helfen können, Inhalte für Ihre Webseite bereitzustellen oder aufzubereiten.

Achten Sie darauf, dass Sie die Tools auch tatsächlich von der offiziellen Webseite herunterladen, da es immer wieder Trittbrettfahrer gibt, die versuchen, Profit aus anderer Leute Arbeit zu schlagen, oder diese mit Adware oder Viren versehen.

21.1 IrfanView

IrfanView

Aktuelle Version: 4.62
Download: https://www.irfanview.com/
Kostenlos für den privaten Gebrauch, 10 Euro für den kommerziellen Gebrauch

IrfanView ist eigentlich ein Bildbetrachter, der mit fast allen Bildformaten klarkommt. Er verfügt zusätzlich über eine Reihe von Konvertierungs- und einfachen Bearbeitungsmöglichkeiten. Vieles kann damit bereits erledigt werden, ohne sich gleich in eine aufwendige Bildbearbeitungssoftware wie GIMP (kostenfrei) oder Photoshop einzuarbeiten. Die Software gibt es seit 1996, und sie war eines der ersten Bildbetrachtungsprogramme für Windows überhaupt. (Wenn man mal von dem sehr eingeschränkten Windows Paintbrush absieht.)

Wenn Sie die Software herunterladen, sollten Sie der 32-Bit-Version den Vorzug geben, es sei denn, Sie wollen wirklich sehr große Bilddateien bearbeiten (über 25 MB). Die 64-Bit-Version ist nämlich nicht mit allen Plug-ins kompatibel, die es auf derselben Seite gibt und die eventuell später mal von Interesse sein könnten. IrfanView ist eines der Programme, das ich auch persönlich bei jeder Neuinstallation eines Windows-Computers als Erstes aufspiele, um den mitgelieferten Foto-Betrachter von Windows zu ersetzen.

Wenn Sie ein Bild in IrfanView laden, sehen Sie sofort in der Statuszeile die eigentliche Bildgröße, den Zoomfaktor, die Dateigröße und den Aufnahmezeitpunkt. Mit dem Plus- und Minus-Icon können Sie direkt in das Bild rein- oder rauszoomen.

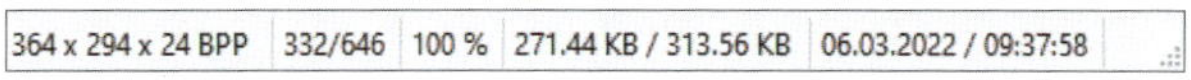

21.1.1 Ausschneiden

Die wichtigste Funktion dürfte es sein, einen Teil eines Bildes auszuschneiden. Dazu ziehen Sie einfach mit der Maus ein Rechteck über dem auszuschneidenden Ausschnitt auf.

In der Titelzeile des Programms wird Ihnen direkt angezeigt, wie groß der gewählte Ausschnitt in Pixeln ist. Nützlich, wenn Sie mehrere Bilder auf Ihrer späteren Seite haben, die alle die gleiche Größe haben sollen. Mit den Pfeiltasten können Sie den Ausschnitt noch verschieben oder mit der Maus anpassen.

Jetzt aber nicht mit der Maus in die Mitte des Ausschnitts klicken, in der schon das Lupensymbol angezeigt wird. Das würde nur bewirken, dass der Ausschnitt optimal an die aktuelle Fenstergröße angepasst wird. Wenn Sie das Bild beschneiden wollen, drücken Sie die Tastenkombination Strg+Y. Danach natürlich speichern: entweder mit S (*Speichern als*) oder mit Strg+S (*Speichern*).

IrfanView mit dem gewählten Ausschnitt

Der gewünschte Ausschnitt wird angezeigt

> **Tipp**
> Haben Sie eine Maus mit Scrollrad, so können Sie das Bild beim Auswählen des Ausschnitts bewegen, ohne absetzen zu müssen.

21.1.2 Skalieren

Damit Ihr Blog oder Ihre Webseite performant ist und nicht unnötig Übertragungslast erzeugt, ist es wichtig, die Bilder gleich in der richtigen Größe bereitzustellen. Dies wirkt sich unter Umständen auch auf Ihr Ranking bei Google aus. Das kann man zwar auch später direkt in WordPress machen, aber das ist suboptimal. Besser ist es, das Bild vorher gleich in die richtige Größe zu bekommen. Das erreichen Sie in IrfanView mit der Tastenkombination Strg+R, nachdem Sie ein Bild geladen haben. Dann erscheint das folgende Pop-up-Menü:

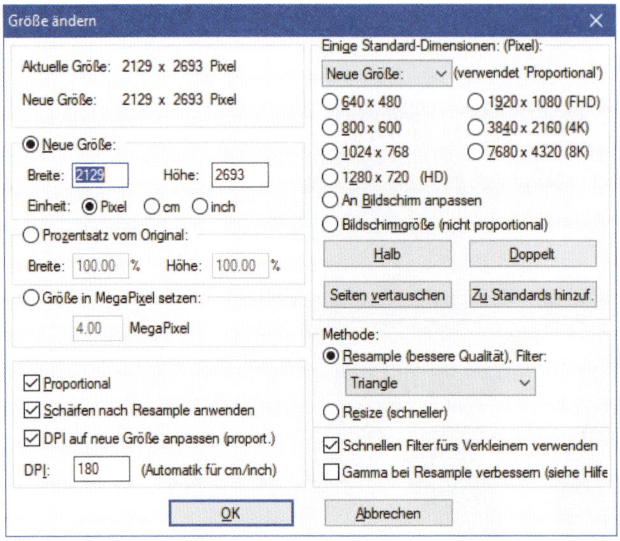

Vielfältige Optionen, die Größe zu ändern

Sie können nun die gewünschte Bildgröße als absoluten oder prozentualen Wert eingeben. Auf der rechten Seite finden Sie bereits einige gängige Bildgrößen. Die absoluten Werte können sowohl in Pixel als auch in Zentimeter (oder Zoll) angegeben werden. Achten Sie darauf, dass die Checkbox *Proportional* angeklickt ist, sofern Sie das Bild nicht verzerren möchten. Mit *Schärfen nach Resample anwenden* oder *Apply sharpen* können Sie das Ergebnis noch nachschärfen.

Unter *Resample (bessere Qualität)* haben Sie die Möglichkeit, einen Filter auszuwählen. Dies ist besonders bei filigranen Bildern oder diagonalen Strichen praktisch, da sich sonst unter Umständen beim Ergebnis ein »Treppenstufeneffekt« einstellt. Am besten probieren Sie einfach mit den verschiedenen Filtern herum, bis Sie das beste Ergebnis erreichen. Es bietet sich selbstredend an, das komprimierte Bild unter einem neuen Dateinamen zu speichern, damit Sie noch auf das Original zurückgreifen können, falls die Komprimierung zu stark war.

21.1.3 Konvertieren

Ein weiterer wichtiger Aspekt ist das richtige Dateiformat. Die beste Skalierung nützt nichts, wenn das Bild in einem unkomprimierten Format bereitgestellt wird. Andererseits nützt ein komprimiertes Format auch nichts, wenn das Bild dadurch ausgefranst wirkt. So haben viele Formate ihre Stärken und Schwächen. Die wichtigsten Formate für Webseiten sind:

- **JPEG**
  hohe Komprimierung, aber keine transparente Farbe

- **PNG**
  geringe Komprimierung, gute Qualität, unterstützt Transparenz
- **GIF**
  geringe Komprimierung, nur 256 Farben, unterstützt kurze Animationen
- **WEBP**
  sehr hohe Komprimierung, wird aber noch nicht von allen Browsern unterstützt
- **SVG**
  ist ein Vektorformat, sodass es eine sehr geringe Größe hat und sich frei skalieren lässt. Ist aber entsprechend nur für Cliparts oder Logos geeignet.

Bei den komprimierten Formaten kann man die Kompressionsstufe beim Konvertieren anpassen. Hier muss man einfach einen guten Kompromiss finden zwischen Dateigröße und Qualität.

Das Konvertieren des Formats ist in IrfanView die einfachste Sache der Welt. Sobald Sie die Datei speichern wollen, können Sie das gewünschte Dateiformat angeben.

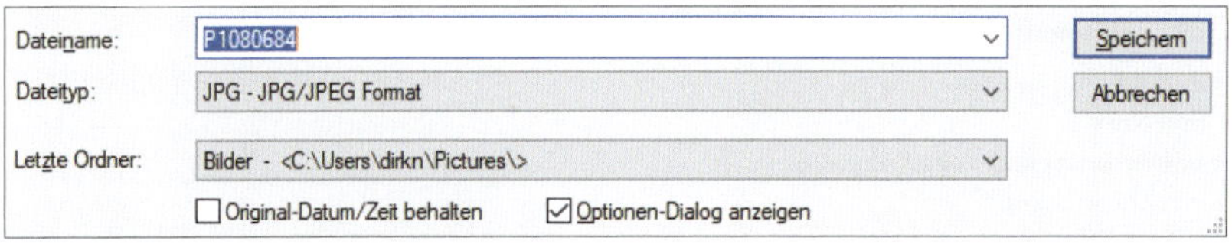

Der Speichern-Dialog in IrfanView

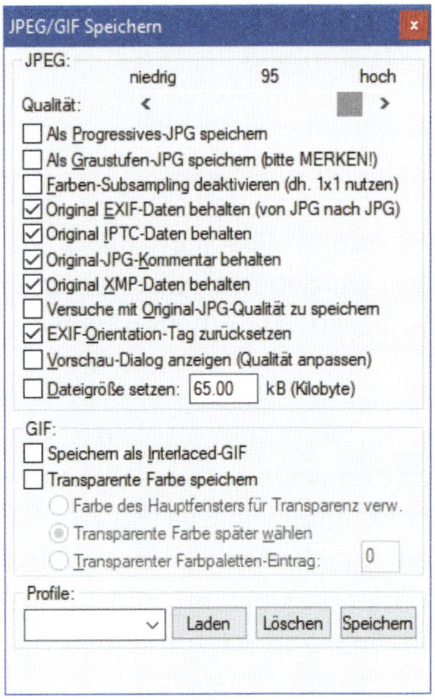

Je nach Auswahl des Dateiformats bekommen Sie von IrfanView noch ein Menüfenster mit spezifischen Einstellungsmöglichkeiten angezeigt.

Optionen beim Speichern im JPEG-Format

21.1.4 Ausrichten

Gerade bei selbst geschossenen Fotos kommt es häufig vor, dass das Bild nicht ganz horizontal ausgerichtet ist. Auch dafür bietet IrfanView eine Möglichkeit. Im *Bild*-Menü oder mit der Tastenkombination Strg+U gelangen Sie zur Feinrotation.

Sie können nun die gewünschte Rotation auf eine Kommastelle genau in Grad festlegen und sehen Original und Ergebnis direkt gegenübergestellt.

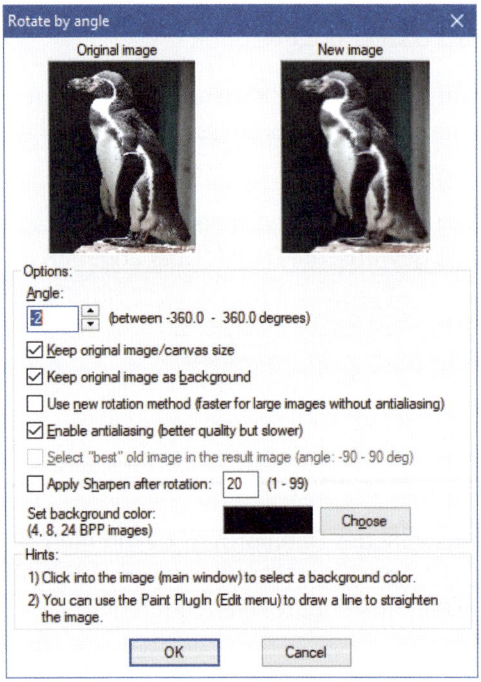

Dialog zum Ausrichten des Bildes

Zu klären ist, was mit den Ecken und der Bildgröße passieren soll. Soll die Bildgröße gleich bleiben mit *Keep original image/cancas size*, dann werden die Ecken entsprechend der Drehung abgeschnitten, oder soll das Motiv als Ganzes erhalten bleiben, dann wird das Bild entsprechend größer.

Sie müssen sich noch entscheiden, was mit dem leeren Verschnitt passieren soll. Wenn Sie das Bild anschließend sowieso noch beschneiden wollen, ist das unerheblich. Wenn das Ergebnis aber möglichst die gleiche Größe haben soll, so müssen Sie die leeren Flächen kaschieren. Wenn an den Seiten ein gleichmäßiger Hintergrund vorliegt, zum Beispiel eine Wiese oder ein Himmel, so bietet es sich an, einfach das Originalbild im Hintergrund zu behalten: *Keep original image as background*. Alternativ können Sie angeben, welche Farbe der Hintergrund bekommen soll.

21.1.5 Wasserzeichen

Wenn Sie viele eigene Fotos auf Ihrer Website haben, wollen Sie gern vermeiden, dass diese von anderen einfach kopiert werden. Ein gängiges Verfahren ist es, das Bild mit einem Wasserzeichen oder Watermark zu versehen. Dabei wird lediglich ein weiteres Bild mit wählbarer Transparenz über das zu markierende Foto gelegt. Das Bild für das Wasserzeichen müssen Sie natürlich zuvor in einem Grafikprogramm erstellen. Am besten im PNG-Format mit durchsichtigem Hintergrund.

Um ein Wasserzeichen in ein einzelnes Bild einzufügen, selektieren Sie zunächst die Stelle, an der das Wasserzeichen erscheinen soll. Im *Bearbeiten*-Menü finden Sie dann die Funktion *Wasserzeichen/Deckfarbe einfügen*.

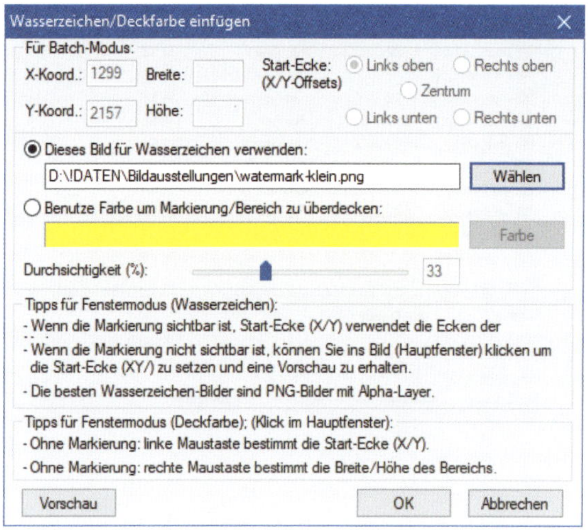

Die Dialogbox für Wasserzeichen

Legen Sie das Bild fest, das Sie als Wasserzeichen nutzen wollen, und bestimmen Sie die gewünschte Durchsichtigkeit. Die Transparenz sollte so gewählt werden, dass das Zeichen in der Fotografie nicht zu sehr stört, aber doch deutlich sichtbar ist.

Mit einem Klick auf *Vorschau* wird im Originalbild direkt angezeigt, wie das Wasserzeichen aussehen würde. Falls Sie merken, dass die Position doch noch nicht optimal ist, so können Sie diese noch ändern, indem Sie einfach an die passendere Stelle im Bild klicken.

Das fertige Wasserzeichen

21.1.6 Batch-Verarbeitung

Eine besonders mächtige Funktion in IrfanView ist die Batch-Verarbeitung. Sie ist immer dann nützlich, wenn die gleiche Operation auf eine Vielzahl von Bildern angewendet werden soll, ohne jedes Bild einzeln anfassen zu müssen. Beispielsweise, um von jedem Bild eine verkleinerte Version, ein Thumbnail, als Vorschau in einer Galerie zu erstellen oder um alle Bilder mit einem Wasserzeichen zu versehen.

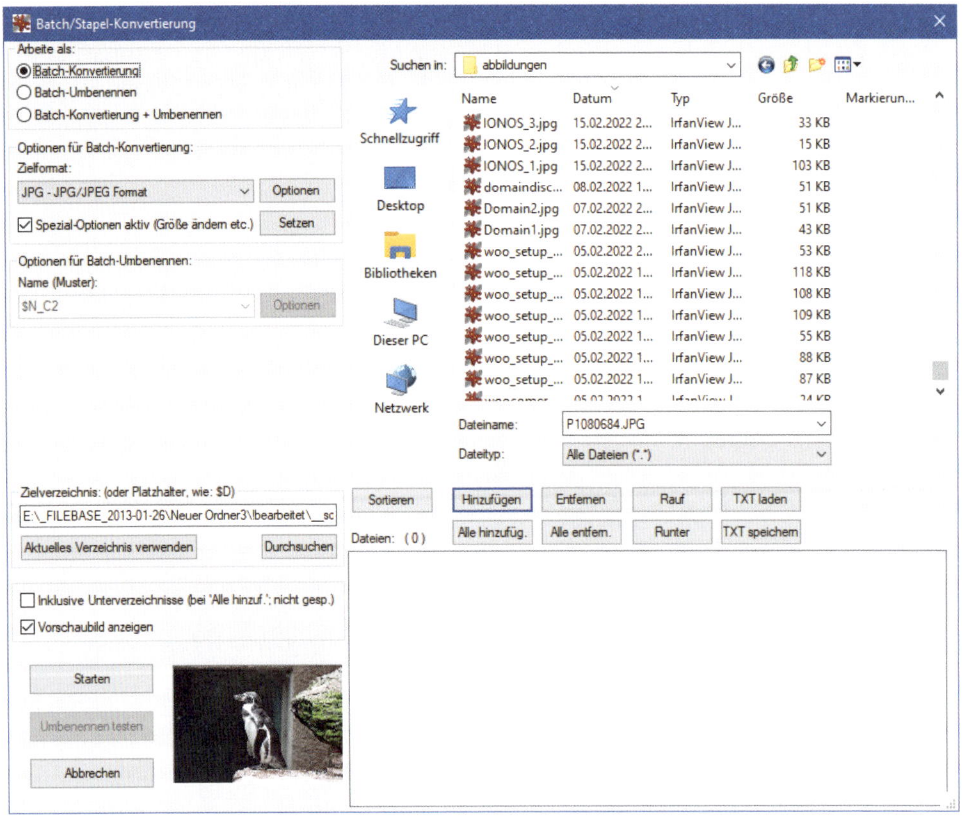

Hauptfenster der Batch/Stapel-Konvertierung

Zunächst haben Sie die Auswahl, ob Sie Bilder konvertieren oder umbenennen wollen oder beides. Je nach Auswahl werden weitere Optionen aktiv.

Bei der Konvertierung können Sie zunächst das gewünschte Zielformat auswählen. Unter *Optionen* gibt es einige grundlegende Optionen, die man aber erfahrungsgemäß selten anpassen muss. Viel interessanter sind die speziellen Optionen, die Sie setzen können, sobald Sie das entsprechende Kontrollkästchen aktiviert haben. Hier gibt es umfangreiche Möglichkeiten, die Größe zu ändern – sowohl relativ als auch absolut – und das, falls gewünscht, auch noch unter Berücksichtigung der Ausrichtung. Daneben finden sich noch umfangreiche Möglichkeiten der Bildanpassung, wie zum Beispiel Farben zu optimieren, Motive zu spiegeln, Ränder hinzuzufügen oder Fotos zu korrigieren.

Nützlich sind zudem die Möglichkeiten, in jedem Bild einen Text (zum Beispiel einen Copyright-Vermerk) oder ein Wasserzeichen einzufügen.

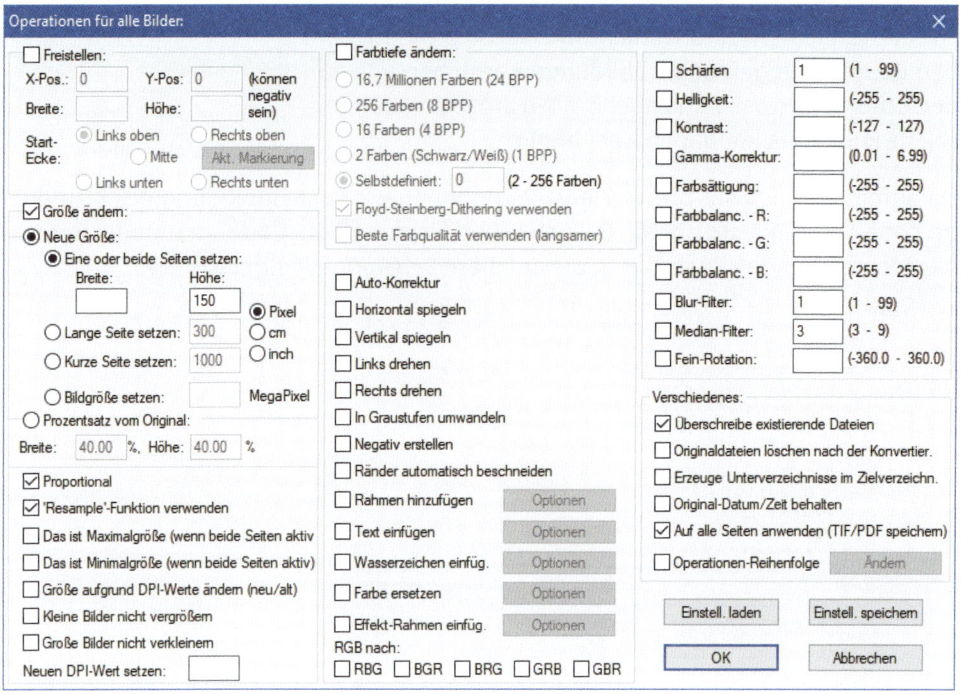

Spezialoptionen bei der Konvertierung

Wenn alle gewünschten Einstellungen getätigt sind, dann ziehen Sie einfach alle davon betroffenen Dateien in das untere Fenster oder wählen Sie gleich *Alle hinzufügen*, falls alle Bilder im Verzeichnis geändert werden sollen.

Vergessen Sie nicht, das Zielverzeichnis anzugeben, wenn Sie das Ergebnis später nicht suchen wollen. Es ist besser, ein abweichendes Zielverzeichnis zu wählen oder besser gleich mit einer Kopie der Bilder zu arbeiten, für den Fall, dass das Ergebnis doch nicht Ihren Vorstellungen entspricht. Sobald Sie nun auf *Starten* klicken, werden die Bilder wie eingestellt konvertiert und bearbeitet. Standardmäßig werden bereits vorhandene Dateinamen nicht überschrieben, aber das kann man abschalten.

Beim Umbenennen läuft es ganz analog. Bemerkenswert ist, dass das Umbenennen nicht auf Bilddateien beschränkt ist. Falls Sie also eine größere Menge anderer Dateien umbenennen wollen, kann man IrfanView auch dazu nutzen.

21.2 Chrome Developer Tools

In fast allen modernen Browsern sind die Developer Tools mittlerweile fest eingebaut, die früher noch nachgerüstet werden mussten. Zu erreichen sind diese in der Regel über die Taste F12. Wollen Sie konkrete Informationen über ein Element auf der Seite, dann machen Sie einen Rechtsklick auf dieses Element und wählen *Untersuchen*. Die folgenden Beschreibungen und Abbildungen beziehen sich auf den Chrome-Browser, sind aber in allen Browsern, die eine solche Funktionalität haben, sehr ähnlich.

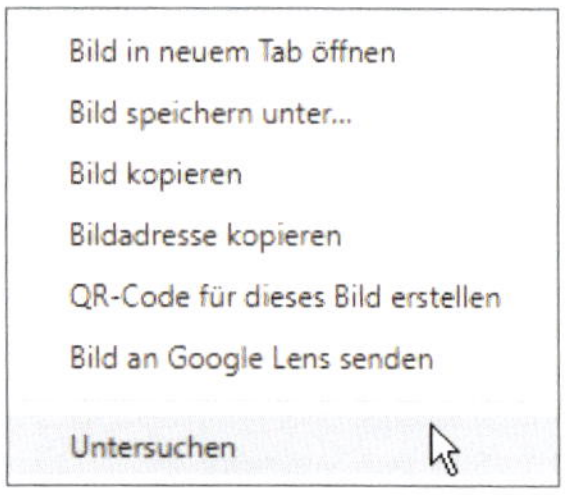

Ein bestimmtes HTML-Element untersuchen

Daraufhin teilt sich das Browserfenster und Ihnen wird die Einbindung des Elements im Code angezeigt. Im oberen Bereich sehen Sie den HTML-Code, im unteren Bereich die entsprechenden Stylesheets, die auf diese Seite angewendet werden.

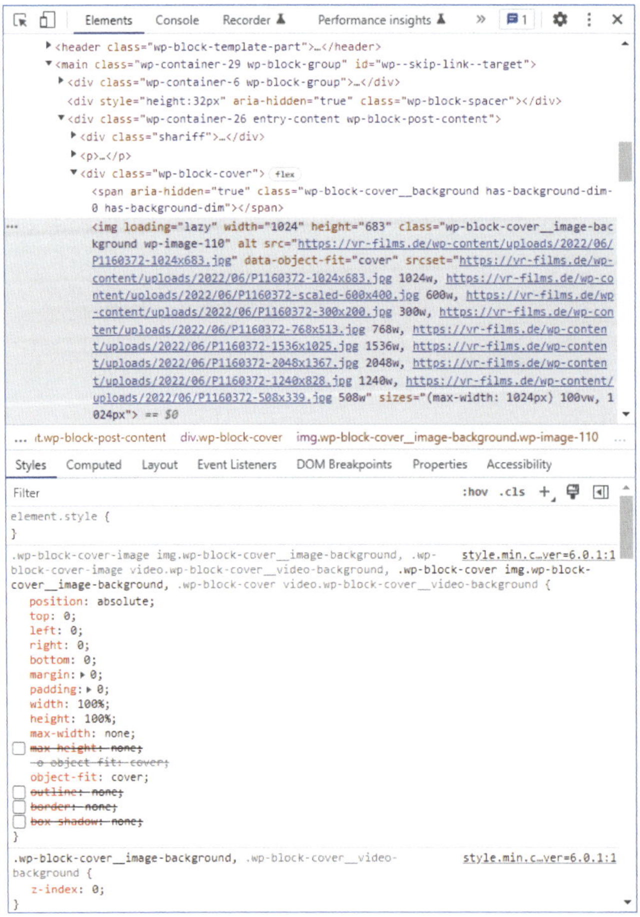

Ansicht in den Developer Tools

21.2.1 Stylesheets

Die Stylesheets sind dann interessant, wenn Sie die Elemente direkt in WordPress manipulieren wollen. Hier gibt es einige Möglichkeiten, CSS-Code direkt einzutragen. Das geht aber nur, wenn man weiß, wie das entsprechende Element angesprochen wird. Im obigen Beispiel wurde ein Bild aus einem Block-Element eines Beitrags herausgesucht. Dieser hört unter anderem auf den CSS-Namen *wp-image-110*.

Als Beispiel soll das Bild nun um 45 Grad gedreht werden. Für diesen Zweck fügen Sie eine zusätzliche CSS-Definition ein. Eine passende Stelle wäre im *Customizer* unter *Zusätzliches CSS*.

Zusätzliche Definition, um das Bild zu drehen

Das fertige Ergebnis sähe dann so aus:

Das ist jetzt nur ein kleines Beispiel, um zu zeigen, was mit CSS und den Developer Tools noch möglich ist. Wollen Sie hier tiefer einsteigen, dann sollten Sie sich ein spezielles CSS-Fachbuch zulegen.

Seite mit gedrehtem Bild

21.2.2 Tatsächliche Bildgrößen herausfinden

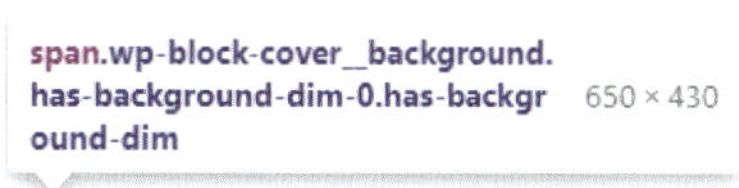

Ich habe in diesem Buch mehrmals betont, dass Bilder möglichst in der richtigen Größe hochgeladen werden sollten. Um die tatsächlich benötigte Bildgröße zu ermitteln, können die Developer Tools helfen: Klicken Sie mit der rechten Maustaste auf das Bild, wählen Sie *Untersuchen* und es erscheint für einen Moment in der linken oberen Ecke des Bildes die Anzeigegröße.

Sollte das zu schnell gewesen sein, dann fahren Sie mit der Maus im rechten oberen Fenster mit dem HTML-Code über die Elemente, das entsprechende Element wird dann jeweils im Ansichtsfenster hervorgehoben, und in einem Pop-up werden weitere Informationen eingeblendet. Die *Rendered size* ist die tatsächliche Darstellungsgröße im Browser.

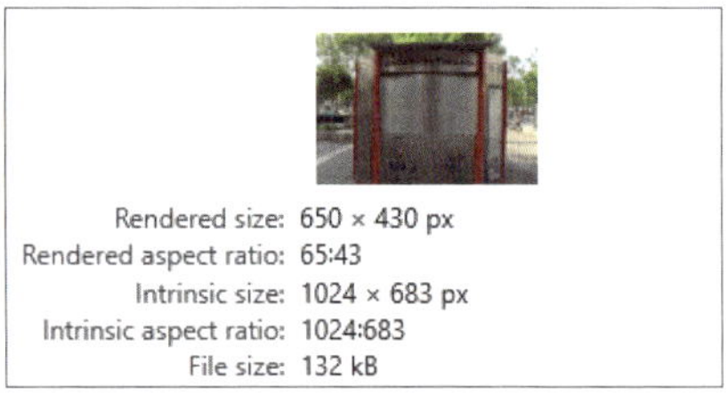

Richtige Bildgröße ermitteln

21.2.3 Smartphone oder Tablet simulieren

Ein anderer großer Nutzen der Developer Tools ist die Simulation von Smartphones oder Tablets. Klicken Sie dafür oben links in den Tools auf das Symbol mit dem stilisierten Smartphone.

Die Webseite wird Ihnen jetzt aus Sicht eines iPhone XR angezeigt.

In der oberen Zeile finden Sie andere vordefinierte Gerätetypen zur Auswahl oder können andere Display-Auflösungen einstellen und das Gerät imaginär drehen. Unter *throttling* ist es möglich, ein langsames Netz zu simulieren, um zu sehen, wie schnell die Webseite in Regionen lädt, die noch nicht mit einem schnellen Netz ausgestattet sind.

Webseite aus Smartphone-Sicht